Temas de Derecho y Proceso civiles

Ricardo Yáñez Velasco

20ª edición

Temas de Derecho y Proceso civiles

Dr. Ricardo Yáñez Velasco
Magistrado
Profesor de Derecho Procesal

Primera edición: noviembre 2003
Segunda edición: octubre 2004
Tercera edición: septiembre 2005
Cuarta edición: agosto 2006
Quinta edición: julio 2007
Sexta edición: septiembre 2008
Séptima edición: noviembre 2009
Octava edición: octubre 2010
Novena edición: octubre 2011
Décima edición: noviembre 2012
Undécima edición: octubre 2013
Duodécima edición: noviembre 2014
Decimotercera edición: diciembre 2015
Decimocuarta edición: octubre 2016
Decimoquinta edición: diciembre 2017
Decimosexta edición: septiembre 2018
Decimoséptima edición: noviembre 2019
Decimoctava edición: septiembre 2020
Decimonovena edición: agosto 2021
Vigésima edición: julio 2022

© Edicions Bocabella, 2022
        Passatge Bocabella, 11, 08013 Barcelona
        bocabella.edicions@gmail.com

ISBN: 97-986-892113-98

Editado en Cataluña
Edited in Catalonia

Para Tránsito Velasco Calvo.
Siempre dispuesta, siempre incansable.

Prólogos

Prólogo a la primera edición

Con motivo del primer curso de postgrado en materia de peritaje psicológico en el proceso civil ("Asesoramiento y Peritaje Forense en Derecho Civil, Familiar y Laboral"), llevado a cabo en la Universitat Autònoma de Barcelona durante el curso académico 2002-2003, que sumado al postgrado en penal impartido desde 2000-2001 ("Peritaje Psicológico Penal Forense") permite obtener el grado de Máster en Psicología Jurídica y Peritaje Psicológico Forense, preparé un temario completo bajo idéntica metodología que la ya empleada en *Temas de Derecho y Proceso Penal*, cuya segunda edición se publicó el mes pasado[1]. Una incomprensible confusión en la coordinación del referido postgrado me dejó fuera del cuadro docente, solucionándose el inconveniente en este curso, momento de publicar el resultado del esfuerzo llevado a cabo durante los últimos meses de 2002.

Barcelona, Todos los Santos, 2003.

Prólogo a la segunda edición

Aun resueltos los problemas de docencia habidos el año pasado, no obstante se excluyeron las asignaciones de clases sobre Derecho matrimonial y laboral, siquiera limitadas al contexto del proceso jurisdiccional, no por ello se suprimieron estas materias en el presente manual, ya incluidas en la pasada edición del texto. Se añaden ahora las primeras experiencias judiciales de una ley concursal, promulgada el 9 de julio de 2003 y que salvo excepciones puntuales entró en vigor el 1 de septiembre de 2004, asociada a una reforma sus-

---

1. Edicions Bocabella, Barcelona, octubre 2003.

tancial en las competencias de los órganos judiciales civiles, que cedieron significativas materias de estudio a los recién creados Juzgados de lo mercantil. Asimismo, poco más de tres años y medio después de la entrada en vigor de la Ley de Enjuiciamiento Civil (LEC), aunque se han incrementado determinados inconvenientes prácticos en su aplicación, también se han superado ciertas interpretaciones restrictivas en la formalización del peritaje en el proceso civil. De este modo se ha abandonado la idea de quienes rechazaban admitir como peritaje un dictamen sin promesa ni juramento del artículo 335.2 LEC, optando por quienes sosteníamos la subsanabilidad de la omisión, incluso en el acto oral del juicio donde procedía su práctica ante el juez.

Finalmente, conviene recordar que la ley 41/2003, de 18 de noviembre, modificó los artículos 90, 94, 103, 160 y 161del Código Civil (CC) y el artículo 757.1 LEC, normativa procesal también afectada por las leyes 42/2003, de 21 de noviembre, 59/2003, de 19 de diciembre, 60/2003, de 23 de diciembre, de arbitraje, y ley orgánica 19/2003, de 23 de diciembre, mientras que la Ley General de Sanidad ha sido alterada por ley 62/2003, de 30 de diciembre, y desarrollada por la ley 44/2003, de 21 de noviembre, por la que se estableció una ordenación de las profesiones sanitarias.

Barcelona, día de Santa Teresa, 2004.

Prólogo a la tercera edición

El texto ha sido revisado bajo la actual Jurisprudencia ordinaria y constitucional, pero sobre todo ha resultado inevitable, en el ámbito del Derecho de familia, la adaptación a una nueva legislación en materia de violencia doméstica, fundamentalmente a través de la ley orgánica 1/2004, de 28 de diciembre, en vigor desde principios de 2005 –utilizada para reformar, también, la ley 1/1996, de 10 de enero–, destacando al respecto que junto con penalidades directamente vinculadas con la afectación de la patria potestad se reestructuró la coordinación entre órganos jurisdiccionales de los órdenes penal y civil. Particularmente, en el ámbito de la violencia de género se añadió el artículo 49 bis LEC, según ley orgánica 1/2004, de 28 de diciembre, que regula la pérdida de competencia del juez civil en el ámbito de cualquier procedimiento en curso al acontecer actos de violencia contra la mujer, lo que impone atender a un procedimiento civil bajo el juez de la jurisdicción criminal.

De otro lado, la ley 13/2005, de 30 de junio, ha modificado los artículos 44, 66, 67, 154, 160, 164, 175, 178, 637, 1.323, 1.344, 1.348, 1.351, 1.361, 1.365, 1.404 y 1.458 CC, y la ley 15/2015, de 8 de julio, lo hizo con los artículos 68, 81, 84, 86, 90, 92, 97, 103, 834, 835, 837, 840 y 945 CC, dejando sin efecto los artículos 82 y 87 del mismo texto, y modificó igualmente preceptos del proceso matrimonial (artículos 770, 771, 775 y 777 LEC), mientras que ley 16/2005, de 18 de julio, afectó la ley 1/1996, de 10 de enero. A su vez, la STC 156/2005, de 9 de junio, ha declarado la inconstitucionalidad del primer párrafo del artículo 136 CC. Y se dictó Real Decreto Legislativo 8/2004, de 29 de octubre, derogando, finalmente, la DF 13ª LEC, referida a la reforma de la responsabilidad civil y seguro en la circulación de vehículos a motor.

Vilanova i la Geltrú, día de la Mercè, 2005.

Prólogo a la cuarta edición

Las SsTC 273/2005, de 27 de octubre, y 52/2006, de 16 de febrero, han interpretado la forma en que es inconstitucional el artículo 133 I CC, dictándose leyes 16/2006, de 26 de mayo, y 19/2006, de 5 de junio, modificativas, una vez más, de la Ley de Enjuiciamiento Civil. Sin embargo, la presente edición apenas sí observa cambios respecto de la inmediatamente anterior, con una sola excepción, relativa al tema dedicado a la incapacitación, desarrollando un apartado sobre las enfermedades y dolencias psíquicas y la graduación de discapacidad que propician según la interpretación jurisprudencial en ese concreto ámbito normativo.

Ginebra, día de Santa Elena, 2006.

Prólogo a la quinta edición

La ley orgánica 8/2006, de 4 de diciembre, reformadora de la ley de responsabilidad del menor, ha suprimido la edad juvenil (de dieciocho a veintiún años), a pesar de generar un problema práctico al ser su entrada en vigor posterior al fin de la prórroga de suspensión de dicha "edad"·, por lo que durante breve tiempo funcionó (en la teoría) lo que desde 2000 nunca había funcionado. De otro lado, a partir de la reforma de la ley 15/2003, de 25 de noviembre, que introduce la acusación particular en el procedimiento penal de menores, permitiendo así que el propio interesado pueda ejercitar la acción penal junto con la civil indemnizatoria en esa jurisdicción, a pesar de que la *ratio* acumulativa del objeto civil al penal mantiene idéntico escenario lógico y justificado que en el proceso "de adultos".

También importa destacar, en el ámbito de la protección del discapaz, el marco de derechos reconocidos con la Convención hecha en Nueva York el 13 de diciembre de 2006, que se prevé sea asumida en breve por el Estado español. Por su parte, la ley orgánica 3/2007, de 22 de marzo, y la ley 15/2007, de 3 de julio, modificaron, otra vez, la Ley de Enjuiciamiento Civil, la primera incluyendo la transposición de la Directiva UE 97/80. Por su parte, la Ley General de Sanidad ha sido alterada por las leyes orgánicas 3/2007, de 22 de marzo, y 4/2007, de 12 de abril, derogándose algunos preceptos por ley 14/2007, de 3 de julio. Finalmente, en desarrollo de la ley 41/2002, de 14 de noviembre, se ha dictado el Real Decreto 124/2007, de 2 de febrero, regulando el registro nacional de instrucciones previas (no sólo el llamado testamento vital) y el fichero automatizado.

Vilanova i la Geltrú, día de Santa Marina, 2007.

Prólogo a la sexta edición

A finales del año pasado fue promulgada la ley 54/2007, de 28 de diciembre, de adopción internacional, a cuyo través se suprimió el hasta entonces derecho de corrección del artículo 154 CC, no obstante el mismo se mantuviera en distintas legislaciones autonómicas, a la vez que también sirvió para modificar los artículos 9.5, 172, 180 y 268 de ese mismo texto legal, el artículo 25 de la ley orgánica 1/1996, de 15 de enero, de protección jurídica del menor, y diversos preceptos de la Ley de Enjuiciamiento Civil, al mismo tiempo alterada por ley 41/2007, de 7 de diciembre. Bajo el pretexto del primer cambio normativo aludido se ha ampliado el estudio de esa corrección paternofilial o tutelar, al tiempo que se han ampliado sensiblemente algunos temas de Derecho sustantivo, adecuando la Jurisprudencia que corresponde.

Blanes, día de Santa Rosalía, 2008.

Prólogo a la séptima edición

La ley 13/2009, de 3 de noviembre, entrará en vigor el próximo mes de mayo de 2010, y es relevante en orden a la reformulación de la legislación procesal en materia de implantación de la Oficina Judicial, con modificación de diversos preceptos de la Ley de Enjuiciamiento Civil, mientras que la ley 13/2009, de 3 de noviembre, ha modificado preceptos de la justicia gratuita pero con efectos a partir del 4 de mayo de 2010 y de reducida importancia en lo que a este temario importa.

Lloret de Mar, día de San Andrés, 2009.

Prólogo a la octava edición

En esta edición se han excluido esquemas adicionales a cada uno de los temas, y se han renovado los apuntes bibliográficos y la selección de Jurisprudencia. De otro lado, la Ley General de Sanidad ha sido modificada por la ley 25/2009, de 22 de diciembre, y, en desarrollo de la ley 41/2002, de 14 de noviembre –que además fue mínimamente modificada por ley orgánica 2/2010, de 3 de marzo–, se dictó el Real Decreto 1093/2010, de 3 de septiembre, sobre datos mínimos en los informes clínicos.

Barcelona, día de San Judas, 2010.

Prólogo a la novena edición

Las SsTC 131 y 132/2010, de 2 de diciembre, han declarado la inconstitucionalidad de los artículos 211 CC y 763.1 LEC, mientras que la ley 20/2011, de 21 de julio, del Registro Civil, ha modificado el artículo 30 CC, postergando en tres años su entrada en vigor, con derogación de los artículos 325 a 332 CC, relativos al Registro del estado civil –lo que incluso con ese tiempo de *vacatio legis* resultará probablemente insuficiente–, modificándose preceptos procesales civiles con el Real Decreto-ley 8/2011, de 1 de julio, y las leyes 4/2011, de 24 de marzo, 11/2011, de 20 de mayo, 16/2011, de 24 de junio, y 37/2011, de 10 de octubre, y alterándose nuevamente la Ley General de Sanidad por leyes 26/2011, de 1 de agosto, y 33/2011, de 4 de octubre, modificando estas dos últimas, también, la ley 41/2002, de 14 de noviembre. Con todo, los temas no han sufrido alteraciones de interés, si bien han sido ampliados algunos de ellos, singularmente los relativos a la prueba en general y medios de prueba concretos, incorporando un nuevo apartado en el estudio del testimonio, dedicado a la memoria, que en realidad prosigue con las referencias al punto ciego en el tema relativo al Derecho probatorio, incorporado desde la primera edición de esta obra.

Barcelona, día de Santa Teresa de Ávila, 2011.

Prólogo a la décima edición

Sin perjuicio de recogerse separadamente en un futuro, para este manual se han suprimido los cinco temas relativos al Derecho procesal laboral y al estudio sustantivo de las materias correlativas, lo que ha reducido la extensión total del trabajo en más de medio centenar de páginas. Asimismo, se han adecuado a la actualidad jurisprudencial y doctrinal las materias de estudio, atendiendo igualmente a las reformas de la Ley de Enjuiciamiento Civil, esta vez con las leyes 5/2012, de 6 de julio, y 10/2012, de 20 de noviembre, así como el Real Decreto-ley 5/2012, de 5 de marzo.

Barcelona, día de San Clemente, 2012.

Prólogo a la undécima edición

A través del Real Decreto-Ley 3/2013, de 22 de febrero, se han establecido tasas judiciales y regulado la asistencia jurídica gratuita, pero apenas ha tenido incidencia en la nueva redacción del texto, a diferencia de la actualización jurisprudencial. De otro lado, no podía faltar la reforma de la LEC, que lo ha sido con las leyes 1/2013, de 14 de mayo, 4/2013, de 4 de junio, 8/2013, de 26 de junio, y 7/2013, de 28 de junio, así como la Ley General Sanitaria, puntualmente, con la ley 10/2013, de 24 de julio.

Barcelona, día de San Eduardo, 2013.

Prólogo a la duodécima edición

En esta edición se ha atendido a los cambios legislativos sobre la Ley de Enjuiciamiento Civil, mediante leyes 3/2014, de 27 de marzo, 14/2014, de 24 de julio, 17/2014, de 30 de septiembre, 21/2014, de 4 de noviembre, y Real Decreto-ley 11/2014, de 5 de septiembre, como también respecto de la Ley Concursal por ley 17/2014, de 30 de septiembre, y una vez más la Ley General de Sanidad, por ley 3/2014, de 27 de marzo, sin olvidar que la DA 19ª del Real Decreto-ley 8/2004, de 4 de julio, amplió hasta el 15 de julio de 2015 la entrada en vigor de la Ley de Registro Civil que no estuviese aplicándose ya, postergación que se reitera con la DA 20ª de la ley 18/2014, de 15 de octubre. A pesar de todo no se han generado cambios estructurales ni sustantivos de relieve, aprovechándose la nueva redacción del libro para ampliar el tema relativo a los sistemas alternativos a la jurisdicción.

Barcelona, día de San Martín, 2014.

Prólogo a la decimotercera edición

La ley orgánica 8/2015, de 22 de julio, cumple –con significativa tardanza– lo exigido respecto de ausencia de ley orgánica en el artículo 763 LECr según SsTC 131 y 132/2010, al tiempo que añade otras modificaciones de la LEC, al igual que las leyes orgánica 7/2015, de 21 de julio, y ordinarias 9/2015, de 25 de mayo, 15/2015, de 2 de julio, 19/2015, de 13 de julio, 26/2015, de 28 de julio, 29/2015, de 30 de julio, 35/2015, de 22 de septiembre, 42/2015, de 5 de octubre, reformándose con esta última, también, la ley 1/1996, de 10 de enero. De otro lado, la ley 26/2015, de 28 de julio, ha incidido en la protección de la infancia y la adolescencia, con modificaciones en el Código civil y agilizando la toma de medidas cautelares en favor de las personas menores de edad. Por otra parte, la ley 12/2015, de 24 de junio, ha modificado el artículo 23 y la ley 15/2015, de 2 de julio, ha derogado el artículo 316 CC, produciéndose nuevas modificaciones de preceptos civiles con las leyes 26/2015, de 28 de julio, y 42/2015, de 5 de octubre. Y una vez más se posterga la entrada en vigor de la ley 20/2015, de 2 de julio, hasta el 30 de junio de 2017.

La Ley Concursal fue modificada por leyes 5/2015, de 27 de abril, 11/2015, de 18 de junio, 20/2015, de 14 de julio y 25/2015, de 28 de julio, y la ley 42/2015, de 5 de octubre, después, afectó la ley 1/1996, de 10 de enero. A su vez, nuestro inquieto legislador siguió operando reformas; con la ley orgánica 6/2015, y también ha modificado la Ley General de Sanidad, al tiempo que la ley orgánica 11/2015, de 21 de septiembre, y las leyes ordinarias 19/2015, de 13 de julio, y 26/2015, de 28 de julio, lo han hecho con la ley 41/2002, de 14 de noviembre.

Vilanova i la Geltrú, día de Santa Albina, 2015.

Prólogo a la decimocuarta edición

Después de poco más de diez años de actualizaciones y a pesar de haber eliminado más de setenta páginas relativas al derecho sustantivo y procesal del ámbito laboral, en esta edición se ha procedido a una profunda reformulación de todos los temas tratados, ciñendo el espacio a las cuestiones más representativas. Efectivamente, se han ido acumulando referencias bibliográficas y jurisprudenciales al punto de que casi dominaban el texto, habiéndolo incrementado desmesuradamente con su comentario y análisis, dedicando esta edición – que con sorpresa no ha sido afectada por casi ninguna modificación normativa como sin embargo venía siendo muy habitual– a recortar y sintetizar un gran un número de temas, lo que ha reducido en más de doscientas páginas el resultado final.

Madrid, día de Santa Soledad, 2016.

Prólogo a la decimoquinta edición

Con poca repercusión en el texto del temario, la ley 4/2017, de 28 de junio, que lo es de modificación de la ley de jurisdicción voluntaria, ha sido utilizada para modificar diversos artículos del Código civil relativos al matrimonio, mientras que la ley 2/2017, de 21 de junio, ha modificado la ley 1/1996, de 10 de enero. Esa misma ley 4/2017 ha vuelto a postergar, dicho sea, la entrada en vigor de la ley del registro civil 20/2011; esta vez será hasta el 30 de junio de 2018. De todas formas se han actualizado la mayoría de temas desde el punto de vista doctrinal y jurisprudencial.

Quepa señalar que la presente edición debía publicarse tras acabar el verano, pues apenas contuvo cambios tras la significada edición del año anterior, pero lo ha sido con singular retraso en virtud de los graves acontecimientos sufridos en Cataluña que, de hecho, son particularmente negativos para todo el territorio nacional en el seno del menoscabo de derechos y libertades constitucionales fundamentales, en definitiva, derechos humanos, y que probablemente asienta un paso más en los venideros que ya con más claridad se dirigen hacia un Estado de seguridad en perjuicio del Estado democrático y social de Derecho justo.

Barcelona, día de Santa Lucía, 2017.

Prólogo a la decimosexta edición

El Real Decreto 9/2018, de 3 de agosto, ha modificado el artículo 156 CC, relativo a la patria potestad, mientras que la Ley de Enjuiciamiento Civil ha recibido reformas por leyes ordinarias 3 y 5/2018, ambas de 11 de junio, afectando la primera, también, modificación en la regulación de la asistencia jurídica gratuita, y siendo alterada la ley orgánica de protección jurídica del menor 1/1996, de 15 de enero, por leyes orgánica 8/2015, de 22 de julio, y ordinaria 26/2015, de 28 de julio. No existen, sin embargo, cambios radicales en el contenido de los temas, que así han sido simplemente actualizados en el campo de la doctrina científica y la Jurisprudencia civil, llamando la atención que, por otra vez, se ha ampliado la entrada en vigor de la ley del registro civil, hasta el 20 de junio de 2020, en virtud de la ley 5/2018, de 11 de junio, en principio ordenada para la modificación de la LEC, en relación con la ocupación ilegal de viviendas, un auténtico foco de impunidad que para el legislador penal no parece tener importancia –y que el error de no adecuar la penalidad convirtió en mero delito leve (antiguamente falta) desde la reforma de la ley orgánica 1/2015, de 30 de marzo, en vigor desde el 1 de julio de 2015– sin que la vía civil sea óptima ante lo que resulta flagrante comisión no de uno sino de múltiples delitos patrimoniales sobre la propiedad. Debiera resultar obvio que al amparo del artículo 13 LECr puede protegerse cautelarmente al propietario frente a aquel que pretender construir sobre el acto ilícito (sea o no un delito leve de ocupación de bien inmueble o algo más grave, por ejemplo delitos menos graves de robo con fuerza o allanamiento de morada) una protección frente al propietario que intente recuperar la finca que se dilata durante años por exigir una sentencia firme. En el ámbito penal son el Ministerio público y el juez instructor –sólo éste en sede civil, sobre todo cuando el anterior esquiva la cuestión arguyendo incompetencia– los únicos responsables de amparar lo ilícito al no activar la protección cautelar del propietario, generando con ello una responsabilidad patrimonial dada la habitual insolvencia del ocupante ilegal. En el ámbito civil se subraya la necesidad de una opción habitacional para el desahuciado –que no tendría que ser más que el arrendatario en su día legítimo o propietario hipotecado que dejó de pagar por real imposibilidad económica– que debiera ubicarse en la responsabilidad del Estado, no en la del arrendador, siquiera del propietario hipotecante, que parecen llamados a sustituir a dicho Estado como benefactor asistencial en relación con el derecho a la vivienda digna y adecuada del artículo 47 CE.

Barcelona, día de San Mateo, 2018.

Prólogo a la decimoséptima edición

En esta edición he decidido suprimir los cuatro temas relativos al Derecho y Proceso matrimoniales, no obstante se mantengan puntuales referencias, por ejemplo en el ámbito del consentimiento negocial, vinculado a un mismo escenario de capacidad relacionado con el marco patrimonial de contratación. Asimismo, en espera de una adecuada actualización, se ha suprimido el elenco de enfermedades y deficiencias psíquicas utilizadas como causas de incapacidad, apenas alteradas desde la cuarta edición de la obra, dejando un mero apunte ceñido al tratamiento que la Jurisprudencia ha venido dando a las dolencias que permiten incapacitar judicialmente a la persona.

De otro lado, la Ley de Enjuiciamiento civil ha resultado una vez más modificada, por ley orgánica 3/2018, de 5 de diciembre, por ley ordinaria 5/2019, de 15 de marzo, y por Real Decreto-Ley 7/2019, de 1 de marzo, habiendo sido efímeros los cambios generados con el Real-Decreto-ley 21/2018, de 14 de diciembre, al ser dejados sin efecto por Resolución de 22 de enero de 2019. La Ley General de Sanidad, como también viene siendo costumbre, ha vuelto a ser corregida, en este caso por la ley orgánica 3/2018, de 5 de diciembre, que también modificó la ley 41/2002, de 14 de noviembre, de autonomía del paciente y sus derechos. La constitucionalidad de la ley 5/2018, de 11 de junio, sobre ocupación ilegal de viviendas, fue validada en STC 32/2019, 28-II, aun con voto particular respecto de los estándares internacionales mínimos de garantía del derecho a la vivienda en el contexto de la dignidad humana y la vertiente prestacional de aquél, si bien asumiendo que es el Estado, y no el propietario, quien debe asumir tal responsabilidad de asistencia, lo que hoy, a falta de otros mecanismos, se pretende sustentar sobre los hombros de los arrendadores o de los acreedores hipotecantes, por mucho que entre los primeros destacan los simples individuos particulares a veces dependientes del arriendo para subsistir.

Finalmente, la obra se publica por vez primera a través de Amazon, en el ánimo de facilitar un mayor acceso a un menor precio.

Vilanova i la Geltrú, día de Santa Flora, 2019.

Prólogo a la decimoctava edición

El presente año está siendo dominado por la infección mundial del Covid19, vinculada al miedo y la seguridad como instrumentos sobre los que pivotan sistemas jurídicos a partir de una prevalencia del derecho a la salud pública o común sobre la individual que en teoría se beneficia de la misma, afectando otros derechos individuales como la libertad.

Existen incluso ejemplos que están pasando desapercibidos, como ocurre con la exigencia de publicidad en los juicios. En efecto, la limitación operante en la Ciutat de la Justícia de Barcelona respecto del acceso al público en general –permitiendo en exclusiva la entrada a funcionarios, profesionales y personas con citación o cita previa bajo muy otras limitadas necesidades de acceso (sin incluir el del público en los juicios)– impone *de facto* una decisión de puerta cerrada al margen de la individualizada decisión jurisdiccional amparada en el artículo 138.2 LEC, lo que afecta directamente el principio de publicidad externa y así el derecho constitucional fundamental recogido en el artículo 24.2 CE (proceso público) y su normativa de desarrollo.

Como en cada edición se ha repasado la actualidad de la Jurisprudencia y doctrina científica, anotando la declaración de inconstitucional de la irrecurribilidad frente a la reposición resuelta por decreto del Letrado de la Administración de justicia, anulando el primer párrafo del artículo 454 bis.1, según la redacción dada por el artículo 4.9 de la ley 37/2011, de 10 de octubre (STC 15/2020, de 28 de enero, respecto de cuestión interna de inconstitucionalidad 2754/2019), no en vano ya se había suprimido un mismo contenido ubicado en el artículo 102 bis.2 I LJCA (STC 58/2016, de 17 de marzo).

Finalmente, se ha producido una significativa reforma del Derecho concursal, eliminando la normativa construida tras decenas de reformas y la propia ley 22/2002, de 9 de julio, a través de un texto refundido –Real Decreto Legislativo 1/2020, de 5 de mayo, con entrada en vigor el 1 de septiembre siguiente–, lo que incluso dejará sin real aplicación las últimas modificaciones promulgadas, al tiempo que bien posiblemente los juzgados de lo mercantil acaben saturados. Y se han producido modificaciones en el terreno de los plazos procesales civiles, con el Real Decreto-Ley 11/2020, de 31 de marzo, y singularmente ha sido afectado el artículo 151.2 LEC, hasta fin de año, según Real Decreto-Ley 16/2020, de 28 de abril, que también incorpora medidas relacionadas con la pandemia para con la LOPJ, más una inminente ley, que sería la tercera de este año, sobre organización y proceso ante el Covid.

Barcelona, día de Santa Eva, 2020.

Prólogo a la décimonovena edición

La ley 8/2021, de 4 de junio, y la ley orgánica 8/2021, de 2 de junio, modificaron el Código civil, la Ley de Enjuiciamiento Civil y la ley de Jurisdicción voluntaria, entre otras normas; la segunda, particularmente, la ley orgánica 1/1996, de protección al menor. De otro lado, ajustes menores en el ámbito de los plazos procesales tienen lugar con la ley 3/2020, de 18 de septiembre –similar a lo ocurrido con Reales Decretos-Leyes 11 y 16/2020, de 31 de mayo y 18 de abril–, y el Real Decreto-Ley 1/2021, de 19 de enero, regulando sobre servicios electrónicos "de confianza" la ley 6/2020, de 11 de noviembre. A su vez, la ley orgánica del Poder Judicial ha sido reiteradamente modificada por leyes orgánicas 4 y 6 a 9/2021, una sucesión de ajustes que muestra la ausencia de la más mínima proyección legislativa, mientras que el texto refundido de la ley concursal fue afectado por medidas extraordinarias para la solvencia empresarial en función de la pandemia según Real Decreto-Ley 5/2021, de 12 de marzo.

La Ley 2/2020, de 18 de septiembre, sobre medidas procesales y organizativas para hacer frente al Covid-19 en el ámbito de la Administración de Justicia, fue el más que tardío e incompleto instrumento jurídico elaborado en ese escenario. El estado de alarma declarado por el Gobierno por Real Decreto 463/2020, 14-III, modificado por Real Decreto 465/2020, 17-III, fue hace poco declarado parcialmente inconstitucional (fundamentalmente respecto a la libertad de circulación de personas y vehículos), lo que implica la discusión de las sanciones administrativas impuestas por las limitaciones o restricciones inconstitucionales, al menos las que se hayan impugnado y su trámite siga en curso. Y el 3 de septiembre de 2021 entrará en vigor la ley 8/2021, por la que se reforma la legislación civil y procesal en orden a la protección del discapaz en ejercicio de su capacidad jurídica.

La mala gestión gubernativa ante el coronavirus, tanto estatal como autonómica, se suma a una indudable muestra de irresponsabilidad ciudadana, individual y colectiva, concausa irreversible de la propagación del mencionado virus, y no faltan ejemplos de demoras realmente injustificables en la Administración de justicia, que bajo la excusa de la pandemia incrementan todavía más el colapso recurrente en dicho ámbito.

Vilanova i la Geltrú, día de San Ramón nonato, 2021.

Prólogo a la presente edición

El origen de esta obra se encuentra en un humilde postgrado universitario y la sencilla pretensión de acompañar a sus alumnos legos en Derecho, pero a lo largo de los años el trabajo sucesivamente actualizado, ampliado y reducido, se ha independizado absolutamente de aquella motivación, de ahí que, habida una transformación en la docencia causante –en el año académico que pronto comenzará y tras más de veinte años de los estudios de postgrado ofrecidos por la Universitat Autònoma de Barcelona, se "oficializa", dígase así, como Máster unificado–, acaso se valore un nuevo texto ajustado al nuevo temario, lamentablemente reducido, una vez más, respecto de las materias jurídicas, pero por el momento se considera oportuno mantener la separación de los temas civiles y procesales civiles en una nueva edición.

Junto con las acostumbradas actualizaciones jurisprudenciales y doctrinales, se atendió tanto a las leyes orgánicas 2 y 7/2022, de 21 de marzo y 27 de julio, como a las leyes ordinarias 17/2021 y 15/2022, de 15 de diciembre y 12 de julio. Las primeras se centran en reestructurar la jerarquía competencial de la Audiencia provincial en la "segunda instancia", con un solo magistrado para resolver la apelación en juicios verbales por cuantía, la dinámica de los juzgados de lo mercantil, con la incorporación de nuevas nomenclaturas (Juzgados o Tribunales "de Marca de la Unión Europea"), y la apertura a la especialización del orden jurisdiccional civil, sin olvidar el detalle competencial para los daños en los equipajes para todo tipo de transporte (excluyendo la competencia del Juzgado de lo Mercantil en pos del de Primera instancia), en la apelación especializada en materia civil de la violencia de género e intrafamiliar y traspaso al Juzgado de primera instancia o mixto de los asuntos jurisdiccionales propios de los registros civiles, ante su íntegro funcionar "electrónico". Las leyes ordinarias se ubican en el terreno sustantivo; la primera, "sobre el régimen jurídico de los animales", los separa de las cosas o bienes por la propia autonómica que desprende el "ser sintiente", y así exigentes de una norma especial como "seres vivos con sensibilidad", sin perjuicio de la aplicación supletoria del régimen jurídico de bienes o cosas y sin negar ni la apropiabilidad ni el que sean objetos de comercio. Se trata de ordenar un principio de interpretación basado en su bienestar y protección y en la evitación del maltrato, abandono o muerte cruel o innecesaria, repercutiendo en la regulación del animal en el Código civil o su tratamiento procesal, particularmente como parte de las medidas de nulidad, separación y divorcio –la atribución de custodia y su coste–, equiparación a la violencia de género por maltratos o amenazas de maltrato de mascotas orientados al control o victimización, en cuestión de herencias, de la acción de repetición por gastos de cuidados y propia de una reclamación por daños morales en favor del titular o simple conviviente derivados de la muerte del animal o su menoscabo grave de salud física o psíquica, todo lo cual presenta interés en lo relativo a su peritación. La segunda, "integral de igualdad de trato y no discriminación", creando una "Autoridad Independiente" para tal fin, que añade la "intolerancia" y singularmente la supresión de estereotipos en la Administración de justicia, favoreciendo información y acceso al vulnerable, implicando en materia de publicidad la presencia de la Fiscalía, en relación con la materia penal propia del odio y no discriminación, abordando la legitimación activa en esta materia, las responsabilidades patrimoniales y reparación del daño, que obviamente retoma la cuestión del menoscabo moral, y la inversión de la carga de la prueba con modificación en las leyes procesales civil y de consumidores y usuarios, reinando el postulado de la nulidad de pleno derecho ante la discriminación.

Barcelona, día de Santa Marta, 2022.

1
Derecho y proceso civiles

El experto forense no debe limitarse a aplicar su conocimiento profesional cuando es llamado a colaborar con la Administración de justicia. Saber del contexto jurídico, incluida la terminología propia del Derecho, resulta importante para un buen quehacer pericial. En los siguientes temas se expondrán las respuestas a cinco preguntas relacionadas con el trabajo del perito en el proceso civil. El *dónde* lo realiza, el *cuándo* y *cómo* de lo que hace, el *quién* es experto desde el punto de vista procesal y sobre *qué* realiza su intervención.

1. El concepto de Derecho

La vida entera disfruta o padece traducción en el ámbito jurídico. Todo acto y toda omisión pueden interpretarse jurídicamente, en la mayor parte de los casos de un modo directo. Al tirar la basura que todo el mundo produce a diario se participa de un completo sistema de recogida y tratamiento de residuos que pasa por la contribución impositiva de ese servicio, naturalmente salvo incumplimientos del deber de pago ciudadano que a su vez activan la consecuencias sancionadoras, o la sustracción ilícita de lo depositado en contenedores de reciclaje por quienes así se beneficiarán por nada de ese sistema que paga el ciudadano con sus impuestos para su negocio en paralelo de venta de cartón y otros productos en chatarrerías.

Sin conflictos debieran suprimirse litigios, pero en muchos sentidos el conflicto como crisis promueve el cambio y la evolución, de ahí su inherencia a la naturaleza humana. Y como sea que los medios alternativos al proceso jurisdiccional no se encuentran sino en desarrollo y apenas agotan sus mejores resultados potenciales, el proceso judicial sigue siendo el mecanismo de hetero-composición más utilizado y abierto a cualquier tipo de problemática, sin olvidar que unos y otros pasan por decisiones excesivamente propias de vías que descartan resoluciones obtenidas en exclusiva por los interesados[2].

El Derecho, en cualquier caso, va mucho más allá del proceso judicial como último eslabón del sistema jurídico, y filósofos como G. Agamben lo han considerado un dispositivo de captura de los usos de los hombres, abriendo una perspectiva de análisis con indudable valor estratégico que en esta obra, obviamente, no puede desarrollarse[3].

> Aunque el Derecho suele vincularse al orden y la justicia definitorias de un mecanismo de principios y normas, conviene advertir de qué modo el "orden" es un anhelo connatural del poder que se sirve del Derecho como útil político –ordenar, de *norma-lizar*–, mientras que el principio conformador del Derecho, por encima de cualquier otro, con base ideológica en la tendencia democrática más evolucionada o depurada en la actualidad, es la Justicia[4]. Con ésta se encuentra el mejor asidero para desarrollar otros principios y reglas, incluyendo la libertad, la igualdad y el pluralismo político que, junto con la misma justicia, componen los cuatro valores superiores reconocidos en la Constitución española (CE).

Con todo, importa subrayar que en la invención de la Filosofía se vincula una búsqueda de la verdad bajo el razonamiento humano y es éste el que construye no el Derecho como ordenamiento normativo, sino como norma obediente a una serie de valores humanos. En fin, un aproximación al Derecho desde la noción de lo justo.

2. El Derecho civil

Considerado el Código civil español o foral/autonómico como Derecho privado general regulador de las relaciones más comunes de la convivencia

2. Jaime GUASP DELGADO, *Derecho*, Gráficas Hergón, Madrid, 1971.

3. Giorgio AGAMBEN, *Qué es un dispositivo. Seguido de El Amigo y La Iglesia y el mundo,* Adriana Hidalgo Editora, Buenos Aires, 2014, págs. 10 y sigs.

4. Cfr. las diferentes nociones que ofrecen Herbert L. A. HART, *The Concept of Law*, Oxford University Press, 1961, John RAWLS, *A Theory of Justice*, Harvard University Press, Cambridge, 1971, Ronald M. DWORKIN, *Law's Empire,* Harvard University Press, Cambridge, 1986, Norberto BOBBIO, *Teoría general del Derecho,* Debate, Madrid, 1993, Luigi FERRAJOLI, *Principia iuris. Teoría del Derecho y de la democracia,* 3 vols., Trotta, Madrid, respectivamente 2016², 2016² y 2011. Como clave primordial del planteamiento jurídico, Ricardo YÁÑEZ VELASCO, *La vergüenza en el punto ciego. Violencia estatal y cumplimiento de un deber,* José María Bosch editor, Barcelona, 2019, págs. 182 y sigs.

del ser humano[5], recibe la suma de derechos civiles territoriales, especiales o forales que tendrán a aquél como supletorio en otras partes del país (artículo 149.1.8º CE)[6]. Lo anterior se añade a cualquier legislación de ámbito nacional pero sectorial, específica normativa para con determinadas disciplinas de análisis. El conjunto es el Derecho civil como categoría histórica: un resto contingente y temporal del Derecho privado sobre materias especializadas[7]. No obstante con éstas se haya contribuido a disgregar o desintegrar el concepto inicial de aquél –sobre todo el mercantil y parte del Derecho laboral–, se mantiene el Derecho civil como privado general o no especializado, construido en derredor de la cotidiana existencia de la persona y su intimidad. De este modo repasa la capacidad, la filiación, los derechos de la personalidad, las obligaciones y los derechos reales y sucesorios, y también el derecho matrimonial.

3. El Derecho procesal

Por regla general las relaciones de todas las personas, físicas y jurídicas, generan aplicación del Derecho privado con base en un principio jurídico general, la autonomía de la voluntad, sin monopolio alguno de los juzgados y tribunales que, sólo en modo muy excepcional, aplican ese tipo de Derecho a través del proceso[8].

En el proceso civil se ventilan cuestiones de Derecho privado, confrontadas al Derecho público –característico, por ejemplo, del ámbito penal o administrativo– y a la vez separadas en dos grandes grupos esencialmente distintos, el dispositivo y el no dispositivo. La especialidad definitoria del segundo se residencia en la imposibilidad de pactar, desistir, allanarse o renunciar, y se encuadra en los procedimientos del Libro IV de la Ley de Enjuiciamiento Ci-

---

5. Manuel ALBALADEJO GARCÍA, *Compendio de Derecho civil,* Edisofer, Madrid, 2007[13], págs. 13 y sig.

6. Para el concepto de Derecho civil v. Federico DE CASTRO Y BRAVO, "Hacia una definición del derecho civil", *Revista de la Facultad de Derecho de Madrid*, núms. 8-11, 1942, págs. 221 y sigs.; también en *Estudios jurídicos del profesor Federico de Castro*, vol. 1, Centro de Estudios Registrales, Madrid, 1997, págs. 369 y sigs., que debe complementarse con "El derecho civil y la constitución", en el mismo volumen de *Estudios*, págs. 281 y sigs.

7. José Luis LACRUZ BERDEJO, *Elementos de Derecho Civil. I. Parte General del Derecho Civil. Volumen primero. Introducción* (edición revisada y adicionada por Jesús Delgado Echevarría), Librería Bosch, Barcelona, 1988, pág. 40.

8. Sobre una descripción conceptual básica v. Leonardo PRIETO-CASTRO FERRÁNDIZ, "Derecho procesal", voz en *Nueva Enciclopedia Jurídica*, I, Seix, Barcelona, 1985, págs. 945 y sig. Cfr., con mayor profundidad y ciñéndose al proceso civil, Giusseppe CHIOVENDA, *Principios de Derecho Procesal Civil,* 2 tomos, Reus, Madrid, 2000 (de la tercera edición italiana).

vil (LEC). El primero y más numeroso es, precisamente, aquel que reúne las posibilidades de alcanzar transacción (un pacto entre litigantes), desistimiento y renuncia (respectivamente el abandono provisional o definitivo del demandante en el ejercicio de su acción civil por el demandante), y allanamiento (una aceptación por parte del demandado) de la reclamación. En todas ellas las partes procesales, quienes intervienen en el juicio, pueden *disponer* del objeto del proceso y de aquello que conforma el debate litigioso[9].

De otro lado, en cualquier tipo de proceder civil caben incidencias de índole penal cuyo tratamiento procesal se responde con el instituto de la *prejudicialidad*. En el transcurso del proceso civil se advierta un hecho que pueda ser delictivo, comunicándose al Ministerio fiscal y conduciendo a la suspensión del trámite que perdurará hasta resolver la problemática penal planteada. Se suspende cuando existe una influencia decisiva en el litigio civil, concurriendo una investigación en curso sobre algún hecho base de las pretensiones civiles ejercitadas. El momento de paralizar el trámite procesal civil tiene lugar con el visto para sentencia, salvo que se trate de un proceso penal ya en marcha sobre la falsedad de un documento. Esto último implica que los litigantes civiles que quieran utilizarlo –por eso lo propusieron como medio para probar sus afirmaciones fácticas– no renuncien al documento. La suspensión perdura hasta que el juicio penal haya terminado por completo o alcance un punto desde el que no pueda proseguir, momento en que se retomará el devenir del enjuiciamiento civil, sea para simplemente constatar una pérdida de tiempo –esto es, que la paralización no aclarase nada–, sea para servirse de las decisiones penales tomadas en paralelo y ya definitivas, irrenunciables en cuanto a la falsedad del documento o lo que fuese objeto de discusión en clave judicial penal.

Finalmente, conviene advertir que el Derecho procesal es derecho necesario sea cual sea lo que se enjuicie, pero en la práctica se aprecia una especie de privatización, sin importar la materia de Derecho sustantivo analizado, bien porque los jueces acostumbran a construir determinados trámites de la nada, por ignorancia o por comodidad, a menudo porque "siempre se ha hecho así" aunque no se sepa de la causa o tal actuar propicie resultados que contradigan las normas procesales vigentes[10].

---

9. Sobre la clásica definición del objeto procesal civil, vinculada a la cosa jugada formal y material, v. Andrés DE LA OLIVA SANTOS, *Objeto del proceso y cosa juzgada en el proceso civil*, Civitas, Madrid, 2005.

10. Ricardo YÁÑEZ VELASCO, *L'Oficina judicial a Catalunya. Mijtà real d'una justícia eficaç pel ciutadà del segle XXI*, Centre d'Estudis Jurídics i Formació Especialitzada, Barcelona, 2008, cit., págs. 146, 160, 274, 394, 575 y sig.; del mismo, *De la nulidad procesal a la anulación del Derecho procesal. Jueces*

2
La organización jurisdiccional civil española

1. Sistema procesal civil

Los órganos judiciales españoles, sean unipersonales (juzgados) o colegiados (tribunales), se agrupan en grandes grupos u órdenes que responden a la materia objeto de su análisis jurídico[11]. En el orden jurisdiccional civil se aprecia una estructura jerárquica muy similar al resto de órdenes jurisdiccionales, sin la diversidad característica del orden penal pero con significada complejidad en el área de trabajo al incrementarse los distintos tipos de procedimiento, tanto ordinarios como especiales.

La regla de distribución opera por descarte. El objeto del proceso civil es el enjuiciamiento de los hechos que constituyen cualquier discusión que no pueda incardinarse en otra jurisdicción. Efectivamente, el enjuiciamiento civil no disfruta de una definición concreta como sí ocurre en todos los demás campos de la jurisdicción (penal, administrativo y social). Se activa por defecto al recoger como cajón de sastre todo aquello que no permite ser ubicado en otro lugar por atribución tasada o específica.

---

legisladores y corrupción de legalidad, Reus, Madrid, 2019, págs. 12, 110 y 249, y "Siempre se ha hecho así. La costumbre del juez no es fuente de Derecho", *Diario La Ley,* núm. 9612, 14-IV-2020, también en mis *Estudios de Derecho Procesal, III, Enjuiciamiento Criminal,* vol. 3, Edicions Bocabella, Barcelona, 2020, págs. 525 y sigs.

11. Civil, penal, administrativo (también denominado contencioso-administrativo) y social (término éste más amplio que "laboral" por superar el ámbito del contrato de trabajo y abarcar materias de la Seguridad Social u otras). Restaría la jurisdicción militar compuesta por jueces togados militares, una especialidad básicamente criminal. Particularidad terminológica: el término "tribunal" acoge también al órgano unipersonal en la redacción de la Ley 1/2000, de 7 de enero, de Enjuiciamiento civil.

2. Juzgado de paz

Circunscrito territorialmente en el término administrativo del municipio, el juez de paz constituye la base teórica de la pirámide organizativa del enjuiciamiento civil, mas no es su plataforma principal porque contribuye muy poco al conjunto de la actividad judicial (artículos 99 a 103 LOPJ, 47 y 250.1 LEC). Su actividad se relega a funciones jurisdiccionales de menguada importancia –más importante su labor auxiliadora en el ámbito de la comunicación procesal que no el enjuiciamiento que comporta dictar sentencia–, sin olvidar que desaparece de escena cuando en la circunscripción donde desplegaría sus efectos se constituye un Juzgado de primera instancia, en verdad primer eslabón de la jurisdicción civil.

> A mi modo de ver el mayor problema reside en la falta de profesionalización del juez de Paz, quien aunque sea licenciado en Derecho no tiene que serlo de necesidad y no lo es a menudo; en ningún caso pertenece a la carrera judicial. Los actos de los que se ocupa se limitan a quebrantos de la civilidad en sentido amplio, restringidos a reclamaciones netas de cantidad no superiores a los noventa euros[12]. Aun prescindiendo de ese tipo de profesionalidad, de atribuir la función a determinados expertos en el ámbito civil y mercantil, podría ampliarse significativamente su labor en el terreno propio del arbitraje y de la mediación.

El de paz es un Juzgado competente para actos de conciliación no atribuidos al letrado de la Administración de justicia de los Juzgados de Primera instancia o de lo Mercantil (artículo 140.1 de la Ley 15/2015, de 2 de julio, de la Jurisdicción voluntaria, LJV[13]). A su vez interviene, como ya se anticipó, en procesos civiles conducidos por los Juzgados de primera instancia o mercantil y Secciones civiles de la Audiencia Provincial, colaborando en materias relativas a la comunicación procesal (por ejemplo artículo 170 LEC), quehacer mucho más prolijo en la práctica diaria.

---

12. Cfr. Juan DAMIÁN MORENO, *Los Jueces de Paz. Antecedentes históricos y perspectivas de futuro,* UNED, Madrid, 1987, Rosa COBOS GAVALA, *El Juez de Paz en la Ordenación Jurisdiccional Española,* Ministerio de Justicia, Madrid, 1989, José Luis LÓPEZ DEL MORAL, *Manual de los Juzgados de Paz,* La Ley, Madrid, 2008[4].

13. Sobre este tipo de normativa v. Piedad GONZÁLEZ GRANDA, *¿Quo vadis, jurisdicción voluntaria? (La reestructuración parcial de la materia en la ley 15/2015, de 2 de julio, de jurisdicción voluntaria),* Reus, Madrid, 2015, Julio BANACLOCHE PALAO, *Los nuevos expedientes y procedimientos de jurisdicción voluntaria. Análisis de la ley 15/2015, de 2 de julio,* La Ley (Grupo Wolters Kluwer), Madrid, 2015, AAVV, *Jurisdicción voluntaria,* Bosch, Barcelona, 2016.

3. Juzgado de Primera instancia

Este órgano judicial conforma la auténtica base de la organización jurisdiccional civil, acogiendo cualquier juicio de dicha naturaleza que no venga asignado a un juzgado o tribunal diferente, la resolución de recursos contra decisiones de los juzgados de paz y los actos de jurisdicción voluntaria no atribuidos a estos últimos ni al Juzgado de lo mercantil –en éste, sin embargo, el competente no es el juez sino un letrado de la Administración de justicia adscrito–, siendo, además, el tipo de juzgado encargado del Registro civil.

Se ubican en la capital del *partido judicial*, demarcación territorial judicial formada por uno o más municipios. Pueden encontrarse orgánicamente unidos a los juzgados de instrucción, configurándose así como órganos mixtos denominados Juzgados de "Primera instancia e instrucción", o estar separados de la jurisdicción penal. En cualquier caso se trata de órganos unipersonales, servidos por un único juez o magistrado.

4. Juzgado de familia

El Juzgado de familia no es más que un Juzgado de primera instancia o mixto en cuanto a las competencias civiles, pero que recibe la especialización en materia de Derecho de familia. Esto incluye cuestiones referidas al matrimonio (separación, divorcio y nulidad, medidas definitivas de la guarda y custodia de prole, modificación de esas medidas definitivas, derecho cautelar relacionado con todo lo anterior, medidas de apoyo al discapaz y curatela, tutela, adopción y otras materias relacionadas). En los grandes núcleos urbanos caben incluso especializaciones sobre el discapaz y las medidas de apoyo, tutela para menores, junto con aquellos dedicados al resto del Derecho "de familia".

Puede tratarse de un juzgado especializado que no se dedique a otra cosa o que compatibilice con funciones civiles propias del Juzgado de primera instancia en general.

5. Un juzgado de familia heterodoxo: el Juzgado de violencia sobre la mujer

Establece el artículo 87 ter.2 de la Ley Orgánica el Poder Judicial (LOPJ) que los Juzgados de Violencia sobre la Mujer podrán conocer, en el orden civil y bajo la previsión de la LEC, los siguientes asuntos: "a) Los de filiación, maternidad y paternidad. b) Los de nulidad del matrimonio, separación y divorcio. c) Los que versen sobre relaciones paterno-filiales. d) Los que tengan por objeto la adopción o modificación de medidas de trascendencia familiar. e) Los que versen exclusivamente sobre guarda y custodia de hijos e hijas menores o sobre alimentos reclamados por un progenitor contra el otro en nombre de los hijos e hijas menores. f) Los que versen sobre la necesidad de asentimiento en la adopción. g) Los que tengan por objeto la oposición a las resoluciones administrativas en materia de protección de menores". Y en un tercer apartado del mismo precepto se atribuye a los Juzgados de Violencia sobre la Mujer, en forma exclusiva y excluyente, competencia en el orden civil cuando, tratándose de alguno de los objetos indicados en el apartado segundo anterior, concurran simultáneamente tres requisitos: uno de los litigantes ha de ser (presunta) víctima de los actos de violencia de género que definen la competencia penal de ese tipo de órgano judicial instructor, que alguna parte procesal civil sea, también, imputada como autor, inductor o cooperador necesario de esos actos presuntamente criminosos –no se incluyen partícipes criminales– encuadrados en la violencia de género e, imprescindible, que se hayan iniciado ante el Juez de Violencia sobre la Mujer actuaciones penales por delito como consecuencia de un acto de violencia sobre la mujer, o al menos que se haya adoptado una orden de protección en favor de una (presunta) víctima de violencia de género.

Razón de ser evidente se encuentra en la complejidad de coordinar actuaciones entre distintos órganos judiciales. Ejemplo característico el establecimiento de un régimen de visitas con una prohibición de aproximación (penal). Y este tipo de atracción competencial permite afrontar bajo un único criterio judicial la misma problemática afectante a diferentes ámbitos de la vida de quienes resultan directa e indirectamente implicados.

6. Juzgado de lo Mercantil

Uno o más juzgados de lo mercantil se configuran en cada provincia, siendo éste el ámbito territorial de la atribución jurisdiccional sobre materia concursal derivada de la legislación específica que, de hecho, propició la creación de tal tipo de órganos judiciales[14]. A ello se añade el enjuiciamiento de

14. Se trata de la ley 22/2003, de 9 de octubre, Concursal (LC), atribuyendo competencias a los Juzgados de primera instancia e instrucción hasta la creación del Juzgado de lo Mercantil (DT 2ª LC). La única

acciones relativas a la competencia desleal, propiedad industrial, propiedad intelectual y publicidad, y toda cuestión que dentro de este orden jurisdiccional se promueva al amparo de la normativa reguladora de las sociedades mercantiles y cooperativas, así como en materia de transporte, nacional o internacional, la aplicación del Derecho marítimo, las acciones colectivas previstas en la legislación sobre condiciones generales de la contratación y a la protección de consumidores y usuarios. Se añaden los recursos contra las resoluciones de la Dirección General de los Registros y del Notariado en materia de impugnación contra la calificación del Registrador Mercantil, con arreglo a lo dispuesto en la Ley Hipotecaria para este procedimiento. También se incluirá el contenido de los de los artículos 81 y 82 del Tratado constitutivo de la Comunidad Europea y su Derecho derivado, así como los procedimientos de aplicación de los artículos que determine la Ley de Defensa de la Competencia, y el reconocimiento y ejecución de sentencias y demás resoluciones judiciales extranjeras si versan sobre materias de su competencia salvo que tratados y otras normas internacionales atribuyan la cuestión a otro Juzgado o Tribunal.

> Aparte lo anterior, los Juzgados de lo mercantil ubicados en Alicante obtienen una competencia adicional en el primer grado de jurisdicción, exclusiva y excluyente, y con ámbito para todo el territorio español, respecto de las materias reguladas en los Reglamentos números 40/94, del Consejo de la Unión Europea, de 20 de diciembre de 1993, sobre la marca comunitaria, y 6/2002, del Consejo de la Unión Europea, de 12 de diciembre de 2001, sobre los dibujos y modelos comunitarios, modificados ambos por el Reglamento (CE) número 1.891/2006 del Consejo, de 18 de diciembre de 2006.

7. Audiencia Provincial

Como su nombre indica, la Audiencia provincial es un órgano colegiado de ámbito provincial, dividido en "secciones" tanto penales como civiles, cada una compuesta por tres o más magistrados (artículo 81 LOPJ). Tres de ellos constituirán la "sala" encargada de llevar a cabo las funciones jurisdiccionales atribuidas, a excepción de la apelación contra sentencias de juicios verbales por cuantía, que resolverá un solo magistrado. No operan en el primer grado de la jurisdicción civil sino excepcionalmente, siendo su principal tarea la de

---

excepción: el concurso de persona física que no sea empresario, que se encarga al Juzgado de Primera instancia (artículo 85.6 LOPJ).

fiscalizar, a través del recurso de apelación, decisiones de los Juzgados de primera instancia o de lo mercantil, pudiendo especializarse alguna sección en esta última materia[15], o en el Derecho de familia. Igualmente resolverá recursos de apelación dirigidos contra los Juzgados de violencia sobre la mujer en decisiones que afecten materias civiles (artículo 82.2 LOPJ).

8. Tribunal Superior de Justicia

En cada una de las diecisiete Comunidades autónomas se establecerán Tribunales Superiores de Justicia, divididos en tres Salas, una primera común para el ámbito civil y el penal, dado el muy reducido volumen de asuntos a tratar desde el punto de vista estadístico, a diferencia del resto (social y contencioso-administrativo). Este órgano judicial colegiado tiene atribuido, en el orden civil, resolver demandas de responsabilidad ejercitadas contra determinadas personas (aforados), respecto de algunas cuestiones relacionadas con el arbitraje y, fundamentalmente, la resolución de recursos de casación y extraordinarios de revisión, en los dos casos siempre y cuando el objeto litigioso enlace con materia propia del Derecho especial o foral propio del territorio autonómico (artículo 73.1 y 2 LOPJ).

9. Tribunal Supremo

Es éste un órgano colegiado de ámbito nacional que cierra la jerarquía jurisdiccional civil, siendo la primera de sus Salas (de lo civil) la dedicada a esta materia (artículos 55 y 56 LOPJ). Tiene atribuida la interpretación de la Ley (artículo 123 CE a partir de la LEC y LOPJ) y complementa las fuentes del Derecho, a partir de lo cual construye la *Jurisprudencia* (artículo 1.6 CC). La Sala primera resuelve recursos interpuestos contra sentencias de la Sala de lo Civil y Penal del Tribunal Superior de Justicia y de las salas de las Secciones civiles de las Audiencias Provinciales. Además resolverá, como órgano judicial de primer grado, demandas de responsabilidad civil dirigidas contra una larga lista de aforados. Sus decisiones son irrecurribles, no obstante toda decisión podría ser objeto de un recurso de amparo ante el Tribunal Constitu-

---

15. Y debiendo hacerlo una o varias secciones en la Audiencia Provincial de Alicante para resolver sobre las específicas materias propias de los ya mencionados juzgados de lo mercantil especializados en la dicha ciudad.

cional, que es el intérprete máximo de la Constitución española y que decide por sí mismo el alcance de la dicha interpretación.

> Las pugnas de poder entre el Tribunal Supremo y el Tribunal Constitucional detonaron hace años con claridad, mostrando que la interpretación de legalidad del primero se oponía no ya a la interpretación de esa misma legalidad en atención a derechos constitucionales fundamentales del segundo, sino a la legitimidad del Tribunal Constitucional para definir lo que puede y lo que no puede hacer, tema central del debate generado por el Tribunal Supremo con apoyo incontestable de la Fiscalía[16].

Más allá del ámbito nacional resta la protección de los derechos reconocidos en el Convenio europeo de Derechos Humanos, a través del Tribunal Europeo de Derechos Humanos, con sede en Estrasburgo y de ámbito supranacional, mientras que el Derecho comunitario europeo se controlará por el Tribunal de Justicia de la Unión Europea, con sede en Luxemburgo.

---

16. Ver mi crítica en *Concurso de acreedores y Derecho penal Aproximación a los tipos penales relacionados con la insolvencia,* Grupo Difusión, Barcelona, 2006[3], págs. 279 y sigs.; en igual sentido Ramón RAGUÉS VALLÉS y Jesús María SILVA SÁNCHEZ, "La prescripción de los delitos: guerra institucional y efectos colaterales", *Economist & Jurist,* vol. 16, núm. 119, 2008, págs. 92 y sigs.; José María ASENSIO MELLADO, "Los conflictos entre el Tribunal Supremo y el Constitucional", en *Realismo jurídico y experiencia procesal,* Atelier, Barcelona, 2009, págs. 161 y sigs.

3
Proceso y procedimientos civiles

Tabla de contenidos

1. El proceso y el juicio

La justicia por la propia mano (autotutela) cede ante el sistema de la *heterotutela* en el que un mecanismo coercitivo estatal se articula a través del justiciable, la persona física o jurídica que dispondrá de la *acción* procesal para iniciarlo a través del *proceso* jurisdiccional, herramienta a disposición del ciudadano en manos del Estado, que ostenta el monopolio de la *jurisdicción*.

> *Acción* y *jurisdicción* son términos clásicos en el Derecho procesal, siendo *proceso* o juicio el instrumento que los materializa, donde se produce el enjuiciamiento, por parte de los tribunales de justicia, de los derechos pretendidos a través de la acción ejercitada[17], sirviéndose de un itinerario preestablecido o *procedimiento*.

La tutela jurisdiccional constituye derecho constitucional fundamental (artículo 24.1 CE) y residencia su punto de partida en el principio de la autonomía de la voluntad cuando afecta al Derecho privado. Esto implica que la infracción de las normas de ese ámbito jurídico no conlleva deber de intervención del Estado, con la excepción del Ministerio fiscal como instante del ejercicio de la potestad jurisdiccional en los procesos no dispositivos. Aquí aparecen intereses superiores a los que se rigen con esa autonomía de la voluntad, coartando de ese modo la libertad personal traducida en ese sistema de hetero-

---

17. Manuel SERRA DOMÍNGUEZ, "Jurisdicción", en *Estudios de Derecho Procesal,* Ariel, Barcelona, 1969, págs. 20 y sigs., Juan MONTERO AROCA, *Introducción al Derecho Procesal (Jurisdicción, acción y proceso),* Tecnos, Madrid, 1976 y 1979[2], Francisco RAMOS MÉNDEZ, *Derecho y proceso,* Librería Bosch, Barcelona, 1978, José Vicente GIMENO SENDRA, *Fundamentos de Derecho procesal (Jurisdicción, acción y proceso),* Civitas, Madrid, 1981.

tutela. En uno y otro caso se seguirá el cauce predeterminado por la ley, una sucesión de *actos procesales* que imponen el factor temporal y encajan en el *principio de legalidad procesal*.

Para asegurar el propio devenir del juicio y su resultado –el cumplimiento de la sentencia– se dispone de las medidas cautelares, definidas por la instrumentalidad que las hace dependientes de un proceso civil en curso sin el cual no podrían existir. Y ello impone el carácter relativo, provisional, accesorio y subsidiario de tal suerte de instrumento. Pueden ser personales, cuando afectan a las personas, y reales, cuando refieren a las cosas. En todo supuesto se toman bajo el análisis de proporcionalidad entre los bienes y derechos que se verán afectados y se edifican sobre dos presupuestos esenciales: la apariencia de buen derecho (*fumus boni iuris*) y el riesgo o peligrosidad generada por el lapso temporal inherente a todo proceso (*periculum in mora*).

2. El procedimiento civil

La descripción del desarrollo temporal del proceder, que puede centrarse más en la forma que en el fondo, fue históricamente superado por una construcción científica de aquello que hacía el juez y las partes, elaborando de ese modo el *proceso* diferenciando del *procedimiento*. De hecho, este último y a diferencia de aquél puede implicar todo tipo de actividad jurídica, también la no jurisdiccional (por ejemplo la administrativa), , exclusivo de una actuación jurisdiccional que además precisa de ese *proceso* para existir, sirviéndose para ello del procedimiento judicial. Es excepción tanto la jurisdicción voluntaria como la intervención y gestión en el Registro civil.

La mencionada sucesión de actos procesales (el procedimiento) se divide en grandes grupos estructurales, siendo fundamental la distinción entre lo *declarativo* y lo *ejecutivo*.

En el primero procede separar el trámite de iniciación, seguido del alegatorio, probatorio y de conclusiones que culmina en una primera sentencia, tras la que puede abrirse la impugnación y con ello los llamados grados de la jurisdicción articulados sobre la jerarquía creada en la organización jurisdiccional civil.

El segundo se activa, por lo general, cuando no se cumple voluntariamente lo establecido en sentencia, cuando ya no es posible ninguna impugnación o se renuncia a la interposición del recurso (básicamente de apelación o de casación). Es decir, cuando la decisión judicial es, así, *firme*, conduciendo al denominado efecto de *cosa juzgada material*.

Salvedad se encuentra en supuestos donde en vez de sentencia o título judicial, por soslayar la etapa declarativa, se inicia directamente la ejecución en virtud de un título *no judicial*. La enumeración tasada de sus modalidades permitirá el mismo resultado coactivo cuando se cumpla en el supuesto de hecho legalmente previsto. Por ejemplo, firmar un cheque o una letra de cambio implica el cumplimiento de lo así obligado. No hacerlo permitirá acudir directamente al uso de la fuerza desplegado por el Estado desde el punto de vista judicial.

El esquema básico del proceder civil declarativo se principia con una *demanda* que define al que con ella ejercita la acción civil, el *actor* o *demandante*, dirigida contra quien como *demandado* podrá no hacer nada y ser declarado rebelde procesal, siguiendo el procedimiento sin él, o bien presentar la *contestación* a la demanda en la que se avenga a lo pedido (*allanamiento* que, dicho sea, podría realizarse oralmente), niegue los hechos afirmados en la demanda o sólo sus consecuencias jurídicas y/o presente nuevos hechos de tipo impeditivo, excluyente o impeditivo, sin olvidar que también está facultado para oponer *excepciones*.

Particularidad del demandado es que puede aprovechar que la demanda recibida en contra ha generado un juicio civil para interponer una propia demanda contra quien le demandó y hacerlo en ese mismo juicio. Se trataría de una acción civil propia, que en esta articulación se llamaría *reconvencional*, imponiendo al inicial demandante la misma posibilidad de contestar esa demanda reconvencional como *demandado reconvenido*. En la reconvención, por consiguiente, ambas partes ostentarán la doble condición de parte activa y pasiva del proceso.

Una vez se dispone de lo que los litigantes afirman ha ocurrido y en consecuencia alegan y pretenden por virtud de una afirmación que habrán de acreditar, puede configurarse el objeto del debate litigioso. Se dispondrá de un momento procesal específico para su delimitación, al tiempo que para depurar cualquier defecto advertido hasta ese momento.

A continuación y salvo inconvenientes que pusieran fin anormal al trámite, en función de ese objeto podrán examinarse qué medios de prueba necesita cada una de las partes procesales para defender sus pretensiones, dado que es posible la coincidencia de afirmaciones fácticas postuladas por el actor y por el demandado y, con ello, excluir la necesidad de probar esos hechos reconocidos por todos. Es más, si la cuestión objeto de discusión se centrase exclusivamente en lo jurídico, podría quedar la causa inmediatamente vista para dictar sentencia. Si no es así proseguirá el trámite para ventilar los medios de prueba que sean necesarios a criterio de las partes procesales, pudiendo intervenir el propio juez (*de oficio*) en los procesos no dispositivos. Esencial resultará entonces la etapa probatoria en la que lo alegado jurídicamente en la demanda o en la contestación, que lo es sobre la base de un relato fáctico o de hechos afirmados, deberá sustentarse acreditándose esto último.

A continuación el juez valora libremente (en *sana crítica*) esa *prueba* obtenida en juicio –si bien excepcionalmente la ley establece criterios de valoración (será en ese caso prueba *tasada*)– y dictará sentencia, contra la cual podrán las partes estar de acuerdo o discutirla mediante los *recursos* o medios de impugnación.

3. Tipos de procedimiento

A pesar de que la pretensión lógica del sistema procesal debiera encontrarse en la configuración de un tipo único de juicio, en todas las jurisdicciones abunda la multiplicidad de procedimientos, incluso llamados *ordinarios*, que en el fondo plasman el error de la disciplina procesal.

En vez de construida por su propia dogmática derivada del derecho material subyacente, las disciplinas jurídicas no procesales conducen a un procedimiento como si éste fuera parte de sí mismas. De ese modo, por ejemplo, el derecho de las cosas conduce a los juicios de división de la cosa común, a la tutela interdictal (recuperación de posesión, demolición o derribo, suspensión de obra nueva, etcétera), al procedimiento de propiedad horizontal o a los juicios sobre propiedad industrial o competencia desleal, entre otros. Se trata de una proyección procesal de la institución material, sin que por lo general se obtenga auténtica utilidad con la especialización del *procedimiento*.

En el actual proceso civil se distingue entre juicios ordinarios y verbales, y cada uno agrupa varios procedimientos por razón de la materia (artículos 249 y 250 LEC), al tiempo que todos se distinguen de las pretensiones meramente dinerarias divididas por el importe reclamado: en más de seis mil euros será *juicio ordinario*, en menos de ese importe *juicio verbal* y, dentro de este último, si la cuantía reclamada no supera los dos mil euros tampoco exige postulación técnica; esto es, que el litigante no tendrá obligación de contratar ni a un abogado ni a un procurador, preceptivos en el resto de trámites.

4. Principios del proceso y del procedimiento

Común a cualquier proceso judicial es la confrontación entre dos posiciones, cada una eventualmente plural[18]. Y tal suerte de dualismo puede superarse si se ciñe a la parte procesal, no a una posición enfrentada contra la otra[19].

El derecho de defensa se encuentra constitucionalizado como fundamental –básicamente como prohibición de indefensión (artículo 24.1 CE)– y se extiende a cualquier parte procesal en orden a su posibilidad de audiencia. El litigante ha de poder ser oído por el juez que resolverá sobre su posición en el proceso. No es, por consiguiente, una necesidad, permitiendo así el juicio en ausencia del demandado civil que no contestó la demanda en su contra dirigida y fue declarado *rebelde procesal*. Para ello lo fundamental se encuentra en la corrección de las comunicaciones procesales que se dirigen a los litigantes, así como los mecanismos establecidos para denunciar la falta de garantías, permitiendo declarar la nulidad del trámite actuado y retrotraer el proceder al momento en que debe salvaguardarse el mencionado derecho de audiencia[20].

En este sentido se articula la contradicción como principio, así como el también principio de disposición o dispositivo en función de la libre autonomía de la voluntad y bajo la regla de oportunidad. Para ello importa sobremanera la concepción ideológica y el régimen económico asumido en la actualidad (el de libertad de empresa y propiedad privada, artículos 38 y 33 CE). En cambio, se aproxima al Derecho procesal u otro de naturaleza necesaria cuando el interés deja de ser individual y se transforma en social y, con ello, nace el carácter no dispositivo del proceso. En todos operan, sin embargo, limitaciones en función del abuso y ejercicio antisocial y la irrenunciabilidad de ciertos derechos para la defensa de intereses individuales o colectivos.

---

18. A su vez, la pluralidad también encierra particularidades con la introducción de terceros en el proceso, que sin embargo encajarán en una posición litigante, normalmente la demandada (como demandados sobrevenidos); cfr. Ricardo YÁÑEZ VELASCO, "Pluralidad de partes en el proceso civil. En particular: la intervención provocada a iniciativa del demandado" (I) (y II), *Economist & Jurist*, núm. 105, noviembre 2006, y núm. 106, diciembre-enero 2007, págs. 78 y sigs. y 74 y sigs., también en mis *Estudios...*, cit., t. II, vol. 2, págs. 79 y sigs.

19. Cfr., por ejemplo, Juan MONTERO AROCA, *Introducción...*, cit.

20. Sobre esta materia v., por ejemplo, José María MARTÍN DE LA LEONA ESPINOSA, *La nulidad de actuaciones en el proceso civil*, Constitución y Leyes, Madrid, 1991, Renzo CAVANI, *La nulidad en el proceso civil*, Palestra editores, Lima, 2014, Ricardo YÁÑEZ VELASCO, *De la nulidad...*, cit., págs. 81 y sigs., José Manuel MARTÍN FUSTER, *La apreciación de oficio de la nulidad*, Tesis doctoral, Universidad de Málaga, 2021. asdfg

.

A diferencia de lo que ocurre en el proceso penal, donde las partes procesales no ocupan la misma situación ni disfrutan de idénticas prerrogativas porque tampoco se vinculan a una equiparable posición material subyacente, los justiciables civiles acogen el principio de igualdad procesal sin matización. Mismos derechos y cargas que deducen del planteamiento ideológico o político según el cual toda persona es igual ante la Ley. Y ello del mismo modo en la etapa declarativa que en la ejecutiva, por mucho que en ésta se parta de un derecho reconocido en firme frente a otro u otros ya condenados.

Cuestión distinta que, al igual que la proclama de igualdad formal como derecho constitucional (artículo 14 CE). Constituye un objetivo cuya realidad y efectividad debe promover el Estado (artículo 9.2 CE), la igualdad procesal debe conseguirse en la práctica, más allá de la teoría y suprimiendo el formalismo inútil por ajeno a cualquier función, también la de mantener el equilibrio entre litigantes ante los actos procesales. En este ámbito destacan igualmente las matizaciones al alcance probatorio, particularmente la llamada inversión de la carga de la prueba, como más adelante se verá.

Como principios del procedimiento destaca la *oralidad* frente a la escritura (artículo 120.2 CE), lo que favorece la *concentración* de los actos de enjuiciamiento –la unidad del acto procesal del juicio, que no impide se realice en sesiones sucesivas–, la *publicidad –externa*, para todos, o *interna*, en favor de los interesados (no solo las partes procesales) que permite la decisión de "puerta cerrada" para todos los demás– y la *inmediación* como contacto directo del juez con la práctica de los medios de prueba personales[21].

El ejemplo más claro de las pruebas no personales –que en la concepción de autores como J. Guasp Delgado se definen como propias de una *persona*–, son los documentos, lo que no significa que el juez no entre en contacto directo cuando debe valorar sobre su forma y su contenido. La inmediación, sin embargo, responde a la posibilidad de interacción, lo que ocurre con testigos y peritos en la vista o juicio, existente aunque se utilicen medios telemáticos como la videoconferencia para su práctica, inexistente si se trata de una grabación, como la que pueden observar los miembros de un tribunal de apelación en vía de recurso, que nunca *inmediarán* nada

---

21. No faltan quienes consideran la actual Jurisprudencia nacional e internacional sobre la materia una *sobrevaloración* de la inmediación y ésta como *excusa* o *pretexto* para no valorar la prueba bajo el método científico a disposicion sino a través de una intuición inmotivable porque precisamente quiere el juez no motivar; con cita de Juan Igartúa Salaverría (*Prueba científica y decisión judicial. Unas anotaciones propedéuticas,* La Ley, 2-XI-2007), Jordi NIEVA FENOLL, "Inmediación y valoración de la prueba: el retorno de la irracionalidad", *Civil Procedure Review*, vol. 3, núm., 1, enero-abril 2012, pág. 14, nota 25, pág. 17 y págs. 21 y sigs..

.

a través de un acta audiovisual o escrita, no tanto por el uso de un medio técnico que intermedia entre la fuente y el receptor, que también aparece con medios de convicción telemáticos, sino por lo inmóvil de lo grabado, porque impide la interacción.

El antiformalismo, por su parte, persigue soslayar el exceso formal, pero no la forma propia de la legalidad procesal y certeza normativa, el saber a qué atenerse de cualquier justiciable en virtud de la seguridad jurídica que además construye el camino de una acertada sentencia judicial.

5. Esquemas de tramitación

El procedimiento civil observa tres trámites esenciales, dos encajan en el concepto del proceso dispositivo del enjuiciamiento, el juicio ordinario y el juicio verbal, y un tercero en la noción no dispositiva del enjuiciamiento, que se sirve del segundo de los anteriores, añadiéndole sustanciales adiciones.

Tras una actividad común de preparación preprocesal, donde se recopilan documentos e informes, se preparan testigos viables e incluso se contratan expertos, incluyendo la eventual petición de justicia gratuita para sufragar estos últimos. Con todo ese trabajo previo al juicio se confecciona un escrito de demanda, que se dirigirá contra el demandado. Es igualmente posible preparar la demanda a través de las denominadas *diligencias preliminares*. A su vez, la demanda que presente defectos formales podrá ser subsanada para facilitar su admisión a trámite. En el primer supuesto el demandado podrá no sólo contestar sino interponer una demanda contra el demandante, la acción reconvencional, que abrirá un nuevo trámite para que el actor inicial pueda, a su vez, contestar. Naturalmente, todo ello sólo es posible si el demandado comparece al juicio, personándose con abogado y procurador. Si no lo hace será declarado *rebelde procesal*, lo que no impedirá que el juicio siga su curso. A partir de aquí conviene distinguir entre el juicio ordinario y el verbal.

La reconvención en este último resulta limitada, porque se excluye cuando la sentencia resultante no comporte efecto de *cosa juzgada*. Esto ocurre en algunos juicios verbales tradicionalmente llamados "sumarios", pero también sucede si la acción (reconvencional) no puede ejercitarse en un juicio verbal sino solo en el juicio ordinario.

El procedimiento del juicio ordinario se separa en dos momentos de actividad oral, la audiencia previa y el propio juicio. La audiencia es útil para afrontar gran número de problemas u oportunidades. La primera es la *transacción*, un tipo de acuerdo que de tener lugar puede homologarse judicialmente, poniendo fin al proceso como si fuera una sentencia, así *título de ejecución* para el caso que alguna parte litigante incumpla lo pactado. Si no hubiese acuerdo seguirá el trámite con la resolución de cuestiones procesales de lo más variadas, todas en orden a solventar inconvenientes para el buen devenir del juicio o incluso su terminación anormal. Una vez quepa proseguir se dará palabra a las partes procesales para que delimiten el *objeto del debate*, separándose así lo que para aquéllas es incontrovertido y lo que por el contrario merezca de necesidad ser acreditado.

Una vez hecha esta delimitación prosigue el trámite de proponer medios de prueba sobre lo que realmente hace falta probar –lo controvertido–, siendo inútil cualquier medio previsto sobre aquello que acaba de resultar hecho reconocido, incontrovertido, incluyendo los que ya se encuentran en la causa (documentos, dictámenes periciales) y que en buena lógica deberán salir de ella. No importa que sean teóricamente pertinentes porque se ajusten al *objeto del proceso,* pues ha de estarse al objeto del *debate*. El juez admitirá o denegará los medios de prueba propuestos, pero puede ser posible que no haya ninguno porque la única controversia que mantengan los litigantes sea jurídica y, así, pueda dictarse directamente la sentencia. Es igualmente posible que esto último ocurra cuando se disponga de un dictamen pericial que todos acepten, ante el cual el juez tampoco necesite aclararse en punto alguno, para pasar directamente al dictado de una sentencia como terminación normal del procedimiento –aunque anticipado– en el primer grado de la jurisdicción.

Fuera de esta opción se señalará día de juicio. Es éste el segundo acto oral en el que, salvo cuestiones iniciales sobre circunstancias de interés acaecidas desde la audiencia previa hasta ese momento –y limitadísimas posibilidades de proponer medios de prueba–, se practicarán los propuestos y admitidos en la audiencia previa. Puede ocurrir que, por la estrategia procesal de las partes, algunos sean renunciados antes de practicarlos, situación en la que quien no los propuso tampoco podrá participar para adquirir su resultado (el principio de la adquisición procesal únicamente opera en el inicio de la dicha práctica). Después cada letrado emitirá las *conclusiones*, donde valorará la prueba obtenida en el juicio y podrá argumentar jurídicamente sobre ella. Aquí debiera acabar el procedimiento en el mencionado primer grado de jurisdicción, si bien cuando algún medio de prueba no se hubiera practicado cabe su práctica ulterior, como *diligencia final*. En ese supuesto las conclusiones sobre lo adicional en conjunción con lo ya valorado no serán orales sino vertidas en trámite escrito, emitiéndose a continuación de éste la sentencia, que muestra el modo de terminación normal.

Más sencillo es el juicio verbal, donde sólo existirá un acto oral que básicamente reunirá concentradamente todo lo anterior, excluyendo la hipótesis de la diligencia final, limitación que puede alentar la suspensión de la vista ante la imposible práctica de todos los medios de prueba admitidos.

> Téngase en cuenta que cuando un juicio se señala separado en diversas sesiones, por no ser posible celebrarlo en una sola dado el número de partes, testigos y/o peritos a declarar, los letrados de los litigantes no podrán saber si alguno de los llamados acudirá al acto plenario si no han sido citados para la primera sesión. Sin embargo, cuando el juicio o la vista se celebra en una sola sesión, aunque ocupe toda la mañana, la citación de todos al inicio permitirá a los abogados valorar la causa de suspensión basada en la incomparecencia de cualquier llamado, lo que dicho sea sólo es viable cuando si concurra esa efectiva citación. Si la parte propuso indicando que aportaría por sí mismo a un testigo, asume (innecesariamente) el riesgo que su falta no encaje en causa de suspensión o de interrupción según la ley procesal (artículos 183.5 y 193.1.3º LEC, en relación con los artículos 188.2 y 292.1 LEC).

Finalmente se dispone de un tercer tipo de procedimiento, el *juicio verbal especial*. En un origen se diferenciaba del juicio verbal anteriormente indicado y dígase "ordinario" en que la contestación era oral en vez de escrita, mientras que ahora es escrita en todos los casos.

Los referidos juicios verbales especiales tienen que ver con la capacidad de las personas y la adopción de apoyos estables para el discapaz o patrimoniales para el pródigo, la filiación, paternidad y maternidad, la nulidad del matrimonio, su separación y divorcio y la modificación de medidas adoptadas en estos tres últimos, exclusivamente relativos sobre guarda y custodia de hijos/as menores o sobre alimentos reclamados por un progenitor contra el otro en nombre de esas prole menor de edad, los de reconocimiento de eficacia civil de resoluciones o decisiones eclesiásticas en materia matrimonial y aquellos que versen sobre las medidas relativas a la restitución de menores en los supuestos de sustracción internacional, que tengan por objeto la oposición a las resoluciones administrativas en materia de protección de menores y sobre la necesidad de asentimiento en la adopción (artículo 748 LEC).

Se trata de procesos no dispositivos porque es imposible la renuncia, el allanamiento o la transacción, limitándose el desistimiento y bajo beneplácito del Ministerio fiscal, interviniente en casi todos ellos (artículo 749 LEC). A su vez, la postulación con abogado y procurador siempre será obligada, mientras que la excepción versa sobre las partes del objeto litigioso en que se introdujo materia dispositiva.

A partir del dictado de una primera sentencia el trámite a seguir es común. De recurrirse el fallo abriría la etapa de recurso y el así llamado segundo grado de jurisdicción, y cuando la decisión judicial ya no fuese recurrible –al igual que si nunca se recurriera– el incumplimiento (voluntario) del eventualmente obligado conllevaría ejecución forzosa a instancia de la parte interesada.

4
Sujetos en el proceso civil.
En especial, la capacidad procesal

1. Del sujeto

La idea del sujeto se construye prejurídicamente –con ambivalente relevancia en la disciplina ética y filosófica–, si se quiere como enlace entre los seres vivientes y los dispositivos como una relación de tensión recorrida con procesos de subjetivación y desubjetivación donde los primeros quedan capturados por los segundos y así se constituyen –el ser viviente *sujeto* al dispositivo–. En el ámbito jurídico, y dejando a un lado que el Derecho mismo pueda ser considerado un dispositivo de captura de los usos del ser, el legislador establece *normativamente* el concepto de sujeto, describiéndolo como le parece más conveniente. Desde esta perspectiva, sujeto jurídico puede ser tanto físico y legal que, en el ámbito procesal, no es necesariamente equiparado al régimen del sujeto en lo sustantivo, donde igualmente puede hablarse de la persona humana y la persona moral o jurídica. En este punto es relevante advertir de la falta de coincidencia entre la posición de los sujetos en el proceso y quienes conforman la relación jurídico-subjetiva de Derecho material, aunque pueda intuirse el binomio activo-pasivo, a diferencia de lo que ocurre en el proceso y Derecho penales, donde no ocurre, al menos no tan claramente. De esta manera, el agente o sujeto activo del delito será el sujeto pasivo del proceso (contra quien se dirige la acción penal), mientras que en el proceso civil el actor o demandante puede ser el acreedor insatisfecho y el demandado un deudor moroso del anterior. Con todo, este último también puede demandar al anterior, por ejemplo a fin de que se reconozca la extinción del préstamo por pago u otra circunstancia.

En ocasiones la noción normativa que construye el término técnico de "sujeto" puede mostrar discrepancias significativas, como ocurre con el artículo 74.1 CP, en el que se alude a "la ofensa de sujetos". Obvio es decir que el sujeto ofendido puede ser un humano, de ahí que los delitos mal llamados *personales* (mejor *contra las personas*) pueden cometerse en forma continuada. A su vez, mientras que no cabe negar como sujeto ofendido a la persona jurídica, tampoco debiera rechazarse que los animales domésticos o salvajes sean sujetos de protección, tengan o no titularidad de derechos, tema éste largamente debatido. En cualquier caso, ser *sujeto* de derecho no es lo mismo que resultar un *objeto* de derecho.

2. En la Oficina judicial

Tras las últimas reformas en materia de organización jurisdiccional[22], cuya implantación todavía se encuentra en curso después de tres lustros, el antiguo juzgado se ha visto compartimentado y disgregado al mismo tiempo. Por un lado los servicios comunes, que aglutinan desde un principio la comunicación procesal (el servicio de actos de comunicación) y algún otro aspecto del trámite cuya unificación pretende llamar a la eficacia, por otro un reducido número de funcionarios que ofrece soporte directo al juez. Desde el punto de vista funcionarial se separa el personal jurisdiccional (en sus tres categorías: juez, magistrado y magistrado del Tribunal Supremo) del que no lo es (*letrado de la Administración de Justicia*, antiguo secretario judicial; *gestor procesal*, antiguo oficial; *tramitador*, antiguo auxiliar; *auxilio judicial*, antiguo agente judicial). La diferencia entre lo primero y lo segundo radica en la tarea a realizar, aquél en exclusivo y excluyente ejercicio de la jurisdicción, si bien el antes dicho Letrado, como fedatario público, ha recibido atribuciones a no dudarlo jurisdiccionales, por ejemplo en la ejecución, en buena medida mostrando el quebranto del principio constitucional de exclusividad jurisdiccional.

3. Partes procesales

Quien ejercita la acción civil o *acciona* es, por definición, el actor o la parte actora, el *demandante*. Quien recibe o soporta esa acción es el *demanda-*

---

22. V., en general, Ricardo YÁÑEZ VELASCO, *L'Oficina judicial...,* cit., págs. 120 y sigs.

do, bien directo, bien subsidiario caso que el anterior no pueda responder ante un eventual fallo judicial que le condene.

Cuando se atiende a una pluralidad de sujetos, sea en una u otra de las posiciones expuestas, se atiende al *litisconsorcio* activo o pasivo. En el primer caso hay varios demandantes, en el segundo dos o más demandados. El litisconsorcio *activo* es siempre voluntario, por cuanto nadie puede ser obligado a demandar a otro. En cambio, el litisconsorcio *pasivo* también puede ser necesario, esto es, cuando deviene obligado demandar a varias personas porque de lo contrario nunca podría cumplirse un fallo de condena o ejecutarse por la fuerza. Imagínese que se desea obligar a dos contratantes, en un negocio de compraventa de un inmueble, a cumplir con lo pactado si sólo se demandase y venciese a uno de ellos el actor nunca podrá adquirir la finca porque sólo uno de los que puede vendérsela y que no quiso hacerlo extraprocesalmente podría ser obligado judicialmente, incluso bajo sustitución de tercero autorizado (el mismo juez si el dueño no cumple la obligación de hacer impuesta en el fallo). Cuando no exista obligación ninguna de demandar a varias personas se asiste al litisconsorcio pasivo voluntario. Por ejemplo, tras sufrir un accidente de tráfico, el damnificado puede demandar al conductor del vehículo causante, o al propietario del mismo si fuera diferente del anterior, o a la compañía de seguros contratada o, de no existir contrato de seguro suscrito, al Consorcio de Compensación de Seguros. O pueden combinarse el primero y el último, éste y el segundo, los dos primeros o los tres a la vez.

En algunos supuestos se asiste a la *solidaridad*, cuando concurriendo varios demandados que acaban siendo condenados puede, quien los demandó, y como ejecutante, dirigirse a cualquiera de ellos por el total obtenido en sentencia. Sería el caso de optar por el conductor que provoca un accidente o por la aseguradora que se contrató para el vehículo conducido o ejecutar contra ambos a la vez. Por el contrario, se habla de *subsidiariedad* cuando se escalona la posibilidad de responder ante el ejecutante; por ejemplo, el propietario del vehículo solamente responderá después de hacerlo el conductor y/o la aseguradora.

4. Profesionales en presencia

4.1. Ministerio fiscal

También conocido como Ministerio público, todos sus miembros forman parte de un cuerpo funcionarial al servicio de la Administración de justicia que defiende el interés del Estado, pero siempre a través de la legalidad (artículos 124 CE y 435 LOPJ y Ley 50/1981, de 30 de diciembre). Esta teorización, sin embargo, puede ceder en la práctica por virtud de la significada estructura jerárquica, de índole administrativa, que culmina en un Fiscal General del Estado encajado en el Ministerio de justicia y así, pese a quien pese, bajo el poder del Ejecutivo. Ordenado con los principios de unidad y dependencia, no obstante se le asigna un principio de *imparcialidad* para que defienda esa legalidad y los intereses que la misma regula con plena *objetividad* e *independencia*.

Su intervención en los procesos civiles se circunscribe a los no dispositivos, como parte procesal o como representante del menor o discapaz, cuando menos defensor público de sus intereses, así en modo de informante obligado (por ejemplo ante cuestiones de competencia) o defensor de ley en aspectos que el Estado considera de importancia: nulidad matrimonial, determinación e impugnación de la filiación, ausencia legal de un litigante (artículo 749 LEC).

4.2. El Abogado

Al margen de la figura pública del Abogado del Estado[23], que representa y defiende al Estado y los organismos autónomos estatales (artículo 447 LOPJ) –con reflejo equiparado en el ámbito público autonómico y municipal–, el letrado o abogado es un profesional liberal que ofrece su consejo o asesoramiento jurídico fuera del proceso o dirige en éste la defensa de los intereses de un cliente (artículo 436 LOPJ). Es necesario ser licenciado en Derecho y, para ejercer como abogado, encontrarse inscrito en un Colegio profesional que en la actualidad resulta bastante para ejercer en todo el territorio nacional.

Sus principios rectores como cooperadores con la Administración de justicia o colaboradores de la función pública son los de veracidad, probidad y lealtad, pero hasta el límite que establece el sometimiento al contrato que le une con su cliente, lo que implica el secreto y diligencia profesionales en la defensa de los intereses de aquél[24].

---

23. Refundida con la ley 30/1984, de 2 de agosto, sobre Medidas para la reforma de la Función Pública; según Real Decreto Legislativo 5/2015, de 30 de octubre.

24. Faustino GUTIÉRREZ-ALVIZ CONRADI, "El abogado: ética profesional y lealtad procesal", *Justicia. Revista de Derecho procesal*, núm. 2, 1991, págs. 301 y sigs., Marcos Edgardo AZERRAD, *Ética y secreto profesional del abogado. Ejercicio y función social de la abogacía*, Cathedra Jurídica, Buenos Aires, 2007, Juan Antonio ANDINO LÓPEZ, *El secreto profesional del abogado en el Proceso civil*, José María Bosch ed., Barcelona, 2014, Gerardo GONZÁLEZ URBIETA, *Ética profesional. Manual Deontológico para la Praxis Civil*, Bosch, Barcelona, 2016, Ángela APARISI MIRALLES, *Deontología profesional del aboga-*

4.3. El Procurador de los tribunales

Es el representante procesal de la *parte* o litigante, formalmente intermediario entre ésta y el trabajo letrado. En la práctica su relación suele ceñirse a este último –al ocuparse de la entrega y recepción de escritos, al Juzgado y a ese abogado (artículo 438 LOPJ)–, siendo éste quien se relaciona directamente con el cliente. También deben disponer de un título oficial de licenciado en Derecho e ingresar en un Colegio profesional, el de procuradores. Probidad, lealtad y veracidad vuelven a ser los deberes para con la función colaboradora de la Administración de justicia legalmente asignada y los intereses del individuo al que representan, manteniendo igualmente el secreto y la diligencia.

5. La capacidad procesal

Hace un par de años se padeció el actuar de una médico-forense que consideró la capacidad procesal un concepto novedoso, manifestándose a la ligera sobre la edad mental de un sujeto con un cociente intelectual de 62 como equivalente a los catorce años. Preguntada la perito actuante sobre su formación en el ámbito psiquiátrico o psicológico respondió que llevaba veinte años de trabajo en tribunales. Es decir, nula la formación académica en dichas materias, por mucho que, fuese en el curso de su licenciatura en medicina, fuera en su temario de acceso al trabajo pericial público –aunque se ignora si no siendo titular sino interina siquiera superó la oposición de ese cargo– hubiera algún grupo de temas propios de esta disciplina. Se muestra con ello, una vez más, el grave déficit en la formación del médico-forense español, siendo responsabilidad del juez –en los procesos no dispositivos– y de los abogados –en todos los procesos– procurarse de auténticos especialistas en la materia cuyo auxilio sea preciso para el dictado de la sentencia o cualquier otra resolución judicial civil.

Un determinado sujeto, sea un litigante, un testigo o un perito, es capaz procesalmente hablando si puede comprender qué es un juicio civil. Legalmente se define al incapaz procesal con tres consideraciones genéricas: 1) no encontrarse en el pleno ejercicio de los derechos civiles (artículo 7.1 LEC), 2) precisar de un defensor judicial que le proteja cuando el Ministerio fiscal no pueda ocuparse de dicha tarea (artículo 8 LEC) y 3) someterse a la apreciación de oficio en todo tiempo (artículo 9 LEC).

---

do, Tirant lo Blanch, Valencia, 2018[2]. Cfr., asimismo, el Código Deontológico de la Abogacía Europea (28-X-1988) y la Carta de Principios Fundamentales de la Abogacía (24-XI-1996) elaborados en el seno de la asociación de Consejos y Colegios de Abogados europeos.

Obviamente quien carezca de este tipo de capacidad no podrá ejercitar la acción civil (ser demandante), sin representación legal (no procesal), de ahí merecer el constante examen judicial porque asimila con la capacidad jurídica o de obrar, ambos institutos de Derecho civil separables de la construcción procesal, circunscrita a la intervención en el curso de un juicio civil, sea para iniciarlo o seguir en él como parte justiciable, sea para intervenir puntualmente como fuente de prueba (el testigo o el perito). No tiene que ver necesariamente con el discapaz o quien deba someterse a medidas de apoyo estable (*infra* Tema 21). La aptitud de comparecencia que permite operar actos procesales válidos se suma a la dogmática sobre la titularidad de la acción civil ejercitable explicativa del concepto de *capacidad para ser parte* (titular de la acción y titular del ejercicio de la acción en el proceso).

Se trata de una concepción tradicional dogmáticamente superada pero que fue acogida por el legislador procesal español, como es de ver en el contenido del vigente artículo 6 LEC.

Aunque en realidad baste ser persona física mayor de edad en plenitud de derechos civiles en orden a considerarse procesalmente capaz para ser demandante o demandado, no puede olvidarse que tanto el menor como el discapaz pueden serlo si se encuentran *representados* legalmente (por sus padres o tutores). De lo que se trata es que el sujeto jurídico pueda actuar eficazmente durante el enjuiciamiento civil, por sí o con la asistencia debida que sustituya la incapacidad material; comprender lo que significa esa posición en el pleito, en tanto la misma implica deberes y no sólo derechos[25]. Por consiguiente, el testigo o el perito debe saber dónde se encuentra y para qué, en el bien entendido que, al margen de los derechos que se acompañan a la intervención procesal, se da cita un buen cúmulo de obligaciones y responsabilidades, incluso penales, que así imponen de necesidad un nivel mínimo de comprensión.

El menor de edad no podrá ser perito –salvo excepcionalísimos casos de emancipados–, mientras que como testigo, en sentido último, se admite que la suficiencia considerada por el juez permita minorar buena parte de las consecuentes obligaciones, como por ejemplo la posibilidad de cometer un delito de falso testimonio, dada la inimputabilidad penal del menor de catorce años.

---

25. Véase., desde el punto de vista médico, M. SWAN, "Aptitud para pleitear", en *Psiquiatría contemporánea* (Sidney Crown ed.), Carlos Alejandre editor, Barcelona, 1987, págs. 423 y sigs. Desde otra perspectiva, Laura Alejandra AMILIBIA RUIZ, *La capacidad procesal de la persona menor de edad. Niñas, niños y adolescentes,* Praxis Jurídica, Talcahuano, 2018.

5
Derecho probatorio

Tabla de contenidos

1. Probar

Prueba es noción extraordinariamente amplia que abarca ciencia o historia. En lo jurídico suele vincularse a la actividad jurisdiccional –aunque su regulación estuviera largo tiempo ubicada en el Derecho material[26]– pero mantiene un elemento común con cualquiera de sus aplicaciones: es un instrumento racional para conseguir el convencimiento de los demás –incluso de uno mismo– sobre qué es lo verdadero y lo cierto, que es aquello que ha ocurrido en la realidad de los hechos, incluyendo lo más difícil, normalmente a través de la inferencia, las intenciones en el fuero interno del individuo. Que la prueba de la realidad necesite de su propia prueba en un encadenamiento sinfín es cuestión bien diferente.

En Filosofía la verdad participa de planteamientos diversos. Tema tradicional en esta disciplina, a partir de una concepción instituida como categoría de la que es difícil escapar, el enfrentamiento contra el carácter irremediablemente relativo (por relación con un determinado contexto) al negar, por definición, la mera existencia de una verdad en sentido absoluto, lo que *en realidad* supone que la verdad no existe si viniera definida como categoría manejada en clave de noción de significado absoluto. La solución se encuentra en deconstruir sobre tal propuesta filosófica tradicional

---

26. Por ejemplo en los artículos 1.912 CC y sigs. Su uso extrajudicial no era imposible –acaso en el ámbito de la negociación libre entre interesados, extramuros del proceso judicial–, pero resulta incontestable que su formulación estaba confeccionada para el litigio en orden a obtener una sentencia. Siguen existiendo, sin embargo, normas probatorias en el Código civil y en el Código de Comercio, que también son aplicables sin proceso judicial.

ajena a lo relativo, esquiva de aquello que no es definitivo, del mismo modo que ocurre con la contingencia intrínseca del ser humano.

2. La verdad material y la verdad formal

Probar lo que cada uno alega sobre una afirmación fáctica negada por otro es el núcleo del debate contradictorio de cualquier proceso judicial, independientemente de cuestiones circunstanciales sobre la iniciativa y las formas de hacerlo. Pero la efectiva prueba de un hecho implica un engaño implícito, cual es que ese hecho *probado* se deduce como cierto: ha ocurrido en el pasado (un accidente de tráfico) o tiene lugar en el presente (el síndrome postraumático del conductor accidentado). Sin embargo, y al margen de la realidad radical, hay *prueba* porque un juez considera que se acredita lo que se afirma, de un modo racional, por mucho que a veces se limite a lo razonable. Es una decisión final que determina en el enjuiciamiento civil un concreto relato, pero igual ocurriría cuando la prueba no fuese necesaria en virtud de un acuerdo entre litigantes sobre qué es lo que ha ocurrido, pretendiendo del juez, únicamente, la aplicación del Derecho vigente sobre los hechos así conformados. Una convención, en definitiva, dependiente en gran medida de la buena fe de los litigantes, asidos no obstante al eventual error, o partícipes del abuso o fraude que se sirve del juez para obtener un fallo favorable sin derecho a recibirlo. Cuando éste examina la prueba practicada lo hace desde una posición imparcial y por encima de los justiciables –aun limitado en la mayoría de casos a los medios de prueba admitidos que las partes, y no el juzgador, propusieron–, pero sigue concluyendo en una convención sobre lo que ha sucedido, sobre la verdad que así será declarada, aunque no sea lo cierto porque la falibilidad resulte perenne eventualidad. Si el propio juez pudiera investigar lo ocurrido quizá fuese otro el resultado de su sentencia. Sea como fuera, en el fallo se residencia la *verdad judicial*.

Se ha considerado que las limitaciones en materia de prueba civil hacen imposible el conocimiento judicial de la verdad, motivo por el cual se conforma una dualidad entre aquélla, la material o en realidad única, y la formal o construida en la sentencia a partir del restrictivo cauce de medios de acreditación tasados[27]. Sea como fuera acaba por relativizarse el concepto de verdad en el juicio, considerándolo creación de lo jurídico al margen de aquello que

---

27. Lluís MUÑOZ SABATÉ, *Fundamentos de prueba judicial civil,* Librería Bosch, Barcelona, 2001, págs. 36 y sigs.

en puridad ha ocurrido[28]. En tal planteamiento es obvio que decae la construcción de una verdad formal y otra material: solo habrá una, la que la sentencia en firme establezca, y no se obtiene de la prueba sino del juicio jurisdiccional todo[29].

En el proceso civil no dispositivo esa verdad artificial no funciona como lo hace en el dispositivo: aunque un hecho sea pacífico para los litigantes en presencia, la búsqueda de la verdad material se convierte en una cuestión judicial perseguida de oficio. Cuando menos se superan en este tipo de procederes los hechos conformados, por incontrovertidos para las partes, en el bien entendido que nunca deberán serlo para el juez de sentencia.

3. La prueba jurídico-procesal

La averiguación de los hechos en un estadio preprocesal, bajo una investigación racional y lógica, puede definirse como *heurística* –dentro de la cual se ubica la *semiótica* como disciplina de hallazgo y análisis de los indicios–, motivada por un trabajo ulterior, el que se ventilará en el proceso judicial y que puede identificarse con el término *probática*[30].

La mecánica probatoria procesal implica actividad jurisdiccional, pues será el juez quien admita o deniegue los medios de prueba si los considera necesarios, útiles y pertinentes, así como posibles o viables de practicar, estando presente para dirigir el trámite[31]. Su resultado está llamado a proporcionar la íntima convicción de ese mismo juez en función de su propia valoración, donde a la hora de decidir importará sobremanera el componente psicológico que impregna todo el conjunto.

La doctrina científica ha distinguido[32] en la prueba jurídica las etapas de *conversión*, dividida entre traslación –se traduce la realidad en afirmación a través de medios de prueba– y fijación –máximas de experiencia depuran la traslación e incluso permiten nuevas afirmaciones, peritando y presumiendo, y valorando–, y *comparación* –de la afirmación inicial con la obtenida en la an-

---

28. Jordi FERRER BELTRÁN, *Prueba y verdad en el Derecho,* Marcial Pons, Madrid, 2005.

29. Francesco CARNELUTTI, *La prueba civil,* Depalma, Buenos Aires, 1955, pág. 25.

30. Cfr., en este sentido, Lluís MUÑOZ SABATÉ, *Tratado de Probática Judicial,* José María Bosch ed., Barcelona, 5 vols., 1992-1996.

31. Sobre el derecho de prueba cfr., en general, Manuel SERRA DOMÍNGUEZ, "El derecho a la prueba en el proceso civil español", *Libro homenaje a Jaime Guasp,* Comares, Granada, 1984, págs. 561 y sigs., Joan PICÓ JUNOY, *El derecho a la prueba en el proceso civil,* José María Bosch ed., Barcelona, 1996.

32. Manuel SERRA DOMÍNGUEZ, "Contribución al estudio de la prueba", *Estudios de Derecho Procesal,* Ariel, Esplugues de Llobregat, 1969, pág. 366.

terior etapa (afirmación instrumental), sirviéndose, en su caso, de la *carga de la prueba*–.

De otro lado, el derecho a probar ha sido constitucionalizado (artículo 24.2 CE) y se protege de los excesos producto de la obtención ilícita: ni directa ni indirectamente la prueba obtenida –incluidas las fuentes y los métodos de investigación– producirá ningún efecto si vulnera derechos constitucionales fundamentales (artículo 11.1 LOPJ). En este último sentido, la eficacia refleja o indirecta de la prueba ilícitamente obtenida ha venido acomodándose a la doctrina de los frutos del árbol envenenado o alguna de sus modalidades[33]. La cuestión puede plantearse de oficio y en momentos bien tempranos del procedimiento, pero a fin de evitar el planteamiento sorpresivo se prevé un trámite específico como del artículo 287 LEC.

> La alegación de lo que alguna parte considere origen u obtención ilícita debe ser inmediata, siendo igualmente posible introducir el debate por parte del juez, de oficio. La resolución tiene lugar al inicio del plenario, antes de la práctica de la prueba, en el trámite ordinario, y al comienzo de la vista, en el juicio verbal. Debe cumplirse con la audiencia de todas las partes personadas comparecidas y se llevarán a cabo los medios de prueba útiles y pertinentes para acreditar la alegación de ilicitud ("…sobre el concreto extremo de la referida ilicitud"), aunque debiera aceptarse –en orden al principio de contradicción más allá de la adquisición procesal–, que también quepa proponer y practicar medios de prueba para discutir lo alegado, para acreditar la licitud[34].

La lógica procesal de la prueba se construye sobre su máxima libertad de obtención y ejercicio, forma de actuar enlazada con el principio *favor probationis*. Operar contra esta regla produciría indefensión.

Claro está que la parte puede sufrir resultados adversos a los esperados de la prueba derivada de su propuesta, o la (sí esperable) del contrario, pero se presume perjuicio de alcance constitucional el no poder utilizar los medios de prueba pertinentes para la propia defensa.

---

33. Lluís MUÑOZ SABATÉ, *Fundamentos…*, cit., pág. 245. En contra del recorte radical de todo aquello derivado de lo ilícito, asumiendo la posible contaminación psicológica, Francisco RAMOS MÉNDEZ, *Enjuiciamiento civil. Cómo gestionar los litigios civiles,* Atelier, Barcelona, 2008, págs. 601 y sig. Cfr. un apunte a la construcción de esta doctrina jurisprudencial norteamericana, de origen procesal penal, en Ricardo YÁÑEZ VELASCO, *Temas de Derecho y Proceso penales,* 2021[20], pág. 67 y notas núms. 51 y sig.

34. El recurso de reposición oral, a ventilar en el mismo momento, es el medio impugnativo para que cualquiera de las partes discuta lo que sea decida el juez, si bien contra la sentencia definitiva de éste podrá apelarse para que el tribunal superior afronte de nuevo la cuestión de la ilicitud/licitud.

4. Terminología esencial

La *fuente de prueba* se define como el substrato u origen que proporciona o del que se obtiene la información (por ejemplo una persona), ubicado en el ámbito extrajurídico y preprocesal, el *medio de prueba* es el instrumento jurídico elaborado para introducir la fuente en el proceso (el testimonio de esa persona), estando irremediablemente ligado a su objeto o fin, como elemento apto para conducir al convencimiento judicial, que de alcanzarse será la *prueba* en sí (considerar acreditado por el testimonio de esa persona un determinado dato), como resultado de la práctica de cada medio de prueba y la valoración conjunta de todos ellos.

Los elementos de convicción se explican bajo una más amplia perspectiva: no es todo aquello que sirve al juez la decisión, sea o no derivada del medio propuesto y admitido, sino lo que, fuese o no prueba en sentido estricto, puede el juez incluir explícitamente en su motivación. Incluso la información endoprocesal que contextualiza el juicio, por ejemplo la reacción de un litigante a la declaración de un testigo.

Limitada la necesidad de prueba a un juicio en concreto, el objeto probatorio se verá delimitado, precisamente, a esa finalidad litigiosa. No se trata de desplegar la más amplia investigación posible sobre los hechos base del debate confrontado, sino lo ceñido al objeto fáctico (*pertinente*) que pueda servir para resolver el debate sobre ello derivado (*útil*). En este sentido, un medio de prueba puede tener vinculación directa con el objeto del litigio pero ser inútil porque el dato que pretenda acreditarse con él haya sido admitido por todo litigante, se presuma legalmente (artículo 385.1 LEC) o sea absoluta y totalmente notorio.

Con la presunción legal siquiera hace falta alegar, mientras que si el hecho es generalmente conocido por una pluralidad de personas que incluya al propio juez (la notoriedad "absoluta y general", artículo 281.4 LEC), sólo será preciso alegarlo; cuando el juez lo ignore deberá, también, probarse la notoriedad.

Por último, conviene advertir que aunque la prueba recae sobre los hechos, también puede hacerlo sobre las normas jurídicas, particularmente el Derecho extranjero y, a su vez, sobre reglas de la experiencia (no jurídica), más allá que el juez sea la representación en los tribunales de la *persona media*, esto es, de lo que quien juzga cataliza como sociedad toda. Se trata de unos parámetros que, en no pocas ocasiones, exigirán un evidente esfuerzo por parte de ese juez, una persona, obvia decirlo, que no suele ocupar una posición "media"·en la sociedad en la que vive.

5. La carga de la prueba (*onus probandi*) y la duda razonable

Lo controvertido y lo pacífico de las afirmaciones fácticas implica la necesidad o no de probarlas, subrayando el hecho que si una vez delimitado el debate probatorio se excluyen por inútiles determinados medios de prueba pertinentes, no puede luego considerarse que una u otra parte debía acreditar y no acreditó, perjudicándole la falta por virtud de la carga de la prueba[35].

Hay quienes consideran que la impertinencia es lo que no refiere a hechos controvertidos, por entender que la controversia se delimita al centrar el objeto del debate[36]. Sin embargo, objeto de la sentencia en orden a la congruencia procesal será, también, lo incontrovertido, y la pertinencia abarca cualquier cosa que pueda tener que ver con el contenido de la sentencia. Cuestión distinta que sobre lo incontrovertido sea *inútil* admitir el medio de prueba *pertinente*, o practicar el admitido por error de controversia o en casos de inutilidad sobrevenida. Equiparar las nociones prácticas de *utilidad* y de *pertinencia* obligaría a criticar la redundancia conceptual. Además, tal suerte de equiparación pugna con la dicción legal, por cuanto la pertinencia se vincula al "objeto del proceso" (artículo 283.1 LEC), no al objeto del *debate*. En cuanto a esa noción de utilidad, se trataría de identificar lo útil con lo viable, por lo que la inutilidad no tendría que ver con la falta de necesidad sino solamente con que el medio de prueba, desde el punto de vista lógico, no pudiera contribuir a esclarecer el hecho controvertido. Esta idea viene abonada por el texto legal, pues lo inútil como referido a lo incontrovertido no requiere aludir a "reglas y criterios razonables y seguros" (artículo 283.2 LEC).

35. Sobre esta materia, por ejemplo, Guillermo ORMAZÁBAL SÁNCHEZ, *Carga de la prueba y Sociedad de riesgo,* Marcial Pons, Madrid, 2005, del mismo, *Discriminación y carga de la prueba en el proceso civil,* Marcial Pons, Madrid, 2011, Mercedes FERNÁNDEZ LÓPEZ, *La carga de la prueba en la práctica judicial civil,* La Ley, Madrid, 2006, AAVV, *Carga de la prueba y responsabilidad civil,* Tirant lo Blanch, Valencia, 2007, AAVV, *Objeto y carga del proceso civil,* (Xavier Abel Lluch y Joan Picó Junoy dirs.), Bosch, Barcelona, 2007, Lourdes BLANCO PÉREZ-RUBIO, *La carga de la prueba por omisión de información al paciente,* Marcial Pons, Madrid, 2013. Dogmáticamente en contra Jordi NIEVA FENOLL, "La carga de la prueba: una reliquia histórica que debiera ser abolida", *Revista Ítalo-española de Derecho Procesal,* vol I, 2018, págs. 129 y sigs.

36. Lluis MUÑOZ SABATÉ, *Fundamentos...,* cit., pág. 241. En igual sentido, Francisco RAMOS MÉNDEZ, *Enjuiciamiento...,* I, cit., pág. 608.

Con todo, añadir un matiz de viabilidad a la noción de utilidad no empece mantener lo inservible de intentar probar aquello que nadie discute. Y en este punto la práctica enseña cómo a pesar de que para el juez pueda resultar evidente que se trata de un hecho incontrovertido, para los abogados no siempre resulta así y ha de aplicarse la regla y el criterio razonable para asegurar que la prueba no servirá para lo que se propone. Ésta es la lógica general de lo *inútil* y no debiera confundirse con la *impertinencia*, máxime cuando el *favor probationis* permitiría mayor facilidad de lo que pudiera ser inútil –por versar respecto de lo incontrovertido o por facilitar en juicio plenario que se alberguen frutos probatorios–, pero carece de todo sentido hacerlo sin conexión con el objeto del proceso –no del debate, se insiste– por falta de pertinencia.

La diferencia conceptual expuesta permite ese tratamiento diferenciado, también, en función del riesgo que asume el juez al desechar un medio de prueba por avanzar de modo "razonable y seguro" que no servirá, pues tal cosa se incardina en una prognosis, en un examen de futuro, nada que ver con el ajuste de pertinencia probatoria, siempre a valorar en el presente inmediato.

Y se añade la pretendida extensión de la inutilidad a la economía, evitando cuantitativamente medios de prueba, por ejemplo el número de testigos. Esto último vuelve a ser equivocado porque cualquiera de los innumerables testigos propuestos sobre un mismo objeto tendrá idéntico valor pertinente y útil o no lo tendrá.

El personal jurisdiccional ha de afrontar críticamente cualquier dato que se le presente a través del trámite probatorio. Tal planteamiento no supone dudar razonablemente, porque tal tipo de incertidumbre anudada a las reglas de la carga de la prueba. Es la situación en la que se encuentra el juez al ya haber *valorado* en su conjunto toda la práctica de los medios de prueba disponibles, no cuando justamente se encuentra *valorando* el material disponible para formar convicción, momento en el que por supuesto cabe respetar la presunción de inocencia –no puede considerarse que nadie ha cometido un delito de falsedad al declarar o peritar–, a no confundir con la denominada presunción de veracidad que suele atribuirse (sin ningún fundamento real) a determinados testigos (funcionarios policiales) o expertos (públicos).

La *conveniencia* constituye un concepto adicional a lo necesario, presentado tanto en el peritaje como en el reconocimiento judicial (artículo 353.1 LEC). Pero al igual que la limitación –no para admitir sino para practicar– en el número de testigos (artículo 363 II LEC), responde a criterios técnicos distintos, como luego se verá. La norma sí introduce una limitación expresa más allá de lo útil y pertinente: la imposibilidad que sea prueba "cualquier actividad prohibida por la ley" (artículo 283.3 LEC). Probablemente no sería necesario prescribir normativamente que lo prohibido no puede utilizarse, sin necesidad de acudir a las reglas de obtención ilícita que en sentido propio obedecen un trámite contradictorio específico por su alcance restrictivo al derecho constitucional de probar[37]. Se trata, en definitiva, de afirmar la legalidad procesal que implica un cauce y medios cerrados que por definición se oponen a los llamados pactos sobre prueba[38].

> Con estos no se trata de aceptar como incontrovertido un hecho –una especie de pacto procesal probatorio– sino un medio de prueba en su día predeterminado para acreditar algún extremo fáctico que, llegado el momento, pudiera no acreditar lo mismo para uno que para otro. Con todo, dejando a un lado que muchas de esas reglas convencionales que se ofrecían en la práctica han pasado a ser medios de prueba explícitamente incluidos en la norma, los diversos soportes en los que un negocio jurídico se plasma o ejecuta muy fácilmente podrían identificarse con una noción amplia de *documento privado*.

Cuando se acredita lo afirmado se obtiene la prueba plena, mientras que de lo contrario o no hay, simplemente, acreditación ninguna, o la misma es parcial o insuficiente, generando un determinado grado de incertidumbre en la íntima convicción del juez. Para resolver las dudas razonables en en ese ámbito habrá que estar a qué parte procesal tenía la obligación de probar –la carga procesal de hacerlo–, que será la perjudicada por la duda en favor de la contraria. En función de este mecanismo procesal se suprime una incertidumbre judicial que imposibilitaría el dictado de una sentencia por definición obligado bajo la prohibición de *non liquet* (artículos 11.3º LOPJ y 1.7º CC).

> El juez tiene el deber de "resolver" en resolución motivada el conflicto que se le plantea. La falta de claridad para decidir sobre una cuestión (en latín *non liquet*) no ha de impedirlo, incluyendo la falta de norma jurídica concreta sobre la solución instada, en tanto el ordenamiento jurídico, como sistema, es siempre completo y, de faltar una norma específica en la legislación positiva, se acudirá a reglas y principios generales. Ciertamente que en el Derecho romano la cuestión podía quedar indefinidamente imprejuzgada, pero eso ya no puede ocurrir cuando la Ley impone la

---

37. En todo caso, en la legislación procesal no se advierte prohibición explícita alguna, ni aparece en las normas sustantivas más aplicadas.

38. V., en general, Manuel SERRA DOMÍNGUEZ, "De la prueba de las obligaciones", en *Comentarios al Código Civil y Compilaciones forales* (Manuel Albaladejo García dir.), tomo XVI, vol. 2º (artículos 1.214 a 1.253), Revista de Derecho Privado, Madrid, 1991[2], pág. 28.

prohibición del no resolver, una obligación inexcusable enlazada sin remedio con las reglas de la carga de la prueba[39].

El criterio fundamental para determinar quién ha de probar se apoya en la alegación efectuada y en la afirmación fáctica que pretende sostener esa alegación. Quien alega y afirma debe acreditar lo alegado y lo afirmado, es su *carga*. A esta regla se suman otras basadas en la propia lógica y racionalidad, sea por imposibilidad o por facilidad. Para quien resulte imposible acreditar un hecho no puede exigírsele hacerlo, que es lo que ocurre con la denominada *probatio* diabólica, siendo de ello característica la exigencia de la prueba del hecho negativo. Por ejemplo, la falta de pago del precio puede apuntarse con la muestra de un extracto en una cuenta corriente en la que tendría que haberse producido el pago, pero quien puede acreditar el hecho positivo –imagínese un abono por vía diferente del ingreso en esa cuenta– es precisamente quien efectivamente pagó. En este sentido se relaciona la *facilidad probatoria*, lo que para una parte litigante puede resultar sencillo en comparación con otra, con la disponibilidad de la fuente de prueba (artículo 217.7 LEC). Puede ocurrir que disponga del medio (por ejemplo un documento de reconocimiento de deuda) aquel a quien le perjudicaría introducirlo en el juicio (en el ejemplo el deudor), por lo que nunca lo propondrá –siquiera alegaría o afirmaría la deuda, la negaría–, siendo los mecanismos de aseguramiento los cauces de obtención del contrincante para hacerse con los medios que le interesan. De fracasar, la falta de colaboración de quien ostenta facilidad y disponibilidad jugará en su contra a la hora de valorar en conjunto el resultado probatorio del juicio.

> La carga de la prueba se expone a través de teorías en apariencia divergentes, la procesal –la ley de enjuiciamiento conduce a una consecuencia en el proceso– contra la material, si bien ésta –norma sustantiva que determina el sentido de una sentencia– no deja de estar construida en orden a la prueba, al cabo, obtenida en el proceso.

Como alegación, propia del demandante, se identifican los hechos *constitutivos*; como demandado, su oposición se articulará alegando hechos *impeditivos*, *extintivos* y *excluyentes* (artículos 217.2 y 3 LEC). Estas reglas generales se someten, sin embargo, a normas específicas para determinados supuestos materiales, lo que puede relacionarse con la inversión de la carga de prueba cuando la especialidad, precisamente, es contraria a la regla. Sin embargo, conviene matizar este significado intuitivo. La facilidad y la disponibi-

---

39. Por todas, STS 532/2013, 19-IX (Roj. 4673), FD 7º.

lidad pueden ubicarse en esa lógica de inversión cuando alteran la distribución general de la carga, no así las presunciones legales, que conforman una consecuencia procesal básica. No es que el propio juez decida cambiar la regla establecida, se trata que el propio legislador invierte la regla, imponiendo una norma especial que prevalece sobre la general (artículo 217.6 LEC). Ejemplo irremediable de inversión legal de la carga de la prueba se encuentra en el artículo 217.4 LEC (en materia de competencia desleal y publicidad ilícita), si bien resulta ilógica su introducción a través de una norma procesal general. No ocurre así con lo recogido en normas sustantivas específicas, relacionadas con el consentimiento, la culpa no contractual, las prestaciones negociales o la simulación (por ejemplo artículos 33, 434, 850, 1.183, 1.584, 1.750, 1.769 ó 1.900 CC), por mucho que en tales casos se critique la incorrecta ubicación extraprocesal. Es norma general, sin embargo, atribuir al demandado la ausencia de discriminación de una medida que el demandante considere discriminatoria por razón de sexo, al igual que la proporcionalidad de esa medida (artículo 217.5 I LEC). En similar sentido se opera en materia de igualdad de oportunidades y no discriminación, accesibilidad universal de discapacitados (artículo 20 ley 51/2003, 2-XII) o en cuanto al origen nacional, étnico, religioso o por convicción, sexo, edad o discapacidad (artículos 32 y 36 ley 62/2003, 30-XII).

> Se ha considerado único ejemplo de inversión de carga probatoria en el proceso el convencional –por ejemplo a través de cláusulas contractuales–, aun cuando se le niega afectación a la regla de juicio o distribución en abstracto de la carga, por modificar en exclusiva el supuesto de hecho de la norma material[40]. La realidad del pacto no puede negarse, en cualquier caso, cuando existe norma específica que lo declare inútil, por ejemplo en el ámbito de los consumidores y usuarios (artículo 10.c.8° ley 26/1984, 19-VII).

Con el artículo 30 de la ley integral de igualdad de trato y no discriminación se justifica la modificación del artículo 217.5 LEC, así como el 46.3 LGDCU, atribuyendo al demandado la "justificación objetiva y razonable, suficientemente probada, de las medidas adoptadas y de su proporcionalidad", por mucho que aquel precepto se ciñe a lo administrativo no sancionador con expresa exclusión de lo penal. Exige que quien alega la discriminación ofrezca "indicios fundados" de la misma, lo que implica también, aunque no se diga,

---

40. Con cita de Valentín CORTÉS DOMÍNGUEZ ("Algunos aspectos sobre la inversión de la carga de la prueba", *Revista de Derecho Procesal,* 1972, págs. 581 a 641), Francisco RAMOS MÉNDEZ, *Enjuiciamiento...,* I, cit., pág. 678.

la prueba suficiente sobre esas "medidas adoptadas" que se consideran discriminatorias.

6. La iniciativa probatoria del juez

El personal jurisdiccional tiene la obligación de conocer el Derecho, aplicable a los hechos que le sean acreditados sin duda razonable en el curso del proceso o en función de un conforme fáctico si se trata de un juicio dispositivo. La limitación de la exigencia de conocimiento se ciñe al ámbito nacional –donde se incluye la normativa supranacional asumida por el propio ordenamiento jurídico interno–, y fomenta el aforismo *iura novit curia*, según el cual el órgano judicial puede resolver el litigio sin caer en la incongruencia utilizando una norma jurídica nunca invocada por ninguna de las partes litigantes.

En el proceso dispositivo, donde cunde la crítica política, y en el proceso no dispositivo, donde intereses superiores a los privados de los litigantes intervinientes propician el perenne actuar de oficio del órgano judicial, conviene subrayar el deber de conocimiento de la Ley vigente por parte del juez (que conduce al *iura novit curia*), así como la obligación de investigar por sí mismo sobre el Derecho extranjero alegado –y no se limitará al elenco de medios establecidos en la LEC sino a cuantos medios de averiguación estime necesarios– (artículo 281.2 LEC)[41]; al no ser un hecho no importa que las partes estén de acuerdo con su contenido y/o vigencia.

De otro lado, la costumbre es fuente del Derecho y como tal también ha de ser conocida por el juez. Si la ignora deberá investigar (de oficio) su contenido, y ese y no otro es el sentido de exigir su prueba: "y que resulte probada" sin ser contraria a la moral o al orden público (artículo 1.3º I CC)[42]. Como tampoco es un hecho, importa poco que sobre la costumbre encuentren acuerdo las partes en litigio; no vincularían al juez ni, así, evitarían la investigación oficial sobre su realidad, incluyendo los "usos jurídicos que no sean meramente interpretativos de una declaración de voluntad" (artículo 1.3º II CC).

En ninguno de los casos que impone la investigación oficial es posible aplicar las reglas de la carga de la prueba para evitar la necesaria labor del

---

41. Cfr., en general, Jaume ALONSO-CUEVILLAS SAYROL, *Las normas jurídicas como objeto de prueba. Tratamiento del derecho extranjero y de la costumbre en el proceso civil español,* Tirant Lo Blanch, Valencia, 2004. Se dispone, igualmente, del Convenio Europeo firmado en Londres el 7-VI-1968 (BOE 7-X-1974) y de la Convención Interamericana firmada en Montevideo el 8-V-1979 (BOE 13-I-1988).

42. V. Niceto ALCALÁ-ZAMORA CASTILLO, "La prueba del derecho consuetudinario", *Estudios de Derecho Procesal*, Editorial Góngora, Madrid, 1934, pág. 429.

juez en orden a acreditar la verdad accesible. Cuestión diferente que la tarea de oficio resulte infructuosa, pues entonces perjudicará a la parte interesada en su prueba del mismo modo que cuando decaiga la interpretación pretendida con ello[43].

Asimismo, en pleitos que versen sobre la discriminación por razón de sexo, el juez podrá instar "informe o dictamen de los organismos públicos competentes" si lo considera útil y pertinente (artículo 217.5 II LEC). A vista de la terminología legal establecida para el proceso civil, el "informe" será un documento y, así, medio de prueba documental, mientras que el "dictamen" configurará *peritaje*.

7. Esquema procedimental

La admisión de los medios de prueba propuestos por las partes tiene lugar después de que éstas fijen los hechos controvertidos. Por tal motivo no puede considerarse prematura la decisión judicial al respecto, con base en la utilidad. La pertinencia, recuérdese, puede mantenerse a pesar de la inutilidad por razón de falta de controversia fáctica. Es claro que el proponente conocerá mucho mejor que el juez la estrategia perseguida en el juicio, pero es también ese litigante quien ha de explicar al juez cuáles son los hechos afirmados que desea probar en discusión con la contraparte. Ahí reside el sentido de la inadmisión del medio de prueba por innecesario, máxime cuando, una vez admitido, y salvo excepcionalísimos casos de error judicial vinculado a la nulidad procesal, no podrá sino practicarse a no ser que el proponente renuncie explícitamente a la práctica del medio.

En todo caso, denegar medios de prueba conforma limitación al derecho constitucional fundamental a la prueba, por lo que tanto la falta de utilidad como la impertinencia deben ser interpretadas en sentido restrictivo.

Por regla general, junto con los escritos iniciales (demanda y contestación) se incorporarán documentos obtenidos por propia cuenta y dictámenes periciales de expertos contratados extraprocesalmente. Es una preclusión relativa porque tanto el documento como el peritaje pueden obtenerse después, en modo justificado según el propio trámite. Esto no significa que en ese momento se propongan, pues como el resto de medios de prueba disponibles lo serán una vez fijen las partes el objeto del debate, los hechos controvertidos. Esto

---

43. Cfr., en general, Michele TARUFFO, *La prueba de los hechos,* Trotta, Madrid, 2002.

ocurrirá en el mismo acto del juicio verbal o en el primero de los actos orales previsto por el juicio ordinario, la audiencia previa.

La admisión supone una motivación implícita –se considera pertinencia y utilidad, y en su caso conveniencia–, mientras que la denegación impone una motivación explícita. Ambas, sin embargo, permiten la discusión, a través de un recurso de *reposición* que se tramitará oralmente y resolverá en el acto –se suprimen, así, los plazos legales establecidos para la reposición *escrita*–, aplicando las reglas de vencimiento características en el ámbito de las costas procesales, también en decisiones orales (igualmente recurribles tras su redactado, artículo 210 LEC). La desestimación de la reposición permite "protesta" a efectos de repetir la cuestión impugnativa con el recurso de apelación.

> Buena parte de la doctrina promueve la irrecurribilidad de la admisión del medio de prueba, por considerar la procedencia del recurso contra la denegación "o cualquier aspecto gravoso de la resolución sobre la admisión libre de las pruebas"[44]; como si la denegación siempre fuese gravosa y la admisión no entrañase perjuicio procesal ninguno. Sin embargo, admitir un medio de prueba en contra de una parte que lo considere inadmisible siempre ha de considerarse gravoso para dicha parte. En contra, tal criterio se considera "una aberración dogmática de grueso calibre" porque admitir "una prueba jamás puede causar agravio a una parte, ya que, por definición, es un acto positivo inocuo en lo que a ella respecta". Ello solo será así cuando se admita lo inútil o lo impertinente, mientras que al margen de lo ilícito o lo prohibido, y por supuesto del respeto de la legalidad (ante lo inútil o lo impertinente), las meras reglas formales (por ejemplo la preclusión) pueden impedir que se practique una prueba con la que el contrario consiga el triunfo en el pleito, agravio así más que obvio. La crítica expuesta trasluce una posición dogmática en defensa de la verdad sin importar el medio, ideología que suele abonar el relajamiento o incluso la supresión de las formalidades abriendo con desmesura el derecho a la prueba.

Importa sobremanera, de todas formas, motivar cualquier decisión denegatoria, sin la cual puede anularse una sentencia[45], si bien lo correcto procesalmente, antes de su consecuencia (retroacción de trámites y significada dilación), es la práctica del medio de prueba en el segundo grado.

8. Tipología probatoria

---

44. Por todos, Francisco RAMOS MÉNDEZ, *Enjuiciamiento...,* I, cit., pág. 635.

45. En un supuesto de denegación de la exploración de menores de edad en un proceso de familia, tanto en el primer como en el segundo grado de jurisdicción (STS 648/2020, 30-XI), en relación con la necesidad de que el menor sea oído en los procesos que directamente le afectan si tiene suficiente juicio o es mayor de doce años (STS 157/2017, 7-III y otras también citadas por la anterior).

La enumeración o lista de medios de prueba civiles es tasada porque no admite otros medios que los descritos (artículo 299.1 LEC). En el orden de su práctica, no el del antes citado precepto: interrogatorio de litigantes, testigos, testigos-peritos, peritos, reconocimientos judiciales, documentos públicos y privados (artículo 300.1 LEC)[46]. A continuación se añade una actividad del propio juez, bajo su propia lógica, la presunción, rechazada así como uno de los instrumentos enumerados. Y por supuesto se activan unos y otros medios combinados o subordinados, en particular el peritaje con el reconocimiento judicial y el peritaje sobre el interrogatorio de partes, sobre la capacidad procesal, sobre los testigos (fabulación, credibilidad, menores). El artículo 299.2 LEC específica, no sobre la prueba documental sino sobre los mecanismos técnicos que permiten acceder a su contenido, aunque al señalar "[t]ambién se admitirán…" pudiera parecer que se trata de medios de prueba en sentido propio y adicionales a los recogidos en el primer apartado del mencionado precepto: "los medios de reproducción de la palabra, el sonido y la imagen, así como los instrumentos que permiten archivar y conocer o reproducir palabras, datos, cifras y operaciones matemáticas llevadas a cabo con fines contables o de otra clase", introduciendo un colofón inútil ("relevantes para el proceso") por cuanto como acervo probatorio accede lo útil y lo pertinente, mientras que para con lo expuesto se trata, en realidad, de medios sobre medios de prueba.

9. La anticipación

En modo excepcional, siempre y cuando haya un temor fundado de que no pueda esperarse a la vista oral, o siquiera a la admisión de la demanda, podrá practicarse cualquier medio de prueba anticipadamente. La causa estará en la persona o el estado de la cosa fuente del medio de prueba. Se aplicarán las mismas normas de proposición y práctica, pues simplemente se adelanta el trámite, procediendo respetar el principio de contradicción. Si se opera antes del inicio del procedimiento hará falta identificar a las personas que serán demandadas, a fin de que puedan estar presentes y participar del acto. Si luego se interpone la demanda (en un plazo de dos meses salvo excepciones) se valorará el medio de prueba como todos los demás.

---

46. Eva Isabel SANJURJO RÍOS, *El procedimiento probatorio en el ámbito del juicio verbal*, Reus, Madrid, 2010.

De otra parte, desde una particular perspectiva cautelar puede asegurarse un medio de prueba en espera del juicio por venir o, ya iniciado, en función del riesgo que al dejar pasar el tiempo también cambien las circunstancias, se destruyan o alteren cosas o estados (artículo 297.1 LEC). Por ejemplo, ordenar a un futuro litigante que conserve un objeto que otro futuro litigante tiene intención de reclamarle judicialmente. Todo ello lo propondría la parte interesada y para obtener su admisión habría que motivar, a partir de la posibilidad, utilidad y pertinencia de la propuesta en el momento de la misma. La norma establece ejemplos específicos pero acaba con una cláusula de cierre: "[c]ualquier otra medida oportuna, según las circunstancias del caso" (artículo 298.1 LEC).

Quien deba soportar el aseguramiento puede sufrir daños y perjuicios resarcibles, de ahí la posible garantía de antemano, teniendo en virtud de ello un derecho de audiencia previa a la decisión judicial sobre la cuestión del que se prescinde –postergándolo– cuando, precisamente, perjudique el aseguramiento mismo.

10. Práctica en juicio

La prueba responde a la búsqueda de certeza del hecho afirmado, el derecho extranjero, la costumbre o las máximas de experiencia, lo que al fin y al cabo se orienta a permitir que el juez aplique bajo *iura novit curia* la norma jurídica a la verdad formal que declare como *hecho probado* en una sentencia.

La oralidad se acomoda con sencillez a la *unidad de acto*, pero eso no significa que el mismo se celebre en un único momento. Son viables las sesiones sucesivas, no sólo porque la vista deba interrumpirse sino porque la extensión de lo que haya de practicarse lo imponga de necesidad desde un comienzo. Lo que importa es no espaciar en exceso las sesiones de juicio para que se retenga el beneficio de la presencia directa del juez en la práctica. Ahí reside justamente la lógica procesal de esa proclama de unidad.

La directa presencia del juez en la práctica de los medios de prueba, su *inmediación*, es exigencia característica de la oralidad, incluyendo el documento a través de su lectura. En la práctica, en cambio, este particular se soslaya como regla o con mucho se lleva a cabo parcialmente en el quehacer de otros medios; al interrogar a la parte o al testigo, al exponer su dictamen el perito o al operar el reconocimiento judicial. En todo caso, el juez habrá de examinar por sí mismo el contenido de todo soporte documental.

Según la norma se sigue un orden preciso que sin embargo puede ser alterado a instancia de parte o incluso de oficio (artículo 300 LEC). Esta posibilidad no se articula de ninguna manera pero debiera sustentarse en algún tipo de motivación que la justifique en cada caso concreto. Puede tratarse de un retraso de un litigante o en el interés de oír a un testigo antes que otro, pero ha de razonarse el porqué de alterar la ordenación legal explícita.

Las pruebas personales implican la intervención directa de la parte, del testigo o del perito, lo que se anuda a la exigencia que comparezcan ante el tribunal bajo sanción económica de no hacerlo (de 180 a 600 euros; artículo 292.1 LEC). En este sentido debe conjugarse el deber de comparecer del testigo o del perito, por cuanto es propio de la colaboración con la Administración de justicia (artículo 17.1 LOPJ), y el relativo deber de la parte, que se relaciona con la carga probatoria. Es equivocado, sin embargo, hacer pivotar sobre esa regla de carga todos los medios de prueba. Claro está que sin ellos el proponente se ve perjudicado, comenzando por su inasistencia a juicio, pero no puede achacársele la falta de un testigo o perito citados judicialmente en virtud de la propia voluntad de estos negándose a acudir. Ahí debe subrayarse el deber de colaboración referido y todas las consecuencias orientadas a su cumplimiento, mediando igualmente como causas de suspensión o interrupción de la vista oral. Sí puede criticarse que este tipo de sanciones procesales se aplique también a la parte que voluntariamente no acude a responder preguntas, es porque de un modo explícito funciona la carga de la prueba: se considerará que responde afirmativamente sobre todo hecho personal que favorezca al contrario.

En orden a la valoración de los hechos o circunstancias relevantes para el litigio se atiende a la regla general de la *sana crítica* como libre criterio en la conjunta apreciación probatoria. En este paradigma cada juez opera a través de su propia cultura y experiencia, sometido al contexto social del momento en que analiza la cuestión debatida, lo que obviamente desplaza planteamientos estáticos. Efectivamente, imprime un carácter dinámico sirviéndose de máximas (como hipotéticos juicios generales) que provienen de la práctica y de la lógica, siempre bajo la racionalidad del argumento. Si ello proviene de un saber especializado se acudirá al experto con la prueba pericial, pero si puede obtenerse de una persona media pertenecerá al propio discurrir valorativo del juez, que conjugará todo lo obtenido con la práctica probatoria, sin que tal cosa impida la motivación individualizada del resultado de cada uno de los medios practicados. La valoración conjunta pondrá en relación toda la prueba obtenida cobrando significado cuando exista contradicción en los resultados probatorios obtenidos, así como explicando por qué una prueba vale más que otra sobre un mismo objeto de la discusión.

La libertad de valoración se explica en relación con la prueba tasada, aquella en la que dado un supuesto determinado el resultado se impone por la norma. Sería ejemplo la inasistencia de la parte llamada a ser interrogada, de ahí que también se denomine prueba *legal* el valor del documento público o el privado reconocido. Ello no obstante, al combinarse con la libre valoración probatoria se alcanza un sistema mixto, y sea lo ya predeterminado, sea lo racional obtenido bajo la íntima convicción, todo vendrá sometido al control sobre los criterios exteriorizados por el juez. Control imposible si, a través de la mera mención a la apreciación conjunta, se omitiera cualquier individualización y, en realidad, la motivación o razonamiento que al fin se alcance para redactar el fallo o parte dispositiva de la resolución judicial.

11. La adquisición procesal

Podría decirse que el proponente del medio de prueba es dueño del mismo hasta que comienza su práctica en el acto plenario del juicio, por lo que hasta ese momento puede renunciar a la propuesta efectivamente admitida y excluir del procedimiento la dicha práctica. Cuando ésta se inicia, sin embargo, el resultado que ofrezca pertenecerá a todos, al tiempo que la obtención de ese resultado, bajo la obligada aplicación del principio de contradicción, impone la posibilidad de intervención de todas las partes comparecidas. El proponente de un testigo que estima le será favorable, tras su interrogatorio y el revés del resultado pretendido, debe asumir que podrá ser usado en su contra por el juez, al igual que abrirá el turno de intervención interrogador del resto de litigantes que así lo quieran hacer.

Así como cualquier parte procesal puede acoger propuestas ajenas, también es posible cuando sean denegadas o se renuncien, si bien en ese momento importa la viabilidad de la propuesta en función del momento en que tiene lugar. Si un litigante propone un peritaje y se admite, y después de disponer del dictamen pericial observa que su contenido pudiera serle perjudicial, procede su inmediata renuncia, impidiendo de ese modo que otra parte pueda beneficiarse del mismo contenido. Si se espera al inicio del juicio en que formalmente se practica el peritaje –sea por vía documentada cuando no se ha solicitado y obtenido la presencia del experto en el acto plenario, sea justamente a través de la intervención oral del experto–, no será posible renunciarlo, mucho menos cuando la práctica haya finalizado. De otro lado, hay quien plantea que una vez admitido el medio de prueba, con independencia que llegue a practicarse y contradecirse, cualquiera podrá disfrutarlo[47].

El inconveniente estratégico es distinto en el proceso penal, donde puede proponerse un medio de prueba en el inicio de la vista oral –cosa inviable, salvo casos excepcionales, en el proceso civil–, de ahí que si el proponente de un testigo o un perito (penales) esperase al último segundo para renunciarlo, a fin de excluir antes de su práctica el contenido probatorio que considerara le perjudica, permitiría al resto proponerlo para sí, cuando hubiera asistido a la vista y así no implicase su suspensión, que es la regla esencial de las propuestas *in extremis* del proceso penal; de anticipar la renuncia e impedir la venida a juicio de ese testigo o ese perito, resultaría imposible que otra parte lo propusiera para sí. Distinto ocurre con los documentos, pues aportados a los autos se impone la copia para los demás, de ahí que cualquiera puede aportar (de nuevo) por sí los mismos documentos que, en recta aplicación de la ley procesal, debieran excluirse de la causa una vez fuesen renunciados, al igual que cuando se deniegan como medios de prueba propuestos y, en la práctica, siguen en los autos[48].

12. La aclaración y adición del juez

La práctica de los medios de prueba es útil para los abogados a la hora de confirmar o adaptar sus argumentos de defensa, pero ante todo se dirige a la formación de la convicción del juez llamado a sentenciar. Si el personal jurisdiccional no entiende (o no comprende) el contenido de un documento, las manifestaciones de un testigo o las explicaciones de un perito, o se contradicen estos dos últimos, no entre sí sino entre ellos mismos, no solo puede sino *debe* intervenir, en orden a aclarar o complementar lo que fuese; no obstante cabe la inevitable alternativa de dar la cuestión por perdida. En efecto, cuando

---

47. Joan PICÓ JUNOY, "El principio de adquisición procesal en materia probatoria", *Revista La Ley*, núm. 6404, 20-I-2006, págs. 1.304 y sigs., del mismo, "La renuncia abusiva a la prueba admitida", *Diario La Ley*, núm. 9418, 2019. Considera el autor –quien de principio parece abrazar el abuso del propio derecho (a la prueba)– que la admisión del medio de prueba propuesto tiene lugar en una resolución judicial cuyo cumplimiento no puede quedar al criterio unilateral del proponente. Esa misma lógica podría impedir que la resolución que acuerda el juicio o la vista se inhabilite con el desistimiento anticipado donde la propia parte procesal decide soslayar sobre aquella decisión judicial que conduce a la terminación normal por sentencia, por rechazarlo el juez a petición del demandado, lo que sin embargo no ocurre con la renuncia al ejercicio de una acción por parte del actor.

48. El *expurgo* es tarea del letrado de la Administración de justicia, quien debe actuar sin necesidad de ninguna decisión expresa al respecto una vez el juez ya ha denegado el medio de prueba documental. El devolver no permite saber qué era lo entregado, salvo si se diligencia correctamente, para el trámite de apelación.

al cabo no entienda o no comprenda, o se mantenga lo contradictorio, no servirá como prueba, operando las reglas del *onus probandi*. No basta esto, sin embargo, en un momento inicial por supresión de toda actividad judicial que busque la aclaración o el complemento, que en definitiva protege, simplemente, el ejercicio correcto del derecho a la prueba, sin tomar partido por ningún sentido favorable o perjudicial del medio de prueba en concreto.

13. El punto ciego

Al margen de la prueba del Derecho extranjero –el nacional debe ser conocido por el juez en virtud de la obligación deducida del *iura novit curia*– y la costumbre (artículos 1.3º CC y 281.2 LEC) o de las máximas de experiencia –que no son datos fácticos–, el centro de la actividad probatoria se encuentra en la afirmación de hechos realizada por cada uno de los litigantes que alegan. Ello no obstante, lo presentado al tribunal como objeto de debate fáctico ya se encuentra representado por la parte, filtrado a través de su percepción y rememoración, lo que permite, igualmente, su tergiversación inconsciente.

Los paradigmas socioculturales[49] y la denominada psicología del autoengaño[50] envuelven cualquier mecanismo de plasmación de la verdad formal, diluyendo de manera inevitable la certeza sobre el objeto procesal, por mucho que la verdad jurídica o formal –la que plasma toda sentencia judicial–, lo hace porque se entiende coincidente con la verdad material bajo la capacidad humana de describirla en el caso judicial concreto[51].

Soslayando toda suerte de controversias relativas a la comunicación entre postulantes y de estos con el órgano judicial, cuando los declarantes afirman hechos ante el juez –sea en la voluntad de transmitir lo que saben o creen saber, o pretender desinformar sobre ello–, la forma eventualmente equivocada de recibir todos esos mensajes se explica porque "no existe una realidad objetiva, sino sólo visiones o concepciones subjetivas, y en parte totalmente

---

49. Ejemplo antológico el experimento efectuado en Harvard por G. W. Allport y L. J. Postman en 1958, cit. en Ricardo YÁÑEZ VELASCO, *De la institución del jurado. Una aproximación a su estudio psicosocial*, Reus, Madrid, 2014, págs. 117 y sig.

50. Por todos, Daniel GOLEMAN, *Vital Lies, Simple Truths. The Psychology of Self-Deception*, Bloomsbury Publishing, Nueva York, 1985.

51. Francesco CARNELUTTI, *La Prueba...*, cit., pág. 21; el autor se centra en la fijación formal de los hechos, no en la búsqueda de la verdad material, cuando hay limitaciones cualesquiera que impiden conocer lo ocurrido en todo caso y con cualquier medio (cit., pág. 27).

opuestas, de la realidad"[52]. Aquí subyace con frecuencia la mezcla conceptual entre aquello estrictamente físico y verificable en función de la propia razón del ser humano, cursando con la articulación objetiva del científico, y la asignación de un valor y sentido al contenido objetivo, que trasciende a la comunicación misma, y por supuesto a las fuentes de prueba (litigantes, testigos y peritos) ofrecidas como comunicación[53].

Debe tenerse muy presente que para nada importa la formación cultural y específicamente jurídica de las personas, disponiendo de abundantes ejemplos en el propio juez de cómo puede pensar que razona cuando en realidad defiende algo absolutamente irracional. En el ejemplo que se muestra a continuación son protagonistas centenares de jueces y juezas de España, si bien importa anotar las dudas sobre que todos actúen bajo un punto ciego y no por auténtica maledicencia. Veámoslo.

En ocasiones se critica el texto de una norma jurídica en sí mismo, o analizándolo como desconectado de la realidad a la que se dirige con el fin de regularla. Sin embargo, muy a menudo se critica la norma con la ironía y la burla de imaginar su puesta en práctica tal y como esa norma prevé, concluyendo que es imposible o irreal, una arcadia feliz sólo propia de una imaginación enferma. Esta segunda alternativa es de todo punto absurda porque, justamente, la norma debe pretender el éxito, la perfecta adecuación a la situación de hecho a la que se conduce, con el fin de resolver jurídicamente lo que fuere en una situación determinada. Criticar esa resolución como si ya hubiera tenido lugar, precisamente, por entender que no será así, es una anticipación irracional. La crítica contra esta conducta argumentativa resulta todavía más subrayada cuando, teniendo ante las narices una situación real, cuya norma jurídica ha fracasado a no dudarlo, el análisis se residencia en la teoría de la norma y no en la realidad viva que, en este caso y a diferencia del anterior, ya existe y puede contrastarse, afirmando en la perfección y completud de la norma, en su bondad jurídica y eficacia dogmática irreprochable –todo lo cual y como ya se dijo es el objetivo de la actitud legislativa óptima–, olvidando que la dicha norma hace realidad y que la realidad no ha sido, al caso, la que con la norma se pretendía consolidar, potenciar o asegurar, sino una realidad absolutamente contraria. Esto es precisamente lo que ocurre con las azoradas críticas a un porvenir o la burla sobre lo que planteamientos teóricos del legislador anhelan construir mientras se defiende específicamente esto último –la prevención o el

---

52. Paul WATZLAWICK, *¿Es real la realidad? Confusión-Desinformación-Comunicación*, Herder, Barcelona, 1994, pág. 148.
53. Paul WATZLAWICK, *¿Es real...*, cit., pág. 149.

deseo legislativo en la teórica letra de la Ley promulgada– comulgando con una ceguera ante una realidad ya a la vista que ha demostrado el fracaso de una norma jurídica si se entiende como de realización perfecta por el mero hecho de existir: la vulneración de los derechos constitucionales fundamentales (que pueden identificarse como derechos humanos constitucionalizados) es imposible porque la legislación constitucional está colmada de garantías para impedirlo a través de los tribunales de justicia.

Para quienes sostienen lo anterior no importa que cada año se dicten sentencias del Tribunal Constitucional estimando recursos de amparo que demuestran justo lo contrario (que son los tribunales de justicia los que han vulnerado esos derechos constitucionalizados). Incluso el propio Tribunal Constitucional ha validado lo que la justicia supranacional del Tribunal Europeo de Derechos Humanos concluye vulneración de derechos fundamentales. Sin embargo, centenares de jueces afirman que en España no se violan derechos humanos porque el ordenamiento jurídico marca el impedimento y hay un sistema de jueces para llevarlo a cabo.

6
El interrogatorio de las partes litigantes

1. Concepto y práctica

En la demanda y la contestación se exponen respectivamente los hechos afirmados como base de la alegación y pretensión u oposición, por lo que el interrogatorio del demandante o del demandado, instado por este mismo, está por definición llamado a repetir lo ya dicho. Acaso esta lógica y la regla de preclusión que impide alterar el contenido fáctico del objeto procesal conducen a que sólo su contraria pueda proponer interrogatorio de la parte litigante. Una misma parte, en fin, no puede proponerse a sí misma para ser sometida a interrogatorio también por sí y, en su caso, del resto de partes o el propio juez. De ahí se explica que con las preguntas en juicio se discuta el relato demandante o demandado expuestos en los escritos iniciales, permitiendo tanto contradecirlos o ponerlos en duda como suprimir en todo o en parte la controversia sobre las afirmaciones fácticas inicialmente discutidas. Y si resulta de interés podrá introducirse a un co-demandante o co-demandado, dado que lo que llegue a explicar el co-litigante puede beneficiar al proponente por ser perjudicial al interrogado. Evidentemente, la posición en el debate no será idéntica entre ambos, pues de serlo se obtendría prueba en propia contra. Debe existir un conflicto de intereses o algún tipo de oposición. En fin, las peculiaridades para litisconsortes entre demandantes o demandados requiere concurrencia de un conflicto de intereses. Ese es el motivo de que puedan separarse al ser interrogados, de encontrarse en la misma posición activa o pasiva en el proceso.

El principal problema reside en que lo que se dice en la demanda o en la contestación no es *medio de prueba* ni puede transformarse en *prueba*, no puede el juez valorarlo como cierto o falso sin medios de prueba ventilados en juicio bajo audiencia y contradicción, mientras que sobre determinados extremos de índole personal, pero también otros, acaso la parte litigante es la única fuente de prueba disponible que, al ser parte, nunca podría ser propuesta como testigo[54]. La defensa del litigante contrario, así, se cuidará de proponerla cuando la identifique como el único medio para acreditar un extremo que perjudicaría al otro, a sabiendas que la propia parte no podrá proponerse a sí misma. Esta situación abona la posibilidad de la propuesta del interrogatorio por cualquiera y no solo por el contrario que, salvo por altos grados de idiocia, nunca persigue lo perjudicial para sí, sino la contradicción con lo dicho en su demanda o su contestación, aun a riesgo que el intento fracase y, primero con sus propias preguntas, después con las del abogado del interrogado en virtud del principio de adquisición procesal, apoye la tesis que tenía intención de destruir al proponer ese interrogatorio como medio de prueba.

Con todo, el interrogatorio de la parte responde a la tradicional intervención del litigante en el juicio civil y lo que quiere obtenerse de él, no la reafirmación de lo que como parte manifiesta sino lo contrario. De ahí se explica la terminología original de la "confesión en juicio", por mucho que se pretendiera asegurar la verdad de lo confesado a través del *juramento* que al sujeto se le exigía[55].

En la actualidad se propone una reforma que equipare el interrogatorio de la parte al del testigo[56], si bien en ese supuesto probablemente se arrastraría el inconveniente de la parcialidad –el más que evidente interés por el resultado del pleito que de hecho permite *tachar* al actual testigo– que en el proceso penal abona la consideración de un testigo de segunda clase[57].

---

54. Lo que añade inconvenientes cuando tampoco el testimonio pueda resultar fuente de prueba suficiente, por ejemplo dando valor al contenido del artículo 51 del Código de Comercio: "la declaración de un testigo no será bastante para probar la existencia de un contrato cuya cuantía exceda 1.500 pesetas"; importe no actualizado en el texto y para el que se impone aplicar la Ley 46/1998, de 17 de diciembre, sobre introducción del euro. A favor del interrogatorio de uno mismo apenas se encuentran partidarios, esencialmente porque la ley no recoge la posibilidad de la autopropuesta, siendo así que únicamente la decisión de oficio lo permite, no obstante la iniciativa del juez es viable en exclusiva para el proceso no dispositivo.

55. Sobre la regulación anterior a la actual legislación procesal civil v., por todos, Ángel BONET NAVARRO, *La prueba de confesión en juicio*, Librería Bosch, Barcelona, 1979. En la actualidad cfr., por ejemplo, Fernando JIMÉNEZ CONDE, *El interrogatorio de las partes en el proceso civil*, Aranzadi, Cizur Menor, 2007.

56. Francisco RAMOS MÉNDEZ, *Enjuiciamiento...*, I, cit., pág. 693. El autor considera banal discutir que la parte procesal no propuesta por el contrario pueda declarar como testigo o como objeto del reconocimiento judicial, sea como fuera que declare (íd., pág. 718).

57. Ricardo YÁÑEZ VELASCO, "Mentiras procesales (II)", *Economist & Jurist*, diciembre 2013-enero 2014, núm. 176, págs. 87 y sig., también en mis *Estudios...*, cit., t. III, vol. 1, págs. 207 y sigs.

2. Utilidad y capacidad

El objeto del interrogatorio de una parte litigiosa se restringe a lo controvertido, dado que delimitado el objeto del debate antes de la admisión del medio de prueba y su práctica, procedería explicar el motivo de la propuesta. Cuando en ocasiones el juzgador insta sobre dicho particular, el abogado responde sobre extremos en realidad incontrovertidos y por consiguiente inútiles. El error (judicial) se encuentra en reconocer la pertinencia, el ajuste a lo que deberá resolverse en sentencia, y lo que puede obtenerse con un interrogatorio de esa naturaleza: hechos o circunstancias que el sujeto conozca personalmente (artículo 301.1 LEC).

La mención a la capacidad de la parte desaparece expresamente, como lo hizo la confesión, y teóricamente basta ser parte procesal para ser interrogado. Ello no obstante, si el litigante fuese incapaz, esto es, si no pudiera siquiera comprender el sentido del juicio en el que se encuentra, o bien se asiste al tratamiento del sujeto como objeto (suele ocurrir en el procedimiento de adopción de medidas de apoyo al discapaz o internamiento psiquiátrico urgente), vía reconocimiento judicial, o bien no podrá practicarse el interrogatorio como tal. Piénsese que la finalidad primordial de preguntar a la parte contraria reside en obtener algo perjudicial contra la misma, beneficioso para el proponente del interrogatorio. Eliminada suerte alguna de presión ética (con el *juramento* de antaño), la parte es interesada en no perjudicarse, estrategia que busca sortear la norma si se negase a contestar o diera contestaciones esquivas –o si optase, sencillamente, por no acudir al juicio–, pero sin suprimir por completo un margen mínimo de autoprotección frente al adversario. Y esto es inviable cuando la parte no es lo suficientemente capaz, si no puede comprender dónde se encuentra y para qué; en definitiva, si carece de capacidad procesal. La única excepción reside en la persona jurídica que como parte puede ser interrogada, mas como lo será a través de un representante legal, nuevamente se introducirá la cuestión de la capacidad, si bien con una mayor facilidad de sustitución.

Cuando el conocimiento del declarante no es personal se afrontan los hechos no personales sobre los que también pueda responder, explicando su referencia u origen de conocimiento, y al tiempo indicar una fuente directa a la que se pueda interrogar como conocedor personal (artículo 308 LEC). Esto último sería un modo de introducción sobrevenido del medio de prueba testifical, cuando ya acabó la etapa ordinaria en que se admite o deniega lo propuesto por uno u otro litigante.

La única exigencia, y esencial, se encuentra en la aceptación del proponente del interrogatorio de parte, que es el litigante contrario, como si aceptar supusiera un interrogatorio igual a pesar que el llamado no sea parte. En realidad se trata de un testimonio, que como tal puede ser solicitado por la propia parte interrogada, como ocurre con cualquier testigo. La particularidad estriba en superar la regla de preclusión en la propuesta probatoria, superación que no se apoya en la omisión de la propuesta testifical de quien no podía prever preguntas sobre hechos no personales de interés para la contraparte que le propuso para interrogarle.

Cuando se pueda anticipar la falta de conocimiento de la parte llamada al interrogatorio se ahorrará una decisión en el mismo acto de juicio que además puede postergarse hasta un trámite postrero, con la diligencia final. Ello está singularmente regulado con la persona jurídica y su representante legal que, citado a juicio, advierte no conocer personalmente los hechos pertinentes y controvertidos que conforman el objeto de su interrogatorio (artículo 309 LECr).

3. El trámite interrogador

Vaya por delante que el litigante interrogado no tiene la obligación de decir la verdad como el testigo, en el bien entendido que el Código penal no recoge su posición en el proceso civil como equiparada al "testigo" en juicio, porque no lo es; y obviamente no cabe la extensión o analogía *in malam partem* que violentaría no ya el principio de taxatividad sino el más evidente de legalidad penal. Siquiera existe la posibilidad de cometer un delito de desobediencia por no contestar, una vez requerido por el órgano judicial (al citarlo) o por el juez en la sala de vistas, ante preguntas pertinentes y útiles de las partes. Si no lo hace se somete a las reglas explícitamente establecidas en orden a hechos personales y perjudiciales, ocurriendo lo mismo si, sencillamente, no acude a la vista del juicio advertido de igual consecuencia procesal. La discusión reside en que, así previsto en la norma procesal, resulta discutible una sanción pecuniaria (también) procesal por una incomparecencia igualmente regulada como carga.

Las respuestas del interrogado deben ser equivalentes al "sí" o al "no", o en su lugar lo más concisas posibles. Esta operativa cobra especial importancia cuando ante la incomparecencia del llamado se articula en modo similar a la antigua *ficta confessio*, algo igualmente funcional cuando comparece y niega, evade o resulta inconcluyente al responder. El límite de la pregunta está en aquello personal y perjudicial. La formulación oral y en sentido afirmativo no deja de imponer, por definición, una pregunta sugestiva, máxime cuando se prohíbe expresamente la valoración y la calificación que, de plantearse, se tendrán por no realizadas (artículo 302.1 LEC). En la práctica judicial suele exigirse el cumplimiento de la regla cuando no comparece el llamado, en tanto no de otro modo el mecanismo podría obtener utilidad. Sin embargo, la práctica del interrogatorio de la parte que comparece suele prescindir de la formalidad establecida, sin que suela aplicarse el triple control prevenido por el sistema (de oficio, de la defensa letrada contraria y del propio interrogado, artículos 302.2 y 303 LEC). De este modo se supera un inconveniente radical en un modo incorrecto de preguntar al comparecido, a través de la sugestión, que tampoco funcionará cuando, en virtud de la adquisición procesal, pregunte libremente la propia parte –por medio del abogado del interrogado–.

La libertad del interrogatorio se altera cuando de antemano se conocen las preguntas y repreguntas que van a formularse, cosa que ocurre cuando se produce la práctica del interrogatorio por otro juez (mediante el auxilio judicial previsto en el artículo 313 LEC) o cuando opera de un modo prefijado el interrogatorio domiciliario (artículo 311 LEC), lo que dicho sea no es obligado sino solo un derivado de la imposibilidad de oralidad.

Pese a que la doctrina científica critica como reliquia histórica la regla que impide la reiteración del interrogatorio (artículo 314 LEC)[58], existe un motivo para ello más allá de una dogmática pasada y pretendidamente superada. Se olvida que su lógica no atiende a repetir el medio de prueba sino a repetir lo preguntado, cosa por cierto más que habitual en el letrado que interviene en segundo lugar –el que defiende al interrogado–, a fin de contrarrestar lo que ya se ha respondido por las preguntas de la contraparte. Y es igualmente útil cuando es el propio (primer) abogado que pregunta lo mismo con reiteración, buscando así una respuesta diferente a la dada en primer lugar, o intercalándola tras otra, a fin de generar confusión o esperar que respuestas diferentes muestren la falta de credibilidad de quien responde. Preguntado (por cualquiera) y contestado es inútil reiterar. Y ello incluye la pregunta que se dice introductoria, "para situar a la parte" a fin de preguntar al detalle o pormenorizadamente sobre algo ya contestado. En tal caso procede efectuar directamente la pregunta que abunde o complemente otra realizada, no hacer ésta otra vez, ni mucho menos manifestar el letrado lo que ya respondió el sujeto y pedirle confirmación sobre la corrección de lo dicho.

Otra cuestión que, después de responder en forma afirmativa o negativa, de forma precisa y concisa cuando no es posible el "sí" o el "no", puedan añadirse explicaciones relacionadas y convenientes, probablemente no para quien

---

58. Francisco RAMOS MÉNDEZ, *Enjuiciamiento...*, I, cit., pág. 701.

pregunta sino para quien responde. Obvia decir que en la práctica es muy habitual la relajación del juez al permitir preguntas que siquiera son concisas o precisas, lo que hace imposible una respuesta de ese tipo. De todos modos responde el sujeto por sí mismo, sin ayudas, por mucho que pueda intuirse una preparación por parte de su abogado. Es posible, sin embargo, que si el juez lo permite por considerarlo conveniente, el interrogado pueda consultar en el mismo acto documentos, notas o apuntes (artículo 305 LEC).

Si varios sujetos declaran sobre una misma cuestión lo harán separadamente, a fin de que uno no oiga lo dicho por el otro antes de ser preguntado, impidiendo igualmente la comunicación entre ambos si los interrogatorios se demorasen (artículo 310 LEC). Es una excepción a la regla de publicidad interna según la cual el litigante tiene derecho a estar presente durante todo el juicio.

La lógica del interrogatorio cruzado se apoya en depurar lo que puede obtenerse con las respuestas del sujeto, dirigiéndose a su fiabilidad y su credibilidad, si bien la ley lo identifica como tal por el mero hecho que se pregunte y se repregunte, lo que ciertamente es insuficiente. En todo caso, lo perjudicial y personal debe confrontarse con el resto de la prueba practicada. Si "no contradice el resultado de las demás pruebas" (artículo 316.1 LEC) será norma general la vinculación del juez. Cuando se advierte variación se apreciará libre y conjuntamente la prueba, en el mismo rango que si lo dicho por la parte no fuera personal o no fuese perjudicial.

4. Incomparecencia del litigante y derecho al secreto

Cuando el interrogado sea un organismo público se elimina la oralidad. Se sirve un interrogatorio documentado (artículo 315 LEC), en realidad deudor de la antigua prueba de *informes* en un trámite escrito del juicio civil. En el fondo el resultado opera como un documento, y como tal tendría que ser conocido de antemano al juicio oral, como de anticipado procederán complementos (volver a cursar preguntas a vista de las respuestas obtenidas), en vez de esperar al juicio oral y allí leer lo respondido por el organismo público preguntado, pudiendo en ese instante apreciar carencias relevantes.

Cuando el llamado no comparece preguntará el proponente en sentido afirmativo, pero no podrá permitirse que lo haga el abogado del ausente, menos todavía en el sentido precisamente contrario al planteado sugestivamente, con la inadmisible pretensión de anular en el plano de la valoración judicial lo obtenido por el proponente.

El dispositivo responde a la lógica de la carga de la parte citada a declarar, por lo que la incomparecencia deparará una consecuencia procesal perjudicial anticipada al sujeto, siendo criticable que a la parte se la pueda multar como si fuese un testigo o un perito. Nótese que como "parte" puede identificarse incluso al rebelde procesal que lo es por voluntad explícita de no personarse como tal, aun siéndolo por el mero hecho de haber sido demandado[59].

Se anticipó de qué modo existen mecanismos para obligar a responder al interrogado, comenzando por hacerlo comparecer o exponerlo a un reconocimiento tácito. Sin embargo, la estrategia de la parte puede encontrar huecos para no perjudicarse, que partirán de lo convincente que resulte al tribunal cuando manifieste no acordarse de algo o simplemente mienta. No existe, como en el proceso penal, un derecho al silencio o a la no incriminación, pero tampoco un delito de falso testimonio de quien no es, formalmente, un testigo. Todo opera como regla propia de la carga probatoria o de estructuras predeterminadas en la consecuencia de conductas procesales, por ejemplo las evasivas. El secreto ajeno es sin embargo una vía de escape legítima, jurídicamente reconocida en el testigo (artículo 371 LEC), que evitará este tipo de consecuencias, por mucho que implique la asistencia del sujeto llamado a declarar. Y aunque la crítica evidente nace de trasladar al interrogatorio la articulación propia del testigo, ya se anticipó de qué modo existen muy pocas diferencias entre una y otra persona interrogada.

El derecho a ocultar información personal, en cambio, recogería la lógica del secreto propio, no el ajeno, por lo que si la pregunta es personal difícilmente podría alegarse secreto profesional para esquivar respuestas bajo tal excusa. De este modo, y a pesar de la dificultad de encontrar ejemplos en la práctica, lo que importa es vincular a lo ajeno la necesidad del secreto, algo que fácilmente se ubicaría en las preguntas no personales que también pueden realizarse.

---

59. La multa de 180 a 600 euros prevista contra la parte citada y no comparecida, si no media excusa que la justifique (en los artículos 292.4 y 304 LEC) se considera un despropósito característico de un ramalazo autoritario del legislador; Francisco RAMOS MÉNDEZ, *Enjuiciamiento...*, I, cit., pág. 702.

7

El interrogatorio de los testigos

Tabla de contenidos

1. Concepto general

El testimonio es un medio de prueba personal que implica a personas físicas o jurídicas que, de forma directa o indirecta, pueden aportar información de lo que sea el objeto del proceso, con independencia que verse sobre hechos incontrovertidos o propios del objeto del debate controvertido[60]. Todos pertinentes, solo los segundos resultarán útiles para arrojar luz en beneficio de la decisión judicial sobre el litigio.

La ajenidad pretende separar al *testigo* de la *parte*, pero también de quien pudiendo ser parte no lo es, bien porque no haya querido acompañar a otro u otros en la interposición de la demanda, bien porque no haya sido codemandado. La oralidad del juicio añade la intervención del sujeto ante el juez, que logra así la inmediación o contacto directo del personal jurisdiccional con el testigo, sea persona física o representante de una persona jurídica. La escritura es excepcional, cuando esa persona jurídica esquiva acudir al juicio a través de representante legal para responder a preguntas y repreguntas

---

60. V., por ejemplo, Juan Luis GÓMEZ COLOMER, "La prueba testifical en la LEC: sus principales novedades respecto de la legislación anterior", *La Prueba*, Cuadernos de Derecho Judicial del CGPJ, Madrid, 2000, págs., 243 y sigs., José Manuel CHOZAS ALONSO, *La prueba del interrogatorio de testigos en el proceso civil*, La Ley, Madrid, 2001, Ana María RODRÍGUEZ TIRADO, *El interrogatorio de testigos en la Ley 1/2000, de 7 de enero, de Enjuiciamiento Civil*, Dykinson, Madrid, 2003.

que le son trasladadas por escrito. En cualquiera de los casos se obtiene un testimonio documentado.

La única restricción procesal de uso radica en el procedimiento de tacha (artículos 343 y 377 LEC), donde se impide que su causa se acredite mediante uno o varios testigos.

2. Memoria y testigo

El texto que se expondrá a continuación respecto de los testigos es en gran medida aplicable a los peritos, pues al igual que aquellos los expertos perciben, memorizan y evocan al efectuar su trabajo. Y por supuesto afecta sin distinciones –más allá de la lógica motivación por interés parcial– a las partes litigiosas y el contenido informativo (y valorativo) que puedan aportar a través del recuerdo.

La sana crítica equivale a la libertad de valoración, en orden a la credibilidad basada en la experiencia común de los hombres reflejada en cada juez, donde puede añadirse el conocimiento práctico específico, para lo cual se tomarán en cuenta circunstancias personales, afectaciones de la percepción que no lleguen a eliminar la idoneidad, prejuicios, coherencia, conducta endoprocesal, aplomo, y cualquier otra que luego pueda motivarse en forma específica. Singularmente, la Jurisprudencia insiste en la verosimilitud objetiva, la persistencia y la inexistencia de intereses relativa al objeto litigioso y las partes que proceden en consecuencia.

2.1. Introducción

Los documentos como medios de prueba no personales son valorados igual que el resto de medios, a través de la aprehensión (y la memoria) de las partes o testigos o peritos que en ellas se basan para declarar o peritar, de los profesionales que informan, alegan y argumentan por escrito y oralmente y, al cabo, del juez que valorará por sí mismo el documento, impregnado de todo lo demás. El juez igualmente asiste a lo explicado por el perito y lo depuesto por el testigo, en cuanto a los datos provenientes de estos y al margen de cualquier documento. La memoria es relevante, por consiguiente, tanto para estos últimos en modo directo como para todo aquello relativo a la apreciación de cualquier medio de prueba, incluyendo imperfecciones a la retención y recuperación de los datos del que evoca lo visto u oído, sin olvidar los intereses (directos) de los litigantes como declarantes en juicio o los (indirectos) del resto de personas actuantes. Hasta conocer el mero trámite de los interrogatorios es provechoso para el perito cuyo objeto estribe en ampliar otro medio de prueba. Por su parte, un mínimo conocimiento de los parámetros esenciales de la memoria contribuye a disponer de mecanismos adicionales para descartar, seleccionar y dudar en el quehacer valorativo encomendado[61]. Y ese tipo de saber resulta igualmente útil para el abogado y, sobre todo, para el propio juez.

Memorizar no es tomar una foto mental de una parte de la realidad que luego pueda volverse a repasar tal y como era, tras plasmación incólume del dato (fáctico, intelectivo, sensorial, emocional) ordenadamente colocado tras otro. Recordar pasa por cómo se percibió y almacenó, lo que varía, y puede que muy sustancialmente, en función de las experiencias vividas al producirse el momento de la percepción, influyendo las que ya se tengan previamente, mientras que recuperar el dato implica su afectación por nuevas experiencias vividas después, bajo influencia de la evolución que tuvieran las ya pasadas. Se lleva a cabo una reconstrucción que, sobre una porción de lo percibido y almacenado, incorpora conocimientos, emociones y creencias del mismo momento de recuperación, que en todo caso debe completar aquella porción. Ello es así porque esta última es insuficiente por sí misma, siendo mecánica complementaria por lo general embebida de mecanismos de adaptación al entorno, donde la necesidad de olvidar –tanto al percibir como al rememorar– es considerada inevitable para la supervivencia del sujeto, evitando sobrecargas informativas que exigen, con mejor o peor criterio, descartar lo inútil por lo necesario.

Recordar y olvidar –que es constitutivo de un binomio intrínsecamente necesario por propia salud y eficacia para el recuerdo mismo– suele combinar memorias prospectiva y retrospectiva, escasa la primera para el perfil ansioso y muy pobre la segunda en la consideración de quien padece trastorno obsesivo-compulsivo que, justamente por eso, controla repetidamente la realización de sus intenciones, algo que pudiera reducir su confianza en la habilidad de memoria prospectiva.

---

61. Cfr. Daniel L. SCHACTER, *Los siete pecados de la memoria. Cómo olvida y recuerda la mente,* Ariel, Barcelona, 2007, Christopher F. CHABRIS y Daniel J. SIMONS, *El gorila invisible. Cómo nos engaña nuestro cerebro,* RBA, Barcelona, 2010, Alan BADDELEY, Michael W. EYSENCK y Michael C. ANDERSON, *Memoria,* Alianza ed., Madrid, 2010, Giuliana MAZZONI, *¿Se puede creer a un testigo? El testimonio y las trampas de la memoria,* Trotta, Madrid, 2010, Luis ROJAS MARCOS, *Eres tu memoria. Conócete a ti mismo,* Espasa, Barcelona, 2011.

2.2. Conceptos básicos

Aunque el mayor o menor paso del tiempo suela identificarse con la menor o mayor facilidad de rememorar[62] –para empezar el prolongado período de tiempo reduce la sensibilidad de las conexiones neuronales debilitando la memoria–, ésta también depende del grado de afectación emocional en el momento de la percepción, la fijación del dato y/o la codificación del mismo, donde también se interpreta. Y hay algo más. Un recuerdo que se parece a otro puede responder a una misma clave de evocación (lo que permite llamar o recuperar el trazo de memoria codificado) pudiendo propiciar la llamada sobrecarga de la clave, sujetándose a interferencias proactivas o retroactivas: las primeras en función de lo aprendido anteriormente que resulte pernicioso para lo reciente, las segundas en las que aquello reciente perjudica lo almacenado más antiguo (interferencia retroactiva). Estas últimas son aptas para alterar, y de un modo permanente, el recuerdo mismo, sin importar que la percepción y/o el almacenamiento hubieran sido perfectos. A su vez, también puede operar el efecto *compliance,* responder para complacer al interrogador, una respuesta de cesión frente a la presión directa o indirecta[63]. Otra cuestión es que el segmento de memoria original puede recuperarse tal cual fuera merced a un tipo de interrogatorio no sesgado, al cabo un mecanismo sanador en pugna contra reescriturar lo ocurrido[64]. Con todo, el mismo acto de recuperación puede menoscabar recuerdos de otros trazos de memoria; un olvido inducido por la recuperación debido a la vinculación a una misma clave evocadora. Particularmente, la interferencia puede generar tanto teorías de bloqueo donde el trazo más fuerte se introduce en la evocación del que es débil y que acaba por abandonarse, como teorías de inhibición donde se suprimen en gran parte determinados trazos en orden a suprimir competición entre unos y otros, lo que se interpreta como respuesta adaptativa del control ejercido sobre ese proceso de recuperación, esto es, olvidar acaba siendo conveniente.

Diferenciar entre codificación, almacenamiento y recuperación permite establecer nociones sobre la memoria sensorial –que en realidad enlaza mejor

---

62. La curva del olvido muestra una tasa significativamente reducida en el tramo inicial, para continuar en modo gradual, bajo una forma logarítmica. A partir de Hermann EBBINGHAUS, *Über das Gedächtnis. Untersuchungen zur experimentellen Psychologie* (Duncker y Humblot, Leipzig, 1885), traducida al inglés por Ruger y Bussenius en 1913; cfr. Norman J. SLAMECKA, "Ebbinghaus: Some associationes", *Journal of Experimental Psychology: Learning, Memory and Cognition,* núm. 11, 1985, págs. 414 y sigs.

63. Debra A. BEKERIAN y John M. BOWERS, "Eyewitness testimony: Were we misted", *Journal of Experimental Psychology: Learning, Memory and Cognition,* núm. 9, 1983, págs. 139 y sigs.

64. Elisabeth F. LOFTUS, *Eyewitness Testimony,* Harvard University Press, Cambridge, Massachussets, 1979.

con el proceso de percepción–, la memoria a corto plazo –diferenciada entre *episódica* como capacidad de recuperación de experiencia personal específica y *semántica* como conocimiento sobre el mundo físico (definiciones y concepciones de las cosas y connotaciones de expresiones y símbolos)– y a un largo plazo –distinguida entre explícita o declarativa e implícita o no declarativa–. La memoria episódica también se identifica como autobiográfica (lo vivido), pero como memoria no verbal acoge especialmente situaciones muy estresantes, en particular miedos y traumas, desarrollándose sobre ella el concepto de indefensión aprendida[65]. Con éste explica de qué modo se almacena la continuada situación de impotencia, vulnerabilidad y fracaso, explicando el motivo por el que la víctima no escapa a la agresión, estados de incompatibilidad generadores de una inmediata necesidad de crear una historia alternativa, justificante, inventada por completo si es necesario: un falso recuerdo inconsciente.

Estructurar el conocimiento a través de esquemas (estructuras conceptuales de elementos singulares, abstractos o concretos) y guiones (propios de eventos sociales) contribuye a conformar expectativas apropiadas para el desarrollo de inferencias a la vez que propicia distorsiones de memoria cuando lo escuchado o leído (o cualquier otra información sensorial) resulte incoherente con ese conocimiento. Ejemplo de esquema el "ladrón", ejemplo de guión el "ir a una fiesta".

En la memoria a largo plazo se alude también a la memoria procedimental, relativa al cómo se actúa o cómo se conoce, si bien resulta difícil su abordaje con el interrogatorio, al no ser verbalizable. No obstante, el lenguaje servido por un testigo que interpreta y verbaliza la interpretación ("estaba fuera de sí"), permite preguntas de explicación que solventen el inconveniente: se ofrecerá lo necesario para superar la conclusión del testigo y permitir la conclusión del juez, igual (el demandante estaba fuera de sí y fue estafado como discapaz) o en contra (no lo estafaron, al menos en virtud de una discapacidad).

Por su parte, en el ámbito de la memoria autobiográfica destaca el síndrome de los falsos recuerdos, por lo general vinculado al recuerdo olvidado del abuso infantil a desbloquear mediante terapia, no obstante pugna con la investigación sobre la manera de implantar un falso recuerdo, de forma intencionada o involuntaria[66].

---

65. Martin E. P. SELIGMAN, *Learned optimism,* A. A. Knopf, Nueva York, 1991.

66. Martin GARDNER, "The memory wars: Parts 2 and 3", *Skeptical Inquirer,* núm. 30, 2, 2006, págs. 246 y sigs. Cfr., sobre el falso recuerdo en menores (en más de la mitad de los entrevistados), Luisela

La pérdida de memoria por el devenir temporal, la distracción o el bloqueo, añadido a operativas activas de perjuicio en el almacenamiento, la codificación y/o la evocación, como la sugestión, las propensiones, la atribución errónea y la persistencia, inciden de un modo u otro en el testigo, en el perito, en el litigante, en los abogados y en el juez. Y debe recordarse también que el idioma utilizado constituye un obstáculo no de la atención ni de la codificación y el almacenamiento, sino de la evocación o la recuperación.

2.3. Atención, omisión y foco

Más allá de la antes expuesta curva del olvido enlazada con el mero paso del tiempo, el impacto causado por la información en quien la percibe puede sucumbir a las repeticiones —conducta activa, consciente o no— pero también al bloqueo. Las conductas automáticas suelen implicar una ausencia de recuerdo de actividades realizadas en "piloto automático", codificación superficial igualmente anudada a otro tipo de inconvenientes, como por ejemplo la llamada ceguera al cambio[67], donde importa significativamente la errónea creencia sobre la propia capacidad de observador (la ceguera a la ceguera al cambio[68]). Esta cuestión también se ha tratado como ilusión de memoria: la diferencia entre la precisión del recuerdo y la precisión que uno mismo cree que tienen nuestros recuerdos[69], lo que se relaciona con otra ilusión, la de propia seguridad o confianza, tendencia a la sobrestimación individual o grupal.

De otro lado, aquello inesperado, junto con el componente emocional, la amenaza directa o indirecta, la ansiedad o el estrés en general, afectan muy negativamente la exactitud[70], mientras que la gravedad focaliza la atención, que así se desvanece en mayor o menor grado. Se pierde respecto de otros da-

DE CATALDO NEUBURGUER, *Esame e controesame nel processo penales. Diritto e psicologia,* Cedam, Padua, 2000, pág. 325. V., igualmente, Elizabeth LOFTUS y Katherine KETCHAN, *Juicio a la memoria. Testigos presenciales y falsos culpables*, Alba, Barcelona, 2010, pág. 50, Margarita DIGES, *Testigos, sospechosos y recuerdos falsos. Estudios de Psicología forense*, Trotta, Madrid, 2016.

67. Expresión atribuida a Ronald A. RENSINK, J. Kevin O'REGAN y J. J. CLARK, "To see or not to see: The need for attention to perceive changes in scenes", *Psychological Science,* núm. 8, 1997, págs. 368 y sigs.

68. Daniel T. LEVIN, Bonnie L. ANGELONE, Nausheen MOMEN, Sarah B. DRIVDAHL y Daniel J. SIMONS, "Change Blindness Blindness: The Metacognitive Error of Overestimating Change-detection Ability", *Cognitio,* núm. 7, 2000, págs. 397 y sigs.

69. Christopher F. CHABRIS y Daniel J. SIMONS, *El gorila...,* cit., págs. 107 y sig.

70. Kenneth A. DEFFENBACHER, Brian H. BORNSTEIN, Steven D. PENROD y E. Kiernan McGORTY, "A Meta-Analytic Review of the Effects of High Stress on Eyewitness Memory", *Law and Human Behavior,* núm. 28, 2004, págs. 687 y sigs.

tos porque no queda capacidad residual, absorbida por completo en función del foco. Se trata de una desviación involuntaria de la atención, donde la focalización relativiza el dato temporal (unos segundos es lapso interminable, un buen rato pasa en un instante)[71] por mucho que el campo de aplicación más habitual sea el visual[72]. Tener conocimiento de ello pudiera permitir otorgar credibilidad al testigo que sin embargo no recuerda nada o muy poco del mismo lugar y tiempo en el que respecto de otro aspecto es conciso y terminante.

La selectiva evocación de la experiencia no traumática acumulada –a través de un interrogatorio así dirigido–, que puede ser repetida bajo igual necesidad compensatoria, puede arrinconar el mal recuerdo, planteando incluso un cauce para su olvido, lo que puede relacionarse con la denominada inhibición de la información no evocada[73]. Importa, por último, destacar el olvido dirigido o la inhibición forzada del recuerdo ("olvídalo"), especialmente compatible con los mecanismos inconscientes de autodefensa, excluyentes del material emocional dañino por constituir intrínsecamente una amenaza (la represión freudiana), si bien la inhibición de recuerdo es aplicable tanto a experiencias emocionales como a no emocionales.

2.4. Sugestión y propensión

Las sugerencias, observaciones, comentarios o preguntas inductivas, al igual que el *feedback* en determinados contextos (por ejemplo el judicial para quienes no están acostumbrados a ese ámbito) o seguido a una respuesta del interrogado (por ejemplo el abogado que asiente o niega con la cabeza tras oír al sujeto preguntado)[74], permiten la construcción del falso recuerdo, sea incrementando una seguridad por intervención confirmatoria, sea modificando una primera respuesta correcta por una reacción negatoria; y lo uno y lo otro

---

71. Sobre la percepción del tiempo v. Mihaly CSIKZENTMIHALYI, *Flow. The Psychology of Optimal Experience,* Harper & Row, Nueva York, 1990.

72. V., por ejemplo, Daniel J. SIMONS, Christopher F. CHABRIS, "Gorillas in Our Midst: Sustained Inattentional Blindness for Dynamic Events", *Perception*, núm. 28, 1999, págs. 1.059 y sigs. Es lo que estos autores definen como la ilusión de atención, al experimentar mucho menos de nuestro mundo visual de lo que creemos; Christopher F. CHABRIS y Daniel J. SIMONS, *El gorila...,* cit., pág. 18.

73. Michael C. ANDERSON, "Active Forgetting: Evidence for Funcional Inhibition as a Source of Memory Failure", en *Trauma and Cognitive Science: A Meeting of Minds, Science and Human Experience* (J. J. Freyd y A. P. DePrince eds.), Haworth Press, New York, 2001, págs. 185 y sigs.

74. V. Gary L. WELLS y Amy L. BRADFIELD, "Good, you identified the suspect: Feedback to eyewitnesses distorts their reports of the witnessing experience", *Journal of Applied Psychology*, núm. 83, 1998, págs. 360 y sigs. Y no faltan fiscales y abogados que apuntillan "muy bien" o expresiones similares después de oír lo que esperaban al preguntar.

puede apoyarse, simplemente, en el uso de un término u otro a la hora de interrogar[75]. Precisamente en este contexto, donde el mismo lenguaje configura la introducción de una información engañosa en el marco de las interferencias proactivas o retroactivas.

Resultan de particular importancia las técnicas de inducción efectuadas a través de la hipnosis y la regresión en el tiempo a través de la inconsciencia, donde destacan las críticas a la imprecisión y el aumento de los efectos sugestivos de las informaciones engañosas, donde no se evidencia realzamiento de la memoria del hipnotizado, sí en cambio su reforzamiento[76]. A su vez, importa destacar la familiar como base de la transferencia inconsciente, que también se relaciona con el entorno físico, que suele favorecer la evocación si se trata del mismo a aquel en el que se produjo el evento, lo que sin embargo conviene rechazar de plano si concurren circunstancias de intoxicación que incluso conllevan lagunas de memoria aun sin pérdida de conocimiento, donde además la pregunta puede ofrecer una mucho mayor carga sugestiva.

Existe una influencia de increíble potencia en la creencia y el conocimiento de las personas en el momento actual respecto de lo pasado, al punto de interpretar lo ocurrido en forma tergiversada, corrigiendo o rehaciendo la experiencia sin darse cuenta de ello. Sea por coherencia, para que la reconstrucción del dato almacenado, que lo fue con unas sensaciones, creencias y conocimientos ya pasados, se ajuste o se parezca a lo que en el momento de la evocación se siente, se conoce o se cree –aunque a veces es todo lo contrario–, sea por realzar el pasado, bajo ilusiones positivas, sea por servirse del estereotipo, generando apreciaciones imprecisas e injustificadas de los individuos y de los comportamientos.

La propensión puede serlo de conformidad o de cambio, de percepción retrospectiva, egocéntricas y estereotípicas[77], por mucho que importe de principio analizar la confusión de las circunstancias que envuelven el evento, lo repentino del mismo que toma por sorpresa al que percibe la información y sobre todo si la intensidad emocional reina en el contexto. Resulta especial-

---

75. Elisabeth F. LOFTUS y John C. PALMER, "Reconstruction of automobile destruction: An exemple of the interaction between Language and memory", *Journal of Verbal Learning and Verbal Behavior,* núm. 13, 1974, págs. 585 y sigs. Véase también D. Stephen LINDSAY, Bem P. ALLEN, Jason C. K. CHAN y Leora C. DAHL; "Eyeswitness suggestibility and source similarity: Instrusions of details from one event into memory reports of another event into memory reports of another event", *Journal of Memory and Language,* núm. 50, 2004, págs. 96 y sigs.

76. También se estudia la interpretación de sueños como proceder sugestivo provocador del falso recuerdo; Giuliana A. MAZZONI y Elizabeth F. LOFTUS, "Dream interpretation can change beliefs about the past", *Psychoterapy,* núm. 35, 1998, págs. 177 y sigs.

77. Daniel L. SCHACTER, *Los siete pecados...,* cit., págs. 190 y sigs.

mente destacable la llamada teoría implícita de la estabilidad enlazada con el lapso temporal[78], por mucho que en este sentido deba recordarse de qué modo se explica cómo el "que controla el pasado controla el futuro; y el que controla el presente controla el pasado"[79].

A su vez, la mente humana predispone la detección de sentidos en los patrones, la deducción causal de las coincidencias, al igual que concluye en que el primer acontecimiento causa el posterior o que tienen relación dos sucesos que ocurren juntos. Es la llamada ilusión de causa[80]. Pero sobre estos parámetros llama especialmente la atención la propensión de conformidad y cambio, que favorece la disminución de la disonancia cognitiva: el malestar que desde el punto de vista psicológico puede sufrir quien se encuentra con sensaciones y pensamientos contrapuestos entre sí[81]. Y entra en juego la teoría argumentativa y el sesgo confirmatorio[82], así como la falacia narrativa: creer en lo convincente acerca de por qué ha sucedido un determinado evento, aunque nada sea lo suficientemente concluyente sobre la verdadera causa del suceso.

La propensión de percepción retrospectiva altera el recuerdo pasado para conseguir concordancia con el presente conocido. A menudo saber el resultado de un hecho genera la impresión de que se sabía lo que iba a ocurrir. Es de tal fuerza el efecto que dicho tipo de propensión propicia que aunque el sujeto reciba explícitas instrucciones para no tomar en cuenta el resultado real conocido, esa suerte de impulso sobrevive en la persona. De esta manera, un testigo describirá de forma distinta el mismo hecho si no conoce el resultado (por ejemplo la conducción de un vehículo inmediatamente antes del accidente) que si lo conoce (sabe del accidente habido justo después). Un resultado indisociado de la causalidad donde se advierte un riesgo o intención que nunca se habría apreciado de no conocer el accidente. En igual sentido funciona dicha propensión en aquellos conflictos interpersonales o discusiones que acaban en resultados lesivos, o en las conductas antecedentes al fraude. Pero tanto juez o testigo, ya advertidos o instruidos para evitarlo, padecen un grave perjuicio en dicho escenario de conocimiento, perjuicio extendido a la publicidad extraprocesal que atribuya una conducta ilícita (sea civil o incriminatoria de

78. Michael ROSS, "Relation of implícit teories to the construction of personal histories", *Psychological Review,* núm. 96, 1989, págs. 341 y sigs.

79. George ORWELL, *1984,* RBA, Barcelona, 1993, pág. 200.

80. Se alude a la pareidolia, en relación con la dicha ilusión surgida en advertir el patrón en el azar; Christopher F. CHABRIS y Daniel J. SIMONS, *El gorila...,* cit., pág. 209.

81. Leon FESTINGER, *A theory of cognitive dissonance,* Stanford University Press, Stanford, 1957.

82. Hugo MERCIER y Dan SPERBER, "Why Do Humans Reason? Arguments for an Argumentative Theory", *Behavioral and Brain Sciences,* 34, núm. 2, 2011, págs. 57 y sigs.

alcance sancionador). En términos generales se extiende la presencia de la propensión retrospectiva hacia la reconstrucción del pasado con el objetivo de que el mismo concuerde con el presente. En clave de propensión la pregunta sugestiva que correctamente se deniega, aunque nunca se llegue a contestar, supondrá en buen número de casos un muy significativo sesgo.

La reconstrucción de un suceso con apoyo en el conocimiento general de lo que con frecuencia se produce implica sensible vulnerabilidad a la propensión del individuo, filtrando en el recuerdo de lo pasado aquellos conocimientos y creencias actuales. Grabar en la memoria lo que se espera percibir en vez de lo realmente percibido se explica con la tesis de la coherencia con las expectativas, operando la proyección como distorsión inconsciente de la percepción de los demás. Finalmente, el estereotipo definido como descripción genérica de experiencias pasadas, a fin de clasificar objetos y personas, deviene singularmente influyente y característico en la simplificación de la comprensión del entorno social. A menudo es útil y justificado, cuando no de efectos perturbadores en sede de propensión, siendo la etnia el ejemplo por antonomasia, donde no se trataría de afrontar la culpa por conducta sino por asociación.

2.5. Atribuciones erróneas y persistencia

Asignar total o parcialmente a una fuente equivocada aquello que se recuerde es apto para generar confusión entre verdad y fantasía o entre aquello que el propio sujeto ha visto u oído o le han contado otros, o entre lo que no ha ocurrido y lo que se ha imaginado o pensado que hacía. Y como se trata de un actuar inconsciente, el sujeto puede ofrecer la información con significativa seguridad. Asimismo, los errores de enlace pueden provocar una percepción denominada error de conjunción de recuerdos: se retiene el rasgo individual de la palabra, de un rostro o de un lugar, pero sin unirlos adecuadamente cuando se examinan al principio, pudiendo contribuir la confianza de familiaridad al error en el seno de la evocación o recuperación.

Aunque la persistencia puede ser un efecto en principio planteado como negativo para la estabilidad de las personas, contrapuesto a la necesidad del olvido, en el ámbito judicial supone un repaso o repetición del evento objeto de enjuiciamiento y, en principio, habría de evitar olvidos en todo su espectro. En efecto, la tendencia al recuerdo del hecho negativo más detallado que el positivo engendra un riesgo especial de rememorar lo doloroso, facilitando la descripción en juicio. El problema está en la derivación a la generalización de los recuerdos, pues lo normal es el gran detalle. Tampoco resulta aconsejable un ensayo por la propia repetición, que es un específico tipo de aprendizaje donde concurren, en gran medida por el modo de interrogar, bloqueos, interferencias o propensiones, o sufrir efectos de sujeción después más difíciles de detectar o indetectables. Finalmente, se ha considerado que recobrar el recuerdo de una experiencia esquivada durante mucho tiempo hace más proclive la distorsión de la realidad u otorgar credibilidad a un hecho imaginario.

Además, la nueva experimentación de un evento traumático muestra la capacidad de anular parte del dolor si se realiza en un contexto seguro, contraproducente en cambio como intento de supresión del recuerdo de experiencia negativo porque impide el llamado proceso de habituación con el que se consigue una menor respuesta fisiológica al estímulo[83].

3. Características

La percepción de la persona física, que incluye a ésta como representante legal de una persona jurídica, se define por la capacidad de ver, oír, tocar u oler, sentidos que permitirán recabar información relevante en un determinado juicio. Por eso la incapacidad de reproducir esa información, o siquiera obtenerla, harán inhábil al sujeto en cuestión como fuente testifical en el proceso. En este sentido se alude a la *idoneidad* del testigo, sin la cual no es posible exponer el conocimiento fáctico sensorialmente obtenido o siquiera obtenerlo de buen principio.

Puede tratarse de una percepción directa o indirecta. En el segundo caso se alude al *testigo de referencia*, que explicará lo que otra persona haya percibido directamente y le haya confiado. Si se interponen otro u otros intermediarios en la fuente de conocimiento se tratará de testigos de referencia de segundo o ulterior grado. El testigo de referencia o indirecto es útil para comparar lo que deponga el testigo directo y lo que éste afirmó que le dijo, corroborando o no los datos ofrecidos por uno y otro. Por su parte, también es posible que no disponiendo de un testimonio presencial, el indirecto venga a sustituirlo de forma total. En fin, su función probática se encuentra en corroborar o desmentir lo dicho por el testigo presencial o sustituirlo por no disponer de él por

---

83. Daniel M. WEGNER y Daniel B. GOLD, "Fanning old flames: Emotional and cognitive effects of suppressing thoughts of a past relationship", *Journal of Personality and Social Psychology*, núm. 68, 1995, págs. 782 y sigs.

muerte o ignorado paradero que impida su citación y asistencia al juicio. Fuera de estos supuestos es incorrecto utilizar testigos indirectos en sustitución de los directos disponibles, sin que la incomodidad de hallazgo y comunicación procesal pueda resultar justificante para hacerlo.

La socorrida ajenidad como elemento descriptivo implica una tradicional consideración del tercero, del mismo modo que suele afirmarse que un único testigo resulta insuficiente para probar un determinado extremo fáctico controvertido –de ahí el aforismo *testis unus testis nullus*. Pero bajo esta última noción se articulan hoy determinados impedimentos y controles establecidos por la decisión legislativa. En el primer grupo se encontraría la propia parte, que no puede ostentar la cualidad del testigo. Tampoco es posible que intervenga como tal el abogado o el procurador de alguno de los litigantes, pero no porque no pueda ser testigo, sino porque su posición en el proceso impedirá cumplir con exigencias esenciales del testimonio, por ejemplo la que se relaciona con no verse contaminado por la declaración de las partes u otros testigos en el juicio o vista, ya que dichos profesionales estarán presentes desde el principio en el acto oral ante el juez. La imparcialidad requerida al juzgador elude igualmente que éste pudiera testificar, lo que igualmente devendría imposible por la propia lógica de separación: el testigo no puede haber presenciado el juicio, al menos antes de su intervención como tal en la Sala de justicia.

En el segundo grupo aparecen aquellos sujetos que pueden declarar, en tanto conocen hechos relevantes, pero que no son ajenos al interés; cuando menos observan vínculos que relativizan su ajenidad. Para ello se establece un sistema de tachas por el que el juzgador será advertido del vínculo concreto en orden a la valoración del testimonio que efectivamente se lleva a cabo y al margen de la objetiva ajenidad, o siéndole ajeno en un principio deje de serlo en forma sobrevenida. Imagínese el heredero del demandante o del demandado cuando muere éste o aquél.

De otro lado, los menores de catorce años pueden declarar a criterio del tribunal –lo que en la jurisdicción penal supondría que fuesen "explorados"–, si bien no podrían someterse al mismo régimen de exigencia del mayor de edad. Ni en la obligación de comparecencia bajo sanción –que se proyectaría al progenitor o tutor que reciba la citación y haya de acompañarlo al juicio– ni en las posibles consecuencias procesales de faltar a la verdad, como autor de un delito de falso testimonio, al ser penalmente inimputable.

Cualquiera testigo se apoya en un conocimiento propio o referido y junto con su manifestación al tribunal expondrá de dónde proviene ese conocimiento, bien directamente, de sus propios sentidos, bien indirectamente, a través de otra fuente de prueba. Esto es lo que la ley identifica como expresar "la razón de ciencia" (artículo 370.3 LEC). En cualquier caso podrá ser preguntado por el contexto en el que se produjo el acceso al conocimiento y circunstancias en su derredor. Se trata de poder valorar la credibilidad, fiabilidad y verosimilitud de lo manifestado, y con ese tipo de información se contribuirá a ello.

4. Técnicas de interrogatorio testifical

El modo de interrogar será similar al ya expuesto para las partes litigantes, exigiendo preguntas en principio orales, siempre en sentido afirmativo, claras y precisas sin permitir valoraciones ni calificaciones que de hacerse se tendrían por no realizadas (artículo 368.1 LEC). Y con carácter previo se realizarán las llamadas preguntas generales de la Ley que persiguen contextualizar al testigo, fundamentalmente en su relación con el objeto y con las partes procesales enfrentadas (artículo 367 LEC). De nuevo conviene criticar el problema de la pregunta sugestiva, pues no es otra la que en forma afirmativa se postula, eliminando la espontaneidad y favoreciendo la dirección de la respuesta buscada en el testigo. En este sentido, el proceso penal no padece tal limitación legal, por mucho que lo haga por virtud de la corruptela práctica de tribunales[84]. A pesar de las cortapisas del legislador en orden a impedir un interrogatorio libre y contradictorio pleno, sólo el carácter afirmativo, por sugestivo, es lógica y racionalmente criticable por orientar al testimonio en un camino determinado. La valoración y la observación al preguntar son igualmente criticables, y por la misma razón que deben combatirse los planteamientos sugestivos. Nada impide la pregunta neutra que abra la posibilidad de que el testigo explique, sin cortapisa ninguna, lo que conozca directa o indirectamente, por mucho que cada relato pretendido debe acotarse de manera precisa y clara. Esto puede obtenerse a través del proponente, pero en la práctica suele derivarse a partir de quien adquiere procesalmente el medio por otra parte procesal introducido, con derecho a efectuar "nuevas" preguntas (artículo 372.1 I LEC), lo que para algunos encaja en el "interrogatorio cruzado". Si ambas par-

---

84. V. una crítica de la sugestión más que frecuente e indebida en el proceso penal en Ricardo YÁÑEZ VELASCO, "Pregunta sugestiva, pregunta denegada. ¿Saben interrogar fiscales y abogados?", *Diario La Ley,* núm. 9403, 25-IV-2019, págs. 1 y sigs., también en mis *Estudios...,* cit., t. III, vol. 2, págs. 191 y sigs.

tes propusieron al mismo testigo el orden lo establece la norma procesal: primero el demandante, luego el demandado.

Finalmente, el juez también podrá preguntar, previendo la norma sobre el qué: "aclaraciones y adiciones" (artículo 372.3 LEC). Ningún inconveniente existe cuando lo que el juzgador pretende es *aclararse*, pues no podría valorar respuestas incomprensibles a la hora de motivar el fallo y dictar sentencia. Resulta criticable, en cambio, el juez que pretende obtener *adiciones* a lo respondido más allá de actuar en modo complementario sobre lo preguntado no contestado. Por un lado, cuando un abogado pregunta sobre un extremo y no es respondido o lo es en modo parcial, por definición incompleto, el propio abogado podrá reclamar del testigo la respuesta completa o instar el auxilio del juez si este mismo no se adelanta en ordenar al testigo que lo haga. Si el abogado calla, cabe la posibilidad de que el juez busque completar lo omitido preguntándolo directamente.

De otro lado, si con lo "adicional" se pretende que el juez sustituya a cualquiera de los abogados en preguntas nunca formuladas por estos, al considerar que es útil para ofrecer información en orden a lo controvertido, sería modo incontestable de anticipar la inaplicación de la regla de carga de la prueba que corresponde cumplimentar a la propia parte. En fin, si el juez la sustituye en ese extremo tomará evidente partido –descartando la regla del *onus probandi*–, llevando a cabo un trabajo parcial que obviamente no le corresponde.

5. El testigo cualificado

Cuando una persona dispone de conocimientos especiales que podrían conducirle a su designa como perito, pero que toma contacto directo o indirecto de un hecho luego controvertido en el juicio, se excluye como perito precisamente por ese contacto que pone en duda la imparcialidad requerida para todo experto. No se evita, sin embargo, que se trate de un testigo, ni tampoco que los dichos conocimientos sean útiles para mejorar la información alrededor del hecho en su momento percibido.

El legislador identifica esta figura jurídica como *testigo-perito* (artículo 370.4 LEC) manteniendo su naturaleza jurídica como propia del testimonio, no del peritaje, aplicándose el régimen jurídico del primero, no el del segundo ni de un tercero alternativo.

6. Careo

A instancia de parte o de oficio puede introducirse el careo entre testigos, o entre testigos y partes (artículo 373 LEC). Este mecanismo probatorio debe solicitarse al acabar el interrogatorio cuyo resultado presente "graves contradicciones" con otro anterior, de ahí que desde un principio se advertirá que ninguno de los llamados comparecidos se ausente, pues el detonante del careo podría ser el último de los testimonios que intervenga.

> La práctica de algunos jueces, que permiten la marcha de los testigos tras su declaración, desconoce o desprecia dicha posibilidad, al margen que tampoco atiende a las precisiones de separación entre declarantes, sin que los llamados y por declarar esperen en sala reservada sino en el mismo pasillo por donde saldrán los testigos que ya declararon.

La actividad de oficio en el careo debe interpretarse como un modo de solventar la contradicción que impida valorar mejor el resultado de la prueba. Se trata de una especie de aclaración que igualmente podría darse en el curso de un interrogatorio en el que la parte o el testigo se contradice a sí mismo por pregunta de un mismo abogado o sucesivos. Es lo cierto que puede no solventar nada y mantener lo contradictorio, y con ello la incerteza de la duda que active la regla de la carga de la prueba. Conseguir resolver la contradicción eliminaría la incertidumbre en ese concreto punto, pero se haría desde un abordaje neutro, a diferencia de la crítica expuesta a determinadas adiciones buscadas de oficio. Pues, la contradicción es objetiva y el resultado del careo contingente; tanto puede favorecer a una parte como a otra, sin que tampoco asegure que, con la apreciación conjunta de otros medios de prueba, el juez se someta a la regla de la carga de la prueba en vez de optar por una manifestación contradictoria en vez de hacerlo por otra.

7. El testimonio de la persona jurídica

No tiene sentido reconocer la condición de parte a la persona jurídica, admitiendo que litigantes y testigos son esencialmente iguales en orden a obtener de unos y otros declaraciones relevantes sobre lo que se discute, para negar luego la cualidad testifical de la persona jurídica a diferencia de la física cuando el medio utilizado no es oral sino escrito, considerando aquélla no testimonio sino prueba documental[85].

Aunque parezca que la dicción legal excluya la concreción de una persona física para dar respuesta al contenido del informe rogado, no debiera negarse que su cumplimentación será realizada por persona o personas físicas que apliquen su conocimiento sobre la información reclamada, conformando en el texto el núcleo del testimonio. Y ello incluye a las personas jurídicas públicas, las "entidades públicas". El problema esencial radica en la contradicción, en su caso diferida a ampliación de esta suerte de interrogatorio escrito, mientras que si puede sustituirse por la exhibición documental (artículos 328 y sigs. LEC) sería el documento el auténtico mecanismo probatorio, no el testifical. No obstante, debe anotarse que el conocimiento que puede desprenderse de una empresa pública o privada no siempre cabe deducirlo de la documentación que se gestiona en la misma, por mucho que la mayor parte de información y la consulta de ésta por quien responde puede ser verificada a través de soportes escritos. Ahora bien, si se niega el valor de este tipo de respuestas porque proceden de una persona jurídica, debiera también negarse la respuesta que cualquiera de sus empleados o sus representantes legales ofrezcan como testigos, pues la fuente, en ambos casos, será en puridad común.

8. Control previo en orden a la valoración judicial ulterior

Existen situaciones o circunstancias que ponen en entredicho la credibilidad del testigo, y ello puede advertirse con las *preguntas generales* de la Ley o a través de un procedimiento específico instado por las partes procesales, incluida la proponente de ese medio de prueba en cuestión, que recibe el nombre de *tachas*. Aunque la tacha del mismo proponente solo sea viable después de proponer, no si la conoce de antemano (artículo 377.2 LEC), en ninguno de los dos casos se evitará o postergará el testimonio. Se trata de una advertencia subrayada para el juez a la hora de examinar y concluir su valoración sobre el testigo afectado, a la postre, de un modo u otro. Mientras que con el primer caso la libertad valorativa es total, con el segundo (ejercitada la tacha con éxito) solo cabrá motivar en contra de la fiabilidad del testigo cuando éste ha sido efectivamente "tachado".

---

85. Francisco RAMOS MÉNDEZ, *Enjuiciamiento...,* I, cit., pág. 716. El autor critica incluso la ubicación del testimonio de persona jurídica cuando es escrito (artículo 381 LEC), por mucho que no se niegue que oralmente pueda declarar como parte o como testigo durante el juicio (íd., págs. 698 y 718).

Al iniciar la práctica del testimonio y al margen de preguntas sobre la identidad del declarante y si ha sido condenado por falso testimonio en alguna ocasión –lo que parece un modo de prejuzgar contra la presunción de inocencia–, el juez preguntará sobre vínculos parentales o afectivos con las partes o los abogados y procuradores, sobre dependencias o intereses comunes o contrapuestos con unos u otros, así como si existe entre ellos amistad íntima o enemistad manifiesta (artículo 367.1 LEC). Y tras obtener esta información pueden las partes plantear la falta de imparcialidad y ahondar en ello el interrogatorio del juez a fin de luego utilizarlo en el momento de valorar la prueba testifical.

> Las causas de tacha se recogen en el art. 377.1 LEC: "1.º Ser o haber sido cónyuge o pariente por consanguinidad o afinidad dentro del cuarto grado civil de la parte que lo haya presentado o de su abogado o procurador o hallarse relacionado con ellos por vínculo de adopción, tutela o análogo. 2.º Ser el testigo, al prestar declaración, dependiente del que lo hubiere propuesto o de su procurador o abogado o estar a su servicio o hallarse ligado con alguno de ellos por cualquier relación de sociedad o intereses. 3.º Tener interés directo o indirecto en el asunto de que se trate. 4.º Ser amigo íntimo o enemigo de una de las partes o de su abogado o procurador. 5.º Haber sido el testigo condenado por falso testimonio".

En el trámite prevenido para su acreditación o análisis se podrá practicar cualquier medio de prueba excepto el testifical, siendo el resultado valorado por el juez, en el sentido de tachar o no al testigo, decisión que afectará, en su caso, a la valoración del testimonio que posteriormente se conjugue con el resto de prueba practicada o no practicada (lo que también activa la regla de la carga de la prueba).

En los supuestos del testigo cualificado, testigo-perito en la actual denominación procesal, se aplica el mismo régimen de tacha que para cualquier testigo, sin que quepa ninguna equivalencia con la abstención, propia de los peritos designados judicialmente, ni con la tacha, prevista para el perito designado por la parte. De este modo, no cabe sustentar una especie de auto-tacha en la etapa de acceso al proceso (cuando se es citado como testigo), al modo que pudiera actuar quien ha de abstenerse o quien ha de jurar o prometer su objetividad y corrección al emitir un dictamen por contratación extraprocesal. Sin embargo, de conocer el testigo (-perito) citado estar incurso en causa de tacha, podría anticiparlo antes de la vista. No obstante, las preguntas "generales" recogidas en el artículo 367.1 LEC, que "en todo caso" deberán hacerse de inicio, delimitan el momento en que se pueden poner de manifiesto motivos de parcialidad, situación en la que el testigo (y no antes) tiene la obligación de reconocer la causa o causas que concurran (artículo 378 LEC).

Según el texto: "1.º Por su nombre, apellidos, edad, estado, profesión y domicilio. 2.º Si ha sido o es cónyuge, pariente por consanguinidad o afinidad, y en qué grado, de alguno de los litigantes, sus abogados o procuradores o se halla ligado a éstos por vínculos de adopción, tutela o análogos. 3.º Si es o ha sido dependiente o está o ha estado al servicio de la parte que lo haya propuesto o de su procurador o abogado o ha tenido o tiene con ellos alguna relación susceptible de provocar intereses comunes o contrapuestos. 4.º Si tiene interés directo o indirecto en el asunto o en otro semejante. 5.º Si es amigo íntimo o enemigo de alguno de los litigantes o de sus procuradores o abogados. 6.º Si ha sido condenado alguna vez por falso testimonio".

Tras sus respuestas podrían las partes subrayar concurrencia de causas de imparcialidad (conectar lo dicho con la realidad de los litigantes o sus abogados y/o procuradores), abriendo el interrogatorio del juez sobre dichos particulares, del mismo modo que cuando se plantean directamente tachas al testigo en orden a dudar o no de su credibilidad por sesgos de parcialidad en aplicación del artículo 377.1 LEC.

Establece la norma que las preguntas y respuestas constarán en acta a fin de poder valorarlas en orden a dictar sentencia, lo que es redundante por cuanto formando parte del juicio la intervención de todo testigo en acta habrá de constar, máxime cuando las vistas deben ser grabadas audiovisualmente (artículo 374 LEC, que remite al artículo 146.2 LEC).

Finalmente, el honor o buen nombre del perito tachado podría extenderse al testigo, pero tanto en uno como en otro caso es la propia motivación de la sentencia la que sirve para determinar si quien declaró se considera que se vio afectado por su parcialidad, alcanzase el nivel delictivo de falsedad o sin llegar a hacerlo. Con todo, la previsión declarativa del honor sólo se encuentra habilitada para el perito, sin que por consiguiente pueda extenderse al testigo.

9. La prueba "de detectives"

El artículo 380 LEC establece una regulación específica para un tipo de testigo que obtiene conocimiento a través de una profesión, la del investigador o detective, que por definición preconstituye una acreditación como ocurre con un documento que soporta el acuerdo de voluntades en el negocio jurídico[86]. Tanto en un caso como en otro cabe operar preprocesalmente y no necesariamente conduce a o asegura un ulterior juicio. De hecho, y al igual que puede ocurrir con el trabajo pericial contratado extraprocesalmente antes de interponerse una demanda o preparar una contestación, puede utilizarse para una negociación evitadora del proceso mismo. El detective, sin embargo, puede ser contratado cuando el proceso ya ha comenzado, normalmente por parte de quien ha sido demandado. El problema en el ámbito probatorio es que nos encontramos ante un documento, el informe del profesional de investigación privada dentro del cual existen documentos en sentido propio (videos, fotos, registros) y manifestaciones que no lo son (lo que relata el detective por escrito), y más allá de las dudas sobre autenticidad su contenido simplemente ofrece un refuerzo con el testimonio del autor del informe que permite la contradicción en el acto oral (inviable en el escrito).

> Debe anotarse que al modo del *agente provocador* en el proceso penal, procede desplazar a la lógica de ilicitud probatoria y suprimir cualquier valor como prueba si el detective genera un hecho en vez de poner al descubierto lo que ya ocurre, sea en el sentido coactivo desencadenante de la conducta del investigado por el detective o simplemente provocando lo que de otro modo no hubiera sucedido[87].

10. Prueba sobre prueba

La apreciación conjunta de la prueba permite soportar por corroboración con un documento, u otro medio de prueba, lo que afirma un testigo, pero más allá de esa valoración conjugada, el peritaje puede tener por objeto analizar la fiabilidad del testigo mismo, durante su obtención y tras su resultado. No sería prueba sobre prueba (testifical) a fin de valorarla, que el peritaje ofrezca máximas de experiencia cualificada, reglas de análisis e interpretación sobre determinados aspectos de la memoria y el testimonio, para que de ese modo el juez emplee toda esa información especialísima en orden a valorar la prueba testifical obtenida por sí mismo.

Como ya se anticipó, para que el perito pueda llevar a cabo un abordaje completo también ha de conocer todos los entresijos procesales y procedimentales del medio de prueba en cuestión. Particularmente, la declaración del hijo o la hija implicados en procesos de familia puede responder a influencias de

---

86. Para algunos autores el precepto legal responde a la influencia, como concesión a un grupo interesado; Francisco RAMOS MÉNDEZ, *Enjuiciamiento...*, I, cit., pág. 734.

87. Sobre ilicitud en la obtención de informes de detectives v., por ejemplo, STS 848/2020, de 19-II.

uno u otro progenitor –más sencillas las del custodio–, lo que no significa acoger inversiones de carga probatoria relacionadas con el llamado síndrome de alienación parental[88].

11. Derechos y deberes

La indemnización económica del testigo, que compensa sus gastos por acudir a testificar (artículo 375 LEC), constituye el derecho fundamental del llamado a declarar en tal cualidad. De principio decidía la procedibilidad indemnizatoria y su importe, previa instancia y acreditación del interesado, el propio juzgador. En la actualidad se encarga de ello, bajo igual estructura procesal, el letrado de la Administración de justicia. No se participa a las partes que al cabo puedan abonar el importe, y en segundo plano o por vía indirecta mediante el pago de las costas que de todos modos tampoco afectará el interés económico del testigo. No existe límite, más allá de la justificación del gasto, mientras que eventuales desacuerdos con la decisión de procedencia y cuantificación pueden discutirse, en tanto el decreto sólo se convierte en título de ejecución una vez transcurridos diez días después de su firmeza, mención a la misma que no deja dudas sobre la impugnabilidad del decreto, bajo los cauces ordinarios (reposición *a quo* y revisión ante el juez[89]). El único escollo reside en que el propio testigo debiera ser legitimado para recurrir, al no ser dudoso que resulta interesado directo, pero no existe norma explícita que lo reconozca, permitiendo de ese modo la vulneración de su derecho en la práctica.

---

88. Término acuñado por Richard Alan GARDNER ("Recent Trends in Divorce and Custody Litigation", *Academy Forum,* vol. 29, núm. 2, verano 1985, págs. 3 a 7); cfr. José Manuel MUÑOZ VICENTE, "El Constructo Síndrome de Alienación Parental (S.A.P.)" en Psicología Forense: una Propuesta de Abordaje desde la Evaluación Pericial Psicológica, *Anuario de Psicología Jurídica*, vol. 20, 2010, págs. 5 a 14. Su inclusión en el DSM ha sido sucesivamente rechazada hasta la fecha; cfr. una significada crítica en Sonia VACCARO, "Análisis sobre las bases científicas del Síndrome de Alienación Parental", *Asociación Española de Neuropsiquiatría,* 4-XI-2013, entre otros muchos trabajos dirigidos contra dicha construcción teórica, en particular el compartido con Consuelo BAREA *El pretendido síndrome de alienación parental y sus consecuencias. Un instrumento que perpetúa el maltrato y la violencia,* Desclée de Brouwer, Bilbao, 2009. V., asimismo, Dolores PADILLA RACERO, *El falso síndrome de alienación parental*, Tesis doctoral (Octavio García Pérez y Carlos Miguel Clemente Díaz dirs.), Universidad de Málaga, 2017. No obstante lo anterior la Ley Orgánica 8/2021, de 4 de junio, de protección integral a la infancia y la adolescencia frente a la violencia, alude expresamente al S.A.P. en su artículo 11.3; cfr., en favor de su práctica forense, Bárbara Ewellin SIQUEIRA DA VEIGA y Diogo Severino RAMOS DA SILVA, "Alienación parental. La necesidad de un equipo multidisciplinario para determinar su ocurrencia y ayudar en la conducción de sus consecuencias en juicio", *Derecho y Cambio Social,* núm. 60, abril-junio 2020, 632 a 654.

89. Siendo finalmente anulado el contenido del artículo 454 bis.1 I LEC, según STC 15/2020, de 28-I, necesidad ya advertida en ediciones anteriores de esta obra en pos de la tutela judicial efectiva.

En contrapartida existe un deber de comparecencia característico del general de colaboración con la Administración de justicia (artículo 17.1 LOPJ), cuyo incumplimiento implica una sanción de naturaleza procesal de 180 a 600 euros (artículo 292 LEC). Finalmente, quien haya satisfecho dicho importe podrá recuperarlo si la resolución que pone fin al proceder impone el pago de las costas al contrario, pues lo son como "demás abonos que tengan que realizarse a personas que hayan intervenido en el proceso", según el artículo 241.1.4º LEC. Recuérdese, en todo caso, que el testigo que no haya cobrado, como titular del crédito no depende de la declaración judicial sobre costas y puede reclamar directamente contra la parte (litigante) que deba satisfacer el coste generado –que lo es el obligado al pago antes del pronunciamiento de costas, pueda o no resarcirse con éstas de vencer en el pleito–.

12. El secreto profesional como derecho y la confidencialidad como deber

La propia norma procesal afronta el "deber de guardar secreto del testigo" en las causas civiles (artículo 371 LEC), si bien tal planteamiento arrastra un error conceptual que no es menor. En efecto, el deber lo es de la confidencialidad, asociado a las consecuencias de su quebranto, en tanto el secreto es un derecho, y así característico del uso facultativo de su titular, no como obligación.

El contenido del antecitado precepto –que redunda en ese "deber de guardar secreto"– explica que el estado o profesión conlleva la obligación de confidencialidad sobre hechos objeto del interrogatorio, *debiendo* indicarlo al juez ("lo manifestará") en forma razonada. Será entonces el órgano judicial que examinará el fundamento de la negativa a declarar, acogiéndola o no a través de providencia, resolución ésta que como tal puede pero no en forma obligada motivarse sucintamente (artículos 206.1.1ª y 208.1 LEC). De esta manera cabe inferir la obligación de alegación del deber, en vez de considerar que alegar o no el secreto profesional constituye un derecho en sentido propio.

Finalmente, si el deber se vincula a una materia legalmente declarada o clasificada como de "carácter reservado o secreto", donde sí puede reconocerse una obligación de confidencialidad a mantener en cualquier ámbito, como parte intrínseca y alejada de la decisión propia de un derecho, podrá el juez aceptarlo sin más o verificar la base de la obligación a través de instar del organismo correspondiente (de oficio, por su propia decisión) el documento oficial que ampare ese deber. El documento oficial así obtenido se unirá a las actuaciones y se harán constar las preguntas relativas a ese verificado carácter que no habrán de ser respondidas.

La figura del testigo-perito es la que mejor encaja en las hipótesis del deber de confidencialidad articulado a través del derecho al secreto profesional, pero es el marco extraprocesal del llamado a testificar, sea o no experto en algo, lo que justifica el planteamiento personal de no querer responder ante el juez.

Por razón de estado o profesión el testigo *puede* negarse a declarar. No hay, en sentido propio, una obligación jurídico-procesal civil, como se plantea en la norma al invocar el "deber de secreto" ante el juez que decide liberar o no de la obligación de declarar. Efectivamente, conviene matizar que la invocación lo es de un derecho, el de guardar secreto, en virtud de un deber, el de la confidencialidad obligada por norma legal o contrato. En el caso del secreto de Estado o información pública reservada, el juez debiera instar con carácter previo el documento oficial que acredite tal carácter, sin considerar la potestad de hacerlo o no como sin embargo se indica en el texto, dado que en caso negativo supondría un mero acto de fe. Creerse sin más aquello que dijera el testigo sobre el particular, entraña asumir posibles errores del propio testigo pero también ofrecerse como víctima de un fraude procesal. Es el juez quien validará lo dicho por este último en relación con el documento oficial que precisamente permita advertir el necesario ajuste o el dicho error.

De otro lado, si bien la aceptación del juez –que deberá resolverse por providencia– evita cualquier complicación para el testigo, la denegación de guardar silencio no soluciona el dilema de aquel que considera oportuno callar, ejercitando el derecho (al secreto) que protege la confidencialidad (como deber). Los mecanismos de conminación judiciales se desplegarán, a través de una sanción pecuniaria o incluso la deducción de testimonio por delito de desobediencia, que pueden inclinar la decisión del testigo o sin embargo no llegar a doblegar su voluntad de no desvelar determinada información que considere secreta.

Particularmente, el detective carecerá de derecho al secreto en función de su profesión en lo que derive del objeto de la investigación que le llevó al proceso como testigo citado.

En fin, el estado o la profesión del testigo son la base de su deber de confidencialidad cuando los hechos objeto de su interrogatorio nazcan de ese estado o profesión. El preguntado sobre ello lo manifestará "razonadamente" y el juez decidirá si hay o no hay fundamento de la negativa a declarar. Aunque la ley establece que se resolverá mediante *providencia* –un tipo de resolución judicial que por definición no debe motivarse–, en la práctica se suele resolver verbalmente, constando la decisión en el acta audiovisual del juicio. De hecho, la norma indica que si "el testigo quedare liberado de responder" se hará constar en esa acta, lo que carece de lógica si la cuestión se resuelve por providencia, resolución unida a los autos en los que por naturaleza consta sin necesidad de duplicar su constancia. Con todo, importa destacar que la liberación referida es un modo de autorización del testigo, a fin de quebrar el deber de confidencialidad establecido de antemano sin exponerlo a tipo alguno de responsabilidad, lo que puede ser criticable. El derecho de guardar secreto prevalece en todo caso, mientras que la autorización o liberación tendrá como implícita contrapartida la orden o admonición de responder. Obviamente no se genera controversia alguna cuando el testigo no ejercita de manera ninguna su derecho y responde sin más, con lo que se expone sin argumentos defensivos adicionales (la "liberación" judicial) a la responsabilidad de toda índole que pueda dirigírsele por incumplimiento del deber. Ningún problema, claro está, cuando se manifiesta la voluntad de callar y el juez la confirma o admite. El dilema se conforma cuando colisiona la voluntad judicial de que declare y la del testigo negándose a ello en ejercicio de un derecho no expresamente reconocido en la misma norma procesal civil.

El legislador regula en modo singular la "materia legalmente declarada o clasificada como de carácter reservado o secreto". En estos supuestos el juez puede desistir del interés en que el testigo declare o, sin embargo, considerar que lo haga por ser "necesario para la satisfacción de los intereses de la administración de justicia", caso en el cual dictará providencia de oficio instando al órgano competente "el documento oficial que acredite dicho carácter". Resulta extraño que este modo de operar, sino se adelanta por el propio testigo, no proceda en todo caso, porque cuando carece de sentido que sin tipo alguno de acreditación el juez considere innecesario el testimonio de quien simplemente afirma un deber de mantener oculto un secreto público. Sea como fuera, si se opta por la comprobación y ésta es positiva sobre el carácter reservado o secreto, se unirá el documento a la causa y se relacionarán las preguntas afectadas por el secreto oficial (371.2 II LEC).

El secreto de Estado, sin embargo, también puede comportar una discusión entre el testigo y el tribunal. A diferencia del resto de supuestos, en cambio, tras aquél se encontraría el Estado y sus intereses fuera del proceso confrontados a los procesales del Estado ubicado en el juez como representante de su Tercer poder en un caso concreto.

En todo supuesto, aunque no existe, como en el proceso penal, una mención específica de profesiones u oficios (el ministro de una iglesia o confesión y el abogado) que hacen innecesaria la labor autorizante o no del juez porque por ministerio de ley obtienen amparo oportuno directamente, aquellos se aplican igualmente al proceso civil. Debe incluirse, asimismo, a quien hubiera actuado como mediador, pues el artículo 9.1 de la Ley 5/2012, de 6 de julio, de mediación en asuntos civiles y mercantiles, reconoce expresamente protección por secreto profesional –*derecho* que luego anuda al *deber* de confidencialidad y cuyo quebranto engendraría *responsabilidad*–. No obstante la propia norma suprime la protección si es llamado como testigo o se solicita información y documentación relacionada con la labor, motivadamente, por un juez penal; y por supuesto cuando las partes de forma expresa y por escrito dispensen al sujeto de guardar confidencialidad.

Y como en cualquier proceso, habrá que acreditar la condición y en particular su nexo con las preguntas pertinentes y útiles vertidas en el juicio. Por lo general suele ser anticipable el objeto de prueba –definidor, dicho sea, del examen de pertinencia y utilidad que motivó su admisión como medio de prueba–, permitiendo el inicial planteamiento de no responder por parte del testigo. De hecho, tal anticipación puede ser mayor, a partir del mismo llamamiento o citación del testigo y antes del acto oral, lo que favorece la aplicación explícita del precepto, y el uso de la resolución judicial en forma de providencia que podría dejar sin efecto la citación misma de aceptarse el ejercicio del derecho a no declarar.

8
La prueba documental.
Especialidades sobre su autenticidad

1. Concepto general

Aunque para algunos procesalistas el documento es un medio de pre-constituir prueba, ello solamente es así cuando el documento no ejerce la influencia primordial en las partes que lo constituyen, esto es, hacer prueba entre ellas sobre el contenido de una manifestación, de un acto o, sobre todo, de un negocio jurídico. Éste acaba por ser el fin esencial del documento, sea público o privado, mostrando su uso en el tráfico jurídico, extrajudicial, por cuanto habitualmente se requiere el dicho soporte para determinados actos jurídicos.

Para inscribir la adquisición de una finca en el Registro de la Propiedad es necesaria una escritura pública firmada por notario, un documento público sin el cual la protección que brinda ese registro estatal nunca sería posible. El contrato de trabajo es útil para gestionar derechos en la Administración o acreditar solvencia para obtener un crédito, pero no implica ningún juicio jurisdiccional. Obviamente, los conflictos producidos en todos estos ámbitos de acción pueden conducir al proceso civil, del mismo modo que generar disputas sobre el contenido del documento mismo. De principio el conflicto resulta más fácil sin el documento, por ejemplo la venta privada de la finca que el dueño vuelve a vender a otro, el contrato verbal del trabajador que, aunque viable, no observa constancia plasmada en un elemento estático, físico, sino que dependerá del reconocimiento del empleador, de los compañeros de trabajo u otros testigos y pruebas. En esos casos, el aludido soporte documental, público o privado, será un medio de prueba presentado al juez para acreditar lo que fuere, según la alegación y afirmación fáctica correlativa del interesado. Y el documento habrá fracasado en lo que de disuasión o prevención presenta para evitar litigios, que estadísticamente es muy superior al resultado infructuoso que conduce al pleito. El efecto disuasorio también puede surgir del dictamen emitido por un perito contratado extraprocesalmente, por cuanto a su vista se acepte una cuantía indemnizatoria o simplemente la realidad de un daño psíquico que sin él se niega. Esto puede evitar el juicio, pero el mismo dictamen se elabora en atención a él, distinguiéndose así del documento.

El elemento nuclear de la descripción del documento es la noción de soporte en el que pueda incorporarse una información, un dato, un acto de voluntad, una manifestación, por lo que a partir del clásico escrito sobre el papel se evoluciona a cualquier otro tipo de material físico y forma de plasmación, las pinturas, las fotografías, las películas, los archivos informáticos, las esculturas o monumentos con inscripciones, las grabaciones de audio y cualquier otro soporte y medio de fijación que la tecnología ofrezca[90]. Este desarrollo obtuvo traducción en normativa específica, por ejemplo en cuanto al documento "electrónico", lo que en cierto modo supone un error de encorsetamiento, pues la definición básica resultaría suficiente en orden a la prueba. La preocupación última reside en la fianza o seguridad que tales novedades plantean a partir de ese "electrónico" soporte, sea con la denominada firma electrónica, sea otro el modo de autenticar quién es el autor, como ya ocurría con la legalización o la legitimación notarial (artículo 517.1.5º LEC).

La autoría del documento indica quién lo ha elaborado, sin perjuicio que el documento cobre vida independientemente del autor, que será, frecuentemente, un dato más plasmado en el soporte. Porque el documento no es más que un modo de transmitir información, en el proceso judicial un instrumento

---

90. Cfr., por ejemplo, Manuel SERRA DOMÍNGUEZ, "La prueba documental", en *Instituciones del Nuevo Proceso civil. Comentarios sistemáticos a la Ley 1/2000,* vol. II, Difusión Jurídica y Temas de Actualidad, Madrid, 2000, págs. 229 y sigs., Guillermo ORMAZÁBAL SÁNCHEZ, *La prueba documental y los medios e instrumentos idóneos para reproducir imágenes o sonidos o archivar y conocer datos,* La Ley, Madrid, 2000, Miguel Ángel MORENO NAVARRETE, *La prueba documental. Estudio histórico-jurídico y dogmático,* Marcial Pons, Madrid, 2001, Eduardo DE URBANO CASTRILLO y Vicente MAGRO SERVET, *La prueba tecnológica en la Ley de Enjuiciamiento Civil,* Cizur Menor, Aranzadi, 2003, Carolina SANCHÍS CRESPO, *La prueba por medios audiovisuales e instrumentos de archivo en la LEC 1/2000,* Tirant lo Blanch, Valencia, 2004, Andrés DE LA OLIVA SANTOS, "Consideraciones procesales sobre documentos electrónicos y firma electrónica", *Revista Crítica de Derecho Inmobiliario,* núm. 687, enero-febrero 2005, págs. 119 y sigs., María Jesús ARIZA COLMENERO, *La presentación de documentos, dictámenes, informes y otros medios e instrumentos en el proceso civil,* Colex, Madrid, 2007², AAVV, *La prueba documental,* José María Bosch, Barcelona, 2010, Silvia PEREIRA PUIGVERT, *La exhibición de documentos informáticos en el proceso civil,* Aranzadi, Cizur Menor, 2013.

de prueba, dividiéndose en público o privado y presentando mayor o menor dosis de seguridad sobre lo contenido, aquello que se documentó.

2. Clases

La distinción entre público y privado se gesta en la autoría del documento, obteniendo trascendencia en clave probatoria cuando es presentado en cualquier proceso jurisdiccional. La diferenciación utiliza al autor, la forma y el ámbito de actuación. En el público la autoría es de un sujeto público autorizante (empleado público, notario, juez, letrado de la Administración de justicia, registradores, corredor de comercio colegiado) en modo solemne (bajo las formas legalmente establecidas para lo notarial, lo judicial o lo administrativo) y acorde con la competencia atribuida, estableciéndose un listado ejemplificativo, esto es, abierto (artículo 317 LEC), acompañándose una definición del documento público extranjero (artículo 323.1 y 2 LEC).

La ley procesal indica que todo documento ajeno al listado referido al público se considerará privado (artículo 324 LEC); si bien parece olvidarse que aquélla es una enumeración cerrada: no estar en ella no implicará sin más el descarte de su naturaleza pública. En la búsqueda de una definición, aunque fuera *a contrario*, podría señalarse como privado el documento generado por un particular sin intervención de notario, funcionario público o personal de la Administración de justicia, sin requerir ningún requisito de forma ni de competencia, pudiendo incluso incluirse el documento público defectuoso (artículo 1.224 CC).

En el abundante listado procesal civil se distinguen los documentos procesales (artículo 264 LEC)[91] de los sustantivos o relativos al fondo del asunto (artículo 265 LEC)[92], especificándose diversas especialidades según la materia litigiosa que más son un resquicio de juicios especiales desaparecidos que realmente precisos de una enumeración, pues su lógica se explicaría como documento sustantivo propio del precepto anterior (artículo 266 LEC).

---

91. Poder notarial que acredita la representación procesal, documento que acredite la representación legal y documento que muestre a efectos de competencia y procedimiento judiciales el valor de la cosa litigiosa (donde también cabe el dictamen pericial).

92. El documento en que se apoya el derecho alegado, lo que se pretende con la demanda, instrumentos o medios que contienen información, certificaciones y notas sobre asientos registrales, libros o expedientes cualesquiera e informes confeccionados por profesionales de la investigación privada. El precepto añade otro medio de prueba no documental pero que utiliza el soporte físico, el dictamen pericial.

Afrontando el contenido, el que muestra un acto o manifestación humana que constituya negocio jurídico será *constitutivo*, también denominado *dispositivo*. Cuando lo que el contenido ofrece es un saber o una información relativa al negocio será *testimonial*, también llamado *declarativo*. Los primeros muestran un horizonte obligacional, al marcar las relaciones jurídicas extraprocesales de los protagonistas que ejercitan de ese modo la libre autonomía de la voluntad. Los segundos preconstituyen prueba o acreditación que, de no ser útil en la relación extrajudicial, se abrirá a la libre valoración del juez en el proceso contradictorio.

Los soportes nacidos con las nuevas tecnologías cobran especial relieve en la regulación legal, particularmente como medios de reproducción audiovisuales y almacenamiento de información cualesquiera bajo una nota general de pertinencia. Es la denominada relevancia "para el proceso" (artículo 299.2 LEC). Lo único singular, a diferencia del soporte documental tradicional, estriba en la asistencia técnica en orden a su reproducción y uso. Para ello es frecuente la presencia de un técnico adscrito a la Administración de justicia, pero no alcanza el valor pericial del intérprete o del traductor aunque en puridad pueda operar en cierto modo similar cuando convierte formatos originales para que puedan reproducirse o exhibirse ante el juez, a no confundir con el examen o pericia que asegura la fiabilidad y seguridad del soporte y su contenido. La conservación del documento cobra especial esfuerzo en la ley, bajo la regla general del acta o la transcripción, pero es como cualquier otro documento.

3. Regla general de aportación

En el juicio civil se presentarán *físicamente* los documentos que interesen o se indicará dónde encontrarlos si no pudieren aportarse de ese modo. Es igualmente posible la *exhibición* documental, donde se muestran aquellos documentos que no pueden incorporarse físicamente, se encuentren en poder de terceros o de entidades oficiales, y que de no entregarse podrían copiarse o testimoniarse; cuando si ni siquiera quieren exhibirse podrá considerarse cierto lo que la parte instante describe que es el documento o su copia simple. Importa destacar que aunque la exhibición se solicite antes de la propuesta y admisión de prueba no por ello se prescinde de la pertinencia y de la utilidad de la misma bajo el examen judicial. La primera se ubica dentro de los contornos del objeto procesal, por lo que en nada altera la regla general. La segunda anticiparía lo no controvertido a luz de la demanda y la contestación, pues todavía no se habría definido lo controvertido. A la pertinencia en sentido propio se une "la eficacia de los medios de prueba", en una disyuntiva que permitiría admitir una exhibición como meramente instrumental de un medio de prueba, descargando la necesidad de examen de la pertinencia y utilidad a ese medio de prueba cuando todavía no se haya propuesto ni admitido, lo que se limita a la eficacia del medio si éste ya fue admitido. Obvia decir que la denegación del medio de prueba impide la lógica de una exhibición instrumental de su "eficacia", mientras que si todavía no se alcanzó el trámite de propuesta y admisión procede irremediablemente un juicio anticipado sobre ese medio de prueba. Tanto en orden a su pertinencia, que no variará por el momento procesal en que se analice, como en función de la utilidad, que puede ser más amplia de la que luego venga definida con la delimitación del objeto del debate. Cuando se alcance este momento procesal, tanto la exhibición como el medio de prueba a cuya eficacia se ordena podrían perder en forma sobrevenida la razón de mantenerse en el procedimiento.

Las sorpresas entre las partes básicamente traslucen una falta de comunicación cliente-abogado, pues es raro que aquellos ignoren lo que pueda o no existir como documento relevante para la discusión litigiosa en curso o que se prevé que lo sea. Ese conocimiento o la sospecha de existencia de documentos no disponibles para un litigante puede solventarse con la petición de exhibición de documentos, pero lo más normal es que las partes conozcan y utilicen sin más aquellos que les resulten favorables. Precisamente por ello no es ilógico establecer un límite, *preclusión* que impone la diligencia del profesional en la presentación más temprana posible del documento que pretenda utilizar; no en vano el mismo tiene relación directa con lo que se afirma y se alega en el escrito inicial, sea demanda o contestación. De esta manera, además, se anticipa lo más cualquier posibilidad de ajuste de la defensa de todo litigante, primero del demandado a vista de la demanda, segundo del actor en orden a lo que conteste su rival. Sólo la justificación específica de la demora en la presentación permitirá su admisión más allá del momento inicial (cits. artículos 264 a 266 y 270.1 LEC), si bien jurisprudencialmente se distinga lo básico sometido a la clásica preclusión y lo accidental, sea accesorio, auxiliar o complementario, y que puede admitirse con mayor laxitud. Después del juicio oral (en el juicio ordinario) o la vista (en el juicio verbal) la preclusión es total si la causa quedó pendiente de sentencia. La excepción se prevé ante una resolución judicial o administrativa emitida o notificada antes de las conclusiones – si están previstas– cuando fuese condicionante o decisiva para resolver (artículo 271.2 LEC). En el caso del juicio ordinario la alternativa de presentación documental se acoge a través de la práctica de diligencias finales (artículo 271.1 LEC).

La norma prevé que en el trámite de *audiencia previa* el demandante desbarate con documentos lo que alegó el contrario en la contestación a la demanda, o que cualquiera de las partes aporte documentos a fin de efectuar alegaciones complementarias, rectificaciones y peticiones, adiciones y hechos nuevos (artículos 265.3 y 426.5 LEC). En el juicio verbal todo esto se tratará en el mismo acto de la vista.

4. Libertad de forma y norma de preclusión

Superados los límites temporales de aportación, variados y mucho más flexibles de lo que algunos critican[93], opera la imposibilidad de aportación ulterior (artículos 269.1 y 272 LEC).

La libre aportación del documento, sobre todo junto con la demanda o la contestación, permite la introducción de lo que fuera, incluyendo multiplicidad de soportes, sin que en un momento inicial tenga el juez que validar su presencia en los autos; esto es, admitir o denegar lo introducido como medio de prueba en sentido propio. De hecho, cuando llega el trámite formal de la propuesta probatoria, tras fijar el objeto del debate, a veces siquiera se alude a documentos ya introducidos de origen, como si se tratase de una propuesta implícita. Y cuando se proponen, sólo respecto de lo controvertido, tampoco se excluyen de los autos aquellos no propuestos, que siguen allí, y así a disposición (indebida) del juez a la hora de valorar conjuntamente la prueba, siendo entonces que ese juez ha de recordar lo innecesario de su examen. Igual ocurre cuando el documento se propone y se deniega por impertinente o inútil. De hecho, no propuesto un documento impide su valoración, del mismo modo que impedirá su mención como tal en la motivación de la sentencia. A nadie se le ocurriría oír en declaración a un testigo no propuesto, pero en el terreno documental siguen estando disponibles aquellos que fueron denegados o nunca llegaron a proponerse después de su aportación física o exhibición (documentada), normalmente con la demanda y la contestación. Igual puede ocurrir

---

93. Postulando una libertad total que simplemente atienda a la posibilidad de contradicción y la buena fe, Francisco RAMOS MÉNDEZ, *Enjuiciamiento...*, I, cit., pág. 757. El autor añade, sin embargo, un tercer requisito: "la consideración de las razones de por qué el documento no se ha aportado antes". Precisamente, esa suerte de justificación es la que el legislador desarrolla al marcar los momentos de preclusión y sus excepciones, que no son pocas.

con los dictámenes periciales unidos a las actuaciones y cuya propuesta no llegó a ser necesaria o, efectuada, se denegó por lo que fuera.

No tiene ningún sentido mantener en autos documentos que no han sido admitidos como medio de prueba, o siquiera resultaron propuestos como tales. Es comprensible que aunque las partes consideren incontrovertidos determinados hechos reflejados en un documento –por ejemplo que un contrato se firmó, en determinada fecha y con una concreta cláusula negocial y otras múltiples circunstancias de prolijos detalles– y se manifiesten por referencia a esa constancia escrita, será la manifestación oral documentada –con mucho la deducida del escrito de demanda y contestación– la que utilizará el juez para fijar todo ello como hechos incontrovertidos en la sentencia: sin duda resultará muy cómodo no retener ese pacto de falta de controversia habido por referencia si luego puede cotejarse con un documento: el contrato de donde provienen todos los datos que nadie discute (por lo que no se propuso como medio de prueba) pero son indiscutible parte de la decisión judicial final.

Según lo expuesto procede excluir de los autos o expediente judicial todo aquello nunca propuesto o propuesto y denegado, devolviéndolo al proponente.

Sin discusión en los supuestos de falta de propuesta, cabe el debate cuando las protestas a la denegación se orientan a la apelación, más la documentación del objeto de denegación y la nueva presentación del documento ante el tribunal superior debieran ser suficientes para asegurar ese contradictorio impugnativo. Es ingenuo pretender que el juez sepa de documentos que pueden serle útiles pero no los valore por indicación legal, del mismo modo que se plantea para aquellos incorporados contra preclusión, extemporáneamente, y no se devuelvan (como debiera ser) al proponente.

La presentación del documento podrá ser de su *original* o de su *copia* –simple o cualificada (*autenticada* por fedatario público, en particular el *testimonio* del letrado de la Administración de justicia)– pudiendo a partir de éstas generarse el debate sobre su ajuste al original y respecto del que se plantee como tal su falta de autenticidad.

Cuestión distinta la exigencia de *copia* de todo aquello que se aporte, para entrega al resto de partes (artículos 273 y 280 LEC). Se trata de una obligación subsanable, pero si no se subsana se tendrán por no aportados (artículo 275 LEC), procediendo la devolución de lo entregado.

5. La autenticidad del documento

La falsificación de un documento público o privado, o el uso en juicio del falso, al margen de poder consumar un delito, supone un mecanismo de engaño al juez, un fraude en el proceso para obtener una sentencia favorable. Pues, en principio carece de sentido servirse de la falsedad que nada aporte al pleito y que, de no resultar pertinente, de proponerse se sabe de antemano que nunca se admitiría. Diferente ocurre en orden a la utilidad, porque puede resultar inútil presentar documentos a fin de evitar un extremo controvertido, propiciando que a su vista la parte asuma su contenido como incontrovertido y, de ese modo, siquiera acabe siendo necesaria su propuesta como medio de prueba documental. En estos casos el fraude es primario e igual de criminoso, de la manera que si se produjese y fuese denegado.

El nivel delictivo expuesto es el más grave, pero puede tratarse la incertidumbre generada por la inexactitud o la omisión, así como el error, como motivo suficiente para disponer de un mecanismo de adveración del documento, a fin de verificar su autenticidad. Cuando se advierte la esencialidad del documento vinculada al presunto falso, puede incluso suspenderse el juicio hasta que se pronuncie la jurisdicción criminal sobre el particular. Se trata de la ya apuntada prejudicialidad penal (artículo 40 LEC).

Es posible, con todo, que se impugne la autenticidad de un documento sin albergar dudas racionales de ningún tipo sobre el mismo, por lo que pudiera obtenerse con dicho mecanismo. La norma procesal establece a tal fin mecanismos precisos para adverar el documento. El público mediante el cotejo y el privado a través del peritaje. Importa destacar que impugnar la valoración del documento nada tiene que ver con la impugnación de su autenticidad (ser equivalente o igual a falso), distancia conceptual que muy a menudo debe ser aclarada a instancia del juzgador. Lo primero habrá de esperar a la práctica de la prueba documental –pero también del resto de medios de prueba– para examinar su valor, individual y conjunto. Lo segundo es previo a todo, lo que de hecho impediría cualquier valoración si la autenticación fracasase.

Cuando alguna parte procesal plantea la adveración muestra el dato negativo del sistema: el documento no impugnado obtiene plena suficiencia sobre el contenido plasmado en el soporte, en orden a su valoración. Basta, por lo tanto, la conducta procesal tácita, por mucho que tanto en la demanda como en la contestación pueda reconocerse el documento del contrario como auténtico, asumiendo o discutiendo la ofrecida interpretación de su contenido; o bien recibir el espontáneo conocimiento de la parte que fuera su autor.

La firma electrónica obtiene atención especial a través de la ley 59/2003, de 19 de diciembre, de firma electrónica (última reforma por RDL 27/2020, 4-VIII), fraguando el control administrativo del prestador del servicio de firma. El resto, sin embargo, viene remitido a la norma procesal, pudiendo alcanzar la prueba pericial técnica, pero también cualquier otro medio de prueba sobre esa prueba documental (artículo 326.1 LEC).

Resulta harto extraño que se impugne la autoridad del documento público, dada la sencillez de su adveración. Dicho de otro modo, la cuestión se reduce a eventuales faltas de extensión de lo presentado: el documento público incompleto. Más común discutir lo auténtico del documento privado. Si se pone en duda la copia se acude al original o (cuando es público) al registro oficial o la matriz en la que conste.

Cuando se discute el original proceden diversas alternativas. La pericial caligráfica es la más significativa en lo que ahora interesa. Se trata del denominado "cotejo" de letras respecto a las dudas de firmas u otros textos manuscritos públicos o privados (artículo 326.2 LEC) que no puedan autenticarse de otra manera.

En este sentido se acude a la comparación llevada a cabo por el experto entre el documento cuya autenticidad se discute y el que resulta indubitado, según relaciona la norma siempre y cuando fuera discutida la propuesta de indubitado efectuada por el proponente. Esto significa que puede existir un pacto entre litigantes sobre cuál o cuáles son los documentos de comparación. Solamente cuando no haya acuerdo se acudirá al documento que el legislador procesal ya establece como indubitado, dato que no puede discutirse.

Según el texto, son documentos indubitados "1.º Los documentos que reconozcan como tales todas las partes a las que pueda afectar esta prueba pericial. 2.º Las escrituras públicas y los que consten en los archivos públicos relativos al Documento Nacional de Identidad. 3.º Los documentos privados cuya letra o firma haya sido reconocida en juicio por aquel a quien se atribuya la dudosa. 4.º El escrito impugnado, en la parte en que reconozca la letra como suya aquel a quien perjudique" (artículo 350.2 LEC).

Cuando no haya documentos indubitados disponibles se conformará un "cuerpo de escritura", orientado en sus necesidades, a vista de lo indubitado, por los propios expertos que luego se servirán de él para dictaminar. Si el sujeto se niega, y como sea que no es viable obligar físicamente a nadie a escribir, se tendrá el documento por reconocido.

Si el sujeto hubiera fallecido el documento dubitado se valorará libremente (en sana crítica), lo que implica introducirlo en la valoración conjunta de toda la prueba obtenida.

El experto sería un perito judicialmente designado (por remisión a los artículos 341 y 342 LEC por parte del artículo 349.3 LEC), tanto para el documento privado que la parte por éste perjudicada discuta como para el documento público sin matriz o copias fehacientes (según artículo 1.221 CC) y que el funcionario expendedor o quien operó como fedatario no pudiera adverarlo.

6. Criterios de valoración del medio de prueba documental

Bajo una distinción sistemática entre el documento privado y el público se mantienen reglas de prueba libre y aparentemente tasada, así como normas procesales en sentido propio pero legisladas como si no lo fueran –por ejemplo del Código civil (artículos 1.219 a 1.222, 1.224, 1.227 a 1.230)–, que siguen siendo vigentes pese a que buena parte de las mismas se derogó (Disposición Derogatoria Única.Dos.2º LEC), y que obtiene reflejos resumidos en la norma procesal.

De principio procede insistir en el valor del reconocimiento del documento, público o privado, por parte de los litigantes. Sobre todo en la forma tácita, básicamente en la perspectiva negativa de la no impugnación. Cuando un tercero, esto es, quien no es parte procesal, reconoce el documento, se acudirá a la prueba testifical y sus reglas de valoración libre, que funcionan igualmente cuando el eventual procedimiento de autenticación fracasa como tal procedimiento.

Aunque en la teoría procesal el documento público auténtico impone un resultado indiscutido bajo la fe pública procesal, al tener que combinar ese documento público con el resto de medios de prueba practicados, que acaso se contraponen frontalmente al contenido de ese documento, se desdibuja la exigencia legal de la prueba "tasada". Efectivamente, la valoración libre del resto de medios de prueba cuyo resultado no es "tasado" se vería obstaculizada, en realidad, de no poder sortear –si la íntima convicción judicial así lo considera– ese documento público. De este complejo modo se afronta lo que el legislador lista como no cuestionado legalmente y que (en la teoría legal) hará prueba plena de la fecha, autoría y otros intervinientes, y del hecho, acto o estado de cosas documentado. Por consiguiente sin incluir la extensión completa del *contenido*, particularmente lo que cualquier interviniente pueda haber manifestado según el documento en cuestión.

> Se trata de "1.º Las resoluciones y diligencias de actuaciones judiciales de toda especie y los testimonios que de las mismas expidan los Letrados de la Administración de Justicia. 2.º Los autorizados por notario con arreglo a derecho. 3.º Los intervenidos por Corredores de Comercio Colegiados y las certificaciones de las operaciones en que hubiesen intervenido, expedidas por ellos con referencia al Libro Registro que deben llevar conforme a derecho. 4.º Las certificaciones que expidan los Registradores de la Propiedad y Mercantiles de los asientos registrales. 5.º Los expedidos por funcionarios públicos legalmente facultados para dar fe en lo que se refiere al ejercicio de sus funciones. 6.º Los que, con referencia a archivos y registros de órganos del Estado, de las Administraciones públicas o de otras entidades de Derecho público, sean expedidos por funcionarios facultados para dar fe de disposiciones y actuaciones de aquellos órganos, Administraciones o entidades" (artículos 317 y 319.1 LEC). A lo anterior se añade todo documento administrativo que según la ley otorgue carácter público (artículo 319.2 LEC).

En el ámbito administrativo en general, así como el propio de registradores y notarios, si se pudieran obtener grabaciones audiovisuales del papel del sujeto público autorizante y autor, en definitiva, de tan importante efecto probatorio documental en cualquier proceso, se constataría lo que cualquiera de nosotros ha podido vivenciar en persona cuando ese tipo de funcionarios o equivalentes intervienen ante (y para) nosotros. Por ejemplo, en razón de una herencia o la escrituración de una propiedad suele acudirse al notario, quien ni de lejos da lectura a las muchas páginas que todos firman bajo su fe pública, lo que dicho sea viene cobrado luego, en ocasiones, por número de folios emitidos.

De la misma manera, a veces el sentenciador judicial cuya presencia en actos judiciales se hace constar, nunca estuvo. En este último sentido cabe desmerecer el contenido de un documento si a través de testigos o abogados (si se trata de la documentación de un acto judicial) se contradice sobre la presencia de los sujetos jurídicos que en modo imprescindible han de estar presentes, singularmente el autorizante y/o el fedatario.

9

Presunciones, máximas de experiencia y reconocimiento judicial

Tabla de contenidos

1. Presunciones

Presumir constituye actividad lógica por la que, a través de la inferencia sobre un hecho probado directamente, o varios, se determina otro nuevo, el presunto, unido causalmente al anterior o anteriores[94]. No se acoge la noción de presunción en sentido estricto, por cuanto presumir es un planteamiento lógico que por definición admite prueba en contra: por eso se denomina presunción *iuris tantum*; la *iuris et de iure*, en cambio, no es presunción[95]. La presunción que interesa es precisamente la que determina un hecho inferido una vez acabada la actividad probatoria en el juicio. Cuestión distinta que formará parte de la valoración conjunta de la prueba y, con ello, que pueda convivir con otros medios de prueba, u otras presunciones, que pretendan contradecir. Con su práctica la prueba en contrario que impediría al juez servirse de una presunción por tomar otra en su lugar o por atribuir mayor valor al resultado de uno o varios medios de prueba, lo que tampoco implica de necesidad desmerecer la prueba plena del hecho base o indicio. Claro está que la actividad

---

94. V. Manuel SERRA DOMÍNGUEZ, *Normas de presunción en el Código Civil y la Ley de Arrendamientos urbanos,* Nauta, Barcelona 1963, Pedro ÁLVAREZ SÁNCHEZ DE MOVELLÁN, *La prueba por presunciones. Particular referencia a su aplicación judicial en supuestos de responsabilidad extracontractual,* Comares, Granada, 2007, Lluís MUÑOZ SABATÉ, *La prueba de los indicios en la proceso judicial,* La Ley, Madrid, 2016, Antonio María LORCA NAVARRETE, "La prueba indiciaria civil", *Revista Vasca de Derecho Procesal y Arbitraje,* vol. 29, núm. 3, 2017, págs. 189 y sigs.

95. Ricardo YÁÑEZ VELASCO, "Una aproximación a la retroacción de la quiebra y sus efectos sobre la excepción de bienes hipotecados", en *Contribución al estudio del Derecho concursal,* Grupo Difusión, Madrid, 2017, pág. 101, nota 8.

probatoria también puede discutir ese hecho base, eliminado la posible inferencia de raíz (la llamada contraprueba), pero en tal caso no se discutiría la mecánica de la inferencia y la propia labor de presunción (donde se residencia la hipótesis de prueba en contra). Cuando esa prueba en contrario no es posible (artículo 385.3 LEC) tampoco se atiende a una actividad de inferencia judicial.

No es, propiamente, un medio de prueba. Es obvio que no se encuentra en el elenco tasado de esos medios, pero en todo caso su resultado probático formará parte de la valoración judicial necesaria, probatoria sobre el objeto del debate controvertido, como actividad que despliega el propio juez aunque no lo hagan las partes ni se les ocurra plantearlo. Por eso puede negarse la necesidad de alegación de la presunción por el litigante, pero deviene obligada para el quehacer judicial.   Con ese objetivo se utilizan los principios de *causalidad* –la fenomenología de una causa tras otra– y de *normalidad* –los sucesos devienen habitualmente de un modo similar– a partir de la experiencia vital común. Lo que sí debe hacer la parte procesal –y ahí reside el germen de la presunción como actividad de resultado– es alegar y acreditar –con los medios de prueba tasados– el hecho o hechos base de la inferencia, el *indicio* o *indicios*.

> Según la enumeración de Ll. Muñoz Sabaté son indicios los siguientes: *accipio, affectio, alertas, animus, ad iuvantibus, carácter, cognitio, colaboratio, comparatio, compensatio, coniunctus, consuetudo, contigüitas, coyuntura, cura, damnum, deliberatio, difusum commercium, disparitesis, dominancia, evocatio, explanatio, fama, fortuna, fruendi, habitus, haesitatio, implementum, implicatio, impossibilitas, impulsus, inalterum, indocumentatio, inocuitas, insidia, interpositio, lesivitas, locus, magnitudo, médium, mendatio, metus, misio, movil, mutatio, necessitas, nescientia, nomen, normalidad, obstaculum, ocultatio, omnia bona, opportunitas, optativitas, perseveratio, possessio instrumenti, praesentia, preconstitutio, pretium, previssio, profesionalitas, publicitas, reparatio, rerum física natura, responsio, seguitur, silentium, simiitudo, solvo, subyacencia, tempus, tonus, topos, transactio, ubicatu rei, umor, utilitas, vestigium, vicinitas* y *vinciandi*[96].

Sentado lo anterior el esquema de trabajo comienza con la afirmación de un *hecho base*, su prueba plena a través de cualquier medio de prueba legalmente previsto, la *alegación* de que ello infiere una consecuencia, lo *presumido*, y la relación causal o *nexo* lógico entre ambos que permite razonar la presunción o inferencia propiamente dicha.

---

96. Su desarrollo al por menor en su *Tratado de Probática Judicial,* I-V, José María Bosch editor, Barcelona, 1992-1996.

Aunque parte de la doctrina científica ha sido muy crítica con la posibilidad de prueba en contrario de la presunción legal, por identificarla sólo posible en la sentencia –cuando la etapa de prueba ya acabó[97]–, tiene su virtualidad aunque lo fuese a prevención. Pues precisamente se conoce la afirmación del hecho que constituirá el indicio, con lo que puede anticiparse la inferencia buscada por la parte litigante contraria. De ese modo es perfectamente posible articular en su contra el material probatorio oportuno para eliminar la viabilidad de la actividad judicial de inferencia, del mismo modo que contraprobar el hecho base o indicio causalmente vinculado con aquélla.

Cuando el juez adopta la actividad de inferencia obtenida a través de una regla común de la experiencia en el tipo concreto se trataría de una presunción judicial que debe motivarse en cada caso (artículo 386.1 LEC). Cuando es tomada por el legislador ya no hace falta la motivación o explicación racional del esquema por parte del juez, sino únicamente la mención a la máxima de experiencia legalmente preestablecida, la presunción legal.

2. Máximas de experiencia

Ya se expuso de qué modo la máxima de experiencia puede ser propia del juez o ajena al mismo, especializada, por obtenerse de un experto (perito). Pero también se explica, en función del mecanismo de presunciones, a partir del dictado legislativo. La norma jurídica impone una consecuencia jurídica de alcance probatorio a partir de la existencia de un hecho enlazado causalmente con una afirmación cualitativamente distinta, lo que no debe confundirse con el uso vulgar del término, inversiones probatorias o reglas de interpretación desperdigadas en la normas sustantivas (artículos 33, 195, 434, 1.091, 1.127, 1.183, 1.207, 1.453, 1.562 CC)[98].

Por ejemplo. Se presume la "violencia" del artículo 193.3º CC (que impone un año para declarar un fallecimiento del ausente) cuando alguien desaparece "en una subversión de orden político o social" y sigue desaparecido

---

97. Cfr. José Luis VÁZQUEZ SOTELO, "La prueba en contrario de las presunciones judiciales", *Revista Jurídica de Catalunya,* 2001, pág. 1.096; citado por Francisco RAMOS MÉNDEZ, *Enjuiciamiento...,* I, cit., pág. 668. V. al respecto, del primero, "La «prueba en contrario» de las presunciones judiciales", *Revista Peruana de Derecho Procesal,* núm. 6, 2003, págs. 485 y sigs.

98. V., por ejemplo, Manuel SERRA DOMÍNGUEZ, *Normas...,* cit., pág. 105. El autor sí identificó como auténticas presunciones legales las contenidas en los artículos 193, 194, 436, 459, 572, 573, 574, 1.189, 1.191, 1.491, 1.592, 1.638 CC y otros; íd., págs.. 125 y 203. Cfr., en general, Vicente MAGRO SERVET, "Las máximas de experiencia como factor a tener en cuenta en la motivación de las sentencias", *Revista de Derecho Penal y Criminología,* núm. 23, 2020.

tras cesar la subversión por más de seis meses (último párrafo del artículo 193 CC), se presume poseer con el mismo título por el que se adquirió la cosa poseída (artículo 436 CC), o se presume que es servidumbre de medianería la pared que separa jardines (artículo 572 CC).

Al igual que con las presunciones judiciales, las legales deben alegarse por la parte interesada y probar el hecho base, añadiendo además la invocación de la norma jurídica en la que se encuentran reconocidas. Igualmente también, podrá contraprobarse (para eliminar la acreditación del hecho base o indicio) o presentar prueba en contra (discutiendo nexo e inferencia, la afirmación presunta). No obstante, la mecánica de la inferencia puede obtenerse a partir de medios de prueba que conduzcan a indicios que naturalmente lleven a construir la convicción judicial. De este modo, el juez al motivar infiere (establece la presunción) sin necesidad de que nadie haya aludido a la prueba de presunciones.

La inferencia, como proceder deductivo, no se convierte en norma legal. Y eso no participa de la regla del *iura novit curia,* lo que tampoco significa que el juez no deba implicarse en su aplicación o en la capacidad para aplicarla.

3. El hecho público y notorio

El artículo 281.4 LEC recoge la notoriedad que, como tal, conocida por el juez, es innecesario acreditar. Se indica que simplemente hay que alegar ese hecho público y notorio, por lo que no importa que el juez pudiera conocerlo y relacionarlo por sí mismo con el caso. Nunca podría utilizarlo si no justifica la iniciativa probatoria de oficio.

Establece el Tribunal Supremo, al tenor del precepto antes citado, que "el legislador no da un concepto jurídico de notoriedad, sino que simplemente norma que los hechos notorios no necesitan prueba, sin que tampoco la excluya, para que el tribunal los tenga en cuenta a la hora de dictar sentencia, pero para ello es preciso que reúna una notoriedad en la que concurran las notas de absoluta y general. Las SSTS 654/2007, de 12 de junio y 314/2016, de 12 de mayo, se hicieron eco de una definición clásica de los hechos notorios como «aquellos hechos tan generalizadamente percibidos o divulgados sin refutación con una generalidad tal, que un hombre razonable y con experiencia de la vida puede declararse tan convencido de ellos como el juez en el proceso mediante la práctica de la prueba»"[99].

---

99. STS 556/2019, 22-X (Roj 3409).

4. Reconocimiento judicial

Aunque la inmediación es principio rector de toda prueba obtenida en juicio, el contacto directo con la práctica del medio de prueba va más allá cuando el propio juez *percibe* en forma *inmediata* una fuente de prueba (una persona, una cosa o un lugar; artículo 353.1 LEC), sin intermediar instrumento alguno entre ambos[100]. Esto ocurre, en realidad, con los documentos, que el propio juez ha de examinar directa y con inmediación (por sí mismo), sin traducción ninguna (salvo que se trate de una lengua extranjera que sólo debe acceder a los autos traducida) ni intermediarios. Con todo, en estos casos el sentido de la vista, y acaso el del tacto, limitan el actuar, mientras que el reconocimiento judicial está abierto a todos los sentidos del juez, por mucho que el visual suela acaparar la mayoría de supuestos. Además, la fuerza del reconocimiento judicial como medio de prueba se configuró en un procedimiento escrito, por lo que la legislación actual supuso un cambio radical porque implicaba una acción judicial en directo contacto con una cosa, una persona o un lugar, bajo publicidad. Y siempre en presencia de las partes procesales, implicando la oralidad. La situación de excepcionalidad desaparece irremediablemente cuando el proceder todo es oral.

A diferencia de otros medios de prueba, se incorpora la *conveniencia* en la decisión de admitir o denegar la propuesta de reconocimiento judicial, a identificarse con una prematura consideración del juez: hallarse suficientemente informado sobre una determinada cuestión. Y esto último solo tiene lugar con el visto para sentencia salvo que anticipe, con el resto de medios a admitir, la suficiencia de los mismos. Cuestión distinta que, admitido el reconocimiento, pierda utilidad para el juzgador en modo sobrevenido, al igual que podría ocurrir con un quinto y sucesivos testigos tras cuatro testimonios oídos sobre el mismo objeto (artículo 363 II LEC).

El problema práctico fundamental estriba en el desplazamiento del juez hasta el lugar donde deba producirse el reconocimiento, lo que supone un ataque a la comodidad y por supuesto un incremento del tiempo de dedicación que no debe servir para motivar la falta de conveniencia. Ello ocurre igualmente con cosas o personas que no puedan trasladarse a sede judicial, o cuando el traslado resulte desaconsejable (un enfermo psiquiátrico ingresado) o

---

100. V., en general, Carmen ORTOÑO ARTÉS, "La prueba de reconocimiento judicial en la nueva Ley de enjuiciamiento civil", *La prueba*, Cuadernos de Derecho Judicial del CGPJ, núm. 7, Madrid, 2000, págs. 203 a 241, Verónica LÓPEZ YÁGÜES, *La prueba de reconocimiento judicial en el proceso civil*, La Ley, Madrid, 2005, AAVV, *La prueba de reconocimiento judicial* (Xavier Abel LLuch y Joan Picó Junoy dirs.), José María Bosch ed., Barcelona, 2012.

excesivamente costoso (un objeto muy voluminoso o que implique un caro desmontaje).

Puede utilizarse un instrumento técnico para evitar el desplazamiento o hasta un lugar, hasta una cosa o una persona (por ejemplo la videoconferencia), y no dejaría de tratarse de un reconocimiento judicial si se lleva a cabo en forma directa[101]. En cambio, cuando aquello que se ofrece es una documentación audiovideográfica, se trataría de un documento, una pieza cerrada donde como grabación muestra una estancia o un determinado aparato. No hay diferencia con la audición de una canción en materia de propiedad intelectual o la visión de una película que se afirma copia ilegal. En ambos casos se trataría del examen del soporte en el que se encuentra un determinado contenido audiovisual (el medio de prueba documental), no del reconocimiento judicial[102]. De hecho, en el reconocimiento efectuado por el juez directa e inmediatamente procede su documentación (artículo 359 LEC).

> Añadir el *acta* tradicional es útil para ubicar ese documento público, pero bastaría una mera *diligencia* con la que se ordenase su introducción en lo autos; esa especie de resumen de lo esencial del reconocimiento habido carece de sentido. Por demás, si el reconocimiento judicial no se produce separadamente, sino en el propio juicio, la documentación de éste será, obviamente, parte de la documentación de aquél. En realidad, el reconocimiento por separado constituye una porción del juicio oral, anticipadamente o no a la celebración de la vista, por lo que su documentación debe ser equiparada a la del juicio oral, lo que en puridad impide la transcripción (artículo 147 I LEC).

Si se lleva a cabo separadamente, esa documentación formará parte inevitable del acta audiovisual del juicio disponible en trámite de recurso devolutivo. Por ejemplo, acudiendo a un paraje en el que tuvo lugar un accidente por caer un motorista en un pozo descubierto, el letrado de la Administración de justicia dirigirá la constatación del acto judicial. Por último, a partir de la documentación (y el acta escrita *sui generis*) podrá diferenciarse entre el dato objetivo constatado y la valoración del juez que sobre lo reconocido –donde interviene el aspecto subjetivo–, en relación con el resto de medios de prueba practicados en juicio, se conformará la íntima convicción juzgadora. Esto úl-

---

101. En estos casos, la previsión de señalamiento separado anticipado por cinco días (artículo 353.3 LEC) se suplirá con la indicación de desplazamiento innecesario y con ello indicando su práctica el mismo día del juicio.

102. La audición de una composición musical perseguida por plagio se considera acto de reconocimiento judicial como el respirar el olor de una cloaca, tocar la dureza de una superficie o ver una grieta en una construcción; Francisco RAMOS MÉNDEZ, *Enjuiciamiento...*, I, cit., pág. 682.

timo es lo que se somete al control en vía de recurso, pese a las dificultades características de la libre valoración de la prueba sin inmediación.

El reconocimiento judicial es un medio de prueba que permite su práctica junto con otros, como el interrogatorio de la parte o el testifical, lo que puede ser muy útil al formular preguntas conectadas con un escenario o contexto que acaba de observarse. Distinto es que en la propia mecánica del reconocimiento se permita que las partes acudan, con sus abogados y procuradores, y puedan efectuar observaciones al juez. En primer lugar, el planteamiento es engañoso porque el reconocimiento, como medio de prueba, se practica bajo la oralidad y la inmediación del juez, pero también en publicidad, no en secreto, por lo que cuando menos los abogados y procuradores deben estar presentes a riesgo de nulidad. En segundo lugar, la presencia de las partes –y la necesaria del abogado y procurador de cada una– implicará, si se acepta a instancia o se decide de oficio que intervengan directamente, el juramento o promesa de decir verdad, lo que incluye a técnicos y prácticos que hubieran acudido con las partes. También suele añadirse el pericial, que debe absorber a ese técnico o práctico que de lo contrario se introduciría en modo sobrevenido como instrumento de prueba. En cuanto al perito designado para realizar un dictamen que ya ha emitido, podría efectuar observaciones a instancia o de oficio sin inconveniente. Pero eso no significa que emita el dictamen confeccionado *en ese momento*. A su vez, cuando el perito todavía no haya realizado el trabajo encomendado, su presencia junto con el juez en el acto de reconocimiento judicial no deja de ser para el experto, ante todo, el reconocimiento del mismo sobre el lugar, la cosa o la persona objeto del análisis pericial. Del mismo modo que el juez no valorará sino ulteriormente –en sentencia– lo obtenido con su reconocimiento, el perito emitirá un dictamen escrito con su valoración, después de ese reconocimiento. Sólo excepcionalmente emitirá el experto, en forma oral, sus conclusiones en el mismo acto, en cuyo caso sí que podría hablarse de una práctica conjunta.

En el fondo, el sentido práctico de reunir en el mismo acto a la parte, al testigo o al perito, puede encontrarse en la interacción del juez con uno u otro, sobre aquellos aspectos que se le susciten al primero para mejor conocimiento del objeto del reconocimiento. El problema es que si para mejorar éste el juez pregunta a una parte o a un testigo, supera la limitación natural del interrogatorio o del testimonio, que pertenece a la iniciativa de la parte. Y si pregunta al perito, cosa que puede hacer por propia iniciativa sin depender de una actividad previa a instancia, obtendrá un adelanto del peritaje a confeccionar o, simplemente, disfrutará de un asesoramiento experto adicional que mejore el resultado de su propia percepción, sin llegar a ser propiamente objeto del peritaje encomendado. En cualquier caso, nada de lo anterior debiera confundirse con el tradicional intermediario o mediador probatorio, nacido para la seguridad del juez en la realización material del reconocimiento judicial, o que mezclaba esta prueba con la del experto.

La práctica conjunta de un peritaje y un reconocimiento también puede razonarse por mera economía, sobre todo cuando uno y otro lo sean sobre una persona. Es habitual que en el procedimiento de adopción de medidas de apoyo estable al discapaz o de internamiento psiquiátrico forzoso la exploración judicial del sujeto –que es preceptiva– se realice al tiempo de la anamnesis del médico forense, o cuando menos parte de ésta. De ese modo, puede que el juez siquiera formule una sola pregunta al sujeto o interaccione directamente con él, limitándose a observar el quehacer del experto para así examinar (reconocer) personalmente a ese individuo. Cuando se trata de cosas o lugares, también es frecuente que su accesibilidad no sea libre, sino que resulta de la colaboración del dueño o poseedor de la misma, o en su caso en función de una orden de acceso dictada por el juez, permitiendo el actuar conjunto una única y coordinada preparación.

De otro lado, el interrogatorio del demandante o del demandado no puede sustituirse con el reconocimiento judicial, máxime cuando éste puede ser propuesto por cualquiera y aquél sólo por la parte contraria (no es posible que el propio actor o demandado proponga su propio interrogatorio). En cualquier caso, tampoco sería viable de oficio.

10
El peritaje. Definición y clases

1. El sentido procesal del término

La norma procesal regula una figura apoyada en el conocimiento no jurídico y por consiguiente tampoco obligado para el juez. A la vez se aparta de la fuente testifical, si bien el sujeto apto para ser perito puede ser llamado como testigo aun restringiendo su intervención procesal a la *declaración*. Es más, la mención al perito, en su plano procesal, excede el medio de prueba en sentido estricto (artículo 299.1.4º LEC) en pos de asistencias expertas igualmente necesarias (por ejemplo artículos 638, 639 ó 715 LEC)[103]. Por su parte, la especialización de conocimiento no permitirá su consideración de perito cuando venga recogido como auxiliar del juzgador en la práctica del reconocimiento judicial: "personas técnicas o prácticas en la materia" que tanto declararán como efectuarán *observaciones* (artículo 353.2 LEC).

En perspectiva extraprocesal, pero igualmente probatoria, se acude al Derecho sustantivo (por ejemplo artículos 380, 1486 CC ó 327 CCom[104]), se-

---

103. Perito tasador de bienes embargados; perito que determina el precio de los daños y perjuicios para el ejecutante tras oposición del deudor.

104. El precio para el dueño de la materia empleada según tasación pericial; en el saneamiento por vicios o defectos ocultos de la cosa vendida el juicio de peritos puede rebajar proporcionalmente el precio; peritos por cada parte para decidir si la mercancía tiene la calidad contratada o según muestra ante la negativa de recibo del comprador, y un tercer perito si aquellos no coinciden.

parando la intervención de expertos en negocios jurídicos (artículos 402, 1.447 ó 1.690 CC y 38 LCS)[105].

Terminológicamente puede identificarse el término "experto" con el "perito", pero en el ámbito de la prueba procesal procede acoger el segundo, que es la nomenclatura de la ley[106]. Es más específico, como el género de la especie, salvo que el experto propuesto y denegado como medio de prueba nunca llegará a ser ese perito.

2. Definición conceptual: arte, ciencia, técnica, práctica

En lo que aquí interesa el peritaje es una actividad probatoria dentro del proceso jurisdiccional cuya autoría, que define su carácter personal y su vínculo con la inmediación judicial, reside en un experto en arte, técnica, ciencia o práctica. No se trata de una fuente directa con el hecho o dato afirmado que debe acreditarse, enlazando así con el carácter indirecto de este medio de prueba[107]. Sin embargo, conviene matizar de qué manera. Aunque por lo general el perito ofrezca con su trabajo un instrumento de auxilio al juez a fin de que este valore, también propicia, en modo directo, información sobre una afirmación fáctica, controvertida o no. El ejemplo más característico es el *hecho psíquico*, donde no se ayuda al juzgador con instrumentos auxiliares a alcanzarlo sino que se le ofrece sin más, no obstante proceda acompañarlo con la metodología, reglas de experiencia no jurídicas, documentación aneja y explicación de cualquier análisis que lleve a ello, todo lo cual puede incluso utilizarse, junto con la apreciación conjunta, para desvirtuar el resultado final antes referido. Se distingue así la *motivación*, la explicación razonada del dato ofrecido, como cuando se reconstruye la mecánica de un accidente de tráfico

---

105. Efectuar la división de la cosa común; en la compraventa señalamiento de precio por persona determinada; el tercero que designa pérdidas y ganancias entre socios; si no hay acuerdo en el importe y forma de indemnización por seguro de cada parte. V., en tal sentido, Luis DIEZ-PICAZO PONCE DE LEÓN, *El arbitrio de un tercero en los negocios jurídicos*, Bosch, Casa ed., Barcelona, 1957, Fernando GÓMEZ PO-MAR, "El arbitrio de parte en la determinación del contenido y elementos del contrato", *Actualidad Jurídica Uría Menéndez*, núm. 49, 2018, págs. 243 y sigs.

106. Eva Isabel SANJURJO RÍOS, *La prueba pericial civil. Procedimiento y valoración*, Reus, Madrid, 2013.

107. Eduardo FONT SERRA, *El dictamen de peritos y el reconocimiento judicial en el proceso civil*, La Ley, Madrid, 2000, Iñaki ESPARZA LEIBAR, *El dictamen de peritos en el proceso civil español*, Tirant lo Blanch, Valencia, 2000, Joan PICÓ JUNOY, *La prueba pericial en el proceso civil español. Ley 1/2000, de Enjuiciamiento Civil*, Bosch, Barcelona, 2001, Ángel Vicente ILLESCAS RUS, *La prueba pericial en la Ley 1/2000, de Enjuiciamiento Civil*, Aranzadi, Pamplona, 2002, Ricardo YÁÑEZ VELASCO, *El peritaje en el proceso civil*, Grupo Difusión, Barcelona, 2005, AAVV, *La prueba pericial*, José María Bosch, Barcelona, 2009, Eva Isabel SANJURJO RÍOS, *La prueba...*, cit.

en la que el debate litigioso se encuentra en saber cómo se ha producido el siniestro, causalidad que supone un *hecho* a descubrir en el pleito y que es un *hecho* como conclusión del experto. El juez aceptará el dato en cualquiera de los ejemplos a tenor de la prueba pericial en su conjunto, combinada con el resto de elementos de convicción. Pero se trata, a no dudarlo, de hechos controvertidos cuyo descubrimiento o verificación puede ser obtenido de otros modos por el juzgador (cómo se produjo el accidente de tráfico), y también por resultar su obtención característica del proceder especializado (por ejemplo la patología psicológica).

Aunque el auxilio extraprocesal de cualquier experto es perfectamente viable, la nota procesal es la que combina ese auxilio con el medio de prueba. La necesidad de primar el valor de la ayuda al juez y de régimen jurídico procesal del asegurar la bondad de la prueba perseguida conduce al reconocimiento y exigencia de tres principios en la figura del experto y su trabajo. De lo primero se ocupa la *imparcialidad*, de lo segundo la *objetividad* y la *corrección* –la llamada aplicación de la *lex artis ad hoc*–, por mucho que a menudo se defiende que la *solvencia* del trabajo pericial justifique la imparcialidad del experto[108]. Esto último implicaría suprimir del análisis *ex ante* el primero de los principios enumerados, conduciéndolo hasta los otros dos, en particular el propio de la "corrección". El carácter procesal implica publicidad y contradicción, también cuando el peritaje se limite al neto asesoramiento artístico, técnico, científico o práctico que ayude al juez en su valoración. No existe un asesoramiento extraprocesal para aquél, como obtenido por quien juzga para resolver en sentencia lo pretendido al margen de las partes procesales, al igual que tampoco puede aplicar sus propios conocimientos especializados para valorar lo practicado, o simplemente lo alegado por los litigantes. Cuando lo hiciera –con el particular inconveniente de no motivarlo explícitamente–, las partes nada habrán podido contradecir. Cuando las partes emitan sus conclusiones e informes orales siquiera podrían oponerse a un determinado criterio experto propio del juez, o metodología por éste utilizada, luego, para valorar.

El que el conocimiento especial del juez sea útil para valorar cualquier cosa, incluso el peritaje, no impide que sobre éste las partes aporten sus propios criterios, donde el juez razonara una vez respetada la contradicción. Si el juez aplica sin más aquello que de forma experta no jurídica conoce, hurta de

---

108. Por todos, Francisco RAMOS MÉNDEZ, *Enjuiciamiento...*, I, cit., pág. 792. En este sentido menciona el anterior "imparcialidad objetiva", descrita como la obligación de hacer constar tanto lo favorable como lo perjudicial para la parte.

esa posibilidad a las partes, pero si el propio juez opera los instrumentos servidos como perito, fuera del cauce propio de la publicidad y la contradicción para los litigantes, el quebranto a la defensa resultará mucho más radical[109].

3. Tipología pericial

El peritaje puede obtenerse de una persona física o de varias, o de una persona jurídica inevitablemente conformada por un individuo o por varios. De esta manera, en función de la autoría experta puede distinguirse entre el peritaje individual y el grupal, siendo éste tanto colectivo –cada miembro se ocupará de una parte de la tarea solicitada– como colegiado –todos participan de todo–. En el grupal ubican la "Academia" y las instituciones "culturales y científicas". Todo ello, equiparado a las personas jurídicas, exige conocer qué persona o personas forman parte, no de la entidad como tal sino del quehacer encomendado en un caso concreto, no en vano son las que *personalmente* jurarán o prometerán el cargo pericial según el artículo 335.2 LEC. Por eso importa descender hasta cada una de esas personas físicas actuantes; a la postre quienes asumirían responsabilidad individual por el trabajo desempeñado[110].

> La comisión de un delito no implicaría a la institución como persona jurídica, se trataría de una responsabilidad criminosa individual, referida a cada uno de los miembros del órgano pericial colectivo o colegiado. Difícil resulta la persona jurídica como autor criminal (artículos 31 bis y sigs. CP), pero es cuestión distinta la responsabilidad civil, por cuando en modo subsidiario cabría aplicar lo que en el proceso penal se ventila a través del artículo 120.4 CP: "[l]as personas naturales o jurídicas dedicadas a cualquier género de industria o comercio, por los delitos que hayan cometido sus empleados o dependientes, representantes o gestores en el desempeño de sus obligaciones o servicios".

Del mismo modo, son también los individuos quienes podrían aclarar, ampliar o explicar su trabajo bajo las reglas procesales de contradicción, publicidad e inmediación. Pues, no podrían ser sustituidos por otros miembros de la institución o Academia sin alterar el siempre exigible vínculo directo con la autoría del trabajo. Acaso pudiera beneficiarse cada uno de los sujetos del prestigio de la persona jurídica en la que trabajan, en orden a la valoración judicial, pero no cabe caer en la ingenuidad de identificar el trabajo humano e

---

109. Hay quienes defienden que el juez pueda procurarse directamente el conocimiento específico o que utilice el suyo propio a la hora de valorar y decidir; con cita de Emilio GÓMEZ ORBANEJA (*Derecho Procesal Civil,* con Vicente Herce Quemada, I, Artes gráficas y ediciones, Madrid, 1976[8], pág. 358), Francisco RAMOS MÉNDEZ, *Enjuiciamiento...,* I, cit., pág. 789.

110. Cfr. Tema 13, epígrafe 13

individual, colegiado o colectivo, con la institución a la que pertenecen las personas físicas intervinientes, como si éstas se transformasen en un ente despersonalizado. En contra se ha asegurado que el "dictamen institucional es independiente de las personas físicas que han intervenido en su elaboración"[111].

En este sentido pudiera considerarse que un eventual delito de falso peritaje (artículos 459 ó 460 CP) debería atribuirse a la persona jurídica en exclusiva por la vía del artículo 31 bis CP, no obstante este tipo de falsedad carece de acomodo "en los supuestos previstos" del Código penal, que por demás indican la pena que procedería.

Y desde el punto de vista de algunos expertos, sobre todo cuando son funcionarios públicos, se postula tal desobjetivación si pretenden ser sustituidos en el acto del juicio por compañeros de trabajo que no firmaron ni previamente juraron la tarea encomendada.

4. Objeto pericial

Ya anticipé que el campo de actuación pericial no es jurídico, sino artístico, práctico, técnico o científico, por lo que cualquiera de los llamados al juicio civil en función de dichos grupos de disciplinas conducen a su consideración de perito, siendo para ello nombrado en forma –al designársele judicialmente– o implícitamente –al admitir como medio de prueba propuesto al contratado extrajudicialmente–. No es posible discriminar, pues, según la fuente del específico conocimiento, particularmente si el mismo es *práctico* en vez de *artístico*, *científico* o *técnico*, recordando a su vez que el dictamen se emite por definición, pero cualquier quehacer oral, documentado –por ejemplo en el acta audiovisual del juicio– es también peritaje a los efectos que ahora interesan[112]. Pese a este planteamiento genérico, donde las ciencias jurídicas se excluyen, obviamente, del ámbito "científico", hay quienes sin embargo consideran viable el *peritaje jurídico*, aquél en el que un experto en Derecho ilustra sobre análisis de normas jurídicas, su compilación y alcance respecto de un concreto problema, búsquedas y estudios pormenorizados de normativa aplicable, no sólo extranjera sino nacional, que centra el más característico hito de la exigencia *iura novit curia*[113]. Que este aforismo se añada como coletilla a la

---

111. Francisco RAMOS MÉNDEZ, *Enjuiciamiento...,* I, cit., pág. 792.

112. En contra del práctico como perito, por ejemplo, Julio PÉREZ GIL, *El conocimiento científico en el proceso civil: ciencia y tecnología en tela de juicio*, Tirant lo Blanch, Valencia, 2010, págs. 55 y sig.

113. Francisco RAMOS MÉNDEZ, *Enjuiciamiento...,* I, cit., págs. 612, 615, 788 ó 790.

fundamentación jurídica de la demanda o la contestación no evita que en ésta se incorpore la Jurisprudencia, en sistemática recopilación normativa que el letrado actuante considere propicia, lo que conecta con la interpretación de ese experto jurídico –porque así puede considerarse al letrado–, y que puede rebatir su colega contrario, con la posibilidad que uno y otro sean asesorados extraprocesalmente por otro especialista en la materia jurídica, especializada o no, que se ventile.

La alegación jurídica de las partes no es un medio de prueba por mucho que vaya a ser analizado por el juzgador para resolver el debate, de modo que extraer del contenido de la demanda o de la contestación a aquella demanda la parte jurídica en forma de dictamen y presentarlo como medio de prueba –por cierto que restringiendo su autoría a sujeto distinto del propio abogado– resulta inadmisible subterfugio que elevaría la discusión en el terreno de la Ley a una categoría dogmática por completo inapropiada. Especialmente cuando el peritaje está llamado a ser prueba en sentido estricto –como obtención de hechos– o medio de prueba sobre otros medios de prueba, o cuando simplemente se opone a la regla genérica de que el juez debe conocer el Derecho, todo, para construir su sentencia. Que ese acceso a la totalidad pueda ser problemático ni obstaculiza ni minora la capacidad del juzgador a fin de investigar sobre la normativa jurídica y Jurisprudencia aplicables en el caso concreto que deba evaluar, y la propia norma ya establece reglas concretas para el Derecho extranjero y la costumbre[114]. Forma parte intrínseca de su trabajo a la hora de resolver. Puede asumirse falta de conocimiento de principio, pero no evitar el trabajo necesario para completarlo cuando sea insuficiente por una falta de actualización debida respecto de un supuesto en concreto.

> Conviene subrayar de qué modo esa especie de dictamen jurídico auxiliar que se defiende para el juez ya existe, en buena medida, en las altas esferas judiciales, donde un gabinete jurídico de significado nivel se encuentra al servicio, por ejemplo, de los magistrados del Tribunal Supremo.

---

114. Cfr. Tema 5.

11
Abstención y recusación

Tabla de contenidos

1. Contexto de actuación

Quizá se desconoce la práctica forense cuando se afirma que se ha "esfumado" la prevención contra la parcialidad del perito en función del autocontrol, crédito profesional y responsabilidad del experto[115]. Al margen que el perito extraprocesalmente contratado tenga a veces el grueso de su negocio establecido en tal tipo de contratación, es obvio que la parte procesal decidirá incorporarlo o no a la demanda o a la contestación en función de su contenido favorable, nunca en caso contrario salvo mostrar el letrado actuante un sensible grado de imbecilidad.

A su vez, pese a que el experto puede haber cobrado su trabajo con independencia de lo que con él quiera hacer quien le contrató, bien sabe cómo futuros encargos o contrataciones pueden depender de la utilidad real que preste a su cliente jurídico. Esa especie de predisposición, sin necesidad de impostar un quehacer fraudulento, puede inclinar sutilmente la balanza hacia una tesis u otra, o matizar un extremo de modo distinto al que lo haría liberado de tales circunstancias. Y este peligro ha existido siempre y difícilmente podrá suprimirse del escenario en la instancia de parte.

---

115. En este sentido Francisco RAMOS MÉNDEZ, *Enjuiciamiento...*, I, cit., págs. 626 y sig.

2. La propia responsabilidad individual

Sea cual sea la manera en que un experto accede al proceso como perito –más si cabe cuando el interesado sea un profesional–, siempre afrontará un momento de aceptación o rechazo del trabajo. Bien extraprocesalmente, bien ante el órgano judicial, el llamado atiende al contenido del artículo 335.1 LEC en el que no se postula explícitamente el principio de actuación relativo a la imparcialidad ni el elenco de causas que objetivamente alumbraría su falta. Ello no obstante, una mínima dosis de lógica permite advertir que determinadas relaciones o situaciones personales alientan la influencia, a favor o en contra de alguno de los litigantes. En el primer caso simplemente cabe servirse de la libre autonomía de la voluntad para rechazar el encargo, exponiéndose de lo contrario a los mecanismos que en manos de las partes pueden poner de manifiesto esa ausencia de imparcialidad como planteamiento objetivo, *a priori*. Claro está que si bien cuando ello ocurra ya se dispondrá del trabajo experto, se habrá superado el momento de examen *prima facie*.

El designado judicialmente puede no aceptar el cargo encomendado exponiendo como excusa una causa de parcialidad, lo que de hecho anticipa el mecanismo formal de autoexclusión –cuando ya está nombrado tras aceptar el cargo–, la abstención. A su vez, cuando el peritaje se reclama de una institución, puede sortearse este tipo de posibilidad inicial si la aceptación, extraprocesal o en sede judicial, es realizada por la persona jurídica a través de quienes la representan legalmente para asumir el trabajo, luego asignado a miembros concretos de esa persona jurídica que individualmente no estarían ya en condiciones de rechazar el encargo. Pero impedir la decisión de aceptar o no aceptar por parte de los individuos que en concreto deban elaborar el peritaje, que son quienes jurarán o prometerán el cargo asumiendo con ello el régimen de obligaciones que el mismo conlleva –no el de los derechos, por ejemplo económicos, que cursan a través de la persona jurídica en la que trabajan y fue formalmente contratada o designada–, impone activar el control de la imparcialidad a través de los mecanismos de tachas (para los contratados extraprocesales) y de abstención y recusación (para los designados judicialmente). Cuestión distinta que en el ámbito de actuación interno el designado pueda comunicar inconvenientes al respeto de su imparcialidad y propiciar que la misma entidad redistribuya el encargo. Pero esto ocurriría al margen de cualquier procedimiento jurídico y más allá del control judicial.

Con todo, para algunos autores el crédito profesional o el propio prestigio del experto marcan las experiencias de las personas normales y sus referencias éticas como comportamientos también ordinarios, entendiendo así un actuar con transparencia que arrincona la necesidad de los controles legales[116].

3. La tacha del perito

Cuando el experto es contratado extraprocesalmente por el litigante que interpone la demanda o la contesta, la aceptación del sujeto implica una negación de cualquier problema relacionado con su imparcialidad. Cierto que como ya se advirtió al jurar y prometer sobre lo que hará, puede limitarse a la noción de realizar objetiva y correctamente el trabajo, no importándole lo más mínimo tener vínculos afectivos o de otra índole que, sin necesidad de examinar el peritaje que finalmente realice, planteen dudas sobre la necesaria imparcialidad. El mecanismo ofrecido a las partes procesales, incluida la proponente del sujeto como perito previamente contratado extrajudicialmente, es alegar y acreditar que concurren en el experto una o más causas que precisamente generan *prima facie* la incertidumbre sobre parcialidad.

Como sea que la anticipación es imposible en ese momento procesal, porque el trabajo ya está hecho, podría postularse un examen no de la imparcialidad –que, se insiste, resulta *a priori*–, sino de la objetividad y la corrección del dictamen pericial, lo que sin embargo implica la valoración del mismo, sea por las partes, primero, sea por el juez al sentenciar, después. Y en tal sentido puede justificarse el mantenimiento del perito y del dictamen, bajo la advertencia de causas que puedan poner en duda el resultado. El único mecanismo anticipatorio propio de la imparcialidad se conserva en la actuación por venir, en el acto del juicio oral y particularmente con aclaraciones y adiciones complementarias del trabajo ya desplegado, y por supuesto con preguntas relacionadas con peritajes elaborados por otros expertos en comparación con el propio. Sin embargo, pesa más lo ya hecho, en esencia la mayor parte del quehacer pericial, que lo que está por hacer, por mucho que en el momento del juicio se obtenga de nuevo aquello realmente interesante y determinante para sentenciar. Además, actuar como freno al porvenir supondría erradicar el me-

---

116. Francisco RAMOS MÉNDEZ, *Enjuiciamiento...*, I, cit., pág. 801.

dio de prueba, sin posibilidad alguna de sustituirlo, razonamiento adicional y de peso para mantenerlo en el procedimiento.

La crítica primaria reside en tomar prestado del testigo el mecanismo de advertencias al juez sobre la bondad del contenido de la intervención del experto llamado al proceso. Efectivamente, por remisión del artículo 124.2 LEC, según la norma puede tacharse al perito si concurre alguna de las siguientes causas: "1.º Ser cónyuge o pariente por consanguinidad o afinidad, dentro del cuarto grado civil de una de las partes o de sus abogados o procuradores. 2.º Tener interés directo o indirecto en el asunto o en otro semejante. 3.º Estar o haber estado en situación de dependencia o de comunidad o contraposición de intereses con alguna de las partes o con sus abogados o procuradores. 4.º Amistad íntima o enemistad con cualquiera de las partes o sus procuradores o abogados. 5.º Cualquier otra circunstancia, debidamente acreditada, que les haga desmerecer en el concepto profesional" (artículo 343.1 II LEC).

La alegación de la tacha se acompaña del medio de prueba necesario para acreditarla, excluyendo la ley el uso de testigos para tal fin. Siempre deberá plantearse la cuestión de debate sobre imparcialidad antes del juicio o de la vista, y en la audiencia previa al juicio si el dictamen pericial se aportó con la demanda o la contestación y se trata de un juicio ordinario.

La temeridad o deslealtad procesal de quien planteó la tacha –en su motivación o en el tiempo en que se efectuó– permite la multa contra éste, tras ser oído, que será de sesenta a seiscientos euros (artículo 344.2 LEC). Cuando el perito es efectivamente tachado puede instar del juez declaración de su honestidad profesional, cosa que obviamente se produciría después del dictado de la sentencia, cuando puede evaluarse si la causa acreditada menoscabó la imparcialidad del sujeto a través de una falta de objetividad o de incorrección (artículo 344.1 LEC), volviendo a invertir el examen de la cuestión.

La mala fe o la temeridad por tachar indebidamente permitirán, asimismo, la sanción pecuniaria.

4. Abstención y recusación del experto designado judicialmente

Abstenerse viene configurado como un deber para el perito judicialmente designado (artículo 105 LEC). Esto implica, irremediablemente, el conocimiento de las causas de abstención, compartidas por una recusación igualmente limitada al perito judicialmente designado que añade alguna más (artículo

124.1 LEC), en todo caso reconducible a las de abstención, siendo la recusación operativa si se deja pasar la oportunidad de abstenerse.

Puede resultar contradictorio haberse excusado utilizando una causa de abstención y ver rechazada la excusa, admitiéndose luego la abstención apoyada en idéntico motivo. Igualmente sería paradójico aceptar el cargo para acto seguido abstenerse del trabajo para el que ha sido nombrado judicialmente. No obstante ambos ejemplos son posibles y se anteponen por definición a la hipótesis de recusación ofrecida a las partes procesales, también a la proponente cuando, a su criterio, mediando un motivo de recusación, el perito no se abstuvo. Acaso es el momento del conocimiento de la causa lo que distingue entre un deber anticipado como excusa o el deber de abstención del ya nombrado que aceptó sin conocer o poder conocer de la causa legalmente establecida. En todo caso, el perito judicialmente designado se somete a un trámite de abstención y en su caso recusación que, de tener éxito, le expulsaría del procedimiento, abriendo su sustitución por otro experto que obedecería igual trámite. El expulsado no habría realizado trabajo alguno, por lo que el perjuicio sería mínimo para el procedimiento.

Los motivos legalmente establecidos para justificar esta última no se relacionan sino por referencia a las causas de abstención y recusación de jueces y magistrados en el artículo 219 LOPJ, mientras que las de recusación son estas mismas añadidas a las recogidas en el artículo 124.3 LEC.

En cuanto a las primeras, no discrimina el legislador procesal por referencia a aquellas causas que implican de necesidad la labor jurisdiccional, y aun no imposible es significativamente improbable que un perito haya sido un juez y así tenga relaciones vinculadas con ese trabajo jurisdiccional. Resulta sencilla la discriminación con base en el simple sentido común.

Según el texto, debe abstenerse o exponerse a la recusación quien se encuentre en alguna de las siguientes causas: "1.ª El vínculo matrimonial o situación de hecho asimilable y el parentesco por consanguinidad o afinidad dentro del cuarto grado con las partes o el representante del Ministerio Fiscal. 2.ª El vínculo matrimonial o situación de hecho asimilable y el parentesco por consanguinidad o afinidad dentro del segundo grado con el letrado o el procurador de cualquiera de las partes que intervengan en el pleito o causa. 3.ª Ser o haber sido defensor judicial o integrante de los organismos tutelares de cualquiera de las partes, o haber estado bajo el cuidado o tutela de alguna de éstas. 4.ª Estar o haber sido denunciado o acusado por alguna de las partes como responsable de algún delito o falta, siempre que la denuncia o acusación hubieran dado lugar a la incoación de procedimiento penal y éste no hubiera terminado por sentencia absolutoria o auto de sobreseimiento. 5.ª Haber sido sancionado disciplinariamente en virtud de expediente incoado por denuncia o a iniciativa de alguna de las partes. 6.ª Haber sido defensor o representante de alguna de las partes, emitido dictamen sobre el pleito o causa como letrado, o intervenido en él como fiscal, perito o testigo. 7.ª Ser o haber sido denunciante o acusador de cualquiera de las partes. 8.ª Tener pleito pendiente con alguna de éstas. 9.ª Amistad íntima o enemistad manifiesta con cualquiera de las partes. 10.ª Tener interés directo o indirecto en el pleito o causa. 11.ª Haber participado en la instrucción de la causa penal o haber resuelto el pleito o causa en anterior instancia. 12.ª Ser o haber sido una de las partes subordinado del juez que deba resolver la contienda litigiosa. 13.ª Haber ocupado cargo público, desempeñado empleo o ejercido profesión con ocasión de los cuales haya participado directa o indirectamente en el asunto objeto del pleito o causa o en otro relacionado con el mismo. 14.ª En los procesos en que sea parte la Administración pública, encontrarse el juez o magistrado con la autoridad o funcionario que hubiese dictado el acto o informado respecto del mismo o realizado el hecho por razón de los cuales se sigue el proceso en alguna de las circunstancias mencionadas en las causas 1.ª a 9.ª, 12.ª, 13.ª y 15.ª de este artículo. 15.ª El vínculo matrimonial o situación de hecho asimilable, o el parentesco dentro del segundo grado de consanguinidad o afinidad, con el juez o magistrado que hubiera dictado resolución o practicado actuación a valorar por vía de recurso o en cualquier fase ulterior del proceso. 16.ª Haber ocupado el juez o magistrado cargo público o administrativo con ocasión del cual haya podido tener conocimiento del objeto del litigio y formar criterio en detrimento de la debida imparcialidad" (artículo 219 LOPJ)[117].

La adición prevenida para la recusación del perito supone las siguientes causas: "1.ª Haber dado anteriormente sobre el mismo asunto dictamen contrario a la parte recusante, ya sea dentro o fuera del proceso. 2.ª Haber prestado servicios como tal perito al litigante contrario o ser dependiente o socio del mismo. 3.ª Tener participación en sociedad, establecimiento o empresa que sea parte del proceso" (artículo 124.3 LEC).

El procedimiento implica un escrito firmado por abogado y procurador donde se alegue el motivo de recusación y los medios de prueba orientados a su acreditación, con el límite temporal de un día respecto del señalamiento del juicio o la vista cuando la causa sea posterior a la designación del experto, dos días después de notificarse el nombramiento cuando fuese anterior al mismo. Si el conocimiento de la causa de recusación, anterior o posterior a esos dos momentos, tuviera lugar después del juicio o la vista se tramitaría como si fuera una tacha: una vez acreditada, en su caso, permitirá advertir al juzgador de su contenido y posible influencia en el trabajo desenvuelto que, sin embargo,

---

117. Sobre la interpretación de las causas de abstención y recusación cfr., entre otros, Joan PICÓ JUNOY, *La imparcialidad judicial y sus garantías: la abstención y la recusación,* José María Bosch editor, Barcelona, 1998, Ricardo YÁÑEZ VELASCO, *Formularios de la Ley de Enjuiciamiento Civil,* Grupo Difusión, Barcelona, 2000, págs. 117 y sigs., también en mis *Estudios...,* cit., t. I, vol. 1, págs. 33 y sigs.

no podrá ser excluido de los autos. Esto último, a diferencia del sistema de tachas, observa una razón de mayor peso, cual es el contacto o inmediación que el juez habrá tenido con el dictamen y con la intervención en juicio del experto.

Tanto un intento de resolución arbitral de la controversia que resulte infructuoso, como una mediación que no conduzca a la resolución del conflicto, pueden implicar la intervención de un perito luego contaminado para el litigio judicial ulterior.

En cualquier caso el perito dispondrá de propia voz para exponer lo que considere oportuno a vista del escrito presentado. Puede reconocerla y no admitirse por el tribunal, pero reconocida y admitida acabaría el trámite y el suplente ocupará su lugar si en éste no opera del mismo modo y debe disponerse de otro candidato según la lista de expertos utilizada, comenzando de nuevo idéntico proceder. Si el experto negase la causa alegada en vez de reconocerla, o no se admitiera por el juez, se celebraría una vista oral para practicar la prueba propuesta que hubiera sido admitida a fin de acreditar la causa de recusación; a no ser que el recusante no comparezca y todo acabe sin más. La decisión judicial será irrecurrible, aunque puede plantearse en un grado jurisdiccional superior, pagando las costas procesales quien recusó en el caso de perder, salvo excepciones (por remisión del artículo 128 LEC). El triunfo de la recusación, por consiguiente, no supondrá que el perito asuma el coste del procedimiento recusatorio. Pues, se mantiene a la parte procesal que inició el trámite –si se perdió– o a quien se hubiera opuesto a la recusación en el trámite contradictorio, sin consecuencias para quien tendría que haberse abstenido de conocer la causa, el propio perito. Y es posible añadir una multa de 180 a 6.000 euros por mala fe, también contra el recusante perdedor.

Las reglas temporales son sencillas para ordenar el trámite. La causa de recusación preexistente a la designación ha de plantearse dentro de los dos días siguientes al nombramiento notificado, mientras que la causa posterior a la designación –o conocida después– pero sabida antes que el dictamen se emita, procederá alegarla con anterioridad al juicio o a la vista o al comienzo del acto oral. Nunca será posible recusar después de este tipo de actos orales, pero sí podrá señalarse la causa de recusación antes del dictado de sentencia o mostrarse al tribunal de segunda instancia si fuese previa al dictamen.

12
Proposición del medio de prueba pericial

Tabla de contenidos

1. Propuesta y admisión

En el peritaje, junto con la *pertinencia* y la *utilidad*, hay quien añade la *conveniencia* de hacerse con el dictamen. Pero la norma procesal vigente desmiente esa especie de criterio de adecuación judicial implícito para explicar la necesidad del medio de prueba pericial[118]. La regla no escrita cede, simplemente, a la general de lo pertinente y lo útil. Ante todo, el experto ha de ser *idóneo*, lo que en determinados casos precisa del *título oficial* (como con el médico o el psicólogo).

Es llamativo que la ley exija como condición del experto ese título oficial y al tiempo exponga la irrelevancia de cómo adquiere aquél el conocimiento especializado que le permite ser perito en el juicio civil. Acaso el texto no apunta a cualquier saber sino exclusivamente al *práctico* que, obvio es decirlo, no nace de una titulación oficial[119].

Cuestión muy distinta que para ejercer la profesión derivada del título sea necesario, en el seno de no pocas actividades públicas o privadas, la colegiación. Para el perito en el juicio, sin embargo, la colegiación no es obligatoria, por lo que peritar lo que fuera nunca equivale a la actividad profesional vinculada al intrusismo (por ejemplo ejercer la profesión sin colegiarse).

---

118. En línea con su afán crítico a favor de la libertad de prueba, Francisco RAMOS MÉNDEZ, *Enjuiciamiento...*, I, cit., págs. 788 y sig.

119. Asumiendo el carácter generalizado, por ejemplo, Francisco RAMOS MÉNDEZ, *Enjuiciamiento...*, I, cit., pág. 792.

Bajo los parámetros anteriores se producirá la *designación*, por regla nacida del interés de la parte procesal en el proceso civil dispositivo –a instancia del litigante–, y viable de oficio –por decisión del propio juez–, además, en los procesos no dispositivos.

La designación a instancia de parte se divide en genérica y nominativa. Para aquélla basta identificar al experto necesario, para ésta se indica la identidad del escogido, que implica o da por supuesto el conocimiento precisado. Cuando es genérica impone la petición al juez para hallar al sujeto en concreto, cuando es nominativa puede suponer tanto el nombramiento judicial del designado como la contratación extraprocesal y quehacer experto previos para incorporación a la demanda o a su contestación, donde la aceptación es privada y el nombramiento judicial implícito al admitir, con posterioridad, el medio de prueba pericial. En estos casos será la iniciativa probatoria de la parte litigante y el trámite procesal al que se somete el modo en que el órgano judicial accede a la información del experto, sin que éste tenga tipo alguno de obligación de comunicación sobre su trabajo. En caso que su propio peritaje, antes de la admisión como tal en el proceso, sufra obstáculos no sorteables privadamente, será a través del contratante, que se intentarán solucionar instando auxilio del órgano judicial; para el demandante, antes de serlo, mediante las diligencias preliminares.

La designación judicial a *instancia de parte* es la posible en cualquier tipo de proceso, mientras que el no dispositivo y como ya se adelantó añade la iniciativa judicial, la designación *de oficio*.

A la designación sigue el examen de *idoneidad* y *capacidad*, bajo un encaje con un objeto pericial propuesto que a su vez no adolezca de impertinencia ni de inutilidad. El segundo concepto atiende a los elementos personales característicos (edad, ejercicio de derechos civiles), pero también a un tipo de ajuste específico que no podrá examinar el juez de principio sino que dependerá del propio experto convocado: su decisión de aceptar o no el encargo por no verse capacitado por especialidad.

El siguiente paso es, por consiguiente, la *aceptación*, con la matización que la llamada como experto en el proceso judicial participa de la nota obligatoria característica del deber de colaboración con la Administración de justicia (artículo 17.1 LOPJ).

En contra, la laxitud o manga ancha en el campo de la excusa se aboga por considerar la pericia como "una colaboración voluntaria en materia de prueba"[120]. Esto sería

---

120. De nuevo Francisco RAMOS MÉNDEZ, *Enjuiciamiento...*, I, cit., pág. 812.

así cuando la excusa fuera libre, como mera decisión de aceptar o no aceptar el encargo, pero no ocurre de esa manera. No se está en el escenario extraprocesal donde el experto acepta o rechaza privadamente un trabajo propuesto en función de un contrato, con base única y exclusiva en la libre autonomía de la voluntad negocial. A pesar de no definirse la justicia de la misma debe alegarse y aceptarse como tal por el órgano judicial. Y ello no tiene nada que ver con haberse incluido en una lista, que es ciertamente un acto libre y voluntario, puesto que esa lista no es preceptiva ni limitativa a la búsqueda de un experto que precisamente no se encuentre en ella y su intervención sea igualmente reclamada.

De esta manera el campo de influencia del proceso en curso, y la citación del experto para que acuda una vez designado y verificada su idoneidad y capacidad pertinente y útil, no puede anticiparse al quehacer extraprocesal, privado, de quien antes de iniciarse procedimiento civil alguno contrata un experto para obtener un dictamen a incorporar –si lo considera relevante–, o el demandado antes de comparecer y contestar, personándose en el juicio civil como tal. En esos casos rige la norma privada del contrato, y el experto en cuestión aceptará o no el trabajo en función de su propia y libre autonomía de la voluntad. Es sin embargo restringido –al sistema de excusas– el régimen de aceptación del experto llamado al proceso en curso. Con todo, la contratación privada (extraprocesal) eventualmente orientada a un proceso judicial anticipa lo que en éste deviene imprescindible, un protocolo de juramento o promesa bien específico (artículo 335.2 LEC). El procesal se realiza en sede judicial.

La excusa puede ser de lo más variada, pues como en otros puntos de la ley (artículos 183.5 ó 292.3 LEC) no se define ni se ejemplifica orientativamente, al mencionar sin más que el perito puede aducir "justa causa" (342.2 LEC). Dentro de esa genérica noción cabría incluir la falta de suficiente especialización. Por ejemplo, si un psiquiatra o un psicólogo fuera llamado para peritar sobre una determinada dolencia o patología psíquica cumplirá con la idoneidad, que es la condición del perito según el artículo 340.1 LEC. Ahora bien, tal cosa no asegura un real conocimiento especializado sobre la específica materia relacionada con el litigio –esa concreta dolencia–, de la que puede haberse estudiado algo de pasada o nada durante la carrera universitaria con la que se obtiene el título oficial, habilitante por definición de la *idoneidad*. La capacidad general que el experto ostenta para investigar y ponerse al día del estado de su ciencia en el aspecto requerido dista mucho de la especialidad definitoria del experto en un proceso concreto. Y podría excusarse, precisamente, con este tipo de argumentación.

No será el juez quien valore la excusa como apta para esquivar el llamamiento, sino el letrado de la Administración de justicia. Cuestión aparte que la designación de oficio, o la que utiliza al médico-forense a través de la designación judicial a instancia de parte, muestra un segmento experto que realmente no lo es. Se trata del forense que no sabe psiquiatría o psicología sino superficialmente o por la práctica; y no es un peritaje por práctica sino por *ciencia* que requiere a un médico o a un psicólogo en el caso judicial.

2. Reglas de procedimiento

La abundante regulación normativa sobre los modos y tiempos de aportar el medio de prueba pericial puede considerarse perjudicial en tanto oscurece una materia a la postre sencilla. En todo caso ha funcionado como excusa –otra vez, como no– para criticar, con la socorrida tesis de la garantía constitucional de la prueba, que la legislación se orienta a la restricción del peritaje[121].

> Insiste esta doctrina de autores en que lo importante es el auxilio al juez necesitado de conocimiento especial y que las partes proponentes solo buscan su "confort". Esto infiere superar los límites de la iniciativa de parte ("debería estar siempre preparada una alfombra de seda para que la pericia fuese siempre un huésped bienvenido") y desoír el verdadero interés del litigante, que es defender su posición por encima de cualquier otra circunstancia, ni mucho menos velar por el bien del juez, lo que es perfectamente legítimo en el juego procesal.

El cauce fundamental se encuentra en la aportación del dictamen pericial, y toda la documentación y material anejo relacionado con él, junto con la demanda o la contestación (artículo 336 LEC). Obvia decir que, salvo premuras en razón de la caducidad o la prescripción de la acción civil ejercitable, quien quiera interponer una demanda dispondrá del tiempo que considere oportuno para prepararla, incluyendo lo necesario para obtener el dictamen. El demandado, en cambio, verá restringido el lapso de actuación concedido en la norma para contestar. Con todo, tanto actor como demandado pueden verse en dificultades temporales para aportar el dictamen, previendo la ley que lo *anuncien*, con delimitación del objeto pericial y el encargado de elaborarlo, en la demanda o en la contestación (artículo 337 LEC). Se considera que así se

---

121. Francisco RAMOS MÉNDEZ, *Enjuiciamiento...*, I, cit., pág. 805.

asegura la transparencia siempre exigible en relación con la buena fe y lealtad procesales.

De igual modo, si a través del contenido de la contestación se plantean cuestiones necesitadas del peritaje por parte del actor, podrá éste aportar desde entonces ese medio de prueba, al igual que si en el trámite de audiencia previa se efectúan alegaciones o pretensiones complementarias admitidas por el juez (artículo 338 LEC). En este último caso se aportará el dictamen cinco días antes del juicio. En los juicios verbales no hay tal trámite causante, porque no hay audiencia previa sino que todo se ventila en el mismo acto de juicio, por lo que si alegaciones equivalentes hacen necesaria la tarea pericial la interrupción del acto oral sería obligada, y habría que disponer de cinco días antes de la nueva fecha de señalamiento para cumplir con el trámite que busca la capacidad de preparación del litigante contrario.

Hasta aquí se plantea la regla sobre el actuar preprocesal en la búsqueda y obtención del peritaje y sus extensiones, mientras que la designación judicial, que elimina la actividad extraprocesal o por propia cuenta, implica como regla, igualmente, instar la designa por parte del juez –siempre en casos de justicia gratuita, de todos modos anticipable para el demandante– en el escrito de demanda o en el de contestación (artículo 336 LEC), a designar cinco días después. A continuación vuelven a plantearse extensiones justificadas en virtud de necesidades sobrevenidas: por deducirse su propuesta de la contestación (para el demandante), o de alegaciones y pretensiones ulteriores (para ambos), nombrándose en la audiencia; en el juicio verbal durante el desarrollo de la misma vista y con contenido equivalente a lo anterior, nombrándose también en ese momento.

El sorteo conforma la regla general, aunque subsidiaria al acuerdo entre partes sobre una designa pericial que, sin perjuicio de la ulterior imposición de costas, supondrá la satisfacción económica del experto por parte de los litigantes que pactaron su necesidad en juicio. El sorteo lo es sobre listas predefinidas de expertos, estableciendo un corte a partir del cual se escoge sucesivamente al llamado (artículo 341 LEC). Puede que no haya listas, normalmente procedentes de colegios profesionales o instituciones especializadas (universidades, sindicatos, asociaciones u otras entidades), por lo que la búsqueda de expertos sobre los que sortear propiciaría una operativa abierta. En el caso que sólo uno fuese localizado, su nombramiento judicial dependerá del consentir de las partes procesales. En especial cuando el experto no se incluya necesariamente en aquel tipo de listados, pero también cuando se ingresa voluntariamente en estos y así se asume la expectativa del llamamiento a juicio, no

141

existe un modo de selección basado en el conocimiento de las características del experto; más allá de las genéricas relacionadas con el título oficial, sin más. La designa de parte evita todo esto no porque blinde la especialidad sino porque asegura la aceptación del proponente que la da por buena, mientras que el trámite de aceptación o excusa debiera depurar la capacidad específica, más allá del título oficial que, en su caso, se exige genéricamente para participar en el sorteo.

En cinco días se comunicará con el elegido, que tendrá otros cinco días para manifestarse sobre su aceptación o excusa frente al encargo y la colaboración con la Administración de justicia que ello supone.

A diferencia del demandado, sometido a un plazo de veinte o diez días hábiles para presentar su escrito y con éste eventuales dictámenes que puedan ayudar en la acreditación de lo que se afirma y alega, el demandante no tiene suerte alguna de limitación temporal, salvo precisamente en razón de la prescripción o caducidad de la acción que quiera ejercitar, lo que le permite anunciar el dictamen en vez de presentarlo junto con la demanda. Sin embargo, la norma indica que podrá hacerlo siempre que justifique que no pudo demorar la presentación de la demanda, admitiendo con ello causas distintas a la caducidad o prescripción que perjudicarían radicalmente el derecho procesal en presencia. Un ejemplo práctico puede estar en el anuncio de aportación de un peritaje extraprocesal acompañado de la necesidad del examen de cosa, lugar o persona cuya obtención previa haya sido imposible. Es característica en el peritaje la obtención de la historia clínica, base documental informativa a menudo imprescindible para el experto.

Aunque la presencia del perito en el juicio o la vista oral deberá solicitarse de antemano, es evidente que todo se encuentra causalmente condicionado. Primero dependerá de que se admita el medio de prueba en orden a un extremo controvertido y, después, en virtud del objeto del debate, que se considere necesaria la dicha presencia (artículo 338 LEC). Aquí sí que puede hablarse de la *conveniencia*, por cuanto las partes, y el juez por su propia decisión, no tienen ninguna obligación de recabar verbalmente del experto lo que por escrito ya tuvo ocasión de exponer. En todo caso, el legislador ha considerado oportuno enumerar los motivos que permiten proponer la presencia del perito en juicio, después de un planteamiento genérico sobre ella.

El acto de ratificar es uno de los motivos, aunque debiera ser eliminado para ante el juicio oral, en el bien entendido que, limitado a la designación judicial por ministerio de la ley procesal, puede llevarse a cabo de anticipado, por ejemplo al entregar el dictamen y sus copias. Con tal tipo de asistencia personal se pierde la economía del acto plenario, y la del propio experto que convocado a la hora del inicio de la vista deberá esperar hasta que acabe toda la práctica probatoria para entrar a "ratificar". De hecho, resulta paradójico que tal exigencia se vierta sobre el experto judicialmente nombrado en acto formal, donde su entidad –y misma existencia– no puede ponerse en entredicho, la exigencia de confirmar que el dictamen presentado es el suyo. No se requiere del perito designado por la parte al que muy probablemente nadie haya visto jamás –más allá del propio letrado que lo contrató para su cliente–. En todo caso, establecida la distinción por parte del legislador, sin la exigida ratificación se incumple la formalidad requerida y, en sentido propio, no habría "peritaje" alguno para valorarlo en informes orales o por el juez en sentencia. Este motivo es el único restringido a un tipo de perito, siendo los siguientes útiles para cualquiera.

Para algunos autores no hace falta ratificar el dictamen pericial del designado judicial[122], para otros hace falta la ratificación, también, del perito que emitió un dictamen contratado extraprocesalmente. Sin embargo, se ha entendido lo contrario en ambos casos. El perito controlado desde un principio por el órgano judicial que lo nombra y toma juramento y promesa debe ratificar su trabajo también en sede judicial, mientras que siquiera pueda el juez llegar a ver jamás al contratado por la parte en modo preprocesal. Esa y no otra es la realidad jurídica vigente. Acaso la razón de fondo se encuentra en la inercia, relacionada con el antecedente histórico del documento y la documentación y su autor llamado como testigo vinculado al informe experto contratado extrajudicialmente[123].

La presencia del experto en el juicio plenario puede encontrarse en explicar o exponer el trabajo realizado, pero aunque en la práctica quepa utilizar una u otra opciones para asegurarse la presencia del perito en ese juicio, sobre todo de encontrar algún obstáculo desde la perspectiva judicial (por ejemplo si se deniega la asistencia para ratificar del perito que no es judicialmente designado), no basta ni lo uno ni lo otro.

La *exposición,* que debe ser completa, implica necesariamente "la realización de otras operaciones". Con ello se complementará el dictamen, y lo se-

---

122. Francisco RAMOS MÉNDEZ, *Enjuiciamiento...,* I, cit., pág. 814. El autor entiende que la ratificación formularia, como "una expresión de la nada procesal", se ha superado, bastando la disponibilidad del experto en el juicio.

123. La Jurisprudencia civil explicó que no era peritaje, antes de la actual LEC 1/2000, la contratación extrajudicial de un experto que permitía presentar su trabajo y su intervención en el juicio civil ulterior, al encontrarse todo ello fuera del marco procedimental de la prueba pericial; cfr. STS 246/2003, 14-III (Roj 1749).

rá a partir de documentos, materiales y otros elementos señalados en el artículo 336.2 LEC como "adecuados para exponer el parecer del perito sobre lo que haya sido objeto de la pericia". Vista la exposición como una operación no realizada, de no necesitar otras operaciones simplemente ya no procedería admitir el motivo.

En cuanto a la *explicación*, que en este caso puede ser total o de un punto en concreto del dictamen, se requiere solamente si el significado no se "considerase suficientemente expresivo a efectos de prueba". En fin, se trata de un tipo de ampliación, la que refiere al modo de comunicar el contenido del dictamen para mejorar su utilidad probatoria. Sin ese componente no bastaría la mera petición de explicarlo.

En tercer lugar se alude a las preguntas y objeciones que busquen respuestas sobre cualquier cuestión contenida en el dictamen –ejemplificando "método, premisas, conclusiones"–, por lo que debiera exigirse la concreción de las preguntas y objeciones singulares que se desean plantear, en vez de ocultarlas para conseguir una especie de efecto súbito o imprevisto que acaso simplemente impida la respuesta más completa y ajustada. Va de nuevo, el perito es auxiliar del juez, su imparcialidad debe considerarse inevitable –y en todo caso la objetividad para quien no está sujeto a la abstención/recusación–, por lo que no puede tratársele en modo hostil ni mantenerlo expectante hasta el último minuto. En todo caso, estas situaciones permiten tanto ampliar como corregir sobre lo dictaminado.

Las tres primeras opciones no dejan de suponer posibles complementos o incrementos del trabajo pericial expuesto en el dictamen escrito emitido, mientras que la cuarta es propiamente la ampliación, dirigida a aspectos conexos al objeto pericial, que una vez más deben ser explícitamente planteados por el proponente para que el juez pueda valorar su utilidad y su pertinencia. De hecho, la redacción podría resultar confusa, en tanto que por un lado se alude a la ampliación sobre extremos que pueda realizarse en el mismo acto (del juicio), lo que parece esquivar el anticipo para que el perito pueda ir preparado (y con la ampliación hecha), afrontándola en ese mismo momento, como planteado de súbito. Por otra parte, se indica "en cualquier caso" que tal ampliación debe serlo "a efectos" de que el perito ofrezca su parecer sobre posibilidad, utilidad y plazo de la ampliación, extremo que en buena lógica implica postergar la ampliación en sí, en vez de anticiparla, a un momento ulterior; pues en la vista simplemente indicaría si es posible y útil ampliar (utilidad no procesal sino sustancial en el terreno de su propia pericia) y cuál sería el lapso temporal en que ello sería posible. Cabría, con todo, que ese tiempo fuese inexistente, que de inmediato pudiera hacerse, esto es, en el mismo acto plenario, lo que siempre es más sencillo si se adelanta el objeto de la ampliación junto con el llamamiento al experto, lo que en el juicio ordinario será al celebrarse la audiencia previa y en el juicio verbal si se justifica ese objetivo para la citación al mismo.

Cualquiera de las ampliaciones o rectificaciones no debieran provenir del juez, salvo en procesos no dispositivos. Ello no obstante, las preguntas de mera aclaración por parte del personal jurisdiccional pueden propiciar cambios en el criterio experto o en el modo de exponer y explicar su trabajo.

Precisamente, el juez puede decidir que acuda el experto al juicio o a la vista para obtener explicaciones, aunque ninguna parte lo considerase necesario, bien por no tener dudas o carencia alguna, bien por resultarle perjudicial incluso el riesgo de un interrogatorio orientado a rebatir pero que acabe por reforzar el trabajo del experto. El artículo 338.2 II LEC parece orientar esa potestad judicial en el marco de un peritaje introducido por la vía de las alegaciones complementarias o la respuesta actora a la contestación, pero el juez no conoce límites ante la incomprensión de cualquier dictamen pericial.

Los dos últimos motivos justificativos de la presencia del perito en el juicio oral son la tacha y la contradicción del experto propuesto por el litigante contrario. En el primer caso se trata de utilizar la vista plenaria para formular tachas (Tema 13, epígrafe 3), activando de ese modo el trámite ya expuesto sobre este particular que, por definición, sólo se aplica a los peritos designados directamente por la parte. En el segundo supuesto se observa la búsqueda de una crítica directa de un experto a través del otro: sobre el dictamen aportado por la parte contraria a aquella que propuso al llamado. No se trata de un "contra-peritaje", por mucho que dos dictámenes sobre un mismo objeto pericial puedan ser contradictorios entre sí y así útiles para la controversia, de modo que la crítica del otro comparta la defensa del propio. Si bien con este motivo se observa la esencia de la tendencia más lógica de la práctica pericial –criticar el peritaje que perjudica a la propia posición–, en casi todo lo demás –fundamentalmente respecto de preguntas y objeciones– tal perspectiva puede conseguirse instando la presencia del perito propuesto por la parte contraria, no la del propio, a fin de poder interrogarle y ponerlo en dificultades, propiciando un demérito para con la valoración judicial al cabo resultante. En la práctica, lamentablemente, es la propia proponente de un perito la que lo solicita para que explique, exponga o responda, de ahí que lo que hace realmente es permitir que el litigante contrario –que habitualmente hará lo mismo– disponga del momento para contradecir, que es de lo que se trata.

No hay inconvenientes en el funcionamiento de la adquisición procesal, cuando quien insta la presencia del experto no es quien lo propuso. Si no media la renuncia del otro para que pueda hacerse tal cosa, es claro que el precepto no distingue entre peritos, en función de quién los propuso o no los propuso, lo que una vez más puede ligarse a la tarea auxiliadora del experto, por mucho que la renuncia se mantenga, hasta el inicio de la vista misma, como dominio sobre el medio de prueba, pues es ésta una naturaleza jurídico-procesal civil que igualmente confluye junto con la noción de auxilio.

Las partes pueden presenciar la realización del trabajo pericial, más bien con cierto grado de intervención si no estorban al experto o impiden su trabajo (artículo 345 LEC). De hecho, siempre que no perturben o perjudiquen, la presencia de terceros se justifica no en el mero observar sino en obrar mejoras, siendo su intervención positiva en tales casos. Ejemplos se encuentran en el inquilino que explica el origen de un daño –o que afirma ser el origen de–, ante lo cual el perito puede así examinar para descartar o confirmar, facilitando su trabajo y abriendo perspectivas insospechadas.

La entrega del dictamen emitido por el designado judicial lo es ante el órgano judicial, directamente (artículo 346 LEC). El incumplimiento del plazo de entrega puede implicar sanciones contra el experto pero no perjuicio de ninguna clase a la parte proponente del peritaje. Cuestión otra que la demora se transforme en falta definitiva de entrega, por cuanto entonces carecerá la parte del medio de prueba admitido, permitiendo un aplazamiento o la suspensión del juicio. En ese caso podía plantearse, pero solamente para el juicio ordinario, la práctica pericial a través de una *diligencia final*, incluso con otro perito.

13

Régimen de responsabilidades en la actuación pericial. Deberes y obligaciones. Derecho penal

1. Introducción

El control deontológico del experto llamado como perito sólo puede tener lugar en los márgenes profesionales del colegiado, por lo que si se superase la lógica del trabajo liberal que lo permite en el seno de un proceso jurisdiccional, sería necesario algo que no es imprescindible para el perito, la colegiación profesional.

La disciplina procesal sobre el experto cursa como contra cualquier otro interviniente en el juicio, bajo el dominio único del personal jurisdiccional que dirige los actos procesales. La multa procesal es el mecanismo sancionatorio en manos del juez, director del juicio, aunque determinados criterios de comodidad han conducido al apartamiento de la vía impugnativa vinculada a esa naturaleza sancionadora, transformándose aquello que es de naturaleza procesal civil a la propia de lo administrativo, a través de un proceder equiparado al privilegiado del abogado y procurador, según la legislación orgánica procesal.

Tanto bajo el criterio del Pleno del Consejo General del Poder Judicial[124] como según el desplegado por la Jurisprudencia administrativa[125], la competencia sobre multas a testigos o peritos por incomparecencia en el proceso penal (artículos 420 y 661 LECr)[126] es procesal, no gubernativa. No obstante, tras diversas resoluciones

---

124. Acuerdo del Pleno del CGPJ de 29-VII-1997.

125. Recurso 603/1997 resuelto en STS 19-XI-1999 de la Sala III (Roj 7334).

126. Nada ha de cambiar en el resto de órdenes jurisdiccionales. A favor de la equiparación del privilegio de abogado y procurador al de cualquier testigo y perito, v., por todos, Joan PICÓ JUNOY, *El principio*

dictadas bajo la contradicción del recurso de reforma y apelación, la inadmisión competencial de la impugnación devolutiva por parte de la Audiencia Provincial de Barcelona[127] derivó la cuestión a la Sala de Gobierno del Tribunal Superior de Justicia catalán, que por Acuerdo núm. 16 tomado el 21 de mayo de 2013 (ponente Sebastián Moralo Gallego) asumió e impuso tácitamente (esto es, inmotivadamente) su competencia gubernativa para resolver en alzada la impugnación contra sanciones procesales impuestas en el reseñado ámbito. Y ello a pesar de que la controversia sobre la cuestión competencial era obvia y habría merecido un mínimo razonamiento explícito, en vez de soslayarlo, absurdamente, por la simple situación procesal en la que ya se encontraba el trámite. El carácter gubernativo asociado a un régimen disciplinario resulta harto extraño, justamente, para quien no se somete a la disciplina profesional en el seno judicial, como por ejemplo un ciudadano cualquiera llamado como testigo. La multa procesal para todo trámite, jurisdicción u órgano judicial, de ese modo, impone control judicial del más alto nivel, pues la decisión de la Sala de Gobierno es recurrible al Pleno del CGPJ y la de éste a la Sala III del TS. Lo peor es que se impone la disciplina gubernativa unidireccional del privilegio, la que rige para el abogado o el procurador, que son las únicas partes del trámite. Y mientras el perjudicado por la falta cometida por estos puede derivar la cuestión al ámbito deontológico o incluso a la responsabilidad civil profesional, esto no es posible para quien se ve perjudicado por la demora o la ausencia de un testigo o perito. Dependiendo además, en exclusiva, de que el juez o magistrado abra la vía disciplinaria, lo que tampoco acostumbra a ocurrir, a pesar del carácter preceptivo del postulado.

La responsabilidad civil se vincula a la reclamación del damnificado contra el perito causante del daño y perjuicio nacidos de su actuación procesal, mientras que la penal forma parte del conocimiento preceptivo, para cualquier experto que accede al cargo pericial, de aquellos delitos que como perito puede cometer.

Los deberes y obligaciones del perito pueden asentarse en su profesión, proyectados en cada momento que la ejerciten, pero también en la regla general de colaboración con la Administración del Estado. En efecto, el artículo 17.1 LOPJ establece que "[t]odas las personas y entidades públicas y privadas están obligadas a prestar, en la forma que la ley establezca, la colaboración

---

de la buena fe procesal, Bosch, Barcelona, 2013. En contra de esta unificación de lo divergente, por ejemplo, Ricardo YÁÑEZ VELASCO, "Suspensión del juicio y medidas sancionadoras de naturaleza procesal", *Revista de Derecho y Proceso Penal Aranzadi,* núm. 31, mayo-agosto 2013, págs. 75 y sigs.; del mismo, "El olvido, una excusa autorreferencial prácticamente indestructible", *Diario La Ley,* núm. 8.601, septiembre 2015, págs. 10 y sigs., ambos trabajos en mis *Estudios...,* cit., t. III, vol. 1, págs. 423 y sigs. y 511 y sigs.

127. AAP, Sec. 22ª, núm. 151/2013, 19 de marzo de 2013, rollo 84/2013, ponente Juli Solaz Ponsirenas: porque el testigo sancionado, el recurrente, no es parte procesal.

requerida por los Jueces y Tribunales en el curso del proceso y en la ejecución de lo resuelto…".

Añadiendo el precepto "con las excepciones que establezcan la Constitución y las leyes, y sin perjuicio del resarcimiento de los gastos y del abono de las remuneraciones debidas que procedan conforme a la ley".

El particular permite, por ejemplo, explicar a quien es llamado como figurante para formar una rueda de reconocimiento que existe obligación de colaborar a ello. Sin embargo, cuando como en esa concreta situación pueden generarse consecuencias negativas para el requerido de colaboración, resulta más que conveniente advertirlas con claridad meridiana. Imagínese que el llamado como figurante fuese identificado por el testigo como el autor del ilícito investigado, y aun tratándose de un error no disponga de coartada para el momento de los hechos. Difícilmente se girará la instrucción contra él en la práctica, por lo que acaso resulte más perjudicial negarse alegando el riesgo, en el sentido de dirigir sospechas contra uno mismo[128]. Ni que decir tiene que no existen compensaciones por tal tipo de colaboración ("gastos" y "remuneraciones"), habiendo llegado incluso a generar incidentes que acabaron en la detención policial del sujeto que rechazó participar como figurante.

2. Conducta procesal

El experto debe acudir personalmente a los llamamientos judiciales que se le dirijan, siendo el primero de ellos aquél en el que opera como mero candidato a ser perito, por haber sido designado judicialmente para ese cargo. En este sentido, aunque existiera derecho a la excusa para evitar ser nombrado, ha de acudir a manifestarla. La excepción tiene lugar si la excusa conforma, precisamente, concausa impeditiva para acudir a alegarla formalmente (por ejemplo la hospitalización del sujeto). En ese momento podrá ser cualquier otro su medio de comunicación viable, documental o al través de terceras personas.

Una vez nombrado perito habrá de cumplir con la fecha de entrega límite de principio establecida –si bien en la práctica de tribunales no es infrecuente la omisión de tal tipo de dato–, que en buena lógica se orienta a que las partes dispongan de las copias necesarias del dictamen –a distribuir por la oficina judicial– con tiempo suficiente para preparar el acto plenario.

Con la anterior legislación se llevaba a efecto una mala praxis que intentó perdurar tras la reforma de 2000, cual es asegurarse el cobro del visado del colegio de arqui-

---

128. El particular resulta especialmente llamativo para con sujetos detenidos a disposición del juzgado (abundantes en las grandes ciudades) o presos en centros penitenciarios.

tectos, condición para retirar del mismo colegio profesional el dictamen en éste depositado, esquivando la obligación de entregar el trabajo en el propio órgano judicial, como realmente procedía.

Los medios electrónicos permiten que el fedatario público comunique con las partes en orden a la necesidad de presencia física del perito en el juicio oral, según lo prevenido en el artículo 347 LEC, si bien procederá cursar la oportuna citación judicial para convocar al experto a juicio. Acudir a las citaciones deviene así ulterior obligación procesal bajo sanción de multa de ciento ochenta a seiscientos euros (artículo 292.1 LEC), siempre previa audiencia de cinco días a fin de que el perito pueda razonar alguna causa de justificación en la incomparecencia. Del mismo modo, todo testigo y perito tiene derecho a que se le comunique la suspensión anticipada, evitando que acuda en balde a una vista o juicio suspendido. La ausencia de tal comunicación efectiva pudiera suponer un coste económico a favor del interesado, que en buena lógica debiera correr a cargo de la Administración de justicia, nunca de las partes proponentes, en principio llamadas a pagar ese tipo de coste (artículo 375.1 LEC). En este sentido, conviene subrayar la especial relevancia del vínculo auxiliador del juez para con cualquier tipo de perito, en orden a descartar informaciones ajenas a la oficina judicial sobre la suspensión de la vista o la cancelación de la citación. Es lo cierto que si una parte procesal no insta la citación judicial de un testigo, comprometiéndose a aportarlo por sí mismo, la relación directa entre el proponente y quien él mismo ha de aportar al acto de enjuiciamiento permite que cuando el primero descarta la práctica del testigo propuesto y admitido –lo renunciará en el juicio o en la vista– y nunca citado, del mismo modo que no procederá desde el Juzgado advertir al testigo que no acuda –lo que se limita a los efectivamente citados– bastará que la parte avise directamente a ese testigo. Esto no puede funcionar con los testigos judicialmente citados ni, por supuesto, con cualquier clase de perito, salvo en el supuesto excepcional, sin embargo, que la propia parte también se haya comprometido a su aportación y no cursase ninguna citación judicial. Fuera de esta excepción, si el perito (o el testigo) desoyen la citación por una indicación de una parte, no pueden escudarse en ello para eludir la sanción procedente por incomparecencia. En todo caso, procedería corroborar directamente con el Juzgado sobre el particular para evitar acudir para nada, si es que la oficina judicial olvidó avisarlo (como es lo debido).

Desde una perspectiva de actuación intrínseca importa destacar que la conducta procesal de cualquier perito ha de respetar los tres principios esenciales de actuación, la imparcialidad, la objetividad y la corrección, todo lo cual puede operar incluso antes de la admisión del peritaje como medio de prueba, con la demanda o con la contestación, o después de ello pero antes de una concreta propuesta probatoria. A su vez y del mismo modo, procede imponer el conocimiento de los delitos que como perito pudiera cometer, y cubrir las formalidades en la confección del dictamen pericial, singularmente la mención sobre el juramento y promesa y su contenido formal.

En el obligado quehacer de actuación pericial propia es igualmente conducta procesal intrínseca advertir al sujeto de peritación –o a las partes que habrían de mostrar la cosa a peritar como titulares dominicales o poseedores de la misma o quienes habrían de franquear el paso al lugar de peritación– de cuál es el sentido y alcance de lo que hará el perito respecto de la persona, cosa o lugar llamados a peritar.

Desde la óptica extrínseca el perito puede ser sometido al interrogatorio libre de las partes, donde se refleja abiertamente la contradicción del medio de prueba entre litigantes, pudiendo intervenir igualmente el sujeto destinatario último del peritaje, el juez, establecido aquél como medio de auxilio al mismo. Ante todo importa que cada parte analice el trabajo experto configurado a instancia del contrario, pues requerir la presencia del propuesto como propio, aunque pudiera servir para reafirmar el trabajo experto por la solvencia verbalizada del experto, incluso por su propia imagen asume el riesgo del ataque de quien defiende intereses contrarios al resultado pericial pretendido.

3. Responsabilidad penal

Una de las obligaciones genéricas imprescindibles de todo perito como punto de partida de su actuación es la de manifestar (y hacer constar) el conocimiento de los delitos y penas vinculados al cargo ("conoce las sanciones penales"; artículo 335.2 LEC). Debe sin embargo señalarse que, en la práctica, y como ocurre con los testigos que juran o prometen en falso, resulta harto difícil encontrar fallos penales condenatorios contra peritos en el proceso civil.

3.1. Falsedad

El perito que en su intervención en causa judicial faltare a la verdad, será castigado con las penas de prisión de un año y tres meses a dos años y multa de cuatro meses y quince días a seis meses. El artículo 459 CP describe la tipicidad delictiva sobre el texto del artículo 458 CP que en esencia acaba de referirse, si bien vuelve a prescribirse en el sentido de faltar "a la verdad maliciosamente en su dictamen" –aludiendo al intérprete en relación a su "traducción"–, añadiendo a la ya aludida pena de prisión la de inhabilitación especial para profesión u oficio, empleo o cargo público, por tiempo de seis a doce años. La misma conducta se extiende a procedimientos ante tribunales extranjeros según normativa internacional ratificada en España, bien lo sea en trámites de comisión rogatoria internacional (en territorio nacional) o en la sede internacional que fuese (en el extranjero)[129].

> El testigo en causa criminal incrementa la penalidad, más aún si recae sentencia de condena (artículo 458.2 CP), lo que correlativamente tiene lugar con el perito actuante en ese orden jurisdiccional (con penas más elevadas que el testigo dada la cualidad pericial), cuestión ajena al temario que ahora ocupa.

Del mismo modo que ocurre para los testigos e intérpretes, se encuentra tipificada una conducta atenuada de la falsedad del experto en el juicio: "sin faltar sustancialmente a la verdad, la alterare con reticencias, inexactitudes o silenciando hechos o datos relevantes que le fueran conocidos" (artículo 460 CP). Otra cosa que, a la hora de la verdad, los órganos judiciales desprecien el texto legal y supriman la aplicación en la práctica del subtipo atenuado y conviertan en tarea casi imposible la condena por el injusto principal.

> Por ejemplo, admitiendo expresamente "la declaració «molt reticent» de la testimoni/víctima" [la declaración muy reticente de la testigo/víctima], se revoca la deducción de testimonio por presunta falsedad de quien declaró con *reticencias*[130], lo que dicho sea no debiera introducirse como objeto del recurso, al tratarse de una decisión separable del fallo aunque pueda utilizarse la sentencia para ventilarla, de oficio o a instancia de parte, sin olvidar la necesidad de firmeza de aquélla.

La sanción penal será una multa de seis a doce meses, pero se añade la suspensión de empleo o cargo público, profesión u oficio, de seis meses a tres

---

129. María del Mar CARRASCO ANDRINO, "La falsedad en el dictamen pericial o en la traducción del intérprete en causa judicial", *Cuadernos de Política criminal,* núm. 110, septiembre 2013, págs. 5 y sigs., Eva María DOMÍNGUEZ IZQUIERDO, "El falso peritaje médico en causa judicial", en *Estudios jurídicos sobre responsabilidad penal, civil y administrativa del médico y otros agentes sanitarios* (Lorenzo Morenillas Cueva dir.), Dykinson, Madrid, 2010, págs. 395 y sigs.

130. V. SAP Barcelona, Secc. 22ª, núm .971/2019, de 11 de diciembre (rollo 236), ponente María Josep Feliu Morell, con Juli Solaz Ponsideras y Patricia Madero Martínez.

años, tras la indicación "en su caso" que, inevitablemente, exige la anudación a la declaración del testigo cualificado por ese empleo, cargo, profesión u oficio; o del intérprete y del perito por la propia función traductora o pericial, respectivamente, que igualmente puede suponer un empleo o cargo público y una profesión, no tanto un oficio.

Limitado al testigo, opera la exención de toda responsabilidad criminal cuando, tras prestar falso testimonio, se retracte "en tiempo y forma manifestando la verdad para que surta efecto antes de que se dicte sentencia en el proceso de que se trate" (artículo 462 CP). Una vez más se introduce la jurisdicción criminal al referir consecuencias relativas a la privación de libertad (con imposición de sanción penal, aunque reducida). Como regla general, por consiguiente, se excluyen las jurisdicciones civil, mercantil o laboral. La excepción, acaso, cuando pudieran tener lugar privaciones de libertad no penales, cautelares o definitivas, por ejemplo en el ámbito de los procesos no dispositivos de adopción de medidas de apoyo al discapaz o de internamiento forzoso, dado que el precepto penal no matiza, en realidad, que la privación de libertad lo sea por decisión judicial penal.

3.2. Desobediencia

Establece el artículo 556.1 CP que quienes se resistan o desobedezcan gravemente a la autoridad en el ejercicio de sus funciones (por ejemplo la judicial en un proceso civil), serán castigados con la pena de tres meses a un año de prisión o multa de seis a dieciocho meses de multa. De este modo, el perito que no acuda al llamamiento, no cumpla con la presentación del dictamen pericial en plazo o rechace contestar en la vista oral a determinados extremos, una vez superada la disciplina procesal que ejercita el juez como director formal del procedimiento, se elevará a la advertencia de delito[131].

Como delito leve, bajo penas de uno a tres meses de multa, se castiga a quienes faltaren al respeto y consideración debida a la autoridad, en el ejercicio de sus funciones (artículo 556.2 CP). De nuevo debería superarse, en primer lugar, la disciplina procesal característica del quehacer de dirección del

---

131. Sobre este injusto v., en general, Carmen JUANATEY DORADO, *El delito de desobediencia a la autoridad,* Tirant lo Blanch, Valencia, 1997, Nicomedes RODRÍGUEZ GUTIÉRREZ, *Atentado, resistencia y desobediencia a la autoridad y sus funcionarios*, Tesis doctoral, Universidad de Sevilla, 2017, David COLOMER BEA,"La tutela penal de las funciones públicas y os delitos de desobediencia", *Revista General de Derecho Penal,* núm. 35, 2021.

juez en la sala de vistas, si bien en este caso puede acudirse directamente al delito, sin pasar por advertencias o, simplemente, el inicial peldaño de la multa procesal.

3.3. Otros delitos

Hasta aquí se han repasado los injustos penales más propicios para cualquier perito en cualquier procedimiento judicial, mientras que otros expertos en el proceso deben ser llamados a un trabajo pericial más específico para estar en disposición de cometer otro tipo de ilícitos. La referencia al experto en el Código penal es aplicable a cualquier clase de perito en el juicio, pero en la práctica, mucho más excepcional para la acotación de la *expertise* requerida, se abordan los delitos de alteración de la valoración pública profesional y de cohecho.

El artículo 439 CP puede aplicarse al perito que como funcionario público y debiendo intervenir "por razón de su cargo en cualquier clase de contrato, asunto, operación o actividad, aproveche tal circunstancia para forzar o facilitarse cualquier forma de participación, directa o por persona interpuesta, en tales negocios o actuaciones", si bien se alude directamente al "perito", agrupado con "árbitros y contadores partidores" y otros intervinientes, en el artículo 440 CP, en quien hace lo mismo y en relación con "bienes o cosas en cuya tasación [partición o adjudicación] hubieran intervenido". En el primer delito la sanción es prisión de seis meses a dos años, multa de doce a veinticuatro meses e inhabilitación especial para empleo o cargo público y para el ejercicio del derecho de sufragio pasivo por tiempo de dos a siete años. Con el segundo injusto se acude a la pena de multa de doce a veinticuatro meses e inhabilitación especial para empleo o cargo público, profesión u oficio por tiempo de tres a seis años. En principio pudiera pensarse que el término "perito" aglutina, por su especialidad, a los peritos que fueran funcionarios públicos. No obstante, del segundo injusto se prescinde cuando otro precepto del Código penal sancione la misma conducta con mayor pena, como precisamente ocurre en el precepto anterior. De ahí que concurriendo perito y funcionario público en la misma persona y función desempeñadas, por gravedad penológica se estará al artículo 439 CP.

En los casos que el perito, aunque no fuera funcionario público porque no tuviese que serlo (por remisión del artículo 423 CP), en propio provecho o de tercero recibiera por sí o a través de un intermediario "dádiva, favor o retribución de cualquier clase", bastando "ofrecimiento o promesa para realizar en el ejercicio de su cargo un acto contrario a los deberes inherentes al mismo o para no realizar o retrasar injustificadamente el que debiera practicar", la pena será de prisión de tres a seis años, multa de doce a veinticuatro meses e inhabilitación especial para empleo o cargo público y para el ejercicio del derecho de sufragio pasivo por tiempo de nueve a doce años (artículo 419 CP). Y aparte se castigará, si constituye delito, el "acto realizado, omitido o retrasado en razón de la retribución o promesa".

Añadiendo a la recepción la propia solicitud del funcionario público o un perito que no lo fuera (por la vía del antecitado artículo 423 CP), en iguales circunstancias, por realizar un acto propio del cargo, se aplicarán penas de dos a cuatro años de prisión, multa de doce a veinticuatro meses e inhabilitación especial para empleo o cargo público y para el ejercicio del derecho de sufragio pasivo por tiempo de cinco a nueve años (artículo 420 CP). Y las mismas penas señaladas en los dos preceptos antecitados serán de aplicación cuando ese funcionario público (también el perito que no lo sea) reciba o solicite "como recompensa por la conducta descrita" (artículo 421 CP). Incluso si el premio se admitiera, bajo iguales parámetros "en consideración a su cargo o función", será castigado con penas de seis meses a un año de prisión y suspensión de empleo y cargo público de uno a tres años (artículo 422 CP).

4. Responsabilidad civil

El perito no actúa como un profesional liberal si el trabajo observa un mayor peso de lo público, el componente procesal propio del auxilio judicial característico de su función. Y ello ocurre incluso cuando media, justamente, y en etapa preprocesal, una contratación privada del experto. Acaso pudiera distinguirse la responsabilidad civil de cualquier profesión liberal hasta ese instante en el que su posición es formalmente admitida como medio de prueba auxiliador en el proceso civil. Pero esta especie de conversión a lo público no impide que, al margen de las responsabilidades de índole procesal, en el ámbito de la imparcialidad para el perito designado judicialmente con obligación de abstenerse (eventualmente incumplida), o penal, asociadas a la infracción del deber de objetividad, la responsabilidad civil encuentra hueco en el quebranto de la corrección (incumplir con la *lex artis ad hoc*), sobre todo aislada de lo anterior y obviamente desarrollada (incorrectamente) en el curso de un proceso en el que se generan consecuencias para los litigantes, que pudieran ser perjudiciales en función de la falta de corrección y que no lo habrían sido con ésta.

En un juicio civil contra quien en otro litigio hubiera sido perito, que persiga la indemnización por daños y perjuicios, en protección del honor y/o perjuicios morales, habrá que demostrar el *daño* y el *nexo* del mismo con la conducta activa u omisiva (por definición anudada a una atribución de autoría) que sea su *causa*. Y probablemente se dispondrá de uno o varios peritos que analicen el trabajo de ese experto demandado en ese otro proceso, siendo su objeto pericial la corrección o incorrección de lo hecho por aquél.

14

En especial, el deber de confidencialidad

Tabla de contenidos

1. Reglas formales en presencia: publicidad

El principio de publicidad en el proceso alcanza el rango constitucional fundamental con el artículo 120.1 CE, traducido como "audiencia pública" exigida para toda prueba, vista o comparecencia en la que deba oírse a las partes –y a testigos y a peritos, aunque no se explicite– antes de resolver (artículo 138.1 LEC).

Se trata de una regla de publicidad *externa*, para cualquiera –el público en general, incluyendo a la prensa–, al contrastar con la publicidad *interna*, para las partes litigantes en exclusiva –y sus abogados y procuradores, así como quienes participan como medios de prueba–, restringida únicamente la primera mediante decisión judicial de *puerta cerrada*. Efectivamente, los apartados 2 y 3 del artículo 138 LEC establecen que previa audiencia de las partes personadas al acto oral, sea el juez, por auto, sea el letrado de la Administración de justicia, por decreto, resolverá motivadamente la limitación de publicidad en función de una necesidad: "para la protección del orden público o de la seguridad nacional en una sociedad democrática, o cuando los intereses de los menores o la protección de la vida privada de las partes y de otros derechos y libertades lo exijan o, en fin, en la medida en la que el tribunal lo considere estrictamente necesario, cuando por la concurrencia de circunstancias especiales la publicidad pudiera perjudicar a los intereses de la justicia". La decisión del primero puede protestarse a fin de discutir la cuestión, en su caso, en trámite de apelación; la del segundo permite el recurso de reposición ante el propio letrado de la Administración de justicia.

La diferencia entre el testigo y el perito se encuentra en el conocimiento presencial de los hechos por el primero, no en cambio por el segundo, fungible a diferencia de aquél, al menos no antes de actuar como tal y por vías indirectas. La situación preprocesal separa con nitidez una figura de la otra, y bien puede constituir la base que permite introducir el secreto profesional en el testigo y para ante el juez, y por extensión en beneficio de los abogados intervinientes en defensa de los litigantes, pero nunca en el perito. Ahora bien, debe reconocerse la generalizada corruptela de la práctica jurisdiccional, en la que operan mezclas entre auténticos testigos llamados como peritos donde la tacha no excluye su utilización, o sobre todo cuando intervienen testigos que realmente se manejan como peritos. La cualidad del *testigo-perito* no resuelve ni ampara la cuestión en tanto tal figura exige, ante todo, el dato de conocimiento presencial típico del testimonio, que muy a menudo desaparece por completo con ese testigo-perito convertido en mera artimaña procesal.

2. Deber de confidencialidad procesal

La lógica que se explica con el motivo único y exclusivo del conocimiento, en una tarea propia de un experto llamado por la tal cualidad, permite justificar que aquello que obtenga en función del proceso jurisdiccional debe quedar circunscrito a ese proceso en concreto. Puede pensarse que el particular solo ha de funcionar en supuestos donde opera la reserva, pero aún en los casos de puerta cerrada el perito intervendría después de los testigos –salvo que superadas las hipótesis de careo se ordene su desalojo– y estando presentes abogados, procuradores y litigantes que luego, sin limitación jurídica ninguna, podrían decir lo que quisieran fuera de la sala de justicia. Por supuesto, con acceso del público en general, incluidos periodistas, resulta llamativo que todos puedan oír lo que señala el experto en la vista y luego no pueda éste manifestar lo mismo ante un micrófono o en un escrito científico. Sin embargo, el contenido de la información que maneja el perito y aquello que concluye según su *expertise* y expone bajo tales márgenes, sigue siendo netamente reservado. En sí mismo es por definición materia sensible sometida a la restricción de comunicación más allá de lo que le dio vida: la intervención en el seno de un proceso jurisdiccional.

En el ámbito de la Psicología o la Psiquiatría lo anterior equivaldría a cualquier deber de confidencialidad profesional si se tratase de un escenario propio del ámbito privado en el curso de una terapia u otro tipo de asistencia facultativa. Al contenido material de lo que se dice se añade la dignidad del cargo pericial, sin perjuicio que el experto pueda, cubriendo con el anonimato cualquier dato identificativo, incluso elaborar y publicar un artículo científico como lo haría sobre la base de su trabajo con un paciente privado.

De conformidad con el artículo 347.1 II LEC se instaura legalmente, y en forma directa, un deber de confidencialidad asociado a la prohibición de intervención por ministerio de la Ley: si existió mediación previa por parte del sujeto respecto de los litigantes en el proceso civil. Sin embargo, el planteamiento legal es intrínsecamente inexplicable, por cuanto lo que el precepto prohíbe no es ni la designa ni el nombramiento del experto, ni su quehacer como perito en el proceso civil o la entrega de un dictamen como resultado de ello, sino la *intervención* oral en el juicio o la vista. Cuando se trate de un perito designado judicialmente, que necesariamente deba ratificar el dictamen emitido, bien podría salvar el inconveniente ratificándolo al momento de entregarlo, siempre que lo haga personalmente en vez de enviarlo por correo o a través de terceros; no obstante la designación judicial habría impuesto su abstención o, de lo contrario, la recusación, en tanto la mediación previa encajaría en el motivo del artículo 124.3.1ª LEC ó, cuando menos, en el del artículo 219.10ª LOPJ. Si el perito es designado por la propia parte siquiera tal eventualidad sobre falta de ratificación tendría relevancia alguna, pues ese dictamen no la necesita para que proporcione los frutos de un medio de prueba. Naturalmente, en todo supuesto el juez no podría decidir su presencia de oficio, pues si debe impedirlo a solicitud de las partes en virtud del deber de confidencialidad por mediación anterior, igual debe privarse a sí mismo. Y nótese que el redactado legal es preceptivo, sin albergar margen ninguno para el ejercicio del derecho de secreto profesional de ese experto mediador, suprimiendo la interrelación de éste con las partes beneficiarias de ese deber (de confidencialidad), incluida su renuncia a la lógica de la obligación de reserva, lo que carece de sentido. En todos estos casos no se explica, pues, que si no existe posibilidad de intervenir en juicio, cuando menos para aclarar lo confuso y, así, permitir entender y comprender para valorar, se regule su (no) intervención, que implica la legítima intervención previa anterior. Si se considera que para eso ya se encuentra la abstención y la recusación, y con el supuesto de la mediación previa –no con los demás motivos de parcialidad objetiva– se arbitra un mecanismo adicional de control ulterior –que al igual que la recusación dependerá de la alegación de parte, pues difícil resulta imaginar ese tipo de fiscalización en función del conocimiento judicial privado–, lo mismo habría que decir para el perito designado por la parte, sin que sea tachado por nadie que, no obstante, implicaría –faltando conocimiento judicial privado– la necesidad de alegación de una de esas partes que en cambio habría decidido no tachar –acaso por el interés sobre el contenido del dictamen–. En fin, solo resulta posible imaginar que el propio juez sepa de esa mediación en el curso del procedimiento, o indague sobre el origen del experto llamado al juicio o vista por alguna o todas las partes, a fin de limitar esa solicitada intervención. Sería, de esta manera, la única causa en la que, de oficio, corrige el propio juez las faltas de abstención, recusación o tacha.

El perito no es un testimonio cualificado. En el proceso civil es el "testigo-perito" quien observa deberes privados de confidencialidad y derechos al secreto profesional cuando realmente *testifica*. Ocurre en la práctica que muchas veces no se trata de un auténtico testigo –sujeto que ha percibido con sus sentidos un dato pertinente y útil, o cuando menos lo ha hecho por referencia de un testigo presencial de ese dato– sino de un perito disfrazado en la forma testifical. Imagínese que es el proceso quien propicia, expresa y directamente, la contratación de un experto para cualquier tipo de evaluación, tasadora por ejemplo, y acaso por preclusión no puede ya introducirse como perito. Sin ser fuente de prueba testifical se postularía como tal –no obstante con la connotación de cualificado– en fraude procesal evidente, un subterfugio del medio pericial ya inviable.

La presencia de las partes litigantes y sus defensores técnicos, e incluso representantes procesales en el reconocimiento de personas, cosas o lugares, implica un aviso del experto a todos los mencionados con cuarenta y ocho horas de antelación. La excepción se encuentra en que impida u obstaculice la labor pericial, lo que resulta de sentido común en el peritaje psicológico sobre personas, por lo que siempre podrá este tipo de perito impedir la presencia de terceros en la exploración del sujeto, cosa que incluso puede anticipar en la comunicación preceptiva señalada, pues ésta debe efectuarse necesariamente, en todo caso. La excepción por naturaleza estriba en los peritajes de parte demandante preprocesales, cosa que ya no procede cuando se trata del demandado y por consiguiente es un litigante en condiciones de conocer al resto de partes para informar al experto y éste advertir del particular en el dicho plazo.

Cuando el perito propuesto se encuentre en situación de mantener un secreto de Estado o el deber de confidencialidad propio de la profesión, como sea que no podrá ser recusado sino solo tachado afrontaremos su presencia e intervención en la vista oral. Y mientras como perito, en sentido propio, carece de deber alguno de confidencia, más allá de la procesal ya reseñada, se genera conflicto con ese conocimiento previo propio del ejercicio de su profesionalidad. La cuestión radica en poder discriminar entre el objeto pericial y el objeto del deber de guardar reserva, donde no habría problema alguno en mantener la dinámica ya establecida. En cambio, cuando se mezclen las materias de lo uno y lo otro, el conflicto no tendrá solución.

15
Derechos económicos del perito

1. Contenido económico del derecho

El coste dinerario fundamental del peritaje reside en los honorarios del experto y los gastos económicos directamente ligados a su trabajo experto. Pueden existir otros desembolsos aleñados, por ejemplo relacionados con la práctica en juicio de la prueba pericial, pero ello será relativamente secundario.

2. La gestión del cobro

La contratación privada extraprocesal se apoya en un negocio jurídico entre contratantes, basado en la libre autonomía de la voluntad, por lo que el experto puede percibir lo que considere conveniente y eliminar cualquier riesgo de impago antes incluso de mover un dedo, pactando obtener el total correspondiente a la entrega del trabajo o de cualquier otro modo, incluyendo anticipos por previsión de traslado eventual a la sede judicial. De producirse, más tarde, un ajuste en el terreno de las costas, le será por completo irrelevante, mientras que si anticipó a modo de provisión importes por conceptos no llevados a cabo, simplemente tendrá que liquidar lo sí hecho y devolver el sobrante. Las exigencias del experto así contratado se articularían con respecto de quien lo contrató, al margen del proceso.

La designación judicial de oficio o al amparo de la justicia gratuita en beneficio del proponente, previamente declarada según la normativa específica recogida en la ley 1/1996, de 10 de enero, de asistencia jurídica gratuita, depende de la Administración de justicia, del Estado, sin perjuicio de distribuciones competenciales y presupuestarias para Comunidades Autónomas. Esto no deja de ser un modo de asegurar el abono del trabajo, no obstante con las limitaciones públicas establecidas, que suprimen la libre contratación y, con ello, el libre precio. El pago puede ser anticipado en ocasiones, pero normalmente toda la intervención pública arrastra demora, por mucha seguridad que acompañe en la mayoría de supuestos.

Cuando acaba el proceso y en éste se distribuye su coste entre las partes procesales o se le asigna el pago a una de ellas en su totalidad, la relación económica se producirá entre el obligado al pago de las costas (por lo general el litigante vencido en juicio) y quien en su caso hubiese anticipado el pago total o parcial del experto. Éste, se insiste, resultará ajeno a los ajustes derivados de las costas procesales. De lo contrario, a través de esas costas podrá asignarse un pagador, no obstante el experto dependerá de su solvencia.

3. La provisión de fondos

En la designación judicial a instancia de parte –no la de oficio ni la habida extraprocesalmente por contratación privada–, el designado que aceptó el cargo y fue nombrado como tal dispone de tres días hábiles para solicitar un anticipo por su trabajo. Al respecto existe una libertad absoluta que en la práctica se traduce por mera indicación de una cuantía. Sin embargo, ante la petición que efectúe el experto interesado, el letrado de la Administración de justicia –en el pasado era competente el juez– puede solicitar justificación de lo reclamado en provisión antes de resolver sobre la petición, que tampoco pasa por pretender un adelanto total o absoluto, incluso superior a lo previsto en atención a protegerse frente eventuales añadidos. No hay audiencia a las partes que tendrían la obligación de abonar la provisión, en orden a opinar sobre el importe solicitado por el experto, y así con la oportunidad de ofrecer datos o argumentos relativos al posible exceso. Sin embargo, la decisión cuantificadora que sea tomada es recurrible –como todo decreto, en reposición contra su autor (artículos 451.1 LEC), aunque su resultado impugnativo pudiera considerarse inimpugnable e impedir la revisión ante el juez (artículo 454 bis LEC)–, por lo que en vía de recurso cabe abrir ese debate (sólo para las partes, artículo 453.1 LEC), donde la crítica se desplaza entonces a la falta de audiencia del perito, quien tampoco puede recurrir la decisión porque no es una parte procesal (artículo 448.1 LEC), opción equivocada al ser directamente interesado y legitimado activo en tanto titular del derecho procesal ejercitado: el de instar la provisión de fondos; derecho que luego no puede proteger ni ante la acción de quien pretenda eliminarlo o disminuirlo, menos todavía contra el letrado de la Administración de justicia simplemente porque ninguna parte discuta lo decidido por aquél.

Una vez aceptado el cargo no importa lo que ocurra con la provisión solicitada salvo que se incumpla la ordenada por el aludido decreto: existe obligación de realización del acto pericial y todo lo que éste conlleve. En contrapartida, una vez resuelto el importe tampoco se permite la recepción fraccionada ni menos aún condicionada.

Quien debe cubrir ese pago anticipado de la provisión aprobado por el letrado de la Administración de justicia es la persona que ha propuesto el medio de prueba pericial. Ante propuestas compartidas las partes dividirán entre sí la obligación de abono. El plazo para satisfacer la provisión de fondos quizá se antoja breve en exceso (cinco días), pues la cuantía puede ser importante en algunos supuestos, sobre todo porque en la práctica suele operar un ajuste al gasto total previsto, desdibujando así la noción de anticipo. La parte positiva está en que el alegante afectado puede ajustar su previsión económica, sin sorpresas ulteriores que, además, no permitirían mecanismos de seguridad para el experto, dado que tras recibir la provisión de fondos –la establecida por el tribunal, no necesariamente la pedida– viene obligado a realizar el trabajo hasta el fin, incluyendo todas las idas al juzgado por mucho que se dilate el juicio con suspensiones e interrupciones, añadiendo a ello ampliaciones del encargo. El derecho al cobro será del total, pero con posterioridad y, así, sin la garantía propia de la provisión de fondos.

Cuando varias partes procesales deban abonar el importe de la provisión y alguna no lo haga, la otra u otras pueden cubrir su coste al tiempo que limitar los extremos del objeto pericial, lo que sin embargo permitiría, si el cambio fuera mínimamente significativo, una reducción de la cuantía provisoria. A su vez, de no cubrirse el total importe determinado, la parte que pagó recuperará lo aportado y el perito se verá eximido de realizar el trabajo encomendado. En efecto, la consecuencia de no proveer los fondos aprobados y requeridos por el órgano judicial se encuentra en la eventual pérdida del medio de prueba, sin posibilidad de sustitución ninguna. La única posibilidad radicaría en la propia voluntad del experto, que a vista de no recibir lo autorizado, o recibir solo una parte, puede decidir prescindir del adelanto; que no de llegar a cobrar, ulteriormente, el total merecido. El inconveniente se encuentra en el riesgo de no hacerlo de primeras, en función de la ulterior insolvencia del pagador, fuese el proponente, fuese indirectamente un condenado en costas *a posteriori* y distinto de aquél.

Ante las críticas frente a los importes abusivos debe subrayarse, sencillamente, el papel responsable del órgano judicial (letrado de la Administración de justicia con, en su caso, el refrendo del juez por vía de revisión), cuando menos en orden a tomar su decisión sobre algún criterio real, más allá de la mera indicación del experto actuante.

Asimismo, ante quienes abogan por multiplicar los trámites y reabrir la designación a la búsqueda incluso de diversas opciones y presupuestos[132], cual comunidad de vecinos que desea reparar la escalera de la finca eligiendo la mejor relación calidad-precio, procede criticar la opción letrada que desechó tal tipo de búsqueda en el mercado libre. Extraprocesalmente hubiera podido elegir aquello más barato que colmaría sus necesidades, no en vano la legislación procesal civil abrió en 2001 la gestión del peritaje a ese momento preprocesal. Las imposibilidades económicas que aconsejan tal alternativa en orden a evitar riesgos ulteriores relacionados con la provisión de fondos serán iguales en ese minuto que en otro ya avanzado el juicio. La única excepción lógica en tal escenario ya obtiene el beneficio de la justicia gratuita, que para los demandantes se previene incluso antes de la interposición de la demanda.

En el trámite de la ejecución forzosa civil no existe previsión ninguna sobre provisión de fondos, por lo que la analogía con el declarativo es una hipótesis práctica no propiamente legal. La regla fundamental de la ejecución se establece en el pago anticipado del ejecutante y en el abono final del ejecutado, bajo el concepto de las costas procesales del trámite a tasar más adelante contra el patrimonio del ejecutado.

> También existe provisión de fondos en otros ámbitos, como por ejemplo a favor del procurador por parte de su poderdante (litigante demandante o demandado), considerando tal proceder regido bajo la legislación civil del contrato de mandato (artículo 29.1 LEC). No puede considerarse, en cambio, que el perito judicialmente designado sea mandatario de la parte que le ha propuesto o que ésta sea su mandante; no se trata de un contrato conformado extramuros del proceso sino de una obligación endoprocesal.

---

132. Francisco RAMOS MÉNDEZ, *Enjuiciamiento...,* I, cit., pág. 799. El autor propone incluso que renazca la aportación de parte ante el fracaso del designado judicialmente, y demasiado costoso, lo que en definitiva es reconocer el error de estrategia letrada que, como en otros supuestos, tendría que asumir su propia responsabilidad. Suele ser sencillo olvidarse de las opciones escogidas libremente y luego culpar a las formas y al legislador.

4. La condena en costas

Las costas procesales no son un mecanismo de asignación del coste del proceso, pero su fijación carece de sentido –a través de la tasación sobre las mismas efectuada por el letrado de la Administración de justicia– si en el fallo de la sentencia no se imputan a una u otra parte, que lo serán del contrario, en tanto las propias se asumen sin más. Cuando procede una distribución para ambos litigantes se tratará, en realidad, de esto último: cada cual asumirá las suyas, lo que no equivale a una doble condena. Cuando ninguno fuera mencionado en el fallo respecto de las costas –por ejemplo utilizando la expresión "sin costas"– es precisamente lo que se hace. Y nadie resulta condenado al pago de lo que gastó el litigante contrario en ese litigio.

La regla se define como de *vencimiento objetivo atenuado*, pues permite que las dudas de hecho o de derecho eviten imponer al perdedor en la litis la satisfacción económica del ganador, motivándolo expresamente, sin lo cual pagará el vencido[133]. Se trata de la estimación total de sentencia. La estimación parcial permite, también, la condena de una de las partes, pero normalmente propicia un abono por mitad, donde en sentido propio nadie paga a nadie, salvo en cuanto el coste –por mitad– de gastos que hayan sido o se consideren comunes. Los públicos siempre lo serán, y el Estado es beneficiario de ese tipo de abono, nunca un litigante u otro. Criticable entonces que la decisión exclusiva del juez (teóricamente limitada a los procesos no dispositivos) deba asumirse por los litigantes a quienes ese gasto no interesaba en absoluto.

5. Tasación

Para llevar a efecto la tasación, en el caso de una efectiva condena en costas, en lo que refiere a gastos periciales se hace precisa la aportación de todos los datos del perito implicado. El artículo 241.1.4º LEC incluye los derechos de peritos como parte de las costas a tasar, siendo potestativo para el propio perito, una vez firme la condena en costas e instada por el interesado su tasación con aporte de los justificantes de pago cuyo reembolso solicita, presentar a la Oficina judicial "minuta detallada de sus derechos y honorarios y cuenta detallada y justificada de los gastos que hubieren suplido" (artículo

---

133. Pedro ÁLVAREZ SÁNCHEZ DE MOVELLÁN, *La imposición de costas en la primera instancia civil. Legalidad y discrecionalidad judicial*, Reus, Madrid, 2009.

242.3 LEC) aludiéndose a su estatuto profesional, "en su caso", para fijar honorarios (artículo 242.5 LEC).

Una vez tasadas las costas, en particular las relativas a los peritos, es posible su impugnación por parte del obligado a su abono, dividiéndose entre *indebidos* y *excesivos* aquellos que el anterior puede considerar que no ha de pagar al litigante beneficiado por la condena en costas (artículo 245.2 LEC). El beneficiado también podrá impugnar, por no haberse incluido alguna partida que a su criterio está justificada y reclamada. La discusión se ciñe a los litigantes, pero el perito en particular estará involucrado en el trámite que a continuación se inicia como *impugnación* de la tasación de costas.

Los *indebidos* responden a partidas que nunca existieron pero se incluyen como coste del experto, por ejemplo afirmando éste, a su través, que ha realizado dos visitas al centro médico para entrevistarse con el litigante sujeto del dictamen, cuando en realidad sólo hizo una. Excesivos son los aceptados pero no en su cuantificación, considerando que debe rebajarse.

En cuanto a la discusión por lo excesivo se establece para el perito el mismo trámite que para el abogado, primero la opción de reducir sus honorarios y, después, remitir al Colegio, Asociación o Corporación profesional para que dictamine sobre el particular (artículo 246.2 LEC). Resolverá el Letrado de la Administración de justicia por decreto, recurrible en revisión ante el juez, decisión de éste inimpugnable. Se imponen las costas al que impugnó si fracasa, pero si triunfa total o parcialmente las costas procesales del trámite de impugnación de costas por excesivas las pagará el propio perito (artículo 246.3 LEC).

Finalmente, con referencia a una impugnación por lo indebido (o debido no incluido), se trasladará la cuestión al litigante contrario por tres días, resolviendo el Letrado por decreto recurrible en revisión. De plantearse al mismo tiempo impugnación por partida indebida y excesiva, ésta quedará en suspenso hasta que se resuelva aquélla.

6. La reclamación privada de honorarios periciales y gastos procesales del experto

Los abogados y procuradores privilegiados con la jura de cuentas no extienden el sistema de su prerrogativa a los peritos que, sometidos al deber de colaboración con la Administración de justicia, se ven ligados incluso a su pesar cuando no disponen de una excusa justa validada por decisión no jurisdiccional (la del Letrado de la Administración de justicia).

Aquella parte procesal que haya sufragado el importe de la provisión de fondos puede resarcirse a través de la condena en costas declarada contra el otro litigante (donde se incluirán *ex* artículo 241.1.4° LEC), asumiéndolas definitivamente si aquella parte es la condenada en costas o si no existiera pronunciamiento sobre las mismas ("sin costas"). De cualquier modo, el perito que no haya cobrado sus honorarios o gastos, o el pago recibido fuese incompleto, como titular del crédito no depende de la declaración judicial sobre costas y puede reclamar directamente contra el litigante que deba satisfacerlos: el proponente que ha de abonar la provisión de fondos, se haya o no instado la misma, o el proponente de parte que no satisfizo total o parcialmente lo debido en modo extraprocesal. Este segundo está en igual situación que el primero en cuanto a que en absoluto depende del resultado sobre costas, pero sólo el primero, a diferencia del segundo, puede identificarse como titular "de créditos derivados de actuaciones procesales" (artículo 241.2 LEC). La iniciativa del propio experto insatisfecho no podrá vehicularse a través de la tasación de costas una vez ésta es trasladada a las partes, siendo así éste el momento preclusivo por el que el interesado reserva su derecho a reclamar de quien proceda (artículo 244.2 LEC).

16

La intervención oral en el Juzgado o Tribunal

Tabla de contenidos

1. Planteamiento legal general

Sin distinción del origen del perito en el juicio, con el artículo 347.1 LEC se establecen los motivos por los cuales puede ser requerido aquél en el acto del juicio oral. Esto puede ocurrir tanto por las propias partes como por el mismo juzgador, quien en todo caso admite la intervención solicitada por aquéllas, siendo esa y no otra la que tendrá lugar en el juicio o en la vista. La impertinencia y la inutilidad –del contenido o de la finalidad de su presencia en juicio– vuelven a ser los motivos de la denegación de esa intervención a distinguir necesariamente de la utilidad y pertinencia ya analizadas por el juez para admitir el medio de prueba pericial en cuestión. Aunque se ofrece un listado de motivos en el antecitado precepto, ello es ejemplificativo, y así *numerus apertus*, tras la regla general de que el juez considere que "la finalidad y contenido" se ajustan a lo útil y pertinente. Un ejemplo característico, ajeno a la enumeración, se advierte cuando el perito no efectúa un dictamen completo y no hay tiempo material para requerir que complemente lo que falte en modo escrito, siendo así su presencia en el acto del juicio o la vista el medio por el que se pueda obtener el complemento, aun en forma oral.

La comparecencia del experto en juicio añade el deber de confidencialidad por haber intervenido en un procedimiento de mediación entre las partes. Esto último supone un presupuesto diferente, aquél en el que directamente se insta su presencia en el pleito cuando en sentido propio no ha sido admitido como medio de prueba pericial porque, de proponerse como tal, la falta de imparcialidad resultaría evidente en orden a la inadmisión del designado judicialmente, mientras que la aportación de parte supondría una sencilla tacha sin excluirlo, en teoría; problema obvio la supresión de la contradicción del medio de prueba.

La norma relaciona múltiples motivos para solicitar la intervención, siendo el último de ellos un apunte al trámite del sistema de tachas y que obviamente se limita a un perito no designado judicialmente –que acuda para formulársele alguna tacha–, sólo vinculado a la valoración como una consideración previa, en orden a la posible parcialidad como advertencia en el examen de la objetividad y la corrección. La primera causa se encuentra en la exposición completa del dictamen. No se trata, sin embargo, de exponer sin más su contenido, sino de hacerlo "cuando esa exposición requiera la realización de otras operaciones, complementarias del escrito aportado", siendo para ello necesario emplear "documentos, materiales y otros elementos". Estos son los que se acompañan anejos al dictamen (artículo 336.2 LEC), y distintos de los documentos que se aportan para mejor entendimiento del peritaje por parte del tribunal: "para su más acertada valoración".

El segundo motivo se encuentra en la explicación del dictamen al completo o de algún punto del mismo. La justificación reside en no considerar expresivo de modo suficiente el texto escrito en toda su extensión o en ese determinado extremo. El legislador añade, en forma ociosa, que tal cosa lo será siempre que sea necesario a "efectos de la prueba", como si pudiera tener sentido otro alcance.

En tercer y cuarto lugar se alude a toda suerte de respuestas a preguntas y objeciones sobre método, premisas, conclusiones y otros aspectos del dictamen, así como a las solicitudes de ampliación del contenido a otros extremos conexos. En cuanto a la ampliación se establece la restricción al mismo acto como regla, pero también se permite a efectos de conocer opinión experta sobre posibilidad y utilidad de esa ampliación y el plazo para realizarla.

La quinta razón se centra en la crítica al dictamen efectuado por el perito propuesto por la parte contraria, a no confundir con un "contraperitaje". De lo que se trata es de dos peritajes ya confeccionados, sobre un objeto pericial común o compartido, al menos en su mayor parte. No de otro modo podría un experto valorar lo expuesto por perito distinto, en tanto basado en su propio examen previamente efectuado. Dicho de otra forma, no se propone un peritaje sobre otro ya confeccionado, sino que cualquiera de los expertos en liza podría concurrir al acto del juicio o de la vista en orden a poner en relación su trabajo con el efectuado por otro experto, lo que es imposible si el previo no ha sido realizado o si el del otro no versa sobre un mismo objeto.

El juez ve limitada la posibilidad de generar ampliaciones del dictamen –salvo que el perito haya sido designado de oficio (artículo 339.5 LEC), evidentemente–, pero no a que por la propia iniciativa del juez acuda el experto al juicio para responder sobre cualquier explicación que se necesite (347.2 LEC). Y tal operativa viene especialmente fundamentada en el carácter auxiliador del trabajo pericial.

En cuanto a la llamada del perito para plantear su tacha, no se trata de medio de prueba alguno, pero es obvio que tal motivo incide especialmente en la valoración de la dicha prueba.

2. La práctica habitual

Por lo general, los abogados suelen solicitar la presencia del perito propuesto y admitido, sin más, y el juez no suele instar el motivo que lo permite según previene el artículo 347 LEC, acaso por considerar, en función de razones que se ignoran, que la mera petición (sin "finalidad ni contenido" expuestos) ya es útil y pertinente. Cuando se requiere el fin o el contenido de la intervención –que la parte debiera acompañar por defecto a cualquier petición de esta índole, en función del texto del precepto antecitado–, a menudo se improvisa y se alude a la ratificación. En ese caso, sólo si se trata de un perito designado judicialmente que no haya ratificado su trabajo de antemano, debiera accederse a la petición, pues de lo contrario se eliminaría la formalidad con la que se construye el medio de prueba mismo. Cabe, sin embargo, que una vez delimitado por las partes el objeto del debate, lo que ocurre inmediatamente antes de la propuesta de los medios de prueba y dentro de ella la petición de intervención oral del perito, se rechace ésta por falta de utilidad, lo que sin embargo habrá conllevado el rechazo, también, del peritaje mismo, acaso *pertinente* porque se ajustaba a los límites del objeto del proceso, pero no *útil* desde que las afirmaciones de hecho o su valoración fáctica (artística, técnica, científica o práctica) hayan resultado incontrovertidas y así excluidas del objeto del debate contradictorio.

El contenido del artículo 335.2 LEC es elemento formal obligatorio, por lo que su falta de inclusión en el dictamen, o en la comparecencia de nombramiento del experto designado como perito, hacen necesaria la subsanación del defecto. Para subsanar se exige la presencia del sujeto en el acto plenario del juicio o la vista, siendo así tal solicitud –o la decisión de oficio si se trata de un proceso no dispositivo– ajustada por finalidad y contenido. En sentido propio no son razones sustanciales de la utilidad y la pertinencia del medio de prueba, sino sólo de un elemento formal que, al cabo, ciertamente, da paso a esa utilidad y pertinencia.

El carácter auxiliar de este medio de prueba favorece los mecanismos subsanadores formales, pero no puede perderse de vista que, aun para estos, es la instancia de parte la regla esencial en el proceso dispositivo. Con todo, podría plantearse su subsanación por escrito, ya que, escrita tendría que haber sido desde un principio, restando así, únicamente, la ratificación de esa parte añadida, si se tratase del perito designado judicialmente.

Una vez establecida la presencia del perito en el acto del juicio oral, de ser varios los expertos en presencia sobre un mismo objeto pericial, todos accederán a la sala de vistas al mismo tiempo. El particular es impensable entre testigos, para quienes en orden a la prohibición de contaminación no pueden presenciar la declaración del otro antes de verter la suya propia, mientras que para los litigantes, al ser interrogados, también puede obrar la separación (artículo 310 LEC) para evitar que se prevengan de lo dicho por el otro. El carácter auxiliar de los peritos, en cambio, permite que no solo examinen el trabajo ajeno, sino que participen conjuntamente en la intervención oral de los demás. No se trata de un careo implícito sino de la lógica de colaboración conjunta como auxiliadores del juez. Aunque juegue papel inevitable la propia defensa de lo que el mismo perito ha llevado a cabo hasta ese momento como experto, el complemento o mejor definición de su trabajo, a costa incluso de rectificar, forma parte de la obligación de objetividad y el ajuste a la corrección. De ahí que si un perito, oyendo a los demás que con él intervengan oralmente, advierte la necesidad del cambio, modificará el contenido de su dictamen. De lo contrario, por considerar que sostiene la respuesta correcta y objetiva, así la mantendrá y con su explicación contribuirá a mejorar el conocimiento y valoración judiciales.

Obvio es decir que el papel del juez, limitado a lo jurídico, no puede ser ocupado por el experto, por mucho que la experiencia en sede judicial de este último le permita conocer de categorías jurídicas. Claro está que sin respetar el principio de objetividad no hace falta acceder al ámbito jurídico para, más que posiblemente en comisión de un delito de falso peritaje (artículos 459 y 460 CP), alterar los hechos en orden a perjudicar o favorecer a una de las partes litigantes. Convertirse, en definitiva, en juez justiciero o samaritano, respectivamente.

La imagen del perito es igualmente importante, más allá de su calificación profesional o titulación básica y adicional como soporte inicial en el marco de su idoneidad general y específica. Y el modo en que interviene ante el juez puede resultar de especial significación a la hora de valorar tanto la misma intervención como, por extensión, todo el trabajo pericial desplegado. Al respecto conviene subrayar el modo en que el perito es introducido en el pleito, por ejemplo por una contratación extraprocesal que llama a la relación privada entre el experto y su contratante. Y a veces en virtud de ello el primero defiende al segundo olvidando que ese enlace iniciático se desvanece incluso antes de ser nombrado implícitamente con la admisión judicial del medio de prueba, dado que operando correctamente el contenido del artículo 335.2 LEC de buen comienzo, no habría de importar el origen del experto sino el cumplimiento de los principios que rigen su quehacer en beneficio del auxilio judicial.

Al igual que debiera considerarse, también, para el interrogatorio de litigantes y testigos, con mayor razón procede señalar para el perito que no tiene sentido el enfrentarse o interrumpir al que pregunta. En cuanto a lo primero puede ser aconsejable atender al letrado pero responder siempre al propio juez, no en vano es a éste al que se auxilia con las respuestas. En cuanto a lo segundo, es bien posible que el letrado sea quien interrumpa al perito cuando éste está respondiendo. Quizá sea mejor no seguir hablando y, cuando el letrado haya acabado de interrumpir, normalmente con otra pregunta al no interesarle la respuesta que se estuviera dando, reiniciar la interrumpida, siempre dirigiéndose al juez con o sin el prólogo de que no había acabado de responder, algo que difícilmente impedirá ese juez, por mucho que el mismo es, dicho sea, quien tendría que haber interesado evitando esa interrupción del letrado. Es igualmente posible que el perito interrumpa al letrado que pregunta, bien porque anticipe la cuestión, bien porque opte por una excesiva defensa y susceptibilidad frente al tono y contenido de aquél. Con todo, y al margen que cualquier nota vejatoria o de ninguneo deba protestarse en el acto –siempre al juez, eludiendo el conflicto dialéctico o la discusión con el letrado–, por mucho que la experiencia experta del perito permita buena dosis de anticipación no resulta conveniente mostrar esa especie de ansiedad por temprana intervención. Resulta más adecuado ofrecer el margen que precise quien pregunta, tiempo que por demás permitirá preparar mejor la respuesta. Del mismo modo, piénsese que mantener a ultranza los propios criterios puede, por la forma en que se haga, convertirse en un demérito en la solidez del propio criterio, sobre todo cuando quien pregunte aluda a mera posibilidad teórica que el perito niegue de plano sin más, lo que sobre todo en las ciencias no exactas carece de sentido por definición y pudiera inferir una actitud irreflexiva. Mejor resulta admitir que, en la teoría, todo es prácticamente posible, no obstante ya incluso en el terreno de la probabilidad las cosas son diferentes y, en el supuesto singular estudiado, la corrección de la *lex artis ad hoc* impide asumir una de las múltiples posibilidades que encajarían en una teoría desconectada del caso concreto.

Asimismo, el lenguaje que utiliza el experto, tanto por escrito como de palabra, debe ser igual de específico que de coloquial. Lo primero porque en la intervención oral en presencia de otros expertos favorece el análisis de estos, del mismo modo que después puede ser necesario para su estudio en apelación. Lo segundo porque, fundamentalmente, lo escrito y verbalizado se orienta al juez, ignorante en la materia, y letrados, llamados a informar oralmente tras la práctica de la prueba que deban entonces valorar, sin que puedan dejar no ya de comprender sino de siquiera entender lo que el perito diga. Al respecto no importa que otros expertos puedan también valorar –en la práctica de la prueba o en otra instancia judicial (apelación por ejemplo)– lo expuesto en el lenguaje especializado propio de la pericia.

El autor del dictamen pericial es el único que puede ratificar, ampliar o complementar su trabajo, pero cualquier experto de la misma disciplina podría explicar la teoría de las palabras, expresiones o conceptos contenidos en el dictamen de aquel perito, del mismo modo que quien no es experto en la materia pero pertenece a la misma entidad de la que nació el peritaje colectivo o colegiado, puede constatar la identidad grupal misma o la autenticidad del dictamen como documento. Así, el director o administrador de una empresa dedicada a la confección de peritajes, puede asegurar en juicio que el soporte documental presentado como dictamen pericial, incluidas firmas o sellos que en éste se introduzcan, pertenece a dicha entidad, pero nunca puede preguntársele sobre el contenido, ni pretender de quien no es autor la mera formalidad de la ratificación.

El dictamen se somete a la regla de confección escrita, pero nada impide su forma oral, sea en el curso de una intervención pericial conjunta con el reconocimiento judicial, el interrogatorio o la testifical, sea propia de una ampliación oral en el mismo acto del plenario. En este caso, la ampliación supera, por definición, el objeto pericial inicialmente concebido y admitido. No se trata que el experto incumpla el encargo y presente incompleto su dictamen, sin tiempo para requerirle de complemento escrito, que se exigiría en el curso de la intervención oral en el juicio o en la vista, lo que puede suponer un motivo cuya finalidad y conveniencia se encuentran fuera de toda duda sin aparecer en el elenco de opciones recogidas en el artículo 347.1 III LEC. Se trata de que en el acto oral se plantee una ampliación del objeto pericial, lo que pasa por instar del experto la posibilidad misma de que, oralmente, pueda llevarse a cabo la ampliación. Siendo ello posible, a criterio del propio experto, será el acta audiovisual del juicio el modo en que se documentará una ampliación que, como excepción, no tendrá reflejo escrito sino exclusivamente oral.

Todo aquello que sirva para construir el dictamen pericial ha de estar referido en éste, por ejemplo aludiendo al folio de los autos o al tipo de documento contenido en las actuaciones que se hayan utilizado. Si se trata de una documentación aneja, obtenida directamente por el experto en el curso de su trabajo, deberá aportarse como elemento adicional al dictamen. Son formalmente *documentos* pero no se trata de una aportación aformal –fuera de las reglas de preclusión y, sobre todo, ajena a la iniciativa de cualquier parte litigante– como medio de prueba documental. Antes al contrario, forma parte intrínseca del trabajo pericial, resultando por tanto imprescindible para valorar el propio dictamen, dado que las conclusiones del experto pueden basarse en uno de esos documentos (por ejemplo un informe de urgencias psiquiátrico) sin el cual –o interpretado equivocadamente– no se sostenga lo que el perito afirme.

En fin, aunque pudiera ser que a través de la parte litigante que entrega el documento al experto a la hora de ser aquélla peritada se busque vulnerar la regla de preclusión de la aportación documental, tan alambicada argucia no empaña la idea central según la cual es el propio experto quien discrimina lo necesario para confirmar su dictamen. En consecuencia, si en ese documento se residencia para él algún tipo de utilidad, lo utilizará en la medida de sus consideraciones y, sólo en ese caso, tendrá obligación de incluirlo físicamente para permitir una correcta valoración de su trabajo, tanto por los letrados actuantes como, finalmente, por el propio juez.

17

El dictamen pericial y su valoración judicial

Tabla de contenidos

1. La valoración del medio de prueba

Sin perjuicio de la apreciación conjunta de todos los medios de prueba que se practiquen, procede el análisis individualizado, previo, de cada una de las pruebas obtenidas, aplicando en cada caso las reglas sobre la carga de la prueba si median dudas razonables. Particularidad del peritaje es que, cuando existan varios dictámenes sobre un mismo objeto, esta prueba se concibe como la de todos ellos[134]. Por consiguiente, a la individualidad de cada uno de ellos prosigue la conjunción de todos y, luego, la apreciación conjunta de su resultado con el del resto de medios de prueba practicados e individualmente valorados. Puede ser posible que aquello que sea que centre el debate pericial acabe aislado del resto, por ejemplo la cuantificación de una indemnización. En su virtud los demás medios de prueba resultan útiles en un estudio fáctico previo y el *quantum* sólo es procedente si lo anterior tiene un determinado sentido, no en otro caso. A su vez, puede que el peritaje se extienda al mismo hecho constitutivo (el daño mismo, por ejemplo), además de su causalidad y su cuantificación, por lo que se integraría en el todo de una manera más significativa.

El principio rector de la valoración se encuentra en la sana crítica (artículo 348 LEC), aunque hay quien distingue entre un peritaje científico y objetivo y otro de opinión, permitiendo la libre valoración en el segundo, no en el primero.

---

134. En la legislación procesal anterior no era así, pues se distinguía en dependencia del tipo de perito, judicial o contratado por la parte. Ahora no pueden establecerse distingos entre uno y otro, por cuanto su régimen jurídico-procesal se ha unificado.

El peritaje científico o *percipiendi* se establece para verificar una afirmación fáctica, su exactitud; también la de un indicio que a ella conduzca, por ejemplo la prueba de identificación personal por ADN que conlleva la certeza del hecho. Bien en modo directo, como la determinación de una filiación entre demandante y demandado, bien indirecto o por presunción, como indicio que utiliza los restos de sangre identificativos del conductor de un vehículo causante de un accidente y que se dio a la fuga. El peritaje de opinión o *deducendi*, en cambio, aprecia o valora –ofrece un juicio experto– sobre un hecho o circunstancia fáctica.

No obstante la distinción anterior, aunque se acepte que el primero responde a una especie de experimento científico, tal cosa no puede impedir que el juez valore el resultado del "experimento"; sobre todo si hay resultados divergentes, pero también cuando no los haya. En este sentido hay quienes niegan la cabida lógica de dictámenes contradictorios, y en cualquier caso señalan que el juez no puede sostener en sentencia algo diferente que lo afirmado por el perito[135]. El error dogmático es evidente: se considera que un perito imparcial ha actuado objetivamente y con corrección. Pero el juzgador puede analizar la parcialidad del experto (precluída la recusación o por ser tachado), así como la metodología empleada, las bases documentales utilizadas, acaso incompletas, la perversión del modo en que se obtuvo la información disponible y cualquier otro elemento de convicción pericial. El juez no podrá efectuar un experimento en paralelo para refutar a un experto, pero tal cosa quizá haya sido realizada por otro perito, permitiendo así la contradicción. Incluso el asesoramiento extraprocesal de una de las partes litigantes permite argumentar en contra, al valorar la prueba en el trámite final del juicio o, antes de ello, en la práctica del interrogatorio contradictorio sobre el propio perito. Combatido de ese modo, o a través de la propia racionalidad judicial aplicada sobre un dictamen intrínsecamente contradictorio e incompleto, puede desmerecerse su resultado, por muy científico que, formalmente, pueda presentarse.

El criterio de la prudencia, razonabilidad, raciocinio, criterio humano, común sentido y cuantos términos quieran emplearse en este escenario jurídico muestran simplemente la inexistencia de reglas legales preestablecidas y la necesidad de aplicar la lógica de la inferencia y la deducción, la objetividad de los datos utilizados por el experto, la cualidad profesional del mismo, los me-

---

135. Juan MONTERO AROCA, *La Prueba en el Proceso Civil,* Thomson-Civitas, Madrid, 2007[5], pág. 346. El autor concluye que, en realidad, siquiera existen dictámenes en sentido propio porque el resultado debe ser el mismo al margen de qué perito intervenga y lo emita. Parece dar por sentado que opera la ciencia misma, perfecta, en vez de hacerlo una persona que la aplica y puede equivocarse al hacerlo, dejando a un lado la propia racionalidad de la evolución científica.

dios, métodos, operaciones y técnicas empleados y la ausencia de contradicción intrínseca, la fundamentación y argumentación vertidas y la razón de ciencia empleada. Todo ello nutre con mayor extensión la motivación exigida en cualquier sentencia.

La llamada *sana crítica* es el mecanismo de valoración del dictamen pericial (artículo 348 LEC). La racionalidad del juez se aplicará al tiempo de trabajo, los medios empleados y la extensión del estudio, así como a la cualificación del experto actuante. El razonamiento establecido podrá analizarse directamente, si bien en los aspectos técnicos o propios de la pericia se precisa una explicación judicial pormenorizada sobre por qué no son aceptados, acaso al verse contradichos por otros de igual naturaleza. De hecho, tal cosa es característica de la valoración conjunta de varios peritajes encontrados, contradictorios entre sí y que no puede conjugarse sino acaso parcialmente. De todas maneras, no puede ser argumento el origen del experto, una vez nombrado –implícitamente al admitir el designado por la parte, explícitamente al admitir el designado judicial–, para dar mayor o menor valor al trabajo de uno o de otro.

2. Conclusiones elementales

El *dictamen*, que no *informe* pericial, se construye sobre una identificación inicial, un compromiso en la forma del artículo 335.2 LEC, una delimitación objetiva que enmarca los delineamientos de lo posible para el experto, la metodología por éste empleada y el material documentado referido a las actuaciones o anejo aportado fuera del trámite de propuesta probatoria que decide el propio perito y que incluye con su dictamen formando parte de éste. Esa eventual documentación accesoria no constituye, en sentido propio, medios de prueba documentales añadidos a los que los litigantes propusieron y fueron admitidos, por mucho que también pudieran haberlo sido. Las conclusiones del perito serán, en sentido estricto, el dictamen experto elaborado a partir de todo lo demás, por lo que aunque esas conclusiones no puedan discutirse sin base en la contradicción con otras de otros expertos, dada la falta de capacidad pericial del juez –o de las partes a través de sus abogados por mucho que pudieran estar asesoradas extraprocesalmente por expertos–, podrán decaer si se destruye, minora o pone en duda cualquiera de los elementos anteriormente expuestos.

Descubrir la falsedad de la cualificación ofrecida, o la discordancia entre ésta, según la propia identificación del dictamen, y la necesaria en una determinada materia experta, echará por la borda lo que a continuación pudiera haberse establecido. A su vez, las críticas dirigidas contra metodología obsoleta, contradicciones intrínsecas en el discurso o explícitas externas en relación con documentación utilizada no correlativa, sea o no por error, permitirán desmerecer las conclusiones edificadas en consecuencia.

Para los supuestos en los que el contenido de un peritaje fuese asumido por todas las partes litigantes, ofreciendo así un *factum*, o una inferencia valorativa, incontrovertida, el juez se verá vinculado. En sentido propio se habrá utilizado un peritaje que acaba por ser inútil en función de la delimitación del debate entre partes. Ello sólo será posible, como es sabido, en los procesos dispositivos, porque en aquellos no dispositivos el juez se desligará de cualquier imposición, aplicando la sana crítica, fundamentalmente sustentada por la lógica y la racionalidad, y donde todo deberá ser acreditado.

Cuando se trate de afrontar varios peritajes en presencia, distintos entre sí, será la sana crítica la que permita tanto descartarlos todos como optar por uno de ellos o combinarlos para obtener información necesaria a fin de dictar sentencia. Esto último es lo más complicado, en tanto desgajar de cada dictamen una parte válida y compatible con lo demás puede resultar fácilmente admisible si en el dictamen exista una clara separación objetiva, no así cuando se orquesta sobre un mismo y único objeto pericial. En este caso, sin embargo, es posible construir una verdad artificial o formal –como es siempre la procesal– compuesta de partes, donde la motivación razonada del juez permitirá asumir la hipótesis del complemento interrelacionado. Lo que no está previsto es la búsqueda de un perito *dirimente*, sea para superponerlo a los demás –al no existir suerte alguna de jerarquía pericial al respecto– sea para plantear la posibilidad de que el nuevo peritaje acoja la decisión de uno de los peritos contrapuestos –al no existir una regla cuantitativa de valoración (dos vencen a uno) sino cualitativa bajo valoración (uno puede vencer a dos en la íntima convicción judicial)–.

Un juez lego en medicina o psicología o ingeniería es incapaz de elaborar un dictamen pericial propio de dichas disciplinas científicas o técnicas, como lo sería en un ámbito práctico específico o un arte o interpretación artística. Sin embargo, resulta mucho más fácil que hacerlo criticar lo hecho, donde desde la capacidad experta del autor hasta la manera en que se expone el trabajo pericial construido –una forma, en fin, de venderlo al destinatario–, haciéndolo comprensible para los abogados que habrán de informar sobre él o el juez que dictará sentencia –en demérito de un dictamen, quizá el correcto, que nunca llegue al buen entendimiento de nadie porque no se sepa explicar–, pueden ser herramientas de la valoración final.

18

Las medidas cautelares

1. Teoría general

Se ha considerado que la garantía para el proceso principal merece también el reconocimiento de un proceso en sí mismo, el cautelar[136]. Ello no obstante, por mucho que lo pretendido tenga un buen grado de autonomía, como la tendría cualquier pretensión procesal incidental, lo relevante se residencia en la *instrumentalidad* de las medidas cautelares respecto del pleito declarativo o ejecutivo que necesariamente se encuentra en curso, siendo su *razón de ser* el carácter accesorio de la jurisdicción constitucionalmente reconocida en el artículo 117.3 CE: juzgar y ejecutar lo juzgado. Desde el punto de vista procedimental sigue su específica pauta (artículos 721 y sigs. LEC) y su funcionalidad encaja como tutela judicial efectiva (artículo 5 LEC) en orden al aseguramiento de la efectiva satisfacción de los derechos y libertades interesados en el litigio civil. La dualidad característica de todo proceso no es otra que la del trámite en curso del que se es accesorio, al que trascienden los principios dispositivo, de oportunidad, igualdad, contradicción, oralidad y publicidad.

La petición de la cautela constituye la parte activa del trámite, lo que normalmente coincide con el demandante o el ejecutante, mientras que el ór-

---

136. Por todos, Manuel SERRA DOMÍNGUEZ y Francisco RAMOS MÉNDEZ, *Las medidas cautelares en el proceso civil. Teoría general de las medidas cautelares. Medidas provisionales en relación con las personas, intervención judicial de bienes litigiosos,* Industrias Gráficas M. Pareja, 1974, Silvia BARONA VILAR, "Proceso cautelar", en *El nuevo proceso civil,* Tirant lo Blanch, Valencia, 2001², pág. 825, con cita de su maestro y del maestro de éste; respectivamente Juan MONTERO AROCA, "Medidas cautelares", *Trabajos de Derecho Procesal,* José María Bosch ed., Barcelona, 1988, págs. 423 y sigs., y Víctor FAIRÉN GUILLÉN, "Los procesos y medidas cautelares", *El sistema de medidas cautelares,* Pamplona, 1974, págs. 35 y sigs. Cfr., por ejemplo, Francisco RAMOS ROMEU, *Las medidas cautelares civiles. Análisis jurídico-económico,* Atelier, Barcelona, 2006.

gano judicial encargado del declarativo o de la ejecución será el competente inevitable para resolver lo pedido. La única excepción se encuentra en aseguramientos anticipados donde la regla supone adelantar, tanbién, la norma competencial (artículo 723.1 LEC), más allá de regulaciones sobre el reconocimiento y ejecución de resoluciones cautelares extranjeras o sobre personas o bienes dentro del territorio español y a cumplir en el país (artículo 22.5 LOPJ).

El propio legislador procesal civil acumula en el artículo 726 LECr las características de las medidas cautelares en un ejercicio básicamente doctrinal: instrumentalidad (la efectividad de la tutela judicial si se estimara la demanda), provisionalidad (siempre se alzarán cuando el proceso acabe de un modo u otro, o se transformarán en medidas de ejecución), temporalidad (se limitan a la provisionalidad del proceso), variabilidad (pues como instrumento es funcional y, por ende, puede variar o terminar según cambien las circunstancias, eliminando cualquier lógica de cosa juzgada) y proporcionalidad (la adecuación al fin bajo la razonabilidad y menor onerosidad para el demandado).

Se ha rechazado la naturaleza jurídico-cautelar de los cauces protectores provisionales de personas menores de edad o presuntamente incapaces por considerar que no hay instrumentalidad con el proceso en las medidas de los artículos 762 y 768 LEC. Se indica que internar al discapaz configura un aseguramiento de la persona ajeno a la efectividad de la tutela judicial pretendida, antes la incapacitación, hoy la adopción de medidas de apoyo. Sin embargo, parece olvidarse que el riesgo personal del sujeto que se asegura con el internamiento cautelar, al igual que con la intervención de su patrimonio, podría hacer inútil, absolutamente, cualquier medida de apoyo estable (imagínese el perfil suicida, o que se dilapiden todos los bienes antes de sentenciar medidas de apoyo patrimonial para el pródigo). Lo que puede discutirse con ese tipo de cautela –al igual, por ejemplo, que la asegurativa de bienes en la curatela– es superar el carácter temporal y provisorio, aparentemente presente, por la satisfacción, una suerte de ejecución impropia que sólo cabría una vez adoptada medida de apoyo al discapaz. La privación de libertad perenne, del anciano senil en un psiquiátrico, puede ser precisamente el único objetivo del proceso de adopción de medidas de apoyo, sobre todo si el incapaz carece de patrimonio. El carácter propiamente satisfactivo de la tutela judicial a través del juicio verbal especial del artículo 763 LEC, aun temporal, sí muestra una diferencia radical con las medidas cautelares, por mucho que coincida con su naturaleza protectora. Igual puede señalarse con la lógica de la prohibición de aproximación para evitar la agresión entre personas que, en última instancia, responde a la espera de resolver la tutela judicial rogada y, además, desaparecerá como medida (cautelar) cuando acabe el proceso en el que aquélla deba ser sustituida por otra (medida) definitiva.

No procede mezclar conceptualmente, en fin, la naturaleza declarativa o ejecutiva, principales, con las cautelares, instrumentales, por mucho que el grado de satisfacción anticipada afecta determinadas medidas cautelares igual que pudiera criticarse la satisfacción anticipada de la ejecución provisional. Tampoco son cautelas las anticipaciones probatorias, por mucho que su razón de ser resida en asegurar el proceso probatorio mismo y, en definitiva, el proceso todo; si bien en este caso y contra la terminología se mantiene la nota asegurativa, mientras que en la cautela hace mucho que se tiende a la anticipación de lo que en sentencia pueda resolverse en favor del actor. En este sentido, anticipar el resultado del proceso como efectividad de la sentencia se suma a las cautelas que persiguen mantener un estado de situación de principio cuando el juicio acaba y las orientadas al aseguramiento del cumplimiento de su resultado, en ejecución, si no se cumpliera voluntariamente un eventual fallo condenatorio.

El legislador ofrece con el artículo 727 LEC un listado de medidas cautelares concretas que no es cerrado ni restrictivo. Al contrario, pueden admitirse otras no nominadas, más adecuadas al caso en concreto, de ahí la expresión "entre otras"[137].

2. Presupuestos

El riesgo y la apariencia constituyen las dos exigencias primordiales para adoptar cualquier medida: *periculum in mora* y *fumus boni iuris*. El riesgo se define con el tiempo procesal y el peligro que implica cualquier demora entre la necesidad del demandante y la obtención de una sentencia. No se atiende, exclusivamente, al lapso temporal, sino al daño que ese inevitable espacio de tiempo procesal pudiera provocar. Ese perjuicio es abstracto para cualquier supuesto, pero en cada litigio añade especiales circunstancias dependiendo de lo que se inste singularmente, que se anudará a una u otra cautela específica. La apariencia de ese interés demandante es la del *buen derecho*, una inferencia que no debe prejuzgar pero que trasciende más allá de la admi-

---

137. Con la anterior legislación procesal podía acudirse a las medidas "innominadas"; cfr. Jorge CARRERAS LLANSANA, "Las medidas cautelares innominadas" en *Estudios de Derecho Procesal* (con Miguel Fenech Navarro), Librería Bosch, Barcelona, 1962, María Pía CALDERÓN CUADRADO, *Las medidas cautelares indeterminadas en el proceso civil,* Civitas, Madrid, 1992.

sión de la demanda y el contenido meramente alegatorio implicado. Supone mostrar al juez un indicio de verosimilitud y probabilidad –a través de datos, argumentos y medios de prueba documental (lo más sencillo) o de otra índole–, pues sino acreditar plenamente lo pedido ya supondría obtener lo demandado. En la etapa o proceso de ejecución se prescinde, obviamente, de esto último, por cuanto ya se dispone de una decisión judicial definitiva y firme que elimina lo indiciario o provisorio, lo verosímil o lo probable. Se mantiene en la ejecución, en cambio, el peligro de que la efectividad del fallo favorable no se alcance sin previo aseguramiento que pudiera arrastrarse en cautelares adoptadas desde la etapa declarativa.

El mayor o menor grado de anticipación que pueda obtenerse con la cautela, o cuando menos los efectos de la misma, paralizantes o limitativos, en los intereses del contrario, puede generar daños y perjuicios en éste, sean personales o patrimoniales. Para paliar tal consecuencia, por supuesto inexistente cuando el demandado triunfa en sus excepciones, existe una contramedida asegurativa, la caución "suficiente". No es un presupuesto de la adopción de la medida cautelar, sino una exigencia para su puesta en marcha, estableciéndose como regla (artículo 728 LEC), aun admitiendo excepciones que no incluyen disfrutar del beneficio de la justicia gratuita.

3. Procedimiento

La solicitud de medidas cautelares tiene lugar antes de, con o después de la demanda, por lo que en el primer y último casos procede un escrito de alegación y argumentación independiente. La regla se encuentra en aplicar el principio de contradicción antes de resolver sobre la petición, que se articulará en una vista oral, mientras que la excepción supone decidir sin audiencia de la parte demandada, sobre todo si advertida ésta puede poner en peligro la lógica de la cautela, sin perjuicio que el demandado deberá ser oído a continuación.

Cualquier decisión puede recurrirse en apelación, si se toma en plena contradicción, o a través de un trámite de oposición, cuando la contradicción es diferida. El éxito en contra de la medida activará el uso de la caución, siempre y cuando se pruebe el daño y su relación causal con la cautela en su día adoptada, debiendo el responsable pagar de inmediato o someterse a la exacción forzosa (artículo 742 LEC). Se trata de un ejemplo de responsabilidad objetiva que adopta el trámite de los artículos 712 y sigs. LEC para determinar el *quantum* indemnizatorio, útil en cuanto la caución en su día depositada haya podido resultar insuficiente o excesiva. A su vez, la responsabilidad por daños y perjuicios existirá igualmente aun no habiendo caución, pero no es posible acordarla de oficio: en todos los casos debe instarse por la parte interesada.

La caución que como regla se exige a la parte que insta la medida no debe confundirse con la caución sustitutoria que quien padece la cautela puede ofrecer para evitarla, tanto antes de ejecutarse aquélla como cuando ya se aplicó (artículo 746 LECr). De cualquier manera exige proporcionalidad y apariencia jurídica favorable a la posición del demandado, no en cuanto a la cautela en sí –pues tanto la proporción como la inferencia indiciaria ya se valoraron a favor de la medida– sino respecto de la sustitución, subyugada irremediablemente a la existencia de aquélla.

El peritaje psicológico está mucho más afianzado en el Derecho de familia y, en general, en la protección del menor o del discapaz, en procesos matrimoniales o equivalentes cuando procede tomar medidas cautelares o definitivas para con los hijos menores de edad. Ahora bien, los expertos pueden operar en todo tipo de litigios, también en perspectiva cautelar.

4. Tipología

En el ámbito del aseguramiento el artículo 726 LEC establece que el juez acordará "cualquier actuación, directa o indirecta", que reúna dos tipos de características: no resultar sustituible por otra de igual eficacia pero menos gravosa o perjudicial y siempre orientada a no impedir o dificultar una eventual estimación de la demanda, añadiendo que pueden acordarse "órdenes y prohibiciones de contenido similar a lo que se pretenda en el proceso". A su vez, se enumeran medidas concretas en el artículo 727 LEC, aludiendo a que lo son "entre otras". Se trata, como ya se indicó, de una relación ejemplificativa o abierta.

Según el texto: "1.ª El embargo preventivo de bienes, para asegurar la ejecución de sentencias de condena a la entrega de cantidades de dinero o de frutos, rentas y cosas fungibles computables a metálico por aplicación de precios ciertos. Fuera de los casos del párrafo anterior, también será procedente el embargo preventivo si resultare medida idónea y no sustituible por otra de igual o superior eficacia y menor onerosidad para el demandado. 2.ª La intervención o la administración judiciales de bienes productivos, cuando se pretenda sentencia de condena a entregarlos a título de dueño, usufructuario o cualquier otro que comporte interés legítimo en mantener o mejorar la productividad o cuando la garantía de ésta sea de primordial interés para la efectividad de la condena que pudiere recaer. 3.ª El depósito de cosa mueble, cuando la demanda pretenda la condena a entregarla y se encuentre en posesión del demandado. 4.ª La formación de inventarios de bienes, en las condiciones que el tribunal disponga. 5.ª La anotación preventiva de demanda, cuando ésta se refiera a bienes o derechos susceptibles de inscripción en Registros públicos. 6.ª Otras anotaciones registrales, en casos en que la publicidad registral sea útil para el buen fin de la ejecución. 7.ª La orden judicial de cesar provisionalmente en una actividad; la de abstenerse temporalmente de llevar a cabo una conducta; o la prohibición temporal de interrumpir o de cesar en la realización de una prestación que viniera llevándose a cabo. 8.ª La intervención y depósito de ingresos obtenidos mediante una actividad que se considere ilícita y cuya prohibición o cesación se pretenda en la demanda, así como la consignación o depósito de las cantidades que se reclamen en concepto de remuneración de la propiedad intelectual. 9.ª El depósito temporal de ejemplares de las obras u objetos que se reputen producidos con infracción de las normas sobre propiedad intelectual e industrial, así como el depósito del material empleado para su producción. 10.ª La suspensión de acuerdos sociales impugnados, cuando el demandante o demandantes representen, al menos, el 1 o el 5 por 100 del capital social, según que la sociedad demandada hubiere o no emitido valores que, en el momento de la impugnación, estuvieren admitidos a negociación en mercado secundario oficial. 11.ª Aquellas otras medidas que, para la protección de ciertos derechos, prevean expresamente las leyes, o que se estimen necesarias para asegurar la efectividad de la tutela judicial que pudiere otorgarse en la sentencia estimatoria que recayere en el juicio". El último extremo referido implica cualquier medida posible, no enumerada anteriormente, en línea con la discrecionalidad indicada con el artículo 726 LEC.

Por su parte, el artículo 762.1 LEC establece, para el proceso de adopción de apoyos al incapaz, medidas innominadas que tanto pueden instarse por la parte como ser acordadas de oficio por el tribunal: "las medidas que estime necesarias para la adecuada protección del presunto incapaz o de su patrimonio", abriendo así las posibilidades tanto personales como reales, a lo que se añade el internamiento psiquiátrico urgente del artículo 763 LEC, pero no como medida cautelar sino bajo procedimiento verbal especial específico. En el ámbito del proceso especial de filiación también se establece la posibilidad de acordar las medidas que se consideren oportunas sobre persona y bienes (artículo 768 LEC). En los procesos matrimoniales la legislación procesal se remite a los artículos 102 y 103 CC (artículo 771.1 LEC); el primero sobre reglas entre cónyuges, el segundo centrado en las medidas para con los menores, aunque también aborda situaciones propias de los miembros de la pareja[138].

Finalmente, en materia de medidas relativas a la restitución o retorno de personas menores de edad en casos de sustracción internacional, el juez puede, de oficio, a petición de quien promueva el procedimiento o del Ministerio Fiscal, las medidas cautelares oportunas y de aseguramiento del menor que estime pertinentes al artículo 773 LEC y al artículo 158 CC, así como garantías para con los derechos de estancia o visita, relación y comunicación del menor con el demandante, incluso de forma supervisada. La noción general que guía el conjunto es la *conveniencia* del menor.

---

138. V., en general, María Pía CALDERÓN CUADRADO, *Medidas provisionales en nulidad, separación y divorcio: la aplicación práctica de los artículos 102 a 106 del CC y 771 a 773 de la LEC,* Tirant lo Blanch, Valencia, 2002.

19
La ejecución forzosa

1. La ejecución como sustitución

Quienes suprimen de la ecuación relevante la posibilidad de un cumplimiento voluntario del fallo condenatorio consideran la ejecución como la auténtica tutela judicial efectiva[139]. Debe reconocerse, sin embargo, que aun atendiendo al nada desdeñable dato estadístico de ese tipo de cumplir, la propia base psicológica que lo sostiene reside en la posibilidad de ejecutar forzosamente la decisión judicial en caso contrario. Ahora bien, el efecto coactivo de la previsión no implica identificar la tutela con la efectiva ejecución, sino acaso con el planteamiento constitucional: las resoluciones judiciales deben cumplirse (artículo 118 CE). Tampoco debiera olvidarse que es igualmente tutela judicial, y efectiva, la terminación del proceso civil por un fallo desestimatorio de la demanda, por absolución total del demandado, o cuando las sentencias estiman pretensiones declarativas puras, que no precisan de ejecución pues bastan por sí mismas, de igual manera que las estimatorias constitutivas donde el cambio jurídico se impone en el propio fallo. Puede hablarse de ejecución impropia en orden a la inscripción registral de una cancelación del asiento en el Registro Mercantil o del divorcio en el Registro Civil, ejemplos respectivos de aquéllas. Esta situación jurídica lleva a concluir que tal tipo de sentencia no es título ejecutivo, en el entendido que no se ejecutará en caso alguno[140]. No porque carezca de efectos o efectividad como tutela judicial, lo

---

139. Por ejemplo, Francisco RAMOS MÉNDEZ, "Tutela efectiva es ejecución", en *Principios y garantías procesales. Liber Amicorum en homenaje a la profesora Mª Victoria Berzosa Francos*, José María Bosch ed., Barcelona, 2013, págs. 327 y sigs.

140. Así, por ejemplo, Juan MONTERO AROCA, "Proceso de ejecución", en *El Nuevo Proceso Civil,* Tirant lo Blanch, Valencia, 2001, pág. 654.

que se extiende a la posibilidad de todo interesado directo y legítimo de instar del juez las actuaciones que sean precisas para otorgar la eficacia debida para esos sujetos. En este sentido debe comprenderse el rechazo a despachar ejecución de sentencias meramente declarativas y constitutivas al margen de las inscripciones registrales que procedan (artículos 521 y sig. LEC).

Si acaba por ser necesario *ejecutar* (lo que siempre es *forzoso*) se está sustituyendo el cumplir voluntario de una condena no declarativa ni constitutiva. Al amparo del artículo 117.3 CE se mantiene el carácter jurisdiccional de operar sobre "lo juzgado", que implica un proceso previo de declaración. También es jurisdiccional cuando ese proceso falta, añadiendo en la práctica la disyuntiva "o" a la conjunción del antecitado precepto: "juzgando y haciendo ejecutar lo juzgado". Se trata, en fin, de otorgar el valor de título judicial a lo que no es una resolución judicial declarativa (artículo 517.1 LEC).

De otro lado, pueden pactarse acuerdos concretos. El ejecutante también estará en posición de poner fin a la ejecución que provenga de títulos no judiciales o judiciales dispositivos, por la vía de la renuncia, o el mismo ejecutado cumpliendo lo que tendría que haber cumplido a vista de la sentencia que le condenó –más el coste que haya generado la ejecución–, pero el trámite no es convencional sino propio del Derecho necesario, como lo es toda normativa procesal.

Particularidad de la ejecución es la no dineraria, sea de dar, hacer o no hacer, que sólo puede ser judicial, a diferencia de la dineraria que proviene tanto de títulos judiciales como no judiciales.

2. El complemento del título de ejecución judicial

De conformidad con el artículo 219.2 LEC "la sentencia de condena establecerá el importe exacto de las cantidades respectivas, o fijará con claridad y precisión las bases para su liquidación, que deberá consistir en una simple operación aritmética que se efectuará en la ejecución".

La cuantificación en ejecución del fallo, con las bases que da la sentencia para concretar el total a pagar, resulta difícil en casos de dolencias psíquicas que como tales se habían de haber declarado probadas en el propio texto de la sentencia, por ejemplo si el tratamiento terapéutico no ha acabado, o incluso si respecto del alcance de la secuela faltase alguna cuestión por definir.

En todo caso resulta tajante el texto legal una vez prescribe que "no podrá el demandante pretender, ni se permitirá al tribunal en la sentencia, que la condena se efectúe con reserva de liquidación en la ejecución" (219.3 LEC).

3. Partes

Ejecutante y *ejecutado* constituyen las dos posiciones que configuran el dualismo en el proceso de ejecución, siendo de principio equiparado el primero al demandante –o demandante reconvencional– y el segundo al demandado –o demandado reconvenido–. Por su parte, el embargo ejecutivo es el mecanismo esencial para hacer cumplir una condena dineraria. Y resulta igualmente posible provocar la introducción de terceros, sujetos que no han sido partes procesales durante el proceso de declaración, pese a que intervendrán en la ejecución que sigue.

> Bien como tercería de mejor derecho, bien como tercería de dominio. En el primer caso se alega frente al ejecutante un derecho preferente, a fin de obtener lo embargado en vez de que lo obtenga aquél, disputa que deberá resolverse en forma de sentencia. En el segundo supuesto se trata de la oposición a un concreto acto de embargo por dirigirse éste contra un bien propio de un tercero, el titular del bien que no ostenta la cualidad de ejecutado, pretendiendo el alzamiento del embargo. En uno y otro caso se sigue el trámite del juicio ordinario, aún con especialidades, acabando el segundo por medio de un auto que, por definición, ha de ser motivado.

El trámite principiará por una *demanda de ejecución* que habrá de admitir el letrado de la administración de justicia, pudiendo oponerse el ejecutado a ese *despacho* de ejecución, por defectos formales o motivos de fondo, aunque puedan producirse oposiciones concretas a actos ejecutivos singulares. El ejecutante anticipa los gastos, que como costas procesales de la ejecución deberá abonar, al cabo, el ejecutado. En cuanto al perito en particular no está prevista la provisión de fondos, pero en la práctica algunos juzgados aplican la analogía con el proceso declarativo. Desde el punto de vista del experto llamado, por consiguiente, resulta aconsejable solicitar la provisión, exponiéndose de lo contrario a asumir el propio coste como anticipado y girarlo después contra un ejecutante que teóricamente se retribuirá del ejecutado. Su insolvencia no suprime deber de pago al experto, y el ejecutante, acaso insolvente también, anticipa los gastos, lo que podría traducirse como quien provee de fondos a cuenta de ulterior condena en costas de la ejecución contra el ejecutado.

20
Sistemas alternativos: conciliación, mediación y arbitraje

1. Sistemas alternativos a la jurisdicción

Tanto en función de la cualidad como de la cantidad, la controversia en el ámbito jurídico-privado, y dispositivo, excede con creces la absorción de trabajo recomendable para los tribunales de justicia a través de modos alternativos al judicial, igualmente orientados a la resolución y alcance de la paz social. Al respecto han hecho fortuna las siglas en inglés ADR: *alternative dispute resolution*[141].

Manteniendo la heterocomposición, en la que un tercero o terceros intervienen o lo hacen todas las partes interesadas de común, en vez de uno solo –autotutela–, lo más próximo a la jurisdicción es el arbitraje de Derecho privado, bajo la renovada norma de 2004, junto con sus especialidades en materia

---

141. Cfr., en general, Niceto ALCALÁ-ZAMORA CASTILLO, *Proceso, autocomposición y autodefensa* Universidad Autónoma de México, México 1970², Erika S. FINE (editora), *ADR and the Courts: A Manual for Judges and Lawyers focuses on new methods in the judicial system*, Butterworth-Heinemann, 1987, Silvia BARONA VILAR, *Solución extrajurisdiccional de conflictos. ADR y Derecho procesal*, Tirant lo Blanch, Valencia, 1999, de la misma, *Nociones y principios de las ADR (Solución extrajurisdiccional de conflictos)*, Tirant lo Blanch, Valencia, 2018, AAVV, *Materiales jurídicos del Libro Blanco de la Mediación en* Cataluña, CEJFE, Generalitat de Catalunya, Barcelona, 2011, Christopher HODGES, Iris BENÖHR y Naomi CREUTZFELDT (editores), *Consumer ADR in Europe (Civil Justice Systems)*, Hart Publishing, Oxford, 2012, *Adr, Arbitration, and Mediation: A Collection of Essays* (Julio César Betancourt y Jason A. Crook eds.), Chartered Institute of Arbitrators, Author House, Londres, 2014, Andrés DE LA OLIVA SANTOS, *"ADR o la riscoperta dell'acqua calda"*, *Rivista Trimestrale di Diritto e Procedura Civile*, año LXX, fascículo 2, 2016, págs. 507 y sigs., *Adr Advocacy, Strategies, and Practices for Intellectual Property and Technology Cases* (Harrie Samara ed.), American Bar Association, 2019², *El sistema de ADR/ODR en conflictos de consumo: aproximación crítica y prospección de futuro* (Immaculada Barral Viñals dir.), Atelier, Barcelona, 2019.

de consumo, o propias del ámbito administrativo o que sin serlo se le asemejan, como la Comisión mediadora y arbitral de la propiedad intelectual[142]. Intrínseca al ámbito judicial, pero eludiendo el sí del litigio, se encuentra la conciliación preprocesal[143], si bien existieron conciliaciones ajenas a la intervención judicial o situaciones asimiladas, como el llamado Jurado Central de Publicidad nacido del Estatuto de Publicidad de 1964, derogado por la Ley 34/1988, de 11 de noviembre, General de Publicidad. Por su parte, la Ley 5/2012, de 6 de julio, de mediación en asuntos civiles y mercantiles, sistematiza uno de los instrumentos alternativos a la jurisdicción civil más significativos en la hora presente, orientado a las decisiones "prácticas, efectivas y rentables" complementarias de la Administración de justicia, en palabras del preámbulo de la dicha ley, destacando el antecedente de la Directiva 2008/52/CE, del Parlamento Europeo y del Consejo, de 21 de mayo, sobre ciertos aspectos de la mediación en asuntos civiles y mercantiles, para con los conflictos interfronterizos[144].

En el ámbito europeo procede mencionar, con anterioridad a la Directiva aludida, la Recomendación 1/1998, del Consejo de Europa, sobre mediación familiar, y el Reglamento (CE) 2201/2003 sobre responsabilidad parental (art. 55 e) y su Guía de Buenas Prácticas, y, con posterioridad, la Resolución del Parlamento Europeo de 12 de septiembre de 2017, sobre la aplicación de la Directiva 2008/52/CE.

Asimismo, es específica la mediación familiar, con nutrida normativa autonómica, organizada a través del Centro de Mediación Familiar como organismo administrativo, que soslaya la reconciliación en pos de guiar un consenso en la separación de la pareja sentimental y el abordaje de las relaciones paterno-filiales que puedan concurrir en aquélla[145].

---

142. Creada por Real Decreto 479/1989, de 5 de mayo, modificado por el Real Decreto 1248/1995, de 14 de julio, y más tarde sustituido por Real Decreto 1889/2011, de 30 de diciembre, por el que se regula el funcionamiento de la Comisión de Propiedad Intelectual.

143. V., extensamente, Pablo M. FÉLEZ BLASCO, *Teoría y análisis del acto de conciliación civil preprocesal ante el Juzgado*, Tesis doctoral, Javier López Sánchez dir., Universidad de Zaragoza, 2017, luego en la monografía *El acto de conciliación preprocesal civil ante el juzgado,* Bosch, Madrid 2019.

144. María Pía CALDERÓN CUADRADO, "La Directiva de mediación y su transposición al ordenamiento español: una advertencia desde la Carta de Derechos Fundamentales", en *Nuevas fronteras del derecho de la Unión Europea. Liber Amicorum José Luis Iglesias Buhígues*, Tirant lo Blanch, Valencia, 2012, págs. 395 y sigs.

145. Cfr., entre otras, AAVV, *Tratado de mediación. 3. Mediación en conflictos de familia,* Tirant lo Blanch, Valencia, 2017, Ángela COELLO PULIDO, *Los menores de edad en el juego de la mediación,* José María Bosch, Barcelona, 2017, María José RUIZ GARCÍA, *La necesidad sociojurídica de la mediación. Su eficacia para construir la corresponsabilidad parental,* Thomson Reuters Aranzadi, Cizur Menor, 2018, Gema VALLEJO PÉREZ, *La mediación familiar en el sistema jurídico español. De su implantación legislativa a sus retos futuros,* Reus, Madrid, 2019.

Con anterioridad al marco nacional, merced a la Ley 5/2012, de 6 de julio, de mediación en asuntos civiles y mercantiles, y el Real Decreto 980/2013, de 13 de diciembre, por el que se desarrollan los aspectos de esa Ley, se promulgaron las leyes autonómicas, hoy en vigor, de *mediación familiar*: 1/2009, de 27 de febrero (Andalucía) y su Decreto 37/2012, de 21 de febrero, por el que se aprueba el Reglamento de Desarrollo, modificado por el Decreto 65/2017, de 23 de mayo: 9/2011, de 23 de marzo (Aragón); 3/2007, de 23 de marzo (Asturias); 4/2005, de 24 de mayo (Castilla La Mancha); 1/2006, de 6 de abril (Castilla León) y su reglamento de desarrollo en Decreto 61/2011, de 13 de octubre; 4/2001, de 31 de mayo (Galicia), con su Decreto 159/2003, de 30 de junio; 14/2010, de 9 de diciembre (Baleares); 15/2003, de 8 de abril (Canarias), modificada por ley 3/2005, de 23 de junio, y reglamento por Decreto 144/2007, de 24 de mayo; 1/2007, de 21 de febrero (Madrid) y 1/2008, de 8 de febrero (Euskadi); y de *Mediación* sin más: 4/2017, de 19 de abril, por la que se modifica la Ley 1/2011, de 28 de marzo (Cantabria); 15/2009, de 22 de julio (Cataluña)[146]. Después de la normativa nacional mencionada se promulgó el reglamento de desarrollo de esta última ley autonómica, con Decreto 135/2012, de 23 de diciembre; y la ley de mediación 24/2018, de 5 de diciembre (C. valenciana).

Para alcanzar el acuerdo puede practicarse un medio de prueba como el peritaje, o simplemente utilizar el trabajo extraprocesal de un experto a fin de conducir hasta una decisión que resuelva la controversia.

Aunque el Servicio de Reclamaciones de la Dirección General de Seguros y Fondos de Pensiones puede parecer un medio de resolución extrajudicial no lo es en absoluto, pues nada vincula su resolución, sin perjuicio que su carácter institucional público sea inservible para denuncias que puedan mejorar el sistema de protección del usuario asegurado, pues la gestión, de manera estricta, se circunscribe al interesado directo, lo que por demás incluye a beneficiarios de seguros que precisan trámites en paralelo para ubicarlos como legitimados activos, como ocurre con los seguros de vida sin designado nominativo. Carece de cualquier elemento de disuasión relevante, pues aunque pueda derivar cuestiones, por ejemplo, al trámite de reclamaciones del Banco de España, en éste también se restringe sobremanera la procedibilidad, no operando de oficio ante déficits objetivos sino requiriendo que el legitimado directo intervenga como interesado. Siquiera tiene la fuerza formal de un mediador.

Tampoco lo es el *facilitador*, que opera para que el destinatario de cualquier actuación o resolución judicial sepa realmente de su contenido, al tiempo que igualmente se activan otros muchos mecanismos estructurales y procedi-

---

146. Sobre esta norma autonómica v., por ej., AAVV, *Comentarios a la Ley catalana 15/2009, de 22 de julio, de mediación en el ámbito de Derecho privado y concordantes* (I. Viola Demestre dir.), Madrid, Marcial Pons, 2018.

mentales. Se trata de operar en función del derecho de comprensión del justiciable[147], siendo de destacar la Convención sobre los derechos de las personas con discapacidad que entró en vigor el 3 de mayo de 2008, así como la Observación 6 del Comité sobre los derechos de las personas con discapacidad en 2017 y el Real Decreto Legislativo 1/2013, de 29 de noviembre, que refunde la Ley General de derechos de las personas con discapacidad y de su inclusión social. La sociedad es responsable de la eliminación de los obstáculos del entorno a través de los apoyos necesarios que, para aplicarlos, convierte en imprescindible identificar qué tipo de sujeto lo precisa en el acceso a la justicia, para así garantizarlo, especialmente respecto del discapacitado[148].

> Facilitador idóneo es un psicólogo especializado en testimonio y discapacidad intelectual llamado a evaluar las capacidades o limitaciones de un discapaz intelectual presunto perjudicado en el proceso civil, asistiéndole tras haber proyectado los apoyos que sean necesario y extendiendo su actividad experta al asesoramiento de cualquier interviniente (juez, fiscal, abogados) que habrá de implementar la adaptación que resulte necesaria. En fecha 21 de mayo de 2019 se suscribió un convenio entre el CGPJ y la Fundación A la par con el fin de facilitar el trabajo en ese contexto.

2. Conciliación

Este mecanismo extrajudicial en la resolución de conflictos civiles se estructura como un acto de jurisdicción voluntaria regulado en el artículo 139 de la Ley 15/2015, de 2 de julio, siempre que la materia sea susceptible de transacción o compromiso, indicando explícitamente que no es posible cuando el interesado sea el Estado o una Comunidad Autónoma y otras administraciones e instituciones públicas, al igual que menores o discapaces sometidas a medidas de apoyo estable en orden a la limitación de la administración de sus bienes, y la reclamación civil de responsabilidad contra jueces y magistrados.

Existe igualmente la posibilidad de que, ya en curso un proceso, se llegue a un acuerdo entre litigantes, que bien puede ser extraprocesal traduciéndose durante el juicio como desistimiento o allanamiento, o bien intraprocesal –incluso con intervención mediadora (e indebida) del propio juez– que derive hasta lo anterior o, más posiblemente, al acuerdo para homologar judicialmen-

---

147. Ricardo YÁÑEZ VELASCO, *L'Oficina...,* cit., págs. 146 y sigs.

148. V., en general, Inés DE ARAOZ, *Acceso a la justicia: ajustes de procedimiento para personas con discapacidad intelectual y del desarrollo,* Plena Inclusión España, Madrid, 2019. Cfr. AAVV, *Los Derechos de las Personas con Discapacidad,* 3 vols., Consejo General del Poder Judicial, Madrid, 2007, 2007 y 2008 respectivamente.

te el pacto y convertirlo en eventual título de ejecución ante incumplimiento voluntario de lo pactado. Pero nada de esto configura la conciliación regulada como acto de jurisdicción voluntaria, que se principia a través de un escrito formulario o modelo (publicado en BOE 28–I–2016) ante el Juez de Paz o el letrado de la Administración de justicia del Juzgado de Primera instancia o del Juzgado de lo Mercantil del domicilio del instante, órgano judicial que convocará en su sede una comparecencia de los interesados.

Si el solicitante no compareciera se concluirá el trámite y el requerido podrá instar daños y perjuicios. Si lo hiciera pero el requerido no acudiera, asistencia a la que no puede ser obligado, terminará igualmente la conciliación, teniéndose por intentada. Acudiendo todas las partes pueden avenirse a un pacto, para el que puede mediar el juez de paz o el letrado actuante, o pueden no avenirse, cerrándose el trámite en cualquiera de los casos. Lo que se ventile y resulte se hará constar en acta, sin perjuicio de haber podido grabar la comparecencia en modo audiovisual. De alcanzarse un acuerdo ese acta constituirá acreditación del título de ejecución extrajudicial conformado por conciliación (artículo 517.2.9º LEC).

3. Mediación civil y mercantil

Bajo los principios de voluntariedad y libre disposición, igualdad, imparcialidad, neutralidad y confidencialidad como deberes directrices, uno o varios mediadores, que recibirán el apoyo y colaboración de las partes, guiadas a su vez por la lealtad, la buena fe y el respeto mutuo, buscarán soluciones definitivas ante problemas o controversias de derechos y obligaciones disponibles por los interesados[149]. Basta que se realice en territorio español y que una de las partes tenga domicilio en España, siendo transfronteriza aquella en que al menos uno de los intervinientes se encuentre domiciliado en el extranjero o después de la mediación se domicilie fuera de España o que fuera del país

---

149. Cfr., en general, Fernando MARTÍN DIZ, *La mediación: sistema complementario de Administración de Justicia,* Consejo General del Poder Judicial, Madrid, 2009, Pablo CHICO DE LA CÁMARA, *Las medidas alternativas de resolución de conflictos (ADR) en las distintas esferas del ordenamiento jurídico,* Tirant lo Blanch, Valencia, 2019², Silvia BARONA VILAR y otros, *Estudios sobre mediación y arbitraje, desde una perspectiva procesal,* Thomson Reuters Aranzadi, Cizur Menor, 2017, AAVV, *Tratado de mediación. 1. Mediación en asuntos civiles y mercantiles,* Tirant lo Blanch, Valencia, 2017, AAVV, *La mediación como método para la resolución de conflictos*, Dykinson, Madrid, 2017, Manuel ALEGRE NUENO y otros, *La mediación en el sistema jurídico español: análisis y nuevas propuestas,* Tirant lo Blanch, Valencia, 2018, Carles ESPLUGUES MOTA, *Mediación civil y comercial. Regulación internacional e iberoamericana,* Tirant lo Blanch, Valencia, 2019.

haya de ser en su caso ejecutado lo resuelto. La alternativa en el plano judicial sería la del orden jurisdiccional civil, negándose expresamente la materia propia a otras jurisdicciones, la penal, la administrativa y la laboral. Ya antes de estas prohibiciones genéricas la mediación fue (y sigue) vedada en todos los supuestos recogidos en los apartados 1 a 4 del artículo 87ter.5 LOPJ, donde se establece la competencia objetiva del Juzgado de violencia sobre la mujer, sea en el ámbito penal o en el civil.

4. En especial, el procedimiento en la mediación

Las partes directamente implicadas en el conflicto que optan por el sistema mediador son quienes deciden el trámite a seguir, siéndole impedido el ejercicio de cualquier acción judicial o extrajudicial durante el proceder, a excepción de medidas cautelares o urgentes llamadas a la protección de bienes y derechos ante eventual pérdida irreversible. Desde que fuera solicitado este tipo de alternativa ante la jurisdicción se paralizarán los plazos de prescripción y caducidad de las acciones ejercitables en esa jurisdicción del Estado. De encontrarse en curso un proceso civil podría solicitarse su suspensión de común acuerdo, a fin de mediar. Y como ocurre con cualquier proceso de naturaleza dispositiva, puede proyectarse el desistimiento o la transacción extrajudicial, la homologación de pactos o el allanamiento.

En fin, así como el inicio de la mediación precisa de todas las partes interesadas –también la generada por un solo interesado en virtud de acuerdo previo–, la terminación de la mediación puede producirse por mutuo entente o por la decisión unilateral.

Las partes satisfarán por mitad los costes de la mediación, salvo que se pacte un porcentaje distinto, pudiendo exigírseles provisión de fondos –sin la cual terminaría el trámite, aunque cualquiera podría suplir la parte de otro–, sin importar que se alcance o no un acuerdo final.

El mediador se somete a una regulación específica para su régimen de actuación, a partir de las llamadas instituciones de mediación, definidas como "las entidades públicas o privadas, españolas o extranjeras, y las corporaciones de derecho público que tengan entre sus fines el impulso de la mediación". Puede tratarse de una persona física o jurídica, pero aquélla o quienes actúen en ésta deben disponer de un título oficial universitario o de formación profesional superior, contar con formación específica para ejercer la mediación y tener cobertura de seguro o garantía equivalente ante eventuales responsabilidades civiles al intervenir como mediador/es.

La "sesión constitutiva" inicia formalmente el trámite y fija la identidad de partes, mediador o mediadores, lugar e idioma, objeto sobre el que buscar acuerdo, plazo máximo del trámite –bajo la regla de la mayor brevedad y menor número de sesiones posible–, programa de actuaciones y coste, así como la declaración de voluntad por la que se asumen determinadas obligaciones. El acuerdo de mediación es el objetivo primordial del procedimiento, puede ser elevado a escritura pública por notario y solo cabe discutirlo, como lo sería un contrato, a través de la causa de nulidad negocial.

Si el contenido del acuerdo no se cumple voluntariamente, se acudirá a un juzgado de primera instancia –del lugar en que se firmó (artículo 545.2 LEC)– para su ejecución forzosa –a instancia de parte– como si fuese un título no judicial. Caso que se hubiera suspendido un proceso civil en curso, el órgano judicial que suspendió será el competente para ejecutar.

En los procesos no dispositivos es imposible el auto de homologación sobre la materia propiamente indisponible, ni evitar la sentencia preceptiva en pos de la mediación de la que derive un título no judicial, pero sí cabe que dicha mediación facilite ese trámite necesariamente jurisdiccional.

5. Arbitraje de Derecho privado

La propia voluntad de las partes, y así bajo la materia privada y disponible, marca el trámite de resolución a través de un árbitro o colegio arbitral, o de un arbitraje institucional, expresándose esa voluntad constitutiva a través del *convenio arbitral*, todo ello regulado en la ley 60/2003, de 23 de diciembre. Ese convenio es un negocio jurídico que permite incluir decisiones sobre el procedimiento y las normas aplicables, siempre y cuando se respeten los derechos constitucionales de igualdad, audiencia y contradicción[150]. El arbitraje laboral obtiene una regulación específica, y en ocasiones deviene obligatorio por ministerio de la Ley, ofreciendo normativa específica para el arbitraje

---

150. Cfr., entre otros trabajos, Antonio María LORCA NAVARRETE, *Comentarios a la nueva Ley de arbitraje 60/2003, de 23 de diciembre,* San Sebastián, 2004, Ricardo YÁÑEZ VELASCO y María Elisa ESCOLÀ BESORA, *Comentarios a la ley de arbitraje,* Tirant lo Blanch, Valencia, 2004[2], Julio GONZÁLEZ SORIA, *Comentarios a la nueva ley de arbitraje 60/2003, de 23 de diciembre de arbitraje,* Barcelona, 2004, José GARBERÍ LLOBREGAT, *Comentarios a la nueva ley 60/2003, de 23 de diciembre, de arbitraje,* Barcelona, 2004, Silvia BARONA VILAR y otros, *Comentarios a la Ley de arbitraje (60/2003, de 23 de diciembre),* Thomson-Civitas, Madrid, 2004., José Luis GONZALEZ.MONTES SÁNCHEZ, *La asistencia judicial al arbitraje (Ley 60/2003, de 23 de diciembre),* Reus, Madrid, 2009.

de consumo[151]. Obtenida la decisión arbitral, denominada *laudo*, la falta del cumplimiento voluntario activará la posible ejecución judicial del mismo, equiparado a la sentencia de un juez (artículo 517.1.2° LEC). La introducción de la jurisdicción civil también tiene lugar cuando se otorga valor de *cosa juzgada* al laudo tras servir un sistema de recursos igualmente jurisdiccionales, aunque limitado por soslayar la apelación en pos de la anulación. Del mismo modo, antes de la terminación del proceder arbitral puede intervenirse judicialmente, sea en el ámbito de la designación del árbitro, las medidas cautelares o la prueba[152].

Destaca muy especialmente la utilidad del arbitraje internacional, al igual que la ejecución de títulos arbitrales extranjeros[153].

151. José Ángel RUIZ JIMÉNEZ, *Análisis crítico del sistema nacional español de arbitraje de consumo*, San Sebastián, 2007.

152. Carmen SENÉS MONTILLA, *La intervención judicial en el arbitraje,* Madrid, 2007, Silvia BARONA VILAR, *Medidas cautelares en el arbitraje,* Madrid, 2006.

153. Francisco RAMOS MÉNDEZ, *Arbitraje y litigios transfronterizos en un foro global*, Atelier, Barcelona, 2005.

21
Discapacidad

Tabla de contenidos

1. Presunción de capacidad

Cuando se confiere a la persona física la posibilidad de realizar actos jurídicos eficaces se le está reconociendo *capacidad de obrar*, partiendo de la aceptación como miembro de la comunidad desde un comienzo y hasta el fin de la personalidad física (con la muerte), derivan a la aptitud de ser titular de derechos y obligaciones, que es la *capacidad jurídica*. Existe una presunción de capacidad cuando se alcanzan los dieciocho años, extendiéndose al menor emancipado desde los dieciséis no obstante proceda aquí acreditación de la *emancipación*. En cambio, la capacidad de obrar configura una presunción en función del mero dato objetivo de la mayoría de edad. Durante largo tiempo era necesaria una sentencia judicial que rompiera dicha presunción, aun ajustándose a la actualidad del estado de discapacidad en concreto. Tanto antes como ahora no se suprime la titularidad de los derechos fundamentales de sujeto discapaz, que los conserva en cualquier caso.

En el plano normativo internacional importa destacar la Convención sobre los derechos de las personas con discapacidad, hecha en Nueva York el 13-XII-2006, adherida en España por Instrumento de 23-XI-2007 (BOE 21-IV-2008), que propició la reforma civil y procesal operada por la ley 8/2021, de 2 de junio. La Jurisprudencia civil consideró aquel texto respetuoso con la normativa nacional siempre que se aplique por los tribunales como "sistema de protección de la persona afectada por un discapacidad y en función de sus necesidades e intereses"[154].

> La STS 29 de septiembre de 2009 (Rec núm. 1259/2006), del Pleno, que reitera la de 11 de octubre de 2012, en materia de incapacidad y en la interpretación de las normas vigentes a la luz de la Convención [de 2006 antecitada], señalaba lo siguiente en cuanto a la incapacitación, hoy medidas de apoyo al discapaz: "al igual que la minoría de edad, no cambia para nada la titularidad de los derechos fundamentales, aunque sí que determina su forma de ejercicio. De aquí, que deba evitarse una regulación abstracta y rígida de la situación jurídica del discapacitado... Una medida de protección como la incapacitación, independientemente del nombre con el que finalmente el legislador acuerde identificarla, solamente tiene justificación con relación a la protección de la persona"[155].

En la actualidad rige la línea protectora a partir de "la igualdad de todas las personas en el ejercicio de su capacidad jurídica", la dignidad y tutela de derechos fundamentales y el respeto a la libre voluntad de la persona con discapacidad. Y junto con la titularidad, se reconoce legitimación para su ejercicio, tal y como se había considerado en 2014 por la Observación General del Comité de Expertos de Naciones Unidas.

La decisión judicial determinará qué actos no podrá realizar el discapaz, operando al respecto medidas de apoyo estable, pero en ningún caso existirá medida de apoyo alguna, ni privación de derechos personales, patrimoniales o políticos. Las medidas se revisarán periódicamente en plazo máximo de tres años, excepcionalmente seis años, pero la necesidad de revisión nacerá con cualquier cambio de la situación de la persona que pueda requerir la modificación. A su vez, la protección derivada de los institutos jurídico-civiles derogados se revisará a instancia de parte por tiempo de un año desde la solicitud, que a su vez puede presentarse "en cualquier momento", o en tres años de oficio por la autoridad judicial o a iniciativa del Ministerio fiscal.

> Correlativamente al nuevo paradigma se impone una reestructuración de la responsabilidad civil por hecho propio en clave de imputación subjetiva y por hecho ajeno bajo un planteamiento más restrictivo.

---

154. STS 282/2009, 29-IV (Roj 2362).
155. STS 544/2014, 20-X (Roj 4075).

2. Las causas
2.1. Definiciones y conceptos

Como *presunción*, la capacidad podía ser desvirtuada por prueba en contra, lo que hace muy poco merecía un proceso civil especial de incapacitación o declaración de prodigalidad. En la actualidad, la intervención pública, judicial o administrativa, no constituye ese tipo de estados civiles sino que resuelve sobre los complementos necesarios para que el discapaz ejercite sus derechos. Con el derogado artículo 200 CC se trataba de acreditar enfermedades o deficiencias persistentes de carácter psíquico o físico que impedían a la persona gobernarse por sí misma o gestionar sus propios bienes. La radical reforma de esta materia operada por ley 8/2021, de 2 de junio, pivota sobre la idea de que la capacidad inherente a la persona humana y por ello inmodificable, pero necesitando el sujeto discapaz "acompañamiento amistoso, la ayuda técnica en la comunicación de declaraciones de voluntad, la ruptura de barreras arquitectónicas y de todo tipo, el consejo, o incluso la toma de decisiones delegadas por la persona con discapacidad". En todo caso, el soporte mencionado, como lo era antes la "incapacitación" es operativa innecesaria para el menor de edad no emancipado.

En ocasiones la propia minoría de edad se encuentra en entredicho, particularmente con extranjeros no acompañados que pueden plantear la necesidad de su determinación, incluso cuando presenten documentación aun dudosa. De este modo, sea persona con o sin documentos, operarán técnicas médicas, que de ser particularmente invasivas no podrán aplicarse indiscriminadamente[156].

El punto de partida es, por consiguiente, la objetiva discapacidad del sujeto, convirtiéndose en inevitable presupuesto. En la actualidad ya no existe un juicio civil que jurídicamente declare dicho extremo fáctico. Es posible utilizar un reconocimiento administrativo de la discapacidad, pero como el legislador no condiciona ninguna medida de apoyo a un previo reconocimiento administrativo de discapacidad, de no contar con este último la realidad del discapaz deberá determinarse, con carácter previo, en el mismo juicio civil especial en el que se aborde la aplicación de medidas de apoyo estable, denegándolas, obvio es decirlo, si no hay discapaz ninguno.

La ley 41/2003, de 18 de noviembre, de protección patrimonial de las personas con discapacidad, reformada por la ley 8/2021, de 2 de julio, limita su aplicación a una concreta definición del discapaz: el discapacitado psíquico

---

156. STS 319/2015, 23-V (Roj 2217).

del 33 por ciento o más y el discapacitado físico o sensorial del 65 por ciento o más (art. 2.2 de dicha norma). Para ello es irremediable, a su vez, un certificado de discapacidad expedido según norma reglamentaria o resolución judicial firme, ésta en el bien entendido que derivada de una discusión en sede jurisdiccional contra lo concluido (negativamente) en sede administrativa.

Operará el poder y el mandato preventivos, la autocuratela y una guarda de hecho que deja de ser provisional para conformarse como institución jurídica de apoyo, que de necesitar actuar en representación legal precisará autorización judicial *ad hoc*, para esa concreta necesidad. La curatela, por su parte, constituye la medida de apoyo judicial más importante y especialmente regulada, centrada en lo asistencial aunque excepcionalmente permite la representación legal, requiriendo de autorización judicial para aquello que la sentencia constitutiva de la curatela establezca y en todo caso para los supuestos recogidos en el art. 287 CC. Lo anterior permite suprimir, para la discapacidad, tanto la tutela como la prórroga o rehabilitación de la patria potestad.

Cuando existía previsión de que el menor de edad mantendría la incapacidad de obrar configurada en general hasta los dieciocho años, una vez la alcance, por identificar una causa de incapacitación en principio irrelevante de antemano se prorrogaba la patria potestad que hasta la mayoría de edad hacía innecesaria cualquier incapacitación.

Suprimida la incapacitación y la prodigalidad, las deficiencias o perturbaciones mentales, permanentes o no, conformarán el centro del estudio litigioso cuando excluyan el consentimiento en un negocio jurídico, anulándolo. Pero tal cosa deberá acreditarse ante un juez civil o mercantil caso por caso, a diferencia de lo que ocurría para el incapacitado judicial en función de la extensión establecida en el fallo de la sentencia que le incapacitaba generando un nuevo *estado civil* a partir de ese momento (los denominados efectos *ex nunc*). En ningún caso se elimina toda la capacidad de obrar del individuo, no en vano incluso el menor de edad puede disfrutar de un círculo de acción igualmente desplegable para el sometido a medidas de apoyo estable; otra cosa que la falta de comprensión y voluntad suficientes, exigibles para todo acto jurídico en mayor o menor grado, impida la validez de realizar aquellos sobre los que todavía no sea jurídicamente capaz. Las medidas de apoyo persiguen la protección del sujeto, por lo que sólo el discapaz o su representante puede instar la nulidad del acto, impugnarlo. En el terreno de la prueba, y a diferencia de lo que ocurría al disponer de un fallo de incapacitación, procederá ahondar en la acreditación de la falta de entendimiento o voluntad, útil para actos concretos presumida la capacidad o en el tramo de capacidad no reducida ni limitada[157].

Antes de la reforma operada por ley 8/2021 se explicaba que el "autogobierno es la aptitud necesaria para obrar por uno mismo, para actuar libremente. Una acción libre presupone un conocimiento suficiente y un acto de la voluntad, de querer o desear algo. De ahí que si algunas enfermedades o deficiencias físicas o psíquicas limitan el autogobierno o lo excluyen, ya sea porque impiden el conocimiento adecuado de la realidad y la posibilidad de realizar juicios de conveniencia, o anulan o merman la voluntad, constituirán causas de incapacitación. Pero lo serán en atención a este efecto de impedir en la realidad el autogobierno de una persona determinada. Y como la realidad ordinariamente es complicada, es preciso admitir que, como recordaba ya la Sentencia 479/1994, de 20 mayo, en algún caso el estado mental de una persona admite distintos grados de discernimiento, y conforme a ellos la pérdida de autogobierno sea parcial o referida a algunas actividades vitales y no a otras. De este modo, la incapacitación no es algo rígido, sino flexible, en tanto que debe adaptarse a la concreta necesidad de protección de la persona afectada por la incapacidad, lo que se plasma en la graduación de la incapacidad. Esta graduación puede ser tan variada como variadas son en la realidad las limitaciones de las personas y el contexto en que se desarrolla la vida de cada una de ellas. Como hemos recordado recientemente, «el incapaz puede precisar diferentes sistemas de protección porque puede encontrarse en diferentes situaciones, para las que sea necesaria una forma de protección adecuada» (Sentencias 282/2009, de 28 abril, y 504/2012, 17 de julio). Debe ser un traje a medida. Para ello hay que conocer muy bien la situación de esa concreta persona, cómo se desarrolla su vida ordinaria y representarse en qué medida puede cuidarse por sí misma o necesita alguna ayuda; si puede actuar por sí misma o si precisa que alguien lo haga por ella, para algunas facetas de la vida o para todas, hasta qué punto está en condiciones de decidir sobre sus intereses personales o patrimoniales, o precisa de un complemento o de una representación, para todas o para determinadas actuaciones. Para lograr este traje a medida, es necesario que el tribunal de instancia que deba decidir adquiera una convicción clara de cuál es la situación de esa persona, cómo se desarrolla su vida ordinaria, qué necesidades tiene, cuáles son sus intereses personales y patrimoniales, y en qué medida precisa una protección y ayuda"[158].

---

[157]. Con anterioridad a la reforma v. Piedad GONZÁLEZ GRANDA, *Régimen jurídico de protección de la discapacidad por enfermedad mental*, Reus, Madrid 2009; AAVV, *La falta de capacidad. Las instituciones protectoras* (María Pilar Ferrer Vanrell coord.), Dykinson, Madrid, 2009,

[158]. STS 341/2014, 1-VII (Roj 3168).

2.2. Tipología básica

Con la orientación de cualquier *patología física* o *psíquica* que afectase total o parcialmente el gobierno de la propia persona o sus bienes, y que además obtuviese la catalogación de *persistente*, pueden señalarse dos tipos esenciales en función de la naturaleza física o psíquica de la dolencia, si bien la primera podía combinarse con la segunda tanto como ser su principal consecuencia[159]. Desde el punto de vista jurídico siempre procedía comparar la patología y su graduación con lo que desde el punto de vista personal y/o patrimonial es necesario en la vida diaria y de relación del sujeto. Y en este sentido la reforma no implica variaciones reales más allá de permitir la multiplicidad de los curadores, por ejemplo duplicando el puesto para medidas de apoyo personales y patrimoniales (art. 277 II CC).

El art. 7bis LEC prescribe que en todo proceso judicial que intervenga un discapaz, procederán de oficio, a instancia del Ministerio fiscal o de cualquier parte procesal "las adaptaciones y los ajustes que sean necesarios para garantizar su participación en condiciones de igualdad", que se extienden a todas las fases y actuaciones procesales que sea necesario, incluyendo los actos de comunicación, de otro lado vitales para que el discapaz tenga conocimiento del inicio y devenir de cualquier procedimiento. Puntualiza el legislador que la adaptación puede referirse "a la comunicación, la comprensión y la interacción con el entorno", pues el discapaz tiene derecho a entender y ser entendido en toda actuación procesal.

Con referencia a las comunicaciones, orales o escritas, deberá utilizarse un lenguaje "claro, sencillo y accesible" en función de las propias necesidades del discapaz y sus características personales, introduciendo el uso de medios como la lectura fàcil, añadiendo comunicación a quien preste apoyo al discapaz para ejercicio de capacidad jurídica. El discapaz será asistido o apoyado en lo necesario para hacerse entender por los demás, incluyendo la lengua de signos y otros mecanismos para el sordo o discapaz auditivo y persones "sordociegas". En este contexto se permite, como facilitador, la intervención de un profesional experto que adapte y ajuste lo necesario para que el discapaz entienda y sea entendido, quien además podrà acompañarse de persona a su elección desde el primer contacto que exista con autoridades y funcionarios.

---

[159]. Seguiré a continuación lo contenido en *Tratado de Psiquiatría* (The American Psychiatric Press), I, Masson, Barcelona, 2000[3].

2.2.a Demencia

En función de la degeneración cerebral el síndrome demencial puede conectarse con disfunciones motoras en las enfermedades por demencia talámica, Hallervorden-Spatz, de Huntington, de Wilson, de Tahr's y Parkinson (trastornos extrapiramidales), siendo la última propia también de trastornos de neuronas motoras concurriendo con ELA o complejo de demencia, al igual que la demencia con trastornos de la neurona motora, mientras que la atrofia olivopontoceberolosa y ataxia de Friedreich se definirían como trastornos cerebolosos, sumándose a la degeneración aludida en este grupo la hidrocefalia normotensiva. De otro lado, cuando existe afectación cortical en demencias degenerativas primarias, se hablará de las enfermedades de Pick o de Alzheimer. La demencia puede provenir de infecciones, como las meningitis tuberculosa y fúngica, ambas crónicas, la encefalitis, en particular la causada por VIH, la sífilis, la leucoencefalitis multifocal, la brucelosis o la enfermedad de Creutzfeldt-Jacob, de traumatismos cráneo-encefálicos, lesiones en el espacio intracraneal (aneurismas, cronicidad del hematoma subdural o neoplasias primarias y metastásicas) o patologías vasculares (por arteritis temporal, diversos infartos, enfermedad de Binswanger, malformaciones arteriovenosas o enfermedad oclusiva de la arteria carotídea). Y existe un gran número de dolencias que también pueden conducir a la demencia, como la insuficiencia de los riñones, el hígado o los pulmones, porfiria, encefalopatía postanóxica, hipercalcemia, hipocalcemia, hiperinsulinismo, hipopituitarismo, hipotiroidismo, hipoparatiroidismo, las enfermedades de Addison, de Cushing, de Paget, la deficiencia de folato u otras hipervitaminosis. Y también es posible derivar hasta la demencia por la epilepsia, la sarcoidosis, el lupus eritematoso sistémico, la esclerosis múltiple, púrpura trombótica trombocitopénica o la histiocitosis X, o por la ingesta de alcohol, monóxido de carbono, metales pesados, litio, antidepresivos, antihipertensivos, anticonvulsionantes, clonidina, digital, cimetidina, propanolol, barbitúricos, benzodiacepinas y atropinas u otras sustancias vinculadas.

La demencia implica una alteración significativa de las funciones basales, menoscabando las conductas sociales y afectando tanto los rendimientos ocupacionales y/o sociales, y es relativamente sencillo apreciar el problema de capacidad por objetivación de un discurso y diálogo que o no existe o resulta incoherente o inconexo, y por constatar el deterioro global de toda función cognitiva básica que evidentemente implicará la necesidad de terceras personas que ayuden al sujeto en lo más elemental de su persona (comer, limpiarse, vestirse). Cuando la demencia no está avanzada, en cambio, sino que comienza y crece, puede ofrecerse una apariencia de normalidad aun con déficits en la cognición, conservando el discurso o el diálogo coherente y conexo, no obstante padezca problemas de rememoración, siendo así que una pérdida de la memoria de fijación afecte sin que haya consciencia de ello. En tales situaciones la persona puede ser manipulada, en tanto su voluntad, por la confianza otorgada durante tiempo, viene a estar como secuestrada, siendo fáciles víctimas del fraude, por mucho que no suelen vincularse al gasto voluntario con el que puedan dilapidar el propio patrimonio.

Es sintomatología del demente la pérdida de memoria, que plantea diversas formas de amnesia: de fijación o anterógrada por la que no se recuerda lo sucedido minutos antes (la típica relación de tres objetos indicados que se pide repita poco después), de evocación o retrógrada, que implica lagunas sobre lo más reciente, primero, y lo más antiguo, después (la habitual pregunta de quién es el presidente del gobierno o fechas de nacimiento), y anterorretrógrada, que traba la adquisición de nuevos saberes, propiciando el progresivo olvido de aquello que ya se aprendió, conformando una generalizada desorientación. Otros síntomas del demente se residencian en la labilidad afectiva (de súbito se traspasa la frontera entre la tristeza y la alegría, alcanzando abulia o indiferencia), el deterioro intelectual por ser inviable la capacidad de abstracción, impeditiva para definir "odio" o diferenciar o asimilar aquellos objetos conceptualmente relacionados, la desinhibición, la pérdida de capacidad de control del impulso que en ocasiones conlleva cometer delitos patrimoniales, sexuales o contra el honor. También se aprecia un empobrecimiento del pensamiento, que se hace perseverante (lo poco que se acaba recordando se repite en modo constante), y una disminución del juicio crítico, que menoscaba el análisis de la realidad y el análisis lógico (se cometen errores graves al negociar, se olvida el aseo diario habitual).

2.2.b Oligofrenia

Aun cuando esta deficiencia cognitiva puede adquirirse en temprana edad, su origen suele ser congénito, clasificándose tradicionalmente en función del cociente intelectual. Por ejemplo a través del Manual Diagnóstico y Estadístico de los Trastornos Mentales elaborado por la Asociación Americana de Psiquiatría, comúnmente conocido como DSM, la oligofrenia profunda, antiguamente denominada idiocia, se establece para quienes se encuentran en un margen inferior a 20-25 CI, la oligofrenia grave o severa (antigua imbecilidad) se encontraría bajo un cociente intelectual de 35-40, a partir del 25, la oligofrenia mínima o leve se identifica con el margen 35-40 a 50-55 y la ligera o leve, también llamada *border line*, se encontraría descrita a partir de este último límite 50-55 CI. Las dos primeras imponen la incapacidad total según la aplicación de la Ley por los tribunales de justicia españoles, lo que a menudo se extiende a la oligofrenia mínima, mientras que la leve o ligera es la que promueve un estudio más singularizado en el marco de muy limitadas medidas de apoyo estable. Al respecto y como ya adelanté, lo que necesitan dos personas discapaces en la vida que efectivamente tienen puede ser muy diferente, sin que tampoco importe que ambos merezcan igual resultado de cociente intelectual, pues las necesidades de uno y otro pueden variar sobremanera (vivir en el campo o en la ciudad, disponer de patrimonio o encontrarse en la indigencia, tener familia que acoja o carecer de ese tipo de ayuda) al igual que la sintomatología que presentan aun con idéntica puntuación CI.

Junto con el signo que deduce de esta forma de medición de la capacidad intelectiva –en absoluto la única–, los oligofrénicos muestran los síntomas característicos del trastorno intelectual: la falta total o parcial de la capacidad de abstraerse y de comprender –particularmente los contenidos éticos, abstractos que son–, relacionar entre sí situaciones y objetos (lo incluido y lo excluido, lo igual, lo contrario, lo siguiente, lo reversible o irreversible), dificultad de hacerse con nuevos saberes y funcionar más allá de lo puramente sensorial y concreto a lo que están acostumbrados. En virtud de lo anterior no resulta extraño que adviertan una personalidad poco estructurada, sin relaciones afectivas complejas y expresivas, y como ocurre con los niños son egocéntricos, subrayadamente crédulos e influenciables, sin olvidar la baja tolerancia a la frustración. Precisamente al verse frustrados, al igual que cuando su capacidad de control y comprensión no puede absorber una determinada situación, su reacción característica es la psicopatología afectiva o impulsiva.

2.2.c Esquizofrenia

Normalmente es la adolescencia o la juventud el momento en que detona este tipo de trastorno mental crónico, en parte predispuesto genéticamente, siendo el componente psicótico lo que en modo progresivo va modificando la personalidad del sujeto al punto que la comunicación entre el yo y el exterior se debilita hasta que se pierde en pos del propio mundo interior. Son elementos comunes lo delirante del discurso, las alucinaciones no correctamente sistematizadas, perturbaciones afectivas graves, ambivalencia del comportamiento, la discordancia e incoherencia ideo-verbal, alcanzando el autismo y la disociación de la personalidad.

La medicación permite compensaciones psiquiátricas que conducen a plena normalidad psíquica, situación en la que el sujeto es absolutamente capaz. Precisamente, cuando deja de estar medicado puede sucumbir al brote psicótico, por el que carece de cualquier capacidad, mas no es aconsejable la adopción de medidas de apoyo estable en ese estado, más propio del internamiento psiquiátrico urgente del art. 763 LEC (v. el Capítulo anterior). Cuestión bien distinta que los brotes impliquen la pérdida de neuronas y, a mayor número o mayor tiempo durante el que no se alcance su compensación psiquiátrica, se acumule el déficit del que resta un deterioro, más cognitivo que volitivo, algo que sí será persistente y útil de las medidas de apoyo estable.

No es cierto que, por definición, quien haya sido diagnosticado de esquizofrenia acabe sufriendo estados residuales de deterioro cognitivo o volitivo significativo para amparar las medidas de apoyo. Todo dependerá del tratamiento habido y los brotes sufridos por la persona. El mayor inconveniente se residencia en cómo abordar la necesidad del tratamiento ambulatorio, esto es, la necesidad de que el sujeto ingiera los fármacos que precisamente evitan los brotes psicóticos. Con todo, si el deterioro, sea cognitivo o volitivo, le aparta de la realidad, limita su iniciativa conductual por acabar en la indiferencia de lo que le envuelve, el aislamiento de la sociedad, puede ser fácilmente vulnerable a la manipulación y los abusos, llegando a la ingobernabilidad de su propia persona o bienes.

Desde el punto de vista sintomatológico pueden estudiarse trastornos del contenido del pensamiento, del curso del pensamiento, del lenguaje o de la afectividad. Los primeros cursan con delirios en la emoción vivida o la percepción relacionados con hipocondría, grandeza, control, persecución, apocalipsis, despersonalización y transformación del propio cuerpo, de perjuicio e influencia, y particularmente los relacionados con cuestiones filosóficas o religiosas. Los segundos se gradúan desde la más grave de las incoherencias hasta una mera debilitación del pensar; el flujo de éste puede ralentizarse o acelerarse, sufrir fuga de ideas o bloqueo, con pérdida de asociaciones que implica formas de pensar sin conexiones lógicas. La alogia, por su parte, supone un empobrecimiento del pensamiento y la cognición. Los terceros pueden explicarse a través de la invención de neologismos o paralogías (darle a una palabra de uso frecuente un significado que no tiene). El circunloquio, la soberbia y la pedantería pueden ser propios de este contexto, como el hablar soez y el insulto, del mismo modo que no responder a lo que se le pregunta (pararespuestas). Los cuartos se caracterizan por desapegos y cerrazón afectiva, no obstante surjan momentos de incontinencia afectiva, pero sobre todo que, al mismo tiempo, convivan dos afectos contradictorios.

La esquizofrenia también presenta trastornos de la percepción, principalmente con la alucinación acústica (diálogos autorreferenciales –fonemas dialogados–, voces que ordenan –fonemas imperativos– y oír el propio pensar –eco del pensamiento–) pero también de otro tipo, de olfato y gusto, visuales, cenestésicas, propiocépticas o sexuales. Y como trastorno de la vivencia del pensamiento propio, por el que el esquizofrénico se siente obligado por otro u otros a pensar de cierto modo en contra de su voluntad, que lo que piensa es conocido por todos o que otros sustraen lo que piensa. Finalmente, también se advierten trastornos psicomotores que implican conducta extravagante y agitación psicomotriz o incluso estupor catatónico, y trastornos de la voluntad e impulsos donde se aprecia el desinterés, la abulia, inercia, negatividad, excepcionalmente conducta de lo contrario que se dice o automática obediencia.

2.2.d Trastornos ciclotímicos y paranoides

Al igual que la esquizofrenia se trata de trastornos mentales, el primero llamado trastorno bipolar, con anterioridad psicosis maníaco-depresiva, donde se alternan fases entre las cuales existe normalidad, debiendo estudiarse la afectación en aquéllas, sea de manía, sea de depresión, con afectaciones en lo cognitivo, lo psicomotriz y lo afectico-pulsional; el segundo un trastorno delirante donde existe una ideación sin base lógica ni causa que se desarrolla con rigor y sistemáticamente con las propias interpretaciones y elucubraciones del enfermo que construye una coherencia en ese conjunto delirante que, además, cursa con una capacidad intelectiva conservada.

La paranoia viene descrita en la celotipia, la reivindicación, la querulancia, el control, el fanatismo y la persecución, así como la erotomanía, el delirio de grandeza, autorreferencial o hipocondríaco. Medidas de apoyo puntual pueden ser suficientes cuando el delirio implica un gasto desmesurado, pero la capacidad intelectiva permite al sujeto disimular con mucha eficacia su dolencia, ocultando un delirio que no verbalizará.

La tendencia ciclotímica se estructura en varias fases, según su intensidad, tanto de la maníaca como de la depresiva. En la primera, donde no hay conciencia del trastorno, el estado de ánimo se exalta, se exacerba el optimismo, en modo eufórico, o bien la rabia y la crispación, al tiempo que a menudo aparece una incontrolada excitación sexual y general, pues sin apenas dormir puede no sentir el cansancio. La autoestima crece en desmesura y falsamente y el juicio crítico se altera, en parte también por una aceleración del pensamiento (taquipsiquia, en relación con logorrea o verborrea) en el que la asociación, combinada con la fuga de ideas, genera un discurso en el que se pasa de un tema a otro olvidando el anterior.

La manía también muestra síntomas psicóticos, en particular delirios de grandeza y de persecución (siendo el más grave estadio de esta fase), y una exagerada actividad muscular (hiperquinesia), que transcurre de la inquietud a la agitación psicomotriz. En la segunda, la depresiva, aparece la falta de sueño y de apetito, la ausencia de deseo sexual, un desinterés generalizado, una tristeza vital patológica donde el sujeto indica que siente no tener sentimientos, alcanzando la tendencia de autolesionarse o de suicidarse, incluyendo el suicidio compartido al considerar la falta de futuro del otro, que puede acabar siendo la única víctima mortal. Síntomas de la fase de depresión son, también, la confluencia de ideas deliroides sobre la culpa, la persecución o la ruina, y la disminución del movimiento funcional, ralentizando actividad o sufriendo inhibición psicomotriz, así como una disminución de la velocidad del pensamiento (bradipsiquia).

Puede derivar a la demencia, pero también ser cada vez más frecuente y duradera alguna de las fases, desplazando así la normalidad entre las mismas y significando la cronicidad, promoviendo de esa manera medidas de apoyo más o menos extensas. Éstas serán igualmente aplicada aún cuando las fases resulten larvadas, en atención al riesgo, lo que no se discute como recomendable desde el punto de visto médico, pero deviene desajustada en el plano jurídico porque tal tipo de decisión judicial no respondería más que al riesgo, no a una auténtica situación presente necesitada de medidas de apoyo al discapaz. Cuestión distinta que en formas atenuadas de la crisis maníaca, donde es frecuente la hipomanía, los excesos y la exaltación puedan perjudicar los propios intereses o los de la comunidad en general, bajo un optimismo patológico que puede acarrear fraudes, propuestas matrimoniales sin sentido o negocios o compras impulsivas que no pueden explicarse con lógica.

2.2.e Depresión mayor

Un último trastorno mental puede ser aislado, acabando sin rastro patológico de ningún tipo, o bien recurrente, persistente, que así conduce a la necesidad de medidas de apoyo estable, totales o parciales según los grados de afectación en la vida diaria del discapaz, donde el sujeto puede dejar de lado sus deberes más rutinarios y esenciales, siendo la melancolía similar en conducta peligrosa para los propios intereses o los de los demás que en los casos del hipomaníaco.

Sintomatología del depresivo es la pérdida de apetito y alteración del sueño, sentimientos de culpa, pensamiento recurrente de la muerte o del suicidio, de la impotencia en general, anestesia afectiva, inhibición y ausencia de vitalidad, hundimiento de la autoestima, la inferioridad y la confianza y el incremento del cansancio, minoración o supresión del humor, desinterés en general y falta de capacidad de experimentar placer donde antes se obtenía.

2.2.f Deficiencias funcionales y orgánicas

Si bien en el pasando la sordera (y sordomudez) y la ceguera implicaban una falta de capacidad, en la actualidad el aprendizaje de sujetos con ese tipo de déficits sensoriales suprime la necesidad de medidas de apoyo. No obstante, algún tipo de deficiencia sí implica la necesidad de medidas, cuando por ejemplo se afecta la posibilidad de comunicarse, o la capacidad de entender y querer, por ejemplo con multitud de parálisis. A su vez, la agnosia impide el autogobierno de la propia persona, en función de la dificultad de comprensión. De otro lado, la afasia que no se compensa con vías de expresión escrita o de otra índole, impone la protección civil por cuanto no puede conocerse la voluntad y con ello expresar la propia. Finalmente, aunque el sujeto conserve capacidad intelectiva y volitiva, de poco servirá si no es capaz de manifestarla o llevar a cabo su propia voluntad, cosa que puede ocurrir con la degeneración del organismo o cualquier estado de afectación funcional severa, neurológica, respiratoria o cardíaca.

2.2.g En particular, el trastorno alimentario

Bulimia y anorexia nerviosa son los más llamativos trastornos de la conducta alimentaria. En el primer caso se asiste a una excesiva preocupación por la imagen física, junto con la falta de control de los impulsos, que lleva hasta la ansiedad, a calmar con grandes ingestas de comida, que sin embargo repercuten en mayor ansiedad al engordar, lo que deriva en conductas purgativas y otras compensaciones inadecuadas para reducir el peso. En el segundo caso, estadísticamente más habitual en la mujer que en el hombre, y que puede comenzar algo más pronto que la anterior, con frecuencia antes de la adolescencia, se asiste a la autoinanición concurrente con una marcada distorsión de la imagen corporal y un exceso de preocupación por la misma, y puede tratarse de una anorexia restrictiva (donde se limita la ingesta) o purgativa (donde se come y luego se vomita), así como bulímica.

En cuanto a los síntomas, el sujeto bulímico siente hacer algo que no quiere cuando come repetidamente y en gran cantidad, abusando de laxantes y de diuréticos, intensificación del ejercicio físico, dietas restrictivas y ayunos, y por supuesto se ve a sí mismo más grueso de lo que es. El trastorno será persistente cuando la irregularidad alimentaria se consolide, por ejemplo implicando alteración relevante de la dicotomía hambre-saciedad, en el ámbito de un escenario socio-cultural que potencia la imagen, sobre todo de las mujeres, al tiempo que, sin perjuicio de trastornos psiquiátricos concurrentes (depresión, ansiedad y de la personalidad), el conflicto que se genera familiarmente implica un estrés que acaba por cronificarse y derivar en una ansiedad conectada a la necesidad de ingestas excesivas.

Sintomatológicamente hablando la anorexia supone la ostensible pérdida de peso, pese a lo cual el cuerpo o parte del mismo se ve como lo que no es (de mayor volumen que lo real, aunque sea extremadamente delgado), una visión propia que centra la vida de la persona, sin que importe lo más mínimo cualquier otra cosa, mientras que vivir resulta angustioso por el mero riesgo de incrementar de peso o, simplemente, imaginarlo. Obvio es decir que la desnutrición afecta tanto al plano psicológico como al físico. En el primero crece la susceptibilidad, la ya mencionada ansiedad, tristeza e irritabilidad, el ejercicio físico se vuelve obsesivo en relación con un medio de pérdida de peso, así como se incrementa la dedicación al estudio. Junto con las obsesiones y las compulsiones disminuye la vida de relación, se trata de compañeros o amigos, aunque todo se contextualiza con una perspectiva socio-cultural que promueve la delgadez y un progresivo aislamiento del entorno en el que crece el conflicto familiar, especialmente con los padres. Se genera la llamada postura anoréxica en la que el sujeto sufre en su autoestima por la discusión, manteniendo la situación. Físicamente la pérdida de peso se une a la caída del cabello, supresión de la menstruación (amenorrea), braquicardia, sensaciones de frío por reducirse la temperatura del cuerpo, estreñimiento, disfunciones digestivas e hipotensión. La cronificación es especialmente posible cuando se suceden fracasos en el tratamiento, al margen que se produzcan coincidencias con trastornos obsesivos, depresivos y de personalidad que sólo agravan la anorexia.

De principio, el trastorno alimenticio no implica una falta de capacidad psicofísica para el autogobierno de uno mismo o de los propios bienes, pero es obvio que pueden poner en peligro la propia vida, siendo el ámbito del cuerpo y su peso carente del juicio crítico necesario, apartado de la realidad. En ese aspecto, por consiguiente, importa asegurar el tratamiento necesario, por lo que las medidas de apoyo estable pueden restringirse a ello en exclusiva.

Se añade en el bulímico variadas derivaciones de su conducta impulsiva, sea abuso de tóxicos, promiscuidad sexual o delitos patrimoniales. Con todo, el mantenimiento o agravación del problema, a pesar de la viabilidad de su curación, recomienda tomar medidas de apoyo. No obstante, es más factible la revisión de las mismas si alcanza una estabilidad emocional y el éxito de la terapia.

3. Expediente de jurisdicción voluntaria

Los arts. 42 bis.a y sigs. de la ley 15/2015, de 2 de julio, de jurisdicción voluntaria, regulan el modo de establecer medidas de apoyo "de carácter estable" para protección del discapaz, siendo siempre preceptiva la intervención del Ministerio público (art. 4 LJV) y procediendo la aplicación del contenido del art. 7 bis LEC reiterado en dicha jurisdicción voluntad erigida como cauce preferente para el abordaje de la meritada protección, así como las pautas procedimentales esenciales que se desarrollan en el proceso civil especial que se expone en el siguiente epígrafe.

Con la solicitud de las medidas se aportará la documentación que justifique la *necesidad* de las medidas y los dictámenes de expertos en materia social y sanitaria, lo que en definitiva compone la base material justificativa del elemento esencial en todos estos casos: el merecedor de apoyo debe ser un discapaz. En la misma jurisdicción voluntaria se aborda tanto la curatela como la guarda de hecho sobre el discapaz.

4. El juicio civil contradictorio

El juicio verbal especial relativo a la adopción de medidas judicial de apoyo a personas con discapacidad se activa, de conformidad con el articulo 756 LEC, cuando proceda nombrar curador pero mediara oposición en el expediente de jurisdicción voluntaria a ello dirigido o simplemente cuando en dicho expediente no se hubiera podido resolver, siendo competente el mismo juez de primera instancia encargado del mencionado expediente o el del lugar de residencia si cambió el del sujeto al que se refiere la solicitud. Puede iniciarse por pedirlo el propio interesado, su cónyuge o pareja de hecho, su descendiente, ascendiente o hermano (art. 757.1 LEC).

En la legislación procesal anterior, como presunto incapaz, debiera haber sido legitimado activo para solicitar su propia incapacitación, pero el particular no estaba previsto, por lo que debía sustituirse por el actuar de terceros aunque lo fuera a instancia del luego "demandado"[160].

En defecto de los anteriores el Ministerio fiscal deberá promover este proceso salvo que concluya en otras vías igualmente eficaces para protegerlo.

El Letrado de la Administración de justicia recabará certificación del Registro Civil y cualquier otro Registro público "que considere pertinentes sobre las medidas de apoyo inscritas". La persona interesada es la demandada y puede contestar la demanda, pero si no lo hiciera o siquiera resultase posible su notificación personal, se designará defensor judicial salvo que la Fiscalía no fuese demandante, caso en el cual será la llamada a defenderle.

En relación con el antes citado art. 7 bis LEC se encomienda al Letrado de la Administración de justicia que la persona con discapacidad "comprenda el objeto, la finalidad y los trámites del procedimiento".

Junto con los medios de prueba propios de cada caso (lo que insten las partes y el juez admita, y lo que éste estime conveniente de oficio; art. 752 LEC), el legislador impone la necesidad de practicar los siguientes tanto en el primer grado como en trámite de apelación contra la sentencia que adopte medidas de apoyo según normes de Derecho civil aplicable. Según el texto una entrevista con la persona con discapacidad, audiencias al cónyuge no separado de hecho o legalmente o a la pareja de hecho asimilable y a los parientes "más próximos". Excepcionalmente pueden soslayarse todas esas audiencias, cuan-

---

160. Cfr. la crítica en Ricardo YÁÑEZ VELASCO, *Temas de Derecho y Proceso civiles,* cit. (hasta su 19ª ed.).

do el demandante sea la propia persona con discapacidad, lo solicite explícitamente y el juez considera que sea lo "más conveniente para la preservación de su intimidad". Las mismas audiencias proceden cuando no hubiese sido propuesto el nombramiento de curador, añadiendo "a las demás personas que el Tribunal considere oportuno" (art. 759.1 LEC).

Resultan fundamentales los "dictámenes periciales", subrayando que sin previo dictamen pericial acordado por el Tribunal no podrá acordarse ninguna medida. Al respecto se especifica la necesidad de contar con profesionales especializados de los ámbitos social y sanitario, añadiéndose "otros profesionales especializados que aconsejen las medidas de apoyo que resulten idóneas en cada caso".

La legislación civil prevé revisión de las medidas de apoyo acordadas en sentencia, bajo los trámites de la jurisdicción voluntaria, salvo que de nuevo se acuda al juicio verbal especial referido porque no se hubiera podido resolver en aquél o mediara oposición, añadiendo a la legitimación ya señalada la de quien ejerza el apoyo de la persona con discapacidad. Toda medida de apoyo deberá inscribirse en el Registro Civil.

Las *medidas cautelares* se adoptarán de oficio cuando el tribunal civil competente conozca de una persona discapaz que requiera medidas de apoyo, al tiempo que comunicará al Ministerio público la situación de hecho, a fin de que valore la necesidad o no de iniciar un expediente de jurisdicción voluntaria, por mucho que la Fiscalía puede ser la que conozca de antemano e inste del juez medidas cautelares. Salvo por razones de urgencia debe oírse previamente a la persona con discapacidad, siendo de aplicación el contenido de los arts. 734 a 736 LEC en cuanto a procedimiento general de adopción de cauteles civiles.

Incluso la demencia misma ha pasado de ser algo irreversible, propio de la cronicidad de la dolencia, a una enfermedad que el estado de la ciencia médica permite revertir y mejorar como patología. Al margen de ello, el demente arterioesclerótico puede disfrutar momentánea mejora del riego sanguíneo del cerebro, recuperando la normalidad psíquica temporalmente, lo que encaja con el intervalo lúcido que plantea la capacidad de su conducta, actos u omisiones. Todo ello no permite extender ese entender y querer a una estabilidad propia de la revisión de medidas estables de apoyo, al modo de la antigua reintegración de la capacidad, pero sí validar la voluntad de testar si a criterio notarial presente capacidad para comprender y manifestar sobre el alcance de sus disposiciones, tal y como previene el art. 665 CC.

Según el texto el notario apoyará la comprensión y razonamiento y buscará facilitar la expresión de su "voluntad, deseos y preferencias". La regulación anterior precisaba que la sentencia de incapacitación no se pronunciase sobre la imposibilidad de testar y exigía al notario acordar un doble peritaje para acreditar la capacidad.

5. Cuestiones de defensa

En un mayoritario número de casos la incapacitación civil de una persona se alcanzaba en un escenario evidente, lo que no será distinto para el discapaz que precise una o varias medidas de apoyo estable, guarda de hecho o curador. El nuevo sistema supera la anterior reticencia, también muy frecuente, de postular la incapacitación de un ascendiente o de un hermano, normalmente porque en estos no existía una absoluta discapacidad y alcanzaban cierto grado de comprensión de lo que significa una decisión judicial incapacitante con todas sus consecuencias, eliminándose ahora, además, la propia concepción de *incapacitar* y de *incapacitado*, provista de prejuicios sociales ajenos a las auténticas necesidades jurídicas, y a la postre socio-económicas, del discapaz. Esto propiciaba, incluso, que ante la inacción de los familiares que perfectamente conocían el deficitario estado físico o psíquico del sujeto, fuese el responsable del centro geriátrico o educativo especial donde se encontraba ingresado por aquellos el que comunicaba sobre el particular y activaba la acción de oficio del Ministerio fiscal. A lo anterior se sumaban supuestos que generaban penurias económicas que forzaban la petición de ayudas o subvenciones para las que era necesaria una declaración judicial de incapacitación, subrayando en este sentido que tanto ahora como antes las pensiones y ayudas públicas también provienen de trámites administrativos que no requieren de incapacitación judicial civil (antes) ni de medidas de apoyo estable (ahora).

Finalmente, destaca estadísticamente el caso del menor de edad con dolencia psíquica o física ya consolidada, por lo que la mayoría de edad que formalmente ofrecerá la capacidad de obrar debe evitarse con una curatela en cierto modo equivalente a la prórroga de la patria potestad, lo que se alcanza únicamente a través de la declaración judicial, sea mediante expediente de jurisdicción voluntaria sin oposición, sea en juicio verbal especial si la hubiera. En todos estos ejemplos la disfunción generada por la enfermedad o deficiencia del sujeto suele ser palmaria, de manera que la exploración obligada para el juez llamado a resolver, que seguirá produciéndose, a menudo, al mismo tiempo que la del médico-forense adscrito, cuyo peritaje es igualmente preceptivo, se anticipa un rito formulario a vista de la abundancia documental clínica en la que ya se constata tanto la discapacidad –presupuesto ineludible– como la necesidad de medidas de apoyo estable. Cubierta una tercera formalidad igualmente imprescindible del trámite, que es la audiencia de parientes, y que puede sortearse merced a las declaraciones testificales, o incluso del interrogatorio del demandante familiar, a propuesta de oficio, la generación de una resolución final se centra realmente en trabajar el alcance de los efectos según el grado de capacidad que pudiera restar –mantener, por ejemplo, el derecho de sufragio activo, algo que puede ser incluso terapéutico– y establecer los presupuestos, sino una resolución definitiva, para el nombramiento de un representante legal.

Con los ajustes conceptuales necesarios, una vez suprimida la incapacitación civil, se heredan las aplicaciones prácticas. "Por sí una demencia senil leve, la falta de movilidad, la sordera y una minusvalía administrativa del 90%, no tienen por qué determinar la incapacitación total de la persona. Justificarán la causa de incapacitación en la medida en que afecten de forma efectiva a la capacidad de autogobierno, en cuanto impidan o limiten el conocimiento adecuado de la realidad y la posibilidad de realizar juicios de conveniencia, o anulen o mermen la voluntad. Y todo ante la necesidad de dotar de protección a la persona afectada por la incapacidad, tratando de preservar al máximo el ejercicio de sus derechos y libertades. Si revisamos la descripción de la situación de discapacidad de Ana que se contiene en la sentencia recurrida y corrobora la expuesta en la sentencia de primera instancia, y que en ambos casos ha servido para declarar su incapacidad total, se advierte una contradicción, pues podían habérsele preservado los espacios de autonomía que se le reconocen, aunque sea en un entorno protegido. No consta que el deterioro cognitivo sea tan severo que haya anulado su capacidad de deliberación y la posibilidad de decidir sobre cuestiones que guardan relación con su persona, sobre todo lo que se refiere a la libertad de ambulación. En concreto, si prefiere seguir viviendo en su casa con una persona que le asista, o en una residencia. El hecho de que carezca de movilidad y necesite de una silla de ruedas, y el que precise de alguien que le cuide para cubrir sus necesidades personales asistenciales y para su cuidado médico, no justifica que se anule totalmente su capacidad de decisión. En el plano patrimonial es más claro que al carecer de capacidad de cálculo, tiene graves dificultades para administrar sus bienes, lo que, sin embargo, no justifica que se anule totalmente su capacidad de decisión sobre a qué destinar sus medios económicos. A este respecto, necesita de alguien que administre sus bienes y complemente su capacidad"[161].

Cuando el Ministerio fiscal es la parte demandante su presencia resulta ineludible en la vista oral, al ser su incomparecencia causa de desistimiento tácito y archivo definitivo del procedimiento judicial, que procedería instar de nuevo y desde el principio. Cuando el Ministerio público no demanda se ocupa de defender la legalidad y en particular al discapaz que siempre ocupará la posición de demandado –aunque paradójicamente pudiera ser el instante o promotor del trámite–, situación en la que sin embargo y acaso por la evidencia de los hechos, relaja de tal manera el sentido de obligación que el fiscal actuante ni acude al acto de la vista.

Y ocupando la posición defensiva del demandado su inasistencia no engendra suspensión de la vista sino la prosecución del trámite hasta sentencia, lo que *de facto* equivale a una declaración de rebeldía procesal civil del demandado discapaz; aunque tendría que seguir siendo denominado *presunto* discapaz porque, salvo en supuestos de revisión de medidas de apoyo, la discapacidad forma parte intrínseca del objeto del juicio como lo es, ante el juez al menos, en expedientes de jurisdicción voluntaria.

Puede señalarse, en fin, que en este tipo de contextos la relativización del derecho constitucional fundamental de defensa del demandado que, presuntamente, carece de capacidad suficiente, es de tal magnitud que convierte un trámite teóricamente construido sobre el pulcro respeto de los derechos de todos los justiciables, prácticamente como quehacer mecánico en el que acaba por ser rutinaria la privación de los derechos sustantivos más elementales del individuo.

En comparación con lo anterior, un ínfimo número de causas suscita auténticas controversias fácticas y jurídicas, pleitos donde las posiciones están claramente enfrentadas y en las que nace irremediablemente la necesidad de medios de prueba documental, testifical y sobre todo pericial que contraponer al litigante contrario. Aquí se subraya lo que en verdad está en juego, la libertad de decisión sobre la persona y/o los propios bienes, que acaba por afectar al propio derecho de libertad ambulatoria y personal en general y el derecho de propiedad.

En todos los litigios se ofrece una excepción a las reglas esenciales sobre la capacidad procesal, en este caso totalmente razonable. El demandado, como sea que debe ser tratado como discapaz, carece de sentido exigirle ser procesalmente capaz como al resto de litigantes. Puede serlo o no serlo, pero

---

161. STS 244/2015, 13-V (Roj 1945).

se asume que, bajo la tesis demandante, no lo es, de manera que se obrará en consecuencia bajo el aseguramiento de protección que supone (en la teoría) la defensa de sus intereses por parte del Ministerio fiscal (si éste no es el demandante) o de un abogado designado como defensor judicial (si el fiscal interpuso la demanda). La única excepción a este planteamiento radica en los procesos de revisión de medidas de apoyo ya tomadas, donde en tesis demandante, de nuevo, se presume la capacidad material (o la mejora de esta capacidad), hay que activar las nuevas reglas de la capacidad procesal del discapaz.

Ya no se trata de validar una capacidad procesal, exigiendo autorización judicial expresa sobre ese extremo por haber existido un fallo de incapacitación con privación de la capacidad procesal del sujeto sometida a discusión (la antigua redacción del art. 761.2 II LEC). En la práctica tampoco acostumbraba a especificarse en el fallo tal suerte de privación, pues solía utilizarse una redacción en positivo sobre lo que podía hacer y en negativo en cuanto a derechos específicos efectivamente privados (de sufragio activo o pasivo).

El gran problema de este tipo de procedimiento es la auténtica defensa, sobre todo si el Ministerio fiscal no acciona, aunque el defensor judicial, cuando aquél si lo hace, bajo la contextualización explicada como generalizada, tampoco suela operar más allá de los rasgos rituarios más elementales. Marginando los casos menos numerosos de auténtica y no solo formal defensa procede, pues, depositar la confianza en el propio juez y su gestión de oficio, donde lamentablemente suele invertirse, en la práctica, la regla de que la duda razonable sobre la causa o motivo de medidas de apoyo al discapaz perjudica al demandante, no al demandado, en relación con las reglas de la carga de la prueba.

Nótese que la plena capacidad civil, jurídica y de obrar, es una presunción que admite prueba en contrario –precisamente en el proceso civil de adopción de medidas de apoyo no puede presumirse, sino acreditarse de algún modo, la discapacidad del interesado–, por lo que perdura esa presunción favorable a la capacidad en los supuestos de duda razonable. Sin embargo, la configuración del demandado en esos casos, como presunto discapaz, si bien es un modo terminológicamente aceptable de hablar, no de manera infrecuente trasciende a presumir algo (la discapacidad) que no puede presumirse sin desmontar de raíz el planteamiento de principio propio de la presunción de capacidad que ese proceso está llamado a desvirtuar, y no en modo implícito.

Los daños y perjuicios de naturaleza psíquica

1. El origen del deber

Los deberes de conducta pueden nacer de un contrato entre partes interesadas en acordarlos o de una regla general: abstenerse de las conductas lesivas para los demás. En el primer caso se trata de la responsabilidad *contractual* y en el segundo se afronta la *extracontractual* o aquiliana (de la ley Aquilia romana del siglo III a. C.). Con todo, ambas comparten una acción o una omisión culposa dañina sobre otro, construyendo en función de la culpa incorporada genéricamente en el artículo 1.902 CC como mecanismo resarcitorio, reparador o indemnizatorio. En fin, el acto o la omisión de la conducta es ilícita por contraria a la regla general *neminen laedere* o porque infringe un contrato. Sin embargo, la simpleza del sistema, *individual* y muy limitado en sus efectos, desaparece ante la multiplicación de los daños, el cambio de las relaciones de producción y el incremento poblacional: el problema se convierte en *social* y su complejidad altera las reglas de la prueba de la culpa al tiempo que relaja el nexo causal entre el daño y el hecho que lo produce y se elabora tanto la responsabilidad objetiva o sin culpa como la colectiva que se contrapone a la individual y se vincula al Derecho de seguros y de la Seguridad Social.

La responsabilidad por hechos propios es *directa*, la derivada de sucesos ajenos *indirecta*: los padres de sus hijos bajo guarda, el tutor de su pupilo, el empresario de su empleado, el educador de su alumno o aprendiz, a modo de custodiados, y el Estado por agente especial y por funcionario. En cualquiera de ellos los presupuestos de la responsabilidad, bajo adopción de un determinado criterio de imputación, se dividen en tres: el acto ilícito o antijurídico por el que se define el comportamiento dañoso, la producción de un daño y la relación causal entre lo primero y lo segundo.

En todo caso la responsabilidad civil extracontractual atiende, en definitiva, al incumplimiento de un principio general del Derecho informante del ordenamiento jurídico todo: la corrección y prudencia propiciatorias de la convivencia en el relacionarse con terceros. Y el quehacer excesivo o anormal del propio derecho incumple ese principio y no por ser ejercicio de su titular mantiene la licitud si supera los definidos límites de lo jurídico. Por ejemplo con el abuso de Derecho (artículo 7 CC) y la violación de un interés legítimo, no necesariamente de un interés jurídicamente protegido.

El daño se divide tradicionalmente entre *moral* y *patrimonial*, éste distinguiéndose entre *daño emergente* y *lucro cesante*. Cualquiera de los tres ha de ser cierto y actual, pero también se ha defendido una certeza en el daño futuro si la racional certidumbre lo explicase, negando en cambio lo eventual o hipotético.

La doctrina civilista ha venido asociando ese futurible al mecanismo procesal de la ejecución de sentencia[162]. Tal suerte de postergación, sin embargo, se reduce a la cuantificación sobre unas bases predefinidas, no a la que deriva de la declaración de un daño todavía no constatado. El particular no siempre se aplica así, sobre todo por juzgados y tribunales penales que en ese sentido operan auténticas barbaridades jurídico-procesales[163].

En todo caso, procede acreditar la realidad del perjuicio y de su extensión y alcance, y especialmente su relación de causalidad con la conducta omisiva o activa que se atribuye al demandado. Respecto de este enlace lógico imprescindible el Derecho civil ha absorbido sin más diversas construcciones penales en el ámbito de la concurrencia de causas. Es ejemplo la teoría de la condición *sine qua non*, de la causa próxima, de la adecuación, de la causa eficiente o de la equivalencia de las condiciones en las que un hecho causa otro cuando si faltase el antecedente no se hubiera producido el resultado. Sin embargo, en la práctica se cede a un arbitrio judicial donde el juzgador aplica el buen sentido para establecer el nexo causal, abriendo las posibilidades del

---

162. Se ejemplifica en la lesión ya acreditada, respecto de la que se afirma producirá secuelas sin embargo no objetivadas todavía, indicando que los tribunales dejan "abierta la ejecución de la sentencia", con apoyo en el artículo 360 LEC/1881; Luis DIEZ-PICAZO PONCE DE LEÓN y Antonio GULLÓN BALLESTEROS, *Sistema de Derecho Civil*, II, Tecnos, Madrid, 1983⁴, pág. 622.

163. Ver, por ejemplo, Ricardo YÁÑEZ VELASCO, "Consideraciones elementales sobre la responsabilidad civil en el proceso penal", *Revista Vasca de Derecho Procesal y Arbitraje*, núm. 2, 2016, págs. 279 y sigs., también en mis *Estudios...*, cit., t. III, vol. 1, págs. 37 y sigs. Cfr. Tema 19.

razonamiento lógico al tiempo que los riesgos de la inmotivación más absoluta.

Se añade a todo lo anterior la *fuerza mayor* y el *caso fortuito* tanto en el ámbito de la responsabilidad extracontractual como contractual, liberando de la obligación de indemnizar por tal motivo causante. De esta regla se exceptúa a su vez la responsabilidad extracontractual que enlaza con la responsabilidad objetiva, donde sólo excusa la fuerza mayor (la inevitabilidad y la imprevisibilidad, lo que ocurre fuera del círculo de actuación del agente), no el caso fortuito.

2. El criterio de imputación de la responsabilidad

El caso fortuito, la legítima defensa y el estado de necesidad, excluyen la culpa del propio perjudicado, eliminando la responsabilidad si ésta fuera exclusiva, minorando si es concurrente o con-causante.

Diferencias entre el *caso fortuito* y la *fuerza mayor* existen tanto en el terreno de la naturaleza jurídica como en el de las consecuencias, si bien un planeamiento indistinto puede surgir de la descripción efectuada en el artículo 1.105 CC basada en lo inevitable: salvo excepción explícitamente mencionada en la norma no se responde de lo imprevisible o de lo previsto pero inevitable. Y al igual que la intervención de la víctima o el hecho de tercero, suponen una interferencia en la relación causal entre el daño y la conducta (planteada de principio como culposa o dolosa), exonerando así al sujeto que pudiera ser demandado en orden a indemnizar el perjuicio de otro.

Respecto del *estado de necesidad* hay responsabilidad civil de quien ha sido beneficiado por ese tipo de causa justificativa (se evitó su mal en detrimento de otro), pero el que causa materialmente ese mal (quien actuó en estado de necesidad) no será responsable ni penal ni civil[164].

La negligencia o la culpa configuran la intervención necesaria del sujeto según el contenido del artículo 1.902 CC. Se trata de un criterio legal esencial articulado sobre lo previsible y lo evitable, por mucho que se hayan elaborado tanto la presunción de culpa (artículo 1.903 CC) como la responsabilidad objetiva (artículo 1.905 CC). De probarse la diligencia completa se evita esa culpa

---

164. Martín GARCÍA-RIPOLL MONTIJANO, "Causas de justificación y causas de exculpación en el Código Penal y su relevancia para la responsabilidad civil", en *Responsabilidad y seguros. Cuestiones actuales* (Mariano José Herrador Guardia dir.), Ediciones Francis Lefevre, Madrid, 2018, págs. 99 y sigs.

rectora, lo que cobra especial importancia en cuanto al ejercicio de un oficio, arte o profesión (la culpa por impericia), sea por faltar los actos o técnicas requeridos directamente, o los conocimientos necesarios de quien actúa.

La *culpa* puede definirse en la no previsión o no evitación de aquello que pudo y debió preverse o evitarse, pero a ella suele añadirse la conducta de no evitar el daño efectivamente previsto. Se incluye de ese modo el *dolo*: el individuo actúa conscientemente, provocando un daño o pudiendo provocarlo, en orden a una intención causante, no adoptando las medidas de evitación, o simplemente por ser consecuencia necesaria de la acción desplegada a voluntad.

Junto con la culpa y el criterio de intención o dolo, también son criterios legales de imputación la lógica del peligro y la atribución legal automática (*ex lege*). En el primer caso se trata de atribuir la responsabilidad a quien causa un riesgo y se lucra de esa situación. En el segundo se trata de una decisión de la política social o general que impone la responsabilidad objetiva una vez el daño se ha producido, alzaprimando la indemnidad del damnificado.

De no mediar dolo, el consentir del perjudicado puede ser causa de exención de responsabilidad civil. Ello es así cuando se trata de un perjuicio sobre daños materiales, no en derechos de la personalidad, la vida o la integridad física en particular. Piénsese que, llegado el caso, el propio interesado puede no interponer demanda alguna o renunciar al ejercicio de la acción civil si ya la interpuso y el proceso civil se encuentra en curso, o anticiparlo y renunciar de antemano; cualquiera de sus opciones no estaría limitada al tipo de perjuicio. Pero todo ello se apoya en decisiones *a posteriori*. Se trataría de que, probado el consentimiento –por el demandado– se obtenga la exención con independencia de la voluntad del lesionado que en su momento consintió; un planteamiento *ex ante*. Nada tiene que ver la concurrencia de culpas, en las que no se produce neutralización ninguna (compensación) sino mera distribución del daño resarcible.

La relación de causalidad entre el agente y el daño se deduce de los verbos *causar* y *derivar* utilizados, respectivamente, en los artículos 1.902 y 1.093 CC. Pero debe ahondarse en la entidad causal como suficiente para responsabilizar al primero de la satisfacción por lo segundo.

También se utiliza la idea de derivación o causa en preceptos como el 90.1 III CP ("en perjuicio de") o el mismo nombre que encabeza el Título V del Libro I CP ("la responsabilidad civil derivada de"), con la diferencia que en tales casos no opera una causalidad fáctica o material sino conceptual y equivocada: la responsabilidad civil no deriva de un delito sino de los hechos que, acaso, *también* pueden calificarse como injusto penal[165]. Si se tratase de un delito como causa no habría duda posible en la exigencia de certeza del nexo, pues sólo hay delito si judicialmente se declara en la jurisdicción criminal en modo firme. El problema es, precisamente, que la certeza de la relación de causalidad se vincula a los hechos, con independencia de su calificación jurídico-penal[166].

La duda sobre lo cierto del enlace causal entre el perjuicio y la acción ofensiva –hechos ambos que igualmente deben acreditarse sin duda razonable– impide la indemnización. Pero más allá de ello se aprecian múltiples posibilidades de interferir: caso fortuito y fuerza mayor (artículos 1.105, 1.905 y 1.908.3º CC), hecho de tercero y acciones conjuntas y colaboración de la propia víctima en la causa de su perjuicio (artículo 1.103 CC).

3. El daño psíquico

La estructura de la responsabilidad civil antes expuesta se aplica a este tipo de daños personales, no así las reglas generales elaboradas sobre el objeto de la responsabilidad, la reparación del daño causado, a no confundir con la compensación de la llamada "carga mental" (estar pendiente de los estudios o médicos del hijo común) o el trabajo para el hogar en sede de conceptos indemnizatorios por divorcio o separación matrimoniales. De cualquier modo no estamos en el castigo del autor. En este sentido es imposible la reparación o sustitución de la cosa (*in natura* o por su equivalente), sino solo la indemnización dineraria. Sin embargo, no debiera descartarse el positivo efecto psicológico de una justicia restaurativa vinculada con la solicitud, de perdón o cualquier otra interactuación entre víctima civil y causante del daño. Tampoco suele tener relevancia significativa otro efecto también buscado en general, el cese de la causa productora del daño, ni resulta lógico que el damnificado se haya visto beneficiado por el daño psíquico y así quepa aplicar una compensación bajo la prohibición del enriquecimiento injusto.

El diagnóstico de un trastorno por estrés postraumático grave y depresión mayor (la muerte de hijo suicida de veinte años en brazos de la madre[167]) exige un trauma psíquico que lo propicie y sea causa exterior, admitiéndose que el hecho externo cause

---

165. Ricardo YÁÑEZ VELASCO, "Consideraciones...", cit., págs. 279 y sigs.
166. No hay en el proceso civil vinculación de efectos positivos de la cosa jugada material penal, salvo acaso en situaciones radicales donde se niega absolutamente el hecho mismo.
167. V. STS 426/2020, de 15-VII (Roj 2501).

lesión corporal interna, al igual que un infarto de miocardio como accidente derivado de una situación previa de presión y estrés.

El principio dispositivo característico de la libre autonomía de la voluntad –que es principio general del Derecho– permite el acuerdo entre quien produjo el daño o puede ser responsable del mismo y quien resultó damnificado. En ese supuesto se fijará libremente la indemnización. Si ello no ocurre, el juzgador deberá afrontar, por muy complicada que sea, la valoración de los perjuicios, una vez determinados los hechos y quién debe pagar por ellos. Particularmente, no es posible escudarse en la dificultad cuantificadora para absolver al demandado.

La valoración como cuestión de hecho recaba en la distinción patrimonial-no patrimonial. El daño moral es de esta segunda naturaleza, mientras que el primero engloba al material más característico, como los daños sobre las cosas y sus frutos o los perjuicios físicos, y a toda suerte de afectación de naturaleza psíquica. Tomando como ejemplo un accidente de tráfico causado por la culpa o negligencia de un determinado individuo, y con base en el principio de indemnización integral de todo daño y perjuicio sufridos, pueden producirse desperfectos en el vehículo –desde una leve rozadura al siniestro total–, daños personales en un conductor o pasajero del mismo, sean físicos –la rotura de una pierna, el dolor en el cuello– o psíquicos –miedos a subirse de nuevo a un vehículo– o perjuicios de índole moral separados de lo anterior.

Para determinar el *hecho indemnizable* es a veces necesario establecer el estado material de la cosa y/o físico y psíquico del sujeto antes de producirse el resultado dañoso. En este sentido tanto pueden apreciarse rozaduras sobre otras ya existentes o sobre una chapa impecable, como una artrosis cervical previa que facilite o agrave el efecto del latigazo cervical en vez de ser éste el exclusivo causante de la lesión, del mismo modo que una agorafobia incipiente puede detonar exponencialmente el síndrome postraumático del accidente. Este tipo de consideraciones se extiende a los gastos de tratamiento de rehabilitación y recuperación de la normalidad psicofísica del herido, lo que igualmente debe proyectarse en la minoración del ejercicio de la profesión u oficio en particular o la economía en general. Si ya se encontraba en curso un tratamiento terapéutico o psiquiátrico por algún tipo de dolencia previa, física o psíquica, procederá discriminar entre lo que ya hubiera existido sin el accidente de lo que con éste se incrementó.

En estos casos no se trata de aplicar la concurrencia de culpas, pues no la hay en el damnificado que ya adolecía de un perjuicio personal, pero sí se comparte la lógica de distribuir el pago indemnizatorio procedente.

Tradicionalmente se defiende que la valoración ha de tener lugar en el momento del juicio, no en aquel en el que se producen los hechos indemnizables[168]. No obstante puede utilizarse el abono de intereses como vía compensatoria de una valoración judicial por definición demorada, efectuada retroactivamente, al momento de cometerse el hecho, como por ejemplo ocurre al servirse del baremo indemnizatorio elaborado en orden a la responsabilidad por accidentes de tráfico, que se acostumbra a extrapolar en general. Sea como fuera, hasta el momento de la valoración se afronta una *deuda de valor*, carente de la denominada expresión monetaria.

Para determinar la causalidad, por ejemplo el origen de una fobia o por el contrario su agravación, que deduce en la cuantificación mayor o menor, respectivamente, de la indemnización necesaria, el peritaje psicológico se presenta irremediable. A su vez, centrados en la determinación del *quantum* se atenderá, junto a lo accesorio (gastos médicos y de terapias, fármacos y asistencias de toda índole) en la gravedad objetiva y el tiempo de recuperación. Estos serán los elementos fundamentales para sostener la decisión experta y la judicial sobre el conjunto causal.

En el ejemplo de una violación o de un abuso sexual debe concretarse el daño mismo –sobre todo el moral–, en el devenir habido en orden a la causa directa del menoscabo, y su nexo, con o sin interferencias, con la conducta de quien recibe la atribución de lo ocurrido. El análisis de situaciones previas a la actualidad del daño, o a la actualidad de la causa postulada como propiciadora del mismo, también se anticipan a lo pasado, precisamente en orden a contribuir al estudio de la causa o de la interferencia. De este modo, una prueba de detective privado puede pretender acreditar la vida disoluta de la mujer agredida en un ejercicio de búsqueda de su conducta como provocadora, lo que sin embargo difícilmente puede desmerecer la agresión y la culpa como causa y anticipar una ruptura del nexo causal.

Siquiera en el ámbito del proceso penal, cuando la falta de voluntad resulte clara, en absoluto importaría que la víctima fuese alguien habituada a salir de madrugada con desconocidos. Ello no obstante, en el ámbito del objeto civil –separado del proceso criminal, por ejemplo en virtud de reserva expresa por la persona titular de la acción civil indemnizatoria–, cuando se alega

---

168. Se considera "una solución más equitativa", José Luis LACRUZ BERDEJO, *Elementos de Derecho Civil,* II (Derecho de Obligaciones), vol. 1, José María Bosch ed., Barcelona, 1985[2], pág. 551.

una alteración radical de la vida de relación de la víctima importa sobremanera constatar cuál era su vida antes y después del hecho dañoso. Pues, si *antes* no implicaba lo que ahora afirma le falta, o si *después* se acredita lo mismo que ocurría antes del injusto cometido, existirá un daño a resarcir, pero el mismo no podría incrementarse en virtud de un cambio en la vida de esa persona porque no habría habido cambio ninguno.

23
El daño moral

1. Delineamiento general

Toda lesión o violación de bienes o derechos de la persona ha sido descrita como daño moral, definida como extrapatrimonial, mereciendo indemnización por sí misma aunque también conduzca a una reparación por la repercusión que sobrevenga en el ámbito patrimonial.

La estructura de la asignación del pago al responsable del daño se mantiene intacta, pero debe modificarse la posibilidad de una reparación específica salvo supuestos muy concretos –reconocimiento de errores en la prensa que difamó, por ejemplo– y abordar directamente la genérica, a través del dinero, centrando el problema en la determinación misma de lo que es un daño moral y en modo de su justa cuantificación dineraria.

El sufrimiento entraña un daño moral, al igual que las lesiones al honor, la imagen, la intimidad, el prestigio, el maltrato o la ansiedad no patológica. Todo ello puede contribuir a daños adicionales, de tipo patrimonial, por ejemplo perdiendo ingresos en el negocio por la afectación del buen nombre profesional, distinguiéndose así el resarcimiento de lo primero y de lo segundo por separado, se les considere dos efectos de un mismo hecho o un efecto consecuente de otro tras el hecho causante en primer lugar. La sanción o pena que pudiera ser procedente a ese hecho causante es igualmente diversa de la reparación, que de todos modos no supondrá la eliminación del daño y/o de sus consecuencias. El damnificado obtendrá una sustitución por lo padecido antes que no obtener nada, compensando el daño irreparable u obteniendo un precio por el perjuicio emocional, el *prettium doloris*.

La norma recogida en el artículo 1.902 CC no alude a lo primero sino a lo segundo, por lo que si se busca una compensación deberá encontrarse el apoyo jurídico en el elenco de los principios generales del Derecho.

Los principios generales del Derecho justo acuden en respuesta a la necesidad de resolver jurídicamente la cuestión controvertida una vez agotados los criterios otorgados por el Poder legislativo en el artículo 1 CC, si bien el juez no puede escogerlos con libertad, distinguiendo entre los positivizados con la ley y la costumbre, siendo extrapositivos los demás[169].

Al margen pues de las consecuencias patrimoniales del daño moral, y diferenciándose igualmente de las consecuencias psíquicas posibles que cursarían como valoraciones de daños y perjuicios personales ventilados en el Tema anterior, se indemniza el daño moral en sí mismo, lo que a su vez encierra su propia necesidad de aseguramiento a través del Derecho cautelar[170]. Es compatible con lo anterior, bien a través de tantas indemnizaciones como nociones se barajen o una sola más elevada que todo lo conjugue. Esta separación conceptual viene reconocida, por ejemplo, en la ley 1/1982, de 5 de mayo, de protección civil del derecho al honor, a la intimidad personal y familiar y a la propia imagen, que además presume la existencia de un perjuicio si se acredita la intromisión ilegítima, y se extiende al daño moral. Es lo cierto que también se dispone de normativa específica en la que ese daño moral viene incluido en el personal psíquico o físico, incluyendo el estético, como ocurre en materia de accidentes de tráfico, regularización de suma importancia al ser extendida en la práctica judicial a todo tipo de cuantificaciones indemnizatorias, cuando menos en forma orientadora. Con todo, en esta materia se acude al criterio *prudencial* del juez, que abre su discreción, por mucho que para adecuar el importe se sirva, como es natural, de toda circunstancia concurrente, desde la edad y capacidad hasta la vida de relación, pasando por cualquier suerte de contextualizaciones de lo ocurrido y la persona damnificada. Particularmente, en la ley 1/1982 (artículo 9.3) se señalan las "circunstancias del ca-

---

169. Manuel ALBALADEJO GARCÍA, *Derecho civil. I Introducción y parte general. Volumen primero. Introducción y Derecho de la persona*, Librería Bosch, Barcelona, 1985[10], pág. 115.

170. V., por ejemplo, Luis DÍEZ-PICAZO PONCE DE LEÓN, *El escándalo del daño moral*, Thomson-Civitas, Madrid 2008, AAVV, *El daño moral y su cuantificación*, Bosch, Barcelona, 2017[2], Sonia RAMOS GONZÁLEZ, "El daño moral y su aseguramiento", en *Responsabilidad y seguros. Cuestiones actuales* (Mariano José Herrador Guardia dir.), Ediciones Francis Lefevre, Madrid, 2018, págs. 941 a 989, Jannine OLIVEROS BARBA, *El daño moral. Presupuestos de valoración*, Tirant lo Blanch, Ciudad de México, 2019, María Dolores MORENO MARTÍN, *El daño moral causado a las personas jurídicas*, Dykinson, Madrid, 2019, Fabián GONZÁLEZ CAZORLA, *Daño moral en el Derecho del consumidor*, ediciones Der, Santiago de Chile, 2019.

so" y la "gravedad de la lesión", así como la difusión o audiencia del medio en que se produce o el beneficio que obtuvo quien dañó y en función de ese daño.

> Descartando las indemnizaciones meramente simbólicas –porque serían discordantes con los valores e intereses en juego[171]–, la Jurisprudencia establece lo siguiente: "[e]sta sala ha declarado en STS de 5 de junio de 2014, rec. núm. 3303/2012, que dada la presunción *iuris et de iure*, esto es, no susceptible de prueba en contrario, de existencia de perjuicio indemnizable, el hecho de que la valoración del daño moral no pueda obtenerse de una prueba objetiva no excusa ni imposibilita legalmente a los tribunales para fijar su cuantificación, «a cuyo efecto ha de tenerse en cuenta y ponderar las circunstancias concurrentes en cada caso (sentencias de esta sala núm. 964/2000, de 19 de octubre, y núm. 12/2014, de 22 de enero)». Se trata, por tanto, «de una valoración estimativa, que en el caso de daños morales derivados de la vulneración de un derecho fundamental del art. 18.1 de la Constitución, ha de atender a los parámetros previstos en el art. 9.3 de la Ley Orgánica 1/1982, de acuerdo con la incidencia que en cada caso tengan las circunstancias relevantes para la aplicación de tales parámetros, utilizando criterios de prudente arbitrio»"[172].

Anótese de nuevo la contradicción de términos en el plano conceptual, donde se reconoce que una *presunción*, por definición rebatible con prueba en contra, no puede rebatirse. No existen, en fin, presunciones *iuris et de iure,* sino reglas o máximas que configuran prueba en sí misma.

2. El precio del dolor

Las interpretaciones que los tribunales civiles efectúan sobre esta materia han sido cada vez más expansivas, a pesar que el punto de partida negó la indemnización aislada, esto es, no trascendente al patrimonio de la persona. De esa manera es indemnizable el pesar, el sentimiento de afecto familiar, de la amistad estrecha con el difunto, del dolor no evaluable como lesión sino anudado a la misma, la consideración social y la fama.

Históricamente se rechazaba resarcir del patrimonio espiritual (sentimientos y afectos, honor o reputación de las personas) en tanto no toleraban comparación con el aspecto material del dinero, pero precisamente por eso, y descartando que el dinero en ningún caso compre bienes espirituales, procede valorar en más el daño moral que no el patrimonial. De esta manera se proporciona tanto una sensación positiva vinculada al sufrimiento habido como una

---

171. Se argumenta para ello el efecto disuasorio inverso; v. STS 512/2017, 21-IX (Roj 3322).
172. STS 604/2018, 6-XI (Roj 3710).

disuasión para que no se cause ese tipo de daño inmaterial, recordando que el artículo 1.902 CC no discrimina entre tipos de daño diferentes. Y donde la Ley no distingue el intérprete tampoco tendría que hacerlo. Indemnizar el daño moral no es multar o sancionar como tampoco es evaluar con precio sino equilibrar por aproximación el mal ya irrevocablemente sufrido, en proporción con ese dolor padecido, no en función de la intensidad de la culpa ni del dolo, como tampoco por la gravedad objetiva del acto ofensivo.

Los factores instrumentales a la cuantificación son más problemáticos, sobre todo en tanto desde 1912 la Jurisprudencia fue construyendo la indemnizabilidad del daño moral sobre una noción de discrecionalidad, bajo exigencias de la equidad, sin apoyo en pruebas objetivas sino por las circunstancias y necesidades del caso concreto respecto del "impacto o sufrimiento psíquico o espiritual que en la persona pueden producir ciertas conductas, actividades o, incluso resultados, tanto si implican una agresión directa o inmediata de bienes materiales, como si el ataque afecta al acervo extrapatrimonial o de la personalidad (ofensas a la fama, honor, honestidad, muerte de persona allegada, destrucción de objetos muy estimados por su propietario, etc.)"[173]. Importa subrayar que la indemnización pecuniaria siquiera ha de incluir las indirectas consecuencias patrimoniales del daño moral, sino que se centra en el propio dolor causado que se busca reparar en modo satisfactorio, esquivando igualmente la repercusión de los hechos en un acontecer futuro e incierto.

"La conveniencia de evitar posibles disparidades entre las resoluciones judiciales que fijan el *pretium doloris* [precio del dolor] o compensación por el daño moral y valoran de manera prospectiva o apreciativa las consecuencias patrimoniales de la incapacidad generada por los daños corporales condujo al legislador a implantar sistemas de valoración fundados en la tasación con arreglo a tablas o baremos de indemnización, cuya aplicación tiene lugar según reglas fijadas por el propio legislador y no queda sustraída a las normas generales sobre interpretación de las leyes. La jurisprudencia más reciente de esta Sala ha aceptado que los criterios cuantitativos que resultan de la aplicación de los sistemas basados en la tasación legal, y en especial el que rige respecto de los daños corporales que son consecuencia de la circulación de vehículos de motor, pueden tener valor orientador para la fijación del *pretium doloris* [precio del dolor] y las consecuencias patrimoniales derivadas de daños corporales acaecidos en otros sectores de la actividad, teniendo en cuenta las circunstancias concurrentes en cada caso", aplicándose al consumo de tabaco, accidente laboral, responsabilidad civil médica o sanitaria u otros y concluyendo que "la determinación de la cuantía para la compensación de los daños no patrimoniales debe

---

173. Cfr. Francisco de Asís GARCÍA SERRANO, "El daño moral extracontractual en la jurisprudencia civil", *Anuario de Derecho Civil,* 1972, págs. 799 y sigs.

ser objeto de una actividad de apreciación por parte del órgano judicial, habida cuenta de que no existen parámetros que permitan con precisión traducir en términos económicos el menoscabo en que consiste el daño moral. Es, asimismo, muy amplia la facultad de apreciación de que dispone el órgano judicial en aquellos casos en los cuales, aun no tratándose estrictamente de la valoración del daño moral dimanante del daño corporal, sin embargo deben valorarse las consecuencias patrimoniales derivadas de la incapacidad que origina este a raíz del mandato legal que ordena integrar en el importe de la indemnización el lucro cesante"[174].

La muerte puede discutirse, paradójicamente, como daño para el fallecido, en tanto éste no la sufre en tanto tal, como tampoco el allegado de quien muere, lo que no elimina lo indemnizable en clave de daño moral más evidente e iniciático en esta materia. De cualquier modo, importa la concurrencia de la relación de afecto con validez social, por lo que toda persona que mantenga esa relación con el difunto puede interponer una demanda[175].

"Un elemento fundamental que hace que la ponderación entre los derechos en conflicto deba decantarse en favor de la protección del derecho al honor es el relativo a las circunstancias en que se produjeron las manifestaciones de la demandada, justo tras la muerte del torero. Como hemos dicho, los usos sociales delimitan la protección del derecho al honor, y entre los usos sociales de una sociedad civilizada se encuentra, como exigencia mínima de humanidad, el respeto al dolor de los familiares ante la muerte de un ser querido, que se ve agravado cuando públicamente se veja al fallecido"[176]. Resulta interesante analizar si en absoluto importa el perfil del fallecido; imagínese, por poner ejemplo radical, a un/a asesino/a pederasta o un/a maltratador/a psicópata, en cualquiera de los casos el difunto puede tener padres e hijos, parejas o esposas/os absolutamente inocentes de los crímenes de aquél, donde no parece que importen, sea cual sea su grado si, recién muerto, se le veja públicamente de un modo u otro. Y una vez más el lenguaje resulta relevante: nadie falta a la verdad ni menosprecia o veja al muerto que ha sido condenado por asesinato si lo llama asesino, pero este término enlaza sin remedio con el ser humano como víctima. ¿Cómo se llama a quien mata de continuo intencional y premeditadamente a mamíferos como los toros dentro de un espectáculo de masas? Si se encuentra y utiliza una palabra que encaje en esa definición no parece que pueda considerarse vejatoria por el hecho de que tenga lugar justo después de morir el individuo que fuere así definido.

---

174. STS 906/2011,30-XI (Roj 9288).

175. Federico DE CASTRO Y BRAVO, "La indemnización por causa de muerte", *Anuario de Derecho Civil,* 1956, págs. 449 y sigs., Fernando PANTALEÓN PRIETO, "Diálogo sobre indemnización por causa de muerte", *Anuario de Derecho Civil,* 1983, págs. 1.567 y sigs.

176. STS 201/2019, 3-IV (Roj 973).

3. En particular, la valoración del honor

El honor es un bien inmaterial que merece protección en el ánimo de prevenir su perjuicio pero, por supuesto, implica la indemnización si el daño se acaba produciendo. En este sentido es fundamental, como punto de partida, la legislación específica sobre esta materia, regulada junto con la intimidad y la propia imagen, pero abriéndose al uso social. Efectivamente, el preámbulo de la ley 1/1982, de 5 de mayo, establece que donde no se regule específicamente en esa norma cada una de las materias estará "determinada de manera decisiva por las ideas que prevalezcan en cada momento en la Sociedad y por el propio concepto que cada persona según sus actos propios mantenga al respecto y determine sus pautas de comportamiento". Y añade el legislador la lógica preferencia de la tutela penal cuando cualquier conducta se encuentre criminalizada, si bien deberá seguirse la pauta de esta legislación específica para concretar la indemnización (responsabilidad civil como objeto civil acumulado).

Las personas jurídicas también son titulares de una reputación indemnizable, lo que sin embargo exige concreción en tal tipo de sujeto, que no puede equipararse a grupos o clases que, por ejemplo, se difamen[177]. En todo caso, la persona jurídica nunca podrá estudiarse desde un punto de vista psicológico en sentido intrínseco, significándose de especial modo la separación de la repercusión o consecuencia del daño moral en sí mismo.

4. Ejemplos prácticos

Imagínese una pareja de recién casados que paga un viaje en avión y en el transporte contratado pierden sus maletas y todo lo que contienen, o esto ocurre en el curso de un crucero donde quien festeja sus bodas de oro esperaba con ilusión la cena de gala a la que no puede asistir por falta de vestuario preceptivo para la ocasión, o en un viaje de negocios donde se pierden los instrumentos técnicos indispensables para el trabajo a realizar. El valor de las maletas en sí, por demás cuantificado actuarialmente en la perspectiva del seguro privado –acaso suele incluso constituirse como una cláusula abusiva al contratar el pasaje–, puede relacionarse con el daño emergente, vinculado a su vez a la falta de conducta que interfiera la relación causal –por ejemplo verse obligado a facturar maletas en la cada vez más restrictiva capacidad de la ca-

___

177. V., por todas, STS 593/2019, 7-XI (Roj 3529).

bina–, y el lucro cesante, esto es, el importe perdido por no disponer de las maletas –por ejemplo por el trabajo que no pudo desempeñarse, en el último de los ejemplos–.

A todo lo anterior puede añadirse el daño emocional –sin alcanzar un efectivo resultado dañoso psíquico– como moral, por el sufrimiento que supone perder el contenido del equipaje. Existen elementos especialmente significativos para provocar problemas reales y específicos, como perder algún tipo de medicación que por lo que fuera no se llevase consigo. Pero también la falta de uso, quizás de las ropas necesarias para acceder a la cena de gala que con tanta ilusión se esperaba. En uno y otro caso importa conectar el hecho objetivo –lo que faltó realmente– y la necesidad o expectativa de uso. No es lo mismo un fármaco que deba ser repuesto como sea y sino propicie un mal real, que otro que se porte por si acaso y no acabe siendo utilizado por innecesario al no presentarse la eventualidad prevenida. No es lo mismo conocer de esa celebración de gala que no tener de principio ninguna intención de asistir a la misma, por lo que nada importa que se perdiera un traje o un vestido incluido en el equipaje por si acaso (no por la gala) pero que lo más probable es que no se fuese a utilizar. La acreditación de tales intencionalidades y de los hechos consecuentes efectivamente habidos será un problema de prueba relacionado con la carga de la misma, naturalmente, pero eso constituye cuestión procesal bien distinta.

Si el regreso de un viaje, por la avería del avión previsto, impone la pérdida del pasaje contratado –de una clase a otra de inferior categoría–, obligando a un vuelo en un avión que muestre un riesgo a la vista, por la vejez ostensible del aparato, y la incomodidad significada de su interior, por falta de espacio y servicio equivalentes a los que en su día se contrataron, el dinero que compense el billete abonado –de una clase por otra, simplemente–, no es contrapartida suficiente por el hecho de facilitar un regreso al destino acortando la espera a la reparación del avión inicial, o si siquiera esto fuese alternativa[178].

La libertad de valoración del daño moral frente al material, sin embargo, es limitada por lindes contractuales, lo que precisamente puede engendrar críticas contra el derecho de indemnidad que cede en pos de una seguridad jurídica favorable al que viene llamado a indemnizar. "La jurisprudencia española no ha sido unánime y unas veces ha considerado que dicho tope incluye tanto los daños morales, como materiales (SAP Barcelona 5 febrero 2008, AC 2008/836; SAP Madrid 6 noviembre 2009,

---

178. En general v., por ejemplo, AAVV (Lorenzo MESSASOMA y María José REYES LÓPEZ coordinadores), *Turismo y daños*, Cizur Menor, Aranzadi, 2019.

JUR 2009\\ 468057), pero en otras ocasiones ha entendido que el límite se refiere tan solo a los perjuicios materiales, no existiendo límite de responsabilidad en cuanto a los daños morales (SAP de Alicante de 8 octubre 2009, AC 2009/2264; SAP de Vizcaya, de 30 diciembre 2005, AC 2006/823). [...] En el seno de la Unión Europea, la cuestión ha sido resuelta por el Tribunal de Justicia de las Comunidades Europeas. En su sentencia de 6 mayo 2010(JUR\\ 2010\\ 141954) TJCE responde a la cuestión prejudicial planteada por la Audiencia Provincial de Barcelona y señala que el Convenio no contiene definición propia de «daño» o «perjuicio» (términos utilizados indistintamente en la norma), por lo que deben entenderse de acuerdo con las reglas de interpretación del Derecho internacional general que obligan a la Unión Europea. Por tanto, invoca el art. 31 del Convenio de Viena sobre el Derecho de los Tratados, según el cual un Tratado deberá interpretarse de buena fe conforme al sentido corriente que haya de atribuirse a los términos del Tratado en el contexto de estos y teniendo en cuenta su objeto y fin. El TJCE trae a colación también un concepto de daño, no convencional, común a todos los subsistemas de Derecho internacional, citando el artículo 31, apartado 2, de los artículos sobre la responsabilidad del Estado por hechos internacionalmente ilícitos, elaborados por la Comisión de Derecho Internacional (CDI), de los que la Asamblea General de la Organización de las Naciones Unidas tomó nota en su Resolución 56/83 de 12 de diciembre de 2001: «el perjuicio comprende todo daño, tanto material como moral [...]». De allí concluye que el concepto ordinario del daño incluye ambas facetas del mismo (material y moral) y que nada indica en el Convenio de Montreal que los Estados contratantes hayan querido dar un sentido especial y separarse del significado común del mismo. En consecuencia, según TJCE, hay que considerar que «daño» comprende tanto el perjuicio material, como el daño moral. El Tribunal termina señalando que esta interpretación por la que se establece que el art. 22.2 del Convenio de Montreal contiene un límite infranqueable, es acorde con el equilibrio de los intereses de las partes, especialmente, puesto que la responsabilidad impuesta al transportista en el caso de pérdida, destrucción o avería del equipaje es objetiva, no liberándose la aerolínea ni siquiera en el supuesto de fuerza mayor"[179].

Sobre la noción general de discrecionalidad en la cuantificación de la indemnización por daños morales, la inexistencia de reglas aritméticas y precisión exacta imposible (STS 957/2007, 27-XI), se alude a "estándares habituales y parámetros que, sin ser exactos, se mueven en torno a pautas comúnmente compartidas y reconocibles" que, de respetarse, no permiten un razonamiento (imposible), por lo que a fin de discutirlos se precisa "un especial esfuerzo de argumentación ya que [el recurrente] tiene que ofrecer al tribunal

---

179. SJMercantil 1 de Donostia, 90/2019, 20-III (Roj 371).

algún criterio legal o precedentes de casos similares que permitan apreciar la desproporción"[180]

---

180. STS penal 554/2021, 23-VI (Roj 2695), con cita de STS 97/2016, 28-VI, en un supuesto de intento de asesinato y violencia doméstica habitual.

24

El consentimiento y el error

1. El consentimiento y sus vicios

La regulación del *consentimiento* como primer requisito del contrato viene recogida en el artículo 1.261 CC –junto con el *objeto cierto* y la *causa* de la obligación–, a la que suele añadirse la exteriorización o *forma*.

Consentir puede identificarse como la voluntad o sentir común (*cum-sentire*), pero en el ámbito obligacional se parte de una acepción coloquial generalizada de aprobar o aceptar, permitir o tolerar, a partir de la cual se distingue entre lo interno de la voluntad individual, la declaración que se emite ante otro contratante o terceros, y la intención común o voluntades coincidentes entre quienes contratan. El desacuerdo o disenso –cuando no haya coincidencia de voluntades– es lo contrario que el contrato, en el que se crea el negocio jurídico por antonomasia, reflejo de la libre autonomía de las voluntades privadas.

Aunque el Código civil alude a la capacidad de consentir, realmente está estableciendo la capacidad para que el consentir sea válido y eficaz; la capacidad para contratar, que se niega en la dicción "no pueden prestar consentimiento" del artículo 1.263 CC. Inicialmente se dirigió a "menores no emancipados" y "locos y dementes y los sordomudos que no sepan escribir". Con la reforma de la tutela se introdujeron matizaciones en el ámbito de la incapacitación civil, dependiendo de la extensión establecida en la sentencia judicial, siendo finalmente suprimida la última referencia. En su lugar se incorpora la de quienes tengan su "capacidad modificada judicialmente" en los términos de cada decisión judicial en concreto. De este modo, tanto con el menor emancipado –salvo para gestionar bienes corrientes según usos sociales y contratar lo que la legislación le permita específicamente– como con el incapacitado judicial –salvo que con el fallo de un juez se le permita por sí solo, por ejemplo como ocurre para el menor y el dinero de bolsillo–, podía operarse en el ámbito civil y mercantil a través de sus representantes legales. Ahora en vez de incapacitado será un discapaz con medida de apoyo estable. Se promueve de cualquier modo una definición *a contrario*, coincidente con la capacidad general *de obrar*, en la que puede prestar consentimiento válido y eficaz todo aquel que no se declare incapaz por la Ley en virtud de un determinado estado civil. Cuando los inconvenientes no se enmarcan en el estado civil se atiende a la prohibición (de contratar) que, a diferencia de lo anterior no es general sino específica por supuestos o tipos contractuales concretos.

Es prohibición, por ejemplo, la que recoge el artículo 1.677 CC, por la que no pueden constituir sociedad universal quienes no pueden entre sí otorgarse donaciones o ventajas. Igualmente, el artículo 1.459 CC prohíbe a determinados sujetos comprar en determinadas circunstancias: el tutor de su pupilo, el mandatario de su mandante, etcétera. En similar sentido el Código de comercio (artículo 257) respecto del comisionista para con el comitente: el primero asume los riesgos del numerario en su poder obtenidos de la comisión.

El defecto del consentimiento en la formación del contrato impide su resultado, si bien el legislador civil establece una enumeración de causas que identifica como de nulidad contractual: el error, la violencia, la intimidación y el dolo.

Este *dolus in contrahendo* se describe, a su vez, en el artículo 1.269 CC, a partir de "palabras o maquinaciones insidiosas" de un contratante que inducen a consentir lo que de otro modo no se hubiera consentido, sin que haya sido necesario producir daño alguno, no en vano el artículo 1.300 CC permite anular sin lesión entre contratantes. Se trata de un engaño en principio activo o positivo, pero es posible la omisión que permite la manipulación, particularmente en aquellas situaciones en las que los usos sociales implican, en el margen de la buena fe negocial, manifestarse y, así, no hacer implícita una información valiosa para el contratante que consiente, al cabo, engañado. Si el dolo recae sobre circunstancias secundarias o no determinantes para contratar generará indemnización de daños y perjuicios pero no anulará el contrato (es el dolo incidental), haciéndolo cuando se trate de un dolo "grave" que hubiera sido determinante para la contratación, valorando entonces los artificios objetivamente utilizados y, sobre todo, las condiciones de la persona engañada (su personalidad y carácter, por ejemplo) donde podrá cursar un menoscabo psicológico necesitado de peritaje. Y hay un tercer dolo, intrascendente al igual que cuando sea recíproco –ejercitado por las dos partes–, por reconocido en los usos y conciencia social: maniobras de contratación propias de la *adecuación social*, especialmente características en la publicidad o propaganda, el *dolus bonus*.

Por su parte, la *violencia* y la *intimidación* son proyecciones de la fuerza irresistible o insuperable, como coacción física y psíquica, respectivamente sobre el cuerpo (la agresión que impone un consentir al violentado) y sobre la mente (la amenaza que genera el miedo del intimidado). Obtienen específica descripción en los artículos 1.267 y 1.268 CC, permitiendo la intervención del tercero violento o amenazante. Y si bien la irresistibilidad de la fuerza conduce a la discusión sobre la inexistencia de la voluntad más que el vicio de la emitida, la intimidación se asienta en el temor racional y fundado de sufrir un mal inminente y grave en la propia persona o bienes, o en la persona o bienes del cónyuge, descendientes y ascendientes, ajeno a lo inconcreto o incierto al exigir alto grado de certidumbre. Lo esencial es la idoneidad del mal contra Derecho para que su amenaza influya en el ánimo del sujeto, lo que pasa por valorar la gravedad objetiva del anuncio y las circunstancias personales del destinatario expuesto a ese mal anunciado, cuya medida objetiva es ser "racional y fundado".

El *temor reverencial* es irrelevante por sí mismo, aunque del sujeto al que se le teme de ese modo en particular puede provenir, obviamente, la amenaza suficiente, la violencia moral que conduce al miedo. Se trata, sin embargo, de un supuesto de miedo que ha ido configurando una subcategoría autónoma del vicio basado en la intimidación[181]. Se actúa para no romper la relación de reverencia entre la situación especial entre dos personas en las que una es prepotente y otra es subordinada (jurídicamente o no), generando aquélla en ésta una conmoción psicológica que le conduce a tomar la decisión negocial que sea, obteniendo ejemplos significativos en el ámbito del consentir matrimonial.

2. El error negocial

---

181. Por ejemplo, Víctor REINA BERNÁLDEZ, *El consentimiento matrimonial. Sus anomalías y vicios como causas de nulidad,* Ariel, Barcelona, 1974, págs. 162 y sigs.

Puede definirse el error propio o error-vicio como la falsa representación mental de la realidad, con lo que el proceso de formación de la voluntad interna resulta viciado. No obstante el régimen discrimina entre un negocio patrimonial *inter vivos* como contrato y otro de distinta naturaleza, como el propio de los Derechos de familia o sucesorio. En estos se valoran determinados intereses distintos de la protección de expectativas entre contratantes, igualmente incluidas.

La valoración del error recorre tanto los criterios objetivos como la concepción subjetiva en la que se centra lo esencial, y no debe ser imputable al que lo padece ni tampoco excusable: no habrá protección jurídica en forma de anulación frente a un error causado por quien lo alegue ni tampoco cuando la diligencia normal hubiera podido evitarlo. Recuérdese, en todo caso, que el deber de informarse implica el deber de informar.

El artículo 1.266 CC recoge una enumeración de errores invalidantes que en todo caso deben ser acreditados por quien los invoque en orden a la anulación del contrato. Se trata de la equivocación sobre la sustancia o cualidades, el error en la persona y en el cálculo. En este último se excluye la mera equivocación de cuenta que sencillamente habrá de corregirse, que no tiene que ver con incluir o excluir conceptos o partidas, total o parcialmente, al facturar o liquidar. Equivocarse en la persona contratante –no en persona que sea objeto del contrato– invalida el negocio jurídico cuando el sujeto sea su causa principal –lo que puede concurrir más fácilmente en los basados en la confianza personal (contratos *intuitu personae*)–, pudiendo distinguirse entre la identidad de la misma –nombre y apellidos intercambiados– o sus cualidades –se creía que era un experto en determinada actividad y no lo era–. El error en la persona puede utilizarse para invalidar un contrato de préstamo suscrito con un estafador al que se le ha entregado dinero. De otro lado, equivocarse sobre la sustancia o las cualidades refiere a la cosa objeto del contrato o condiciones de la misma sin las cuales nunca se hubiera contratado, sin que pueda despreciarse el error en la cantidad, por presuponer para la cosa una medida, peso o extensión que no es cualidad pero sin duda resulta relevante. Nótese que, a mayor inexcusabilidad de una parte, mayor también la facilidad de reconocimiento para la otra.

Aparte lo anterior conviene distinguir entre el error de hecho (recae sobre circunstancias fácticas del negocio) y de derecho (supone ignorar la norma o la regla jurídica sobre contenido, existencia, interpretación o aplicación en concreto, o conocer de ello falsamente), y el error obstativo y el error común. Este último puede relacionarse con el motivo del negocio, algo en la órbita interna o subjetiva, en principio irrelevante salvo que resulte compartido en la voluntad tácita o expresa de los contratantes y haya impulsado la contratación: la común representación mental de quienes negocian que en ellos influye esa equivocación para fijar el contenido del contrato. Finalmente, el obstativo es aquel que recae sobre la declaración de voluntad –también cuando un tercero la intermedia (por ejemplo un/a secretario/a)–, que supera sin vicios la formación interna de la voluntad pero yerra al manifestarla exteriormente. Esto es posible, en la práctica, cuando se utilizan palabras cuyo significado no se comparte usualmente, y por supuesto cuando se utiliza un idioma extranjero que tampoco se conozca correctamente, algo de especial importancia en el lenguaje jurídico. En el obstativo se incluyen los errores por *lapsus calami* o *linguae*. Al carecer de regulación específica, el error obstativo suele tratarse como error-vicio o propio, en el contexto de la buena fe negocial, mientras que desde el punto de vista jurisprudencial civil suele prevalecer la voluntad (interna) sobre la declaración (exteriorización errada), todo ello si no es evitable con la diligencia debida o cuando es imputable al mismo declarante, y por supuesto cuando se detecta una conducta maliciosa: la culpabilidad del declarante mantiene la declaración sobre la voluntad interna divergente. Con todo, en el terreno de la prueba procede la indagación de la voluntad real a fin de desmerecer la manifestada, recordando que, una vez identificada aquélla, es necesario saber si la otra parte consintió con lo real o con lo declarado. En el primer caso no habría problemas, sí en cambio en el segundo, llevando hasta la inexistencia negocial, nulidad absoluta o carencia total de efectos jurídicos.

La validez del consentimiento del negocio jurídico se apoya en la presunción de capacidad de obrar. No pueden consentir válidamente menores no emancipados, o discapacidades sometidos a medidas de apoyo estable relativas a la representación jurídica y que se hubiera prescindido de ellas, que requieren el complemento de un tercero (padres que ostentan la patria potestad o el curador) o directamente la sustitución por representación (el tutor o el curador), con o sin necesidad de autorización judicial *ad hoc*.

Fuera de estos últimos casos, los vicios del consentimiento, que conducen a la equivalencia del negocio nulo, se configuran con el error, la violencia, la intimidación y el engaño o dolo (artículo 1.269 CC)[182].

---

182. Sobre los problemas de sistemática jurídica y resultados justos en la práctica en materia de equivocación negocial v., por todos, Federico DE CASTRO Y BRAVO, "De nuevo sobre el error en el consentimiento", *Anuario de Derecho Civil*, vol. XLI, núm. 2, 1988, págs. 449 y sigs.

En cuanto al error vicio producido por falta de información suficiente, "[e]l incumplimiento del deber de información al cliente sobre el riesgo económico en caso de que los intereses fueran inferiores al euribor y sobre los riesgos patrimoniales asociados al coste de cancelación, es lo que propicia un error en la prestación del consentimiento, ya que como dijimos en la sentencia del pleno de esta Sala 1.ª, 840/2013, de 20 de enero de 2014. La ausencia de información permite presumir el error, «esa ausencia de información permite presumir el error». Lo determinante no es tanto que aparezca formalmente cumplido el trámite de la información, sino las condiciones en que materialmente se cumple el mismo. Los deberes de información que competen a la entidad financiera, concretados en las normas antes transcritas, no quedan satisfechos por una mera ilustración sobre lo obvio, esto es, que como se establece como límite a la aplicación del tipo fijo un referencial variable, el resultado puede ser positivo o negativo para el cliente según la fluctuación de ese tipo referencial. No se trata de que el banco pudiera adivinar la evolución futura de los tipos de interés, sino de que ofreciera al cliente una información completa, suficiente y comprensible de las posibles consecuencias de la fluctuación al alza o a la baja de los tipos de interés y de los elevados costes de la cancelación anticipada. En este caso, la nula cualificación de los contratantes en materia de inversión (pretendían abrir un bar, en régimen de comunidad de bienes), unido a la falta de información suficiente y la oscura redacción del contrato, que inducía creer en la neutralización de las variaciones de interés, posibilita la estimación de los motivos de casación y anulación del contrato, de acuerdo con los arts. 1300 y 1301 del CC"[183].

La voluntad humana se forma en una operación psicológica irremediablemente interna, sólo apreciable cuando se exterioriza de algún modo por el sujeto en la que aquélla se constituye. Si la voluntad negocial faltara, impondría la absoluta invalidez del negocio jurídico, lo que se positiviza explícitamente en el contrato en general y en el matrimonio y el testamento en particular (artículos 1.265, 73.4º y 5º y 673 CC)[184]. Los vicios de la voluntad desarrollan la cuestión desde un punto de extraordinaria importancia estratégica, pues se centran en el núcleo esencial de todo negocio jurídico. El análisis exige ve-

---

183. STS 722/2018, 19-XII (Roj 4256).

184. Sobre este último v., por ejemplo, Antoni VAQUER ALOI, "La protección del testador vulnerable", *Anuario de Derecho Civil,* tomo LXVIII, fascículo 2, 2015, págs. 327 y sigs. y *Libertad de testar y libertad para testar,* Olejnik, Santiago de Chile, 2018, Martín GARCÍA-RIPOLL MONTIJANO, "Aptitud mental y capacidad testamentaria antes y después de la sentencia de incapacitación. Comentario a la STS de 15 de marzo de 2018 (RJ 2018, 1090)", *Cuadernos Civitas de jurisprudencia civil,* núm. 1078, 2018, págs. 297 y sigs. Para el consentir matrimonial v. Víctor REINA BERNÁLDEZ, *El consentimiento...,* cit., e Irene María BRIONES MARTÍNEZ, "Vicios del consentimiento matrimonial. Ignorancia, error, dolo, violencia y miedo", en *Matrimonio y procesos. Tras la reforma del Papa Francisco,* (Miguel Ángel Jusdado Ruiz-Capillas coord.), Dykinson, Madrid, 2017, págs. 117 y sigs.

rificar que la voluntad del individuo que la exterioriza es libre, consciente y racional.

> La debilidad emocional y cognitiva pueden utilizarse para afectar la voluntad del testador, incluso yendo más allá del dolo testamentario civil que permite invalidar el testamento (artículo 1.269 CC en relación con los artículos 673 y 756.5 del mismo texto)[185], postulando el ilícito penal de la estafa, con acumulación de la acción de nulidad testamentaria por vicio del consentimiento. En cualquier caso será la prueba indirecta y los mecanismos de presunción por indicios los medios de acreditar la voluntad captatoria de la voluntad del otro.

El error puede explicarse a partir de una falsa representación de datos objetivos o subjetivos de los hechos o del Derecho en relación con lo fáctico, las situaciones, las relaciones o las cualidades, en un conocimiento defectuoso de la información relevante o en la total ignorancia. La equivocación puede aparecer una vez se ha decidido correctamente, por ejemplo cuando se declara negocialmente en forma no coincidente con lo que se quiere. El alcance del error es diferente cuando afecta al propio mecanismo psicológico de formación de la decisión de voluntad que induce a negociar, lo que se denomina error propio, error motivo o error vicio de la voluntad o del consentimiento. Cuando este tipo de error recaba en lo jurídico esquiva la máxima de que la ignorancia del Derecho no escuda de su cumplimiento (artículo 2 CC). Esto es así en el bien entendido que no hay una proposición de eludir la ley vigente, sino que el equivocado que impugna un negocio por tal motivo sólo pretende evitar consecuencias distintas de las tenidas en cuenta al decidir ese negocio, combinándose todo ello con el artículo 6.1ª CC: "[l]a ignorancia de las leyes no excusa de su cumplimiento. El error de derecho producirá únicamente aquellos efectos que las leyes determinen".

En los negocios patrimoniales el error motivo puede recaer sobre el objeto del negocio jurídico, sea sobre la sustancia de la cosa o sus cualidades, mientras que recaído en la persona puede tratarse de una equivocación sobre ésta o en sus cualidades. Las razones personales, íntimas –el motivo por el que alguien decide su voluntad–, son en principio irrelevantes jurídicamente. Pues, de lo contrario se pondría en riesgo la seguridad del tráfico negocial. Regla fundamental radica en la inexcusabilidad del error, esto es, que el mismo no haya podido evitarse merced a una normal diligencia, normalidad en la que se apoya la regla de recognoscibilidad –que, sin embargo, se ciñe al negocio bilateral–, según la cual el error sufrido puede ser reconocido por la otra parte en

---

185. Cfr. STS 686/2014, de 25-XI.

función de la debida diligencia, en tanto siendo eso así no cabe alegar menoscabo de confianza puesta en la declaración de la otra parte.

El error del testador se limita al negocio unilateral configurado por aquél para cuando fallezca, con la particularidad que ningún causante de su activación (al morir) podrá ya nunca impugnarlo, siendo la voluntad testamentaria únicamente la que fue expresada[186].

Los *intervalos lúcidos* presuponen una falta de capacidad, punto de partida en el que transitoriamente se recupera el uso de la razón, lo que se estudia particularmente en estado de irracionalidad propio de procesos mentales orgánicos (demencia o delirios). Téngase presente que el concepto no es propio de la Psiquiatría, partiendo de la idea que "lucidez" se identifica con "normalidad" y que temporalmente se ubica en un período alienado[187]. Dicho de otro modo, si se acredita la anomalía o alteración psíquica antes y después de un determinado momento, éste se presume de igual modo propio de la incapacidad, de ahí que la carga de la prueba del intervalo lúcido corresponde al que lo alega, a modo de destruir la presunción *iuris tantum* en contra conformada por la dicha dolencia.

El dolo sigue conectado al error, en el sentido que se produce una equivocación por la actuación de otro, sea un contratante o un tercero, al inducir una falsa representación de las circunstancias negociales para quien otorga su voluntad sin el suficiente conocimiento para hacerlo, lo que minora su libertad. En todo caso, existe un tratamiento diferenciado si lo que se destaca es el actuar por engaño malicioso del otro (artículo 1.269 CC): conducta artificiosa, intención de engañar y error determinante o engaño. Finalmente, conviene recordar que el dolo recíproco (empleado por las dos partes contratantes) no puede anular el negocio jurídico: se compensan las malicias y ninguno podrá solicitar la nulidad.

La estafa civil conecta con una intencionalidad no antecedente sino ulterior al negocio, así, contratado con consentimiento válido por ajeno al engaño previo característico del dolo penal[188]. Sin embargo, el dolo como acto ilícito

---

186. Manuel ALBALADEJO GARCÍA, "El error en las disposiciones testamentarias", *Revista de Derecho Privado*, 1948, págs. 423 y sigs.; del mismo, "De nuevo sobre el error en las disposiciones testamentarias", *Anuario de Derecho Civil*, tomo VII, fascículo 2, 1954, págs. 319 y sigs.

187. Cfr. un estudio histórico del término (jurídico) en Eudoxio CASTAÑEDA DELGADO, "El problema del lúcido intervalo en las enfermedades mentales", *Revista Española de Derecho Canónico*, vol. 8, núm. 23, 1953, págs. 475 y sigs. El autor repasa particularmente la Jurisprudencia de la Rota Romana, aun significando que la teoría del lúcido intervalo se vaya abandonando como postulado jurídico.

188. La diferenciación más sencilla entre el dolo penal y el civil se construye contra la temporalidad, pero eso no significa que el segundo se configure como auto-encubrimiento; Ricardo YÁÑEZ VELASCO, *Concurso de acreedores...*, cit., págs. 329 y sigs.

(civil) se explica en el ánimo de engañar, que no es ulterior sino antecedente al perjuicio o fraude que propicia, aunque puede no ser dañoso siquiera: la malicia o la mala fe en la captación de la voluntad del otro contratante, precisamente para hacerlo contratar (un *animus decipiendi*), lo que en sí mismo no tiene por qué incluir el ánimo de dañar.

La intimidación o coacción moral, también llamada violencia moral o *vis* compulsiva, se enmarca en el miedo afectante a la libertad de negociación: se amenaza o se coacciona para obtener el consentimiento, de ese modo, viciado. No se trata de excluir la voluntad como ocurriría a través de la violencia física –y por eso llamada ablativa– sino de construir una alternativa para el amenazado o coaccionado, que puede elegir entre el mal o consentir lo que consentiría. Voluntariamente negocia para evitar el mal amenazado o coaccionado: *voluntas coacta voluntas est*. Debe tratarse de un mal inminente y grave (amenaza) o un temor racional y fundado (coacción), nunca propios del ejercicio de un derecho (lo uno y lo otro deben imponer males, pues, antijurídicos). El mal debe dirigirse sobre la propia persona o sus bienes o la persona o bienes del cónyuge, descendiente o ascendiente[189]. Y debe separarse del temor reverencial, en tanto el temor de desagradar a una persona a la que se debe sumisión y respeto no anulará el contrato (artículo 1.267 IV CC).

La intimidación se vincula a la anulabilidad, a instancia de parte, no a la nulidad radical, mientras que para los contratantes menores o discapaces representados jurídicamente se añade –en seno, también, de la anulabilidad–, un plazo de cuatro años para ejercitarla, a contar desde la consumación del negocio jurídico que se trate.

Por su parte, el consentimiento que sustenta las instrucciones vitales no es anticipado; lo que se avanza son estas últimas, siendo presente y actual el consentir en el momento en que se realiza, que es en el que se ha de analizar la capacidad del sujeto en orden a la libertad de otorgarlo. De especial regulación, igualmente, el matrimonio y su nulidad como contrato, sea por errores en la identidad o en función de las cualidades de la persona determinantes para consentir[190].

Por último, la transacción o el pacto transaccional también atiende al error, el dolo y la violencia (también la falsedad documental) para perder su validez (artículo 1.817 I CC).

---

189. Luis DÍEZ-PICAZO PONCE DE LEÓN, "La intimidación en la jurisprudencia del Tribunal Supremo", *Anuario de Derecho Civil*, fascículos 2-3, 1979, págs. 545 y sigs. Añádase la pareja de hecho.

190. Sobre este tema v., por ejemplo, Víctor REINA BERNÁLDEZ, "Anomalías psíquicas del consentimiento en el matrimonio canónico", *Revista Jurídica de Catalunya*, vol. 94, núm. 4, 2005, págs. 913 y sigs.

3. La reserva mental y la simulación

Al igual que las declaraciones en broma o *iocandi causa*, que no encierran verdaderas declaraciones de voluntad, porque diverge la voluntad de la declaración (falta la seriedad)[191], es intrascendente la reserva mental, que tampoco supone ningún vicio en el consentimiento. No obstante, en este punto se oculta una voluntad verdadera, afectando con ello al otro contratante, ignorante de esa situación. En todo caso no sufre quien reserva porque no causa un daño sino, quizás, fuera de su propia esfera de decisión si, más tarde, hubiera consecuencias perniciosas en algún sentido. El sujeto quedará vinculado a lo manifestado, en tanto lo reservado ni se exterioriza ni es así recognoscible por el otro u otros contratantes.

Distinto ocurre con otra auténtica discrepancia entre la voluntad y la declaración de voluntad: la simulación negocial. La reserva mental coincide con el error obstativo en cuanto a esa divergencia, con la diferencia de que eso no procede de una equivocación sino que precisamente es lo que quien declara quiere declarar. De manera consciente se exterioriza lo que no se piensa. Su finalidad no está en ese contrato, ni con base en lo declarado ni con apoyo en la voluntad interna, sino en anular la eficacia del negocio o restringir los efectos. No obstante, ante la coincidencia con lo mentalmente reservado –no declaró lo que no quería sino algo con distintos efectos– sí se pretenderá actuar la voluntad interna, bien que la otra parte contratante no habría estado de acuerdo con ella para consentir.

"No es en absoluto lógico pensar, ni es aceptable desde los parámetros de la buena fe y lealtad de los tratos, que, conociendo el comprador al tiempo de la perfección del contrato un factor tan relevante para el precio como el controvertido, no se contemple en su fijación, con la idea (reserva mental) de alegar posteriormente una insatisfacción pidiendo la reducción por no figurar el dato en la contabilidad y existir una cláusula que, en la interpretación interesada de la parte, podría servir de fundamento a la impugnación. Ello no solo no es lógico, sino que incluso, la postura de la parte, incurre en la paradoja, y, como vienen resaltando la doctrina constitucional y

---

191. El problema estará en las consecuencias: inexistencia del contrato, pago de daños y perjuicios provocados (no como contrato incumplido), o plenitud negocial, en particular cuando el destinatario no reconoce ni puede reconocer la broma del otro. Debiera ser especialmente relevante la relación personal entre contratantes, a fin de asumir *ex post* el motivo de la broma o no tener sentido ninguno hacerlo, sobre todo si quien no descubrió la broma fue, precisamente, el objeto de la misma frente a terceros.

la jurisprudencial de esta Sala, debe rechazarse toda motivación que conduzca a un «resultado paradójico»[192]. Nótese en este punto que la buena fe se establece como fundamento legal de la regla de que nadie puede actuar contra sus propios actos, de ahí que, concurriendo una verdadera e injustificada incoherencia entre conductas de una misma persona, habrán de desestimarse las pretensiones u oposiciones que contradigan anteriores actos de la parte que las alegue (STS 428/2015, 15-VII). En sentido contrario, "[e]n el presente caso no hubo reticencia ni reserva mental pues si dejó de comunicar determinadas circunstancias era porque las consideró intrascendentes, como así se concluyó por los médicos al considerar el quiste «negativo para malignidad». Es decir, no hubo maquinaciones insidiosas, ni intención engañosa, ni representación consciente y probable de una enfermedad"[193].

Simular es divergir entre lo que se declara y la auténtica voluntad efectivamente manifestada entre sujetos. No existe, en realidad, diferencia entre la voluntad y la declaración, porque lo que hay es una doble declaración de voluntad, la querida y oculta (interna) y la no querida y exteriorizada (externa). La primera es la contradeclaración, deseada por las partes para ser válida y eficaz entre ellos, que nace del acuerdo simulatorio, mientras la simulación en sí es para los contratantes irrelevante y, en el tráfico jurídico, un instrumento del fraude.

Cuando la declaración nada encubre, conectada a un negocio absolutamente aparente, se tratará de una *simulación absoluta*. Cuando la declaración encubre otro negocio distinto, supondrá *simulación relativa*. En el primer caso nada hay válido, en el segundo, si el contrato disimulado, oculto, contiene los elementos esenciales del negocio según el artículo 1.261 CC, será válido y eficaz, eliminando el engaño a terceros que supone la simulación[194].

La acción ante los tribunales podrá funcionar en dos polos, el de declarar la validez de lo disimulado y/o la nulidad de lo simulado. Claro está que la apariencia creada (lo simulado) genera una confianza en el tráfico jurídico que sostiene el derecho de terceros a que, frente a los contratantes que simularon el contrato, exijan su cumplimiento; cuando menos no podrán ser perjudicados si actuaron de buena fe a fin de conseguir alguna posición jurídica en función de esa simulación[195].

---

192. STS 575/2011, 21-VII (Roj 5168).

193. STS 515/2012, 18-VII (Roj 5989).

194. Cfr., en general, Manuel ALBALADEJO GARCÍA, *La simulación,* Dykinson, Madrid, 2005, María GAGLIARDO, *Simulación jurídica,* La Ley, Buenos Aires, 2008.

195. Sobre un repaso de los indicios más habituales servidos por la práctica de tribunales en los últimos años, a fin de acreditar la simulación contractual, v. Joan PICÓ JUNOY, "Los indicios en la prueba de simulación contractual", *InDret. Revista para el análisis del Derecho,* julio 2017.

4. En particular, el consentimiento informado

Los artículos 8 y siguientes de la Ley 41/2002, de 14 de noviembre, básica reguladora de la autonomía del paciente y de derechos y obligaciones en materia de información y documentación clínica, ofrece una regulación del consentir bajo el horizonte del respeto de la autonomía del paciente y sometida a la responsabilidad del "médico responsable del paciente".

Dejando a un lado el derecho negativo a no ser informado, es primordial recibir toda información asistencial disponible respecto de cualquier actuación en el ámbito de la propia salud, salvo excepciones que la misma norma establece. La finalidad y la naturaleza de cada intervención, sus riesgos y consecuencias, deben estar incluidas. Importa sobremanera transmitir en forma comprensible cualquier dato, para lo que ha de tenerse en cuenta la capacidad del destinatario, sin excluir al discapaz sometido a medidas de apoyo estable. Esto último puede resultar paradójico, porque aunque se incluye a terceros que faciliten el entendimiento, lo que se busca es la decisión "con su propia y libre voluntad", y la voluntad no suele ser libre para el discapaz representado. Asimismo, el carácter libre y voluntario del consentir deberá ser formalmente escrito en determinados casos: intervenciones quirúrgicas, procedimientos diagnósticos y terapéuticos invasores y cualquier otro que engendre peligros ciertos en la salud. Únicamente la urgencia soslayará el consentir del interesado o su representante, que se definirá como riesgo para la salud pública. Incluso es posible el internamiento obligatorio del sujeto, que impondrá la comunicación al juez en veinticuatro horas.

Obvio es decir que una intervención médica que precise del consentimiento informado propicia la responsabilidad sancionadora administrativa, incluso penal, y la civil, de realizarse sin dicho consentir, pero a la ausencia del mismo debe equipararse el vicio o invalidez del consentimiento, para lo que puede resultar necesario un peritaje psicológico o psiquiátrico. Particularmente, en situaciones de privación de libertad el derecho a consentir previo a la información es igualmente exigible[196].

---

196. Por ejemplo en el centro penitenciario; v. Carmen JUANATEY DORADO, "El consentimiento del paciente en el ámbito penitenciario, especial referencia a la huelga de hambre", *Anuario de Derecho Penal y Ciencias Penales,* tomo LXXII, fascículo 1, 2019, págs. 155 a 179.

25

El sistema de salud mental

Tabla de contenidos

1. El sistema nacional de salud

Los principios generales del sistema sanitario español, según la ley 14/1986, de 25 de abril, General de Salud, se orientan a la protección de la salud –donde se incluye la curación de toda dolencia– y la prevención de enfermedades –que incorpora la educación sanitaria, la obligación de informar sobre derechos y deberes, la investigación epidemiológica y alimentaria y el control del alimento– en un planteamiento de igualdad efectiva (de acceso y prestaciones) para toda la "población española". A su vez, la distribución competencial autonómica permite el desarrollo normativo a nivel territorial inferior que el nacional, en ocasiones con mejores resultados[197]. El extranjero se incluye en el sistema, incluso en situaciones de ilegalidad administrativa de estancia, y se redunda en la equiparación de la mujer al hombre, más allá de las diferencias físicas o estereotipos sociales.

Al margen el debate y la polémica sobre los extranjeros ilegales sin prestaciones públicas en el deseo de determinada inclinación política, o bien integrar la igualdad real y efectiva con un mínimo estatus para el migrante irregular, defendiéndose el universalismo (como derecho moral con independencia de la nacionalidad o regula-

---

197. Cfr., por ejemplo, Alfred CAPELLÁ BATISTA-ALENTORN, "La reforma en Salud Mental en Cataluña: el modelo catalán", *Revista de la asociación española de Neuropsiquiatría,* núm. 79, julio-septiembre 2001. V. ahora la ley catalana 18/2009, de 22 de octubre, de salud pública.

ridad de estancia) frente al criterio de la ciudadanía en el que basta la estabilidad de la estancia[198].

La eficacia, celeridad, economía y flexibilidad marcarán el ideario de organización y funcionamiento para todo servicio sanitario del sistema, incluyendo lo administrativo y económico o de cualquier otra naturaleza. En la práctica se sufre ineficacia, lentitud, carestía y rigidez, mostrando uno de los más evidentes fracasos de la pretensión legislativa, en gran medida por la falta de ajuste presupuestario y en éste buena dosis de despilfarro, pero también por la deficiente gestión, un paradigma recurrente para lo público como lo es el grado de implicación y niveles de capacitación del empleado, paradójicamente autoerigido como héroe altruista.

2. Derechos

Son derechos del usuario frente a las administraciones públicas sanitarias el respeto a la propia personalidad, dignidad humana e intimidad sin tipo alguno de discriminación (por raza, etnia, género, orientación sexual o discapacidad), información sobre servicios y sus requisitos, confidencialidad de cualquier dato vinculado al propio proceso y estancia en institución sanitaria, pública o privada colaboradora con el sistema, advertencia sobre uso de información y proyectos de investigación y docencia (previa autorización escrita), asignación de médico interlocutor, con posibilidad de elección, derecho de reclamación y participación o la obtención de medicamentos y productos sanitarios. Por su parte, son obligaciones cumplir con las prescripciones generales de naturaleza sanitaria, cuidar instalaciones e higiene y usos adecuados de las mismas.

El paciente tiene derecho a ser informado o a no ser informado, entrando en juego las reglas del consentimiento y aquellas especificidades imprescindibles para el menor de edad, el representante legal de éste y de personas discapaces con medidas de apoyo estable, sobre todo en los casos del embarazo, fecundación *in vitro* o enfermedades mentales.

Los archivos públicos participan de la protección en el ámbito de la intimidad, al igual que su uso como datos de investigación y la regla del anonimato como fundamental en la salud pública.

---

198. José María RUIZ DE HUIDOBRO DE CARLOS, "El principio de equiparación entre nacionales y extranjeros en el Derecho español", *ICADE. Revista cuatrimestral de las Facultades de Derecho y Ciencias Económicas y Empresariales,* núm. 69, 2006, págs. 69 a 88.

3. La salud mental

La norma general regula particularmente la salud mental, que debe promoverse y mejorar como planteamiento rector, bajo una equiparación del enfermo mental a cualquier otro tipo de paciente. En concreto se posterga la hospitalización en favor del tratamiento ambulatorio, atención en domicilio e ingresos parciales, subrayando las necesidades infantiles y geriátricas en ese ámbito.

Una importante normativa de desarrollo se incorporó con la Ley 41/2002, de 14 de noviembre, básica reguladora de la autonomía del paciente y de derechos y obligaciones en materia de información y documentación clínica[199], que se estructura sobre unos principios generales a partir de la dignidad humana y el previo consentimiento, el desarrollo del derecho a la información (asistencial y epidemiológica), derecho a la intimidad, consentimiento, historia clínica, alta y documentación clínica de otro tipo.

En esta normativa se llega incluso a listar una serie de términos y apuntar su definición. Según el texto de su artículo 3: "Centro sanitario: el conjunto organizado de profesionales, instalaciones y medios técnicos que realiza actividades y presta servicios para cuidar la salud de los pacientes y usuarios. Certificado médico: la declaración escrita de un médico que da fe del estado de salud de una persona en un determinado momento. Consentimiento informado: la conformidad libre, voluntaria y consciente de un paciente, manifestada en el pleno uso de sus facultades después de recibir la información adecuada, para que tenga lugar una actuación que afecta a su salud. Documentación clínica: el soporte de cualquier tipo o clase que contiene un conjunto de datos e informaciones de carácter asistencial. Historia clínica: el conjunto de documentos que contienen los datos, valoraciones e informaciones de cualquier índole sobre la situación y la evolución clínica de un paciente a lo largo del proceso asistencial. Información clínica: todo dato, cualquiera que sea su forma, clase o tipo, que permite adquirir o ampliar conocimientos sobre el estado físico y la salud de una persona, o la forma de preservarla, cuidarla, mejorarla o recuperarla. Informe de alta médica: el documento emitido por el médico responsable en un centro sanitario al finalizar cada proceso asistencial de un paciente, que especifica los datos de éste, un resumen de su historial clínico, la actividad asistencial prestada, el diagnóstico y las recomendaciones terapéuticas. Intervención en el ámbito de la sanidad: toda actuación realizada con fines preventivos, diagnósticos, terapéuticos, rehabilitadores o de investigación. Libre elección: la facultad del paciente o usuario de optar, libre y voluntariamente, entre dos o más alternativas asistenciales, entre

---

199. V., en general, *Autonomía del paciente, información e historia clínica (Estudios sobre la Ley 41/2002, de 14 de noviembre)* (Pedro González Salinas y Emilio Lizarraga Bonelli coords.), Thomson-Civitas, Madrid, 2004.

varios facultativos o entre centros asistenciales, en los términos y condiciones que establezcan los servicios de salud competentes, en cada caso. Médico responsable: el profesional que tiene a su cargo coordinar la información y la asistencia sanitaria del paciente o del usuario, con el carácter de interlocutor principal del mismo en todo lo referente a su atención e información durante el proceso asistencial, sin perjuicio de las obligaciones de otros profesionales que participan en las actuaciones asistenciales. Paciente: la persona que requiere asistencia sanitaria y está sometida a cuidados profesionales para el mantenimiento o recuperación de su salud. Servicio sanitario: la unidad asistencial con organización propia, dotada de los recursos técnicos y del personal cualificado para llevar a cabo actividades sanitarias. Usuario: la persona que utiliza los servicios sanitarios de educación y promoción de la salud, de prevención de enfermedades y de información sanitaria".

Junto con el *consentimiento informado*, y su extensión a modo de *instrucciones previas*, ya expuso, destaca el valor de la *historia clínica*, constitutivo de un medio de prueba documental en sí mismo, pero también de enorme utilidad indirecta, sea para identificar a testigos o testigos cualificados –el testigo-perito en la nomenclatura procesal civil–, sea para contribuir a la construcción de un peritaje. Cada paciente dispone de una única historia, definida como un conjunto de documentos relativos a procesos asistenciales donde debe constar todo médico y profesional interviniente (artículo 14.1 Ley 41/2002). Es un tipo de documento que recaba la información "trascendental" para la salud del individuo, siempre bajo un criterio médico y en el bien entendido que su objetivo es conocer de una forma veraz y actualizada el estado de salud. Ahora bien, la atención primaria o especializada recibida no se mantiene durante todo tiempo, por lo que pueden desaparecer fuentes de información producto de antiguos procesos asistenciales.

Según el texto la historia clínica establece el siguiente contenido mínimo: "a) La documentación relativa a la hoja clínico-estadística. […] d) La anamnesis y la exploración física. e) La evolución. f) Las órdenes médicas. g) La hoja de interconsulta. h) Los informes de exploraciones complementarias. […] m) La evolución y planificación de cuidados de enfermería. n) La aplicación terapéutica de enfermería. […] o) El informe clínico de alta.", añadiendo si hubo hospitalización: "[…] b) La autorización de ingreso. c) El informe de urgencia. […] i) El consentimiento informado. j) El informe de anestesia. k) El informe de quirófano o de registro del parte. l) El informe de anatomía patológica. […] ñ) El gráfico de constantes" (artículo 15 de la Ley 41/2002).

Importa significar, en primer lugar, de qué modo el actuar público del juez civil, que sin duda establece una función institucional protectora del internado, se modeliza con el principio rector privado, según el cual el médico, a pesar de precisar de autorización judicial para limitar el derecho constitucional fundamental de libertad, no la precisa para firmar el alta del paciente y que marche del internamiento en el que se encontraba. Son situaciones en las que, obviamente, no puede operar ningún alta voluntaria, sino que a pesar de la ausencia de autorización judicial para llevar a efecto el alta médica importa subrayar, también, el supuesto en el que el paciente se niegue a irse, activando de ese modo la llamada *alta forzosa*, en la que según establece el artículo 21 de la ley 41/2002, se vincula a la negativa del paciente al tratamiento prescrito. Se evita, no obstante, si en el mismo centro existen tratamientos alternativos, aun de alcance paliativo, y que el paciente acepte. Fuera de ello, la negativa al alta voluntaria se decidirá por la dirección del centro tras recomendación ("propuesta") del médico responsable y análisis de la historia clínica y audiencia del paciente, debiendo acudir al juez (de primera instancia del lugar donde esté ubicado el centro sanitario) para que confirme la decisión o la revoque.

> Muy diferente lo que ocurre con la medida de seguridad penal, donde el juez de vigilancia penitenciaria, no el civil, controla la medida impuesta por el órgano judicial sentenciador y debe acordar la libertad del sujeto, aunque sea nuevamente el médico quien decida, en el fondo, que tal libertad deba llegar, mas sin la posibilidad de ejecutar en la práctica esa decisión médica.

En el ámbito privado puede que la autorización judicial civil resulte sobrevenida porque el paciente psíquico ingrese "voluntariamente", bien porque sea él mismo quien se encuentra necesitado de protección y acude siendo o no la primera vez que lo hace, bien porque sea manipulado o medio engañado por familiares o policías u otros sujetos desde una posición vivencial dramática o no. Se firma, por consiguiente, un ingreso voluntario por quien más que probablemente no tuviera capacidad ninguna para expresar de esa manera su propia voluntad. No en vano cuando después –cuando ya se ha recibido tratamiento que se supone ha mejorado su estado, hacia la compensación psiquiátrica–, y en buena medida por la mejora obtenida, quiera marchar, es activada la autorización judicial por considerar que su voluntad está viciada para decidir por sí, anulando así el valor postrero de la firma inicialmente dada, lo que paradójicamente se suprime por una voluntad que no es válida, la de salir. En todo caso, esa nueva situación precisa la sustitución de la voluntad del sujeto, en su propia protección de derechos, en relación con la protección de él mismo y de terceros buscada con el internamiento en sí. El ingreso forzoso sobrevenido lo es porque la voluntad, viciada y así inválida, sí que vale para rechazar la salida voluntaria, aunque fue (incorrectamente) útil para el ingreso, en el entendido que la válida y libre no tendría por qué ser sustituida por nadie. La cuestión de fondo radica, claro está, en la protección del derecho de libertad personal ambulatoria de quien presumiblemente no puede protegerse por sí mismo, dando por supuesto que lo ocurrido de principio, que también se infiere en beneficio del sujeto, hubiera podido apoyarse en una decisión médica si el "paciente" no hubiera otorgado su (inválida) voluntad. Práctica constante, en definitiva, de un fraude en el quehacer médico pese a los postulados jurídicos en presencia.

26
El internamiento psiquiátrico urgente

Tabla de contenidos

1. Configuración normativa

En la regulación del internamiento urgente el artículo 763 LEC establece una regla y una excepción que se invierten en la práctica. La regla de abrir un trámite en orden a obtener del juez autorización para ingresar en un centro psiquiátrico a una persona opera en defecto del ingreso efectivo de ese sujeto en ese centro, impuesto por la autoridad médica que en veinticuatro horas comunicará al juez a fin de que éste autorice o no autorice lo ya hecho, durante las setenta y dos horas siguientes[200].

Destaca de qué modo la regulación de las normas sustantiva y procesal sobre la libertad personal –derecho constitucional fundamental que exige legislación orgánica según el artículo 81 CE– mostró un déficit en la forma, significativo bajo ese prisma protector constitucional. Ello no obstante, si bien el reconocimiento de que así debía ser no sólo se demoró en manos del Tribunal Constitucional, tras los pronunciamientos de éste volvió a retrasarse en el actuar legislativo[201].

---

200. Respecto de la situación normativa antecedente v. Jacobo LÓPEZ-BARJA DE QUIROGA, "El internamiento de los enajenados", *Poder Judicial,* núm. 4, 1986, págs. 49 y sigs. En cuanto a la normativa actual, cfr. Lucía GARCÍA GARCÍA, *Marco jurídico de la enfermedad mental. Incapacitación e internamiento*, Ediciones Revista General de Derecho, Valencia, 2000, de la misma, "Enfermedad mental e internamientos psiquiátricos", *La respuesta judicial ante la enfermedad mental*, Estudios de Derecho Judicial, núm. 92, Madrid, 2006, págs. 69 a 103, María José SANTOS MORÓN, *El supuesto de hecho del internamiento involuntario en el artículo 763 LEC 1/2000,* Tirant lo Blanch, Valencia, 2002.

201. V., en este sentido, con el antecedente de la STC 129/1999, las cuestiones de inconstitucionalidad 4511-1999 y 4542-2001 planteadas desde el Juzgado de Primera Instancia núm. 8 de A Coruña y resueltas en SsTC 131 y 132/2010 respectivamente sobre los artículos 211 I CC y DF 23ª LO 1/1996 y 763.1 I y II LEC. Sobre la primera STC citada v. Juan José MARÍN LÓPEZ, "Los locos y su libertad. El artículo 211 del

2. Presupuestos

Desde un punto de vista negativo este internamiento se explica rechazando la razón física y la permanencia de la medida, por cuanto el motivo debe ser exclusivamente psíquico y la duración necesariamente *temporal*, conectada con la lógica de la *urgencia*.

Debe identificarse un trastorno psíquico, no de otra índole o naturaleza, como razón para que se ingrese a una persona que no esté en condiciones de decidirlo por sí. Esto último es paradójico, pues cuando se está en condiciones de decidir por sí el propio ingreso psiquiátrico, el mismo no será el que justifica la privación de libertad que el precepto establece. Lo que ocurre habitualmente es que ese tipo de ingreso es idéntico, pero o bien el sujeto se encuentra desesperado a causa de su patología e interpreta el ingreso como su única vía de salvación, o bien actúa convencido por otros, normalmente sus familiares más allegados, para ingresar sin dar problemas. Que lo uno o lo otro sea voluntario, en el sentido civil del término, pasa por la capacidad y validez, esto es, por la ausencia de vicios, cuestión harto diferente. La más mínima compensación psiquiátrica suele comportar cambio de parecer, momento en que lo que fuera voluntario se transforma en forzoso, y procede activar el trámite de autorización judicial que supone la excepción a la regla del artículo 763 LECr.

No existen límites en orden a la capacidad, pues no importa se trate de un mayor o menor de edad, por lo que también puede estar sometido a la patria potestad del mismo modo que a la tutela o encontrarse en el curso de un proceso de adopción a medidas de apoyo estable al discapaz.

3. Garantías procesales

Establece el texto legal que "[e]n todas las actuaciones, la persona afectada por la medida de internamiento podrá disponer de representación y defensa en los términos señalados en el artículo 758 de la presente Ley", precepto este último que previene la postulación en el procedimiento de adopción de medidas de apoyo. De no hacerlo voluntariamente, en el proceso de adopción de medidas se nombrará defensor judicial al demandado (presunto discapaz) cuando el Ministerio fiscal fuese el promotor o demandante de ese proceso, asignándose la defensa del sujeto al fiscal cuando no lo sea.

Código Civil (Sobre la Sentencia del Tribunal Constitucional 129/1999, de 1 de julio)", *Derecho Privado y Constitución*, núm. 13, 1999, págs. 209 y sigs.

El problema fundamental radica en la ausencia de una auténtica defensa jurídica, real más allá de la presumida discapacidad temporal del sujeto. Ello es así porque la intervención del Ministerio fiscal, de un médico forense y del propio juez, se consideran elementos públicos que infieren la bondad del trámite y de lo que en él se decida. Precisamente, aunque el procedimiento permite solicitar un abogado, es obvio que si el sujeto se encuentra realmente afectado por una dolencia psíquica invalidante muy probablemente no hará tal cosa, sin que la norma prevea por defecto la asignación de un letrado defensor. Tampoco es que esto último asegurase, en puridad, una auténtica protección jurídica, como por ejemplo ocurre en el proceso de adopción de medidas de apoyo, donde cuando demanda el Ministerio fiscal se asigna un letrado para el demandado aunque éste no lo haga por su cuenta, decayendo la intensidad de la defensa técnica cuando el propio "cliente" no participa activamente; menos todavía cuando acciona sujeto distinto del Ministerio público, que implica a éste como defensor del presunto discapaz, mostrando la práctica, a menudo, de qué modo ni asiste al juicio oral en ejercicio de tal encargo institucional. En el fondo, tanto el proceso de adopción de apoyos al discapaz como el de internamiento reflejan situaciones muy evidentes en la mayoría de supuestos, a la postre extendidas a los que no lo son, acabando por relativizar sino suprimir la lógica de una auténtica defensa técnica, lo que redunda en las críticas de fondo hacia la propia privación de libertad contra la voluntad del internado[202].

4. El procedimiento

La regla del trámite implica una petición, sea del Ministerio fiscal llamado genéricamente a la protección del sujeto que se considera necesitado de la medida, sea por alguien vinculado con este último por razones familiares o afectivas equivalentes. Se iniciará de ese modo un procedimiento por parte del juzgado de primera instancia del lugar en el que resida la persona que pueda resultar afectada por el internamiento instado, que citará al sujeto para que acuda a la sede judicial a fin de ser examinado directamente por el juez y por un médico forense. Con la citación el llamado debe poder conocer el motivo de la intervención judicial y, así, contratar la asistencia letrada o solicitar la asistencia jurídica gratuita para obtenerla si no pudiera pagarla. No suele ocurrir tal cosa. Es más, si realmente existe algún tipo de problemática psíquica

---

202. Thomas SZASZ, "La internación involuntaria en hospitales neuropsiquiátricos: un crimen de lesa humanidad", en *Ideología y enfermedad mental,* Amorrortu, Buenos Aires, 1970, págs. 118 y sigs.

puede que el sujeto ni tan solo comprenda la citación recibida o sencillamente no quiera recibir ninguna comunicación procesal, o, en fin, que esta última se integre en la propia dolencia, por ejemplo como una inicial ideación paranoide de persecución pública. También es posible que la recepción no se produzca directamente, sino por familiares u otros convivientes que trasladen la noticia o incluso se ocupen de acompañar al sujeto hasta el órgano judicial, no pocas veces con engaños y manipulaciones de lo más variadas. O que el individuo mismo se represente un temor significado o una represalia grave en el caso de no acudir a sede judicial. En sentido estricto la falta de comunicación no puede generar una situación de rebeldía procesal del llamado, como demandado, y seguir adelante sin él, pues el mismo resulta imprescindible. De ahí que cuando no acuda voluntariamente, por sí o en modo relativo por la ayuda de terceros que incluso sin citación previa podrían conducirlo hasta el juzgado, el juez podrá ordenar tanto la conducción forzada como el traslado de una comisión judicial al domicilio de quien se quiere ingresar. En este último caso, el juez puede acompañarse por el médico forense o remitir a éste en primer lugar o siendo el juez el primero en acudir, lo que es poco frecuente. El contacto judicial directo y la asistencia del médico forense para peritar sobre el estado del sujeto, siempre en orden a una razón psíquica y no de otra índole, sostendrán la decisión sobre el internamiento psiquiátrico solicitado.

Dependiendo del escenario en el que se produzca el doble examen referido, puede ordenarse el ingreso autorizado en el mismo acto, o postergarse a fin de obtener otros medios de prueba, por ejemplo relacionados con documentación clínica disponible o vías testificales, y eso sin contar con los medios de prueba que, en la teoría, podría interesar el propio sujeto al que se pretende internar. La inmediatez de la decisión puede requerir la presencia de la Policía en el Juzgado, a fin de conducir al sujeto al centro médico-psiquiátrico que corresponda, máxime si ha sido necesario ordenar a esa misma fuerza pública llevarlo hasta la sede judicial. De igual modo, cuando el juez acuda al domicilio del sujeto puede hacerlo por sí solo –naturalmente con la asistencia del fedatario público e incluso algún otro funcionario de la oficina, normalmente el auxilio judicial–, pero llegados a esa necesidad de traslado lo normal es que la comitiva judicial se acompañe de agentes de la autoridad, también útiles en la previsible fuerza física imprescindible para acceder a un domicilio que no quiera abrirse a nadie.

Al igual que cuando se ordena la conducción policial hasta el Juzgado, donde no se ocupa el juez de proveer la vuelta de la persona conducida de donde los policías fueran a buscarla (como si se tratase de un servicio gratuito de taxi), no se afrontaran los gastos por desperfectos provocados por el uso de la fuerza en el acceso a la vivienda. En el primer caso porque constatando discapacidad será internado y, sino, tendrá la suficiente aptitud como para volver por su cuenta a casa. En el segundo porque el propio demandado habría provocado los daños en tanto se negó a abrir la puerta de su vivienda a la autoridad judicial. En ambos casos, en fin, se trata de actuaciones jurisdiccionales motivadas en la falta de colaboración debida con la Administración de justicia. Sin embargo, del mismo modo que el acusado no tiene la obligación de colaborar en su contra pero sí un deber de sujeción, tampoco tiene el demandado civil que colaborar hasta el punto de perjudicarse, argumento de utilidad para reclamaciones patrimoniales.

En cualquiera de los ejemplos resulta más aconsejable contar con personal sanitario especializado, solicitando de ese modo una ambulancia con ese servicio que pueda o no requerir la ayuda policial.

Cuando no pueda esperarse al fin del trámite que acaba de exponerse, en razón de una urgencia especialísima –aunque el procedimiento todo se apoye en la urgencia, definitoria del mismo–, por virtud de la autoridad médica el sujeto será ingresado en un centro adecuado y se requerirá autorización del juez después de hacerlo, que al igual que el médico-forense adscrito habrá de acudir a ese centro para examinar personalmente al sujeto. Deberá hacerlo en setenta y dos horas desde que el médico responsable comunique, obligatoriamente, la decisión de ingreso involuntario, cosa que deberá hacer lo más pronto posible, con un límite máximo de veinticuatro horas desde la toma de decisión privativa de libertad.

El órgano judicial competente será el del lugar en que radique el centro donde se haya producido el internamiento. La norma indica que solicitará la autorización judicial "el responsable del centro en que se hubiere producido el internamiento", lo que traslada a éste, un cargo administrativo, lo decidido por el médico en concreto actuante. Esto no ocurre, sin embargo, en el momento del alta, si bien la comunicación al juez pueda volver a cursarse por dicho responsable, en vez de por el médico actuante en particular.

El juez oirá a todo aquel que considere conveniente, a través de una comparecencia, incluyendo la del afectado para que sea oído, si bien en este último caso podría considerársele innecesario, por mucho que el texto legal viene redactado en modo preceptivo. Por supuesto tendrá audiencia tanto el Ministerio fiscal como la propia persona a la que se quiera internar, lo que puede conseguirse a través del examen, igualmente obligado, como lo es el informe del médico-forense que emitirá el dictamen sobre la procedencia o no de ratificar el ingreso ya realizado por otro médico, normalmente psiquiatra, sin que el médico-forense suela serlo. Se añade a todo lo anterior la práctica de cualquier otra prueba que el juez considere oportuna, algo que puede provenir del propio criterio judicial (de oficio) o deducirse a instancia de las partes formalmente comparecidas.

Establece la norma que el conocimiento del juzgador sobre el estado del sujeto impondrá la aplicación del artículo 757.3 LEC, pues como autoridad que por conocimiento de su cargo conoce de causas que pueden conducir a la adopción de medidas de apoyo estable al discapaz, deberá comunicarlo al Ministerio fiscal. El particular tendría que considerarse redundante, porque el Ministerio público debe ser oído de necesidad por parte del juez en todo procedimiento de internamiento psiquiátrico forzoso, por lo que ya tiene aquél y de primera mano completa información del caso y, así, podrá valorar si hay o no hay causa para la adopción de medidas de apoyo al discapaz.

Cualquiera de las decisiones que tome el juez de primera instancia, que lo será a través de auto, por definición motivado, puede recurrirse en apelación, sin efecto suspensivo: la recurribilidad de la decisión, o el trámite de la apelación ya interpuesta, no paralizarán el trámite. Una vez ingresado el sujeto en el centro psiquiátrico que proceda al amparo de una autorización judicial, autorizándose lo hecho directamente por el médico actuante atendiendo al carácter temporal de la medida de internamiento, deberá controlarse periódicamente. Cada seis meses informarán los facultativos al cargo del estado del sujeto internado, tiempo que el juez puede reducir si considera conveniente una información periódica más corta "atendida la naturaleza del trastorno" motivador. En la legislación catalana, por ejemplo, se apuesta por dos meses, lo que deviene más ajustado a la práctica realidad del supuesto, por cuanto no se acostumbra a mantener un largo tiempo de internamiento por razón psíquica urgente. Y el juez puede añadir, también, cualquier otro informe periódico que considere oportuno. Lo anterior implica igualmente el contacto personal del juez con el interno, así como nueva intervención pericial del médico-forense, en los márgenes de decisión indicados. No de otro modo podrá valorar aquél si mantiene o alza la autorización del internamiento, lo que según la ley es "previa la práctica, en su caso, de las actuaciones que estime imprescindibles".

Nótese que la decisión de confirmar el internamiento viene implícita al mantenimiento de la necesidad por parte del médico o médicos actuantes, que son quienes pueden decidir, sin autorización judicial, el alta del sujeto y así su puesta inmediata en libertad. Justamente, a diferencia del ingreso forzoso habido, la decisión de alta médica no precisa de autorización judicial, tampoco de comunicación previa. Cuando el facultativo considere oportuno que el paciente marche así se hará, siendo a continuación que comunicará su decisión al juez que en su día autorizó el ingreso y que progresivamente, en su caso, habrá ido controlando ese internamiento en el modo expresado.

5. Teoría y práctica

El derecho a la intimidad y la confidencialidad de la historia clínica y cualquier dato sanitario o administrativo correlativo, bajo un ámbito general de privacidad y reserva, configura principio jurídico como el del control, tanto interno –que incluye a los comités de ética del centro sanitario– como externo –que pasa por organizaciones y organismos internacionales públicos y privados, junto al defensor del pueblo–, no sólo el Ministerio fiscal extramuros de cualquier ámbito judicial que, por supuesto, acaba por ser el órgano revisor de garantías más significado teóricamente. Lo anterior viene informado por principios superiores, como el de respeto a la dignidad personal, de legalidad en rango orgánico –suprimiendo diferencias entre el paciente mental y el infecto-contagioso, aunque ciertos aspectos procedimentales puedan regularse por ley ordinaria–, y de justificación ética que aborde los riesgos del propio sujeto y de terceros, así como el beneficio para el primero. A todo lo anterior se suman los principios de actuación intrínseca, bajo parámetros de necesidad, de menor limitación de la libertad personal, que se somete a los principios de proporcionalidad y temporalidad, dentro de lo cual cabrán visitas y comunicaciones y, por supuesto, la documentación que plasma todo lo que se hace, sin olvidar una garantía asistencial que pasa por la suficiencia presupuestaria que proporcione medios humanos y materiales, incluyendo la asistencia social a lo médico, lo propio de la enfermería y lo farmacológico. Y, finalmente, se subrayan las reglas establecidas en el ámbito de la reclamación y queja, extrajudiciales y judiciales, y por supuesto de asesoramiento informativo –siempre ajustado a la capacidad del destinatario, con posibilidad de incorporar un facilitador–, proclamando la asistencia jurídica y representación legal que sin embargo no opera de oficio y muestra uno de los mayores inconvenientes prácticos del sistema.

El juez como comparsa de una decisión médica que no puede verificar[203] implica el equivocado entendimiento procesal del trámite, según el cual

---

203. Federico DE CASTRO Y BRAVO, *Derecho civil de España, Tomo II. Derecho de la persona. Parte Primera. La persona y su estado civil*, Instituto de Estudios Políticos, Madrid, 1952, pág. 286; en igual sentido, por ejemplo, Josep María COMELLES ESTEBAN, *La razón y la sinrazón. Asistencia psiquiátrica y desarrollo del Estado en la España contemporánea*, PPU, Barcelona, 1988, págs. 140 a 142.

esa decisión médica no se identifica como medio de prueba sometido a valoración y, así, con posibilidad de ser enfrentado al escrutinio judicial por sí mismo –el examen no del criterio en sí, ajeno a la pericia jurídica, sino del razonamiento que conduce al mismo– o a través de otros elementos de convicción –testigos, documentos clínicos, peritajes–. La eliminación en la práctica de casi todos estos últimos –para el caso de los internamientos del artículo 763 LEC– coloca la decisión médica extrajudicial contrapuesta o corroborada al médico forense, que así mantiene el déficit de suprimir su contenido como medio de prueba sometida a valoración por definición, alzaprimando el neto auxilio judicial a un juez que, de ese modo, difícilmente podrá discutir nada por falta de criterio suficiente.

El estado de situación, por consiguiente, no dista mucho de las críticas antes efectuadas, formuladas frente a la legislación de los años treinta del siglo XX, lo que no cambió significativamente en las décadas siguientes, siquiera con relevancia práctica, en la cuestión aludida, tras el dictado de la Constitución española[204]. De otro lado, la cerrazón probatoria en el abordaje del internamiento psiquiátrico mantiene, tras la promulgación de la actual ley de enjuiciamiento, el epicentro del problema: asumir por parte del juez, casi en modo exclusivo, el contenido del auxilio pericial. Ello es así porque en la mayor parte de los casos "el juez, como lego en el tenebroso mundo de la vesania, se dejará llevar por el experto, por el médico, y su función se limitará más bien a un acto de «bendición»"[205].

6. El internamiento del menor de edad

La especialidad del internamiento para el menor de edad se subraya con el centro específico –"un establecimiento de salud mental adecuado a su edad"– y la intervención adicional de un equipo de servicio de asistencia al menor que emitirá el informe previo preceptivo sobre el particular. Cuestión

---

204. Cfr. los trabajos de Rodrigo BERCOVITZ RODRÍGUEZ-CANO, respectivamente: *La marginación de los locos y el Derecho*, Taurus, Madrid, 1976, y "La protección jurídica de la persona en relación con su internamiento involuntario en centros sanitarios o asistenciales por razones de salud", *Anuario de Derecho Civil*, tomo XXXVII, fascículo 4, 1984, págs. 954 y sigs. Véase también, tras la actual LEC, Luis Fernando BARRIOS FLORES, "La regulación del internamiento psiquiátrico involuntario en España: carencias jurídicas históricas y actuales", *Derecho y Salud*, vol. 22, núm. 1, enero-junio 2012, págs. 31 y sigs. Sobre el estigma del facultativo v. Sandra VICENTE GONZÁLEZ, *Actitudes de los profesionales sanitarios hacia la enfermedad mental*, Tesis doctoral, Universidad de Vigo, 2020.

205. Jesús SÁEZ GONZÁLEZ, "Algunas consideraciones sobre la regulación de los internamientos psiquiátricos", *Justicia. Revista de Derecho Procesal*, núms. 1-2, 1998, pág. 106.

distinta en la forma pero no en el fondo cuando opera sobre menores no sujetos a la patria potestad sino tutelados[206].

7. Otros internamientos forzosos

Cuando la voluntad del sujeto no sea suficiente para sostener un ingreso voluntario procedería igualmente la intervención judicial. En la medida que el ingreso forzoso afecta un derecho constitucional fundamental, la libertad personal del artículo 17 CE, el juez debe velar por la garantía de justicia en esa afectación. Lamentablemente, con mucha frecuencia y pese a la absoluta falta de capacidad, se producen internamientos formalmente voluntarios y materialmente fraudulentos, porque firma el incapaz un ingreso "voluntario" sin tener voluntad ninguna. Esto es, en absoluto responde a la realidad lo que el médico responsable y por extensión todo interviniente consiente sin el menor rubor al tiempo que el segundo es considerado mentalmente discapacitado.

Cuando se trata de internar a un sujeto discapaz representado, sin causa en la razón psíquica que además debe ser urgente, procede una autorización judicial mucho más sencilla, ajena al trámite del artículo 763 LEC, pero necesaria en el ámbito de las decisiones que toma el curador del discapaz. Del mismo modo, no encuentran un trámite de autorización judicial autónomo aquellos internamientos basados en razones meramente físicas, que suelen suponer el ingreso en centros geriátricos, sin perjuicio que aboquen o concurran con causas psíquicas, por lo general no temporales sino perennes[207]. O bien se trata de una medida cautelar previa a un proceso de adopción de medidas de apoyo, o concurrente al mismo, o bien se opera tras la efectiva medida estable. Antes de ello el ingreso es sin duda *forzoso* aunque se utilice el ardid de una firma de ingreso *voluntario* en puridad inválido. Con frecuencia se articula como forzoso por el responsable del centro en el que se ingresa, bajo un inadecuado trámite del artículo 763 LEC. Y el juez que recibe la petición, en vez de rechazarla y remitir, en su caso, al Ministerio fiscal, para que éste inste la medidas de apoyo sobre el discapaz, acepta incoar el trámite de internamiento "psiquiátrico" forzoso llamado, por definición, a una urgencia que limita la privación de libertad a un tiempo restringido, por ser una medida in-

---

206. Sobre esta cuestión v., en general, Xavier O'CALLAHAN MUÑOZ, "La tutela del menor incapacitado", *Poder Judicial*, núm. 1, 1984, págs. 71 y sigs.

207. La práctica ha venido siendo harto diferente; v., por ejemplo, Martín GARCÍA-RIPOLL MONTIJANO, *La protección civil del enfermo mental no incapacitado*, Bosch, Barcelona, 1992.

trínsecamente temporal. Como sea que no lo es, el control que como mínimo se exige semestral se prolongará indefinidamente –incluyendo los exámenes necesarios del juez al cargo y del médico-forense–, hasta la muerte del sujeto, si es que antes no se olvida, sin más, pese a la dicción legal del antecitado precepto, a modo de un archivo *de facto* sin base en decisión alguna.

La regulación del ingreso de discapaces sometidos a medidas de apoyo estable relativas a la representación jurídica, encaja en las previsiones de la ley de jurisdicción voluntaria. La suficiente madurez, o la mayoría de doce años, impondrán la audiencia del discapaz.

Con apoyo en una sentencia firme de adopción de medidas de apoyo y bajo trámites de jurisdicción voluntaria, pueden acordarse medidas de ingreso en centro asistencial, educacional o psiquiátrico a instancia de quien resultase encargado de las funciones de apoyo. Fuera de ese supuesto, tal suerte de ingreso pudiera provenir de un Ministerio fiscal u otra parte procesal para ante un procedimiento de adopción de medidas o, en el curso de dicho procedimiento civil especial, solicitar por cualquier legitimado activo (y también pasivo) medidas cautelares de índole personal. Al esquivar cualquiera de dichos escenarios, afrontar la acogida de personas ancianas que padecen enfermedades de tipo físico o psíquico, aptas para determinar su posible adopción de medidas de apoyo más o menos extensas, en hospital o residencia, en cuanto no se les permita salir de estos lugares en cualquier circunstancia, configura una auténtica privación de libertad que justifica tanto la intervención jurisdiccional inicial como el posterior control periódico también en manos de un juez. La autorización judicial requerida al amparo del artículo 763 LEC, concordado con el Código civil español o norma autonómica en su lugar, en virtud de un determinado estado de salud, por afectación de diversas enfermedades o deficiencias de carácter físico y/o psíquico que limiten la capacidad de obrar, no se vincula a un centro destinado a tratamiento específico: lo que condiciona la procedencia o no de la autorización de un juez es la situación que se objetiva en la medida de cada enfermo en concreto. En apoyo de la aplicación del citado precepto procesal se ha llegado a mencionar el artículo 5 del Convenio Europeo de Derechos Humanos y la sentencia del Tribunal Constitucional 104/90 de 4 de junio. Sin embargo, el tenor literal de aquel, titulado "Internamiento no voluntario por razón de trastorno psíquico", ya apunta en contra de su aplicación a casos donde única y exclusivamente se atiende a una enfermedad o dolencia física sin incidencia en la mente, lo que por otra parte deja libre y válido consentimiento para que el propio enfermo mayor de edad decida ingresar donde le plazca, al igual que de igual modo ese mismo consentir que ha servido para entrar debiera servir para salir cuando quiera, eludiendo el problema de la privación de libertad. Con todo, aun atendiendo a la afectación psíquica derivada de la patología física, sobre todo en personas ancianas –que no evita, dicho sea, el ingreso bajo contrato terapéutico suscrito por la propia persona enferma, de todo punto inválido sino fraudulento–, la finalidad del artículo 763 LEC y la interpretación que de esa norma ha de hacerse en función de los Convenios internacionales ratificados (artículo 10 CE) y de la doctrina del Tribunal Europeo de Derechos Humanos, permite concluir que motivada por razones de trastorno psíquico el internamiento forzoso e involuntario conforma una medida excepcional, necesaria y limitada en el tiempo.

Efectivamente, el propio texto legal restringe aquellas situaciones que justifican estas medidas cuando entiende que sólo es factible en los supuestos de enfermedad psíquica, lo que entronca con la exigencia de que el internado no esté en condiciones de decidirlo por sí mismo, de tal manera que el supuesto de hecho excluye a toda persona que solo padece enfermedades físicas, por mucho que no se condicione su adopción a la catalogación del centro médico. En este sentido, para que el internamiento proceda, y de modo especial para que se ratifique el acordado por razones de urgencia, hemos de encajarlo ante una etapa crítica dentro del proceso patológico de un enfermo mental que precisa el ingreso para evitar que se cause daño a sí mismo y/o a terceros.

Aun cuando se respetara el tipo de deficiencia requerida –la psíquica, no la física–, difícilmente cabría admitirse el dato temporal –esto es, no indefinido– que la protección requiere, como igualmente exigiría cualquier medida cautelar personal concurrente. Resulta preciso señalar que, con carácter general, las personas ancianas, por el mero hecho de serlo y residir en un Centro Geriátrico o asistencial equivalente, no deben estar sometidas al control judicial, por más que no pueda dejar de reconocerse que la situación degenerativa de muchas enfermedades propias de la ancianidad determinan la presencia de importantes implicaciones físicas, limitaciones ambulatorias y alteraciones psíquicas, cosa que exige no únicamente del entorno familiar, sino el de la propia sociedad y de la Administración pública, la adopción de medidas y respuestas precisas y oportunas. Mas lo que no puede entenderse es que estén sometidas a un internamiento judicial, autorizado o ratificado, cuanto tal medida ni va a solucionar el problema, pues la enfermedad degenerativa no mejora, ni va a paliar la situación irreversible que le es propia, debiendo obtenerse soluciones a través de los procesos de adopción de medidas de apoyo, en los que se valore la capacidad para controlar y dirigir la propia persona y los bienes que pudieran poseerse, con adopción de medidas de protección adecuada[208]. Nada cambia la situación analizada que el ingreso en su día habido operase con auténtica voluntad del sujeto, que consintió válida y libremente, pero que el transcurso de los años y la degeneración de su enfermedad física le llevó a perder esa capacidad para consentir.

Como ya se anticipó, en el seno de los procesos de adopción de medidas de apoyo al discapaz puede actuarse cautelar y provisionalmente, a través de las previsiones del artículo 762 LEC, mientras que dictada, en su caso, sentencia de adopción de medidas de apoyo estable, podría acudirse al contenido de la protección sustantiva, nacional (el curador del artículo 271.1º CC) o autonómica, en relación con la Ley de jurisdicción voluntaria, para solicitar el ingreso del discapaz en centros psiquiátricos, asistenciales o educacionales.

Cuando se examinan pretensiones sobre una persona de edad avanzada cuya enfermedad ni es reversible ni urgente, ni va a mejorar, y respecto de la que un internamiento como el previsto en el art. 763 LEC nada va a solucionar, tal medida excepcional y limitada temporalmente resulta jurídicamente improcedente. La verdadera ayuda que precisa tal tipo de sujeto parece que bien pudiera ser prestada en un centro o en un domicilio con asistencia especializada, aunque cupiera pero no se opte al mismo obedeciendo, más que a razones médicas, a la voluntad o conveniencia –de todo punto legítima– de eventuales familiares, o por su ausencia. Y nótese al respecto que la restricción de libertad ambulatoria impuesta en estos centros también la padecería el sujeto en su propio domicilio, del que sus familiares no le permitirían salir sin compañía o simplemente por virtud de su estado fisiológico cuasi vegetativo, sin que ello les obligare en absoluto a pedir autorización judicial para retenerlo en casa. En resumen, no vendría condicionado el internamiento, en puridad, por su enfermedad ni por una decisión médica que lo justifique, todo ello sin perjuicio que, conocedor de la situación el Ministerio fiscal, inste éste, o lo haga otro legitimado activo, la discapacidad permanente para autogobernar persona y/o bienes, acudiendo al procedimiento previsto en el artículo 756 LEC y aplicando durante el mismo o tras sentencia firme las prevenciones antes mencionadas, si se considera que la asistencia pública o privada recibida no es propicia o suficiente.

Se descarta de este modo la tesis sostenida en algunas Audiencias Provinciales (Segovia, Toledo), donde se defendía en los primeros años de aplicación de la LEC que, si se requería autorización judicial para ingresar a un paciente con trastorno psíquico, con mucho mayor motivo era exigido para in-

---

208. En este sentido, por todos, AAP Vizcaya, Sección 3ª, núm. 13, 20-I-2003, (Roj 8).

ternarlo si no lo tenía, o cuando el que padecía era meramente degenerativo, de igual modo que siendo exigible para un internamiento con finalidad curativa, temporal o provisional y necesaria en un centro de carácter psiquiátrico, con mucho mayor motivo resultaba exigible si ese internamiento no era necesario sino sólo conveniente para quienes cuidaban del sujeto, y se hacía sin finalidades curativas sino asistenciales y con carácter indefinido, y en lugar de en un centro psiquiátrico en una mera residencia de ancianos[209].

En esta línea de análisis se argumenta que la intervención judicial ofrece mayor control y garantía sobre el internamiento, porque lo contrario significaría dejar al anciano que por la razón que sea no puede decidir por sí mismo, en la más absoluta desprotección, pudiendo sus familiares o terceros decidir por él, ingresándole de por vida, aún contra su voluntad, en connivencia con los encargados de la residencia o del centro médico. De ahí que la comunicación con el Ministerio fiscal, bien directamente, bien a través del Juzgado, sirva para permitir medidas de apoyo directo –si efectivamente no puede decidir por sí mismo, sobre su persona y/o sus bienes–, y, durante el proceso para su adopción o en su virtud, quepan las oportunas medidas de cautela protectoras del presunto incapaz. Este último, una vez sometido a medidas de apoyo incluida la representación jurídica del discapaz, vendrá controlado de por vida a través del instituto de la tutela o curatela en el sentido de amparo referido, siendo viable, por la vía de la jurisdicción voluntaria, el internamiento del discapaz, como ya expuse de antemano.

Se sigue, en consecuencia, la opinión de un sector de la jurisprudencia menor que podría denominarse mayoritario, según el cual ni la situación de presunta discapacidad por sí misma ni la necesidad asistencial justifican la intervención judicial con apoyo en el artículo 763 LEC[210].

---

209. Por todos, AAP Toledo, Sección 1ª, núm. 1, 16-I-2003 (Roj 12).
210. SAP Barcelona, Sección Primera, 13-XI-1996, reiterada.

27
La protección administrativa del menor de edad

Tabla de contenidos

1. Delineamiento legal

Un principio rector esencial de la política económica y social recogido en la Constitución española de 1978 se encuentra en la protección de la familia y singularmente del menor de edad: obligación de los poderes públicos de asegurar la protección social, económica y jurídica de la población en el territorio. Desde el punto de vista normativo destaca en especial la Convención de Derechos del Niño, aprobada el 20 de noviembre de 1989 por la Organización de Naciones Unidas, incorporada al ordenamiento jurídico español el 30 de noviembre de 1990, y la Carta de Derechos del Niño, en el ámbito de la Unión Europea, a partir de la Resolución del Parlamento Europeo A-0172/92, así como la ley orgánica 1/1996, de 15 de enero, promulgada con la adición de modificaciones del Código civil y de la Ley de Enjuiciamiento civil.

Esta última ley orgánica estableció un marco protector general sobre la minoría de edad a la vez que modificó el Código civil actualizando las características instituciones de protección del menor en el mismo desarrolladas. Comienza con el elenco de derechos y obligaciones de los menores de edad, es decir, con el límite de los dieciocho años salvo que con anterioridad se hubiera obtenido la mayoría referida.

A continuación se plantean los diversos escenarios y mecanismos de la actividad pública protectora que es debida bajo los parámetros constitucionales e internacionales asumidos.

2. El interés superior del menor

El muy extenso contenido del artículo 2 de la citada LO 1/1996 recoge el principio rector del sistema, que se extiende a cualquier acción o decisión tomada en lo que al mismo concierne, sin importar que se trate de cuestiones públicas o privadas. Por ello ordena la actividad de cualquiera, sean órganos judiciales, instituciones e incluso estamentos legislativos, que permitiría la superposición a otro interés legítimo concurrente.

El superior interés del menor también se aplica al entendimiento de la capacidad de obrar, cuyas limitaciones serán con aquél interpretadas de manera restrictiva[211]. De hecho, tanto la interpretación como la aplicación de ese interés superior se guían en la norma bajo criterios generales que concurren con lo que aporte la legislación específica aplicable y con los que puedan considerarse adecuados en cada caso concreto.

> Según el texto legal referido: "a) La protección del derecho a la vida, supervivencia y desarrollo del menor y la satisfacción de sus necesidades básicas, tanto materiales, físicas y educativas como emocionales y afectivas. b) La consideración de los deseos, sentimientos y opiniones del menor, así como su derecho a anticipar progresivamente, en función de su edad, madurez, desarrollo y evolución personal, en el proceso de determinación de su interés superior. c) La conveniencia de que su vida y desarrollo tenga lugar en un entorno familiar adecuado y libre de violencia. Se priorizará la permanencia en su familia de origen y se preservará el mantenimiento de sus relaciones familiares, siempre que sea posible y positivo para el menor. En caso de acordarse una medida de protección, se priorizará el acogimiento familiar frente al residencial. Cuando el menor hubiera sido separado de su núcleo familiar, se valorarán las posibilidades y conveniencia de su retorno, teniendo en cuenta la evolución de la familia desde que se adoptó la medida protectora y primando siempre el interés y las necesidades del menor sobre las de la familia. d) La preservación de la identidad, cultura, religión, convicciones, orientación e identidad sexual o idioma del menor, así como la no discriminación del mismo por éstas o cualesquiera otras condiciones, incluida la discapacidad, garantizando el desarrollo armónico de su personalidad".

Los criterios generales anteriormente expuestos deberán ponderarse en relación con algunos elementos también generales, no todos objetivos sino que precisan de un examen cualificado. De este modo, la *edad* no es inconveniente

---

211. La noción esencial estriba en que la minoría no implica sin más la inutilidad de la voluntad; cfr. Francisco RIVERO HERNÁNDEZ, *El interés del menor,* Dykinson, Madrid, 2000, pág. 120; véase también Miguel Ángel ASENSIO SÁNCHEZ, *El interés del menor a la libre formación de su conciencia,* Tecnos, Madrid, 2006.

–salvo que haya que investigarla, lo que ocurre con frecuencia en el sujeto extranjero en situación administrativa ilegal–, mientras que la *madurez* del menor tampoco puede ventilarse con el criterio de la autoridad gubernativa actuante, al menos no sin la ayuda experta conveniente. En efecto, el artículo 9.2 de la LO 1/1996 establece que "la madurez habrá de valorarse por personal especializado, teniendo en cuenta tanto el desarrollo evolutivo del menor como su capacidad para comprender y evaluar el asunto concreto a tratar en cada caso". Esto último no será necesario cuando se alcancen los doce años de edad, no obstante de los doce a los dieciocho años menos un día existirán igualmente grados de madurez diversos y relevantes.

La especial *vulnerabilidad* del menor, incrementándose con la discapacidad, particularmente el riesgo de sufrir maltrato, incrementa el esfuerzo en garantizar su igualdad y no discriminación. En este entorno importa valorar aspectos que incrementan la vulnerabilidad, como la carencia de amparo familiar, su orientación e identidad sexual, su condición de refugiado, solicitante de asilo o de protección subsidiaria a lo anterior, su pertenencia a una minoría étnica o cualquier otra característica o circunstancia relevante en ese sentido.

Asimismo se atiende al "irreversible efecto del transcurso del tiempo en su desarrollo", y a vista de sus capacidades y circunstancias personales se pretende prepararlo para el tránsito a la edad adulta e independiente, así como a la "necesidad de estabilidad de las soluciones que se adopten para promover la efectiva integración y desarrollo del menor en la sociedad, así como de minimizar los riesgos que cualquier cambio de situación material o emocional pueda ocasionar en su personalidad y desarrollo futuro".

Cajón de sastre legislativo se encuentra en aludir genéricamente a otros "elementos de ponderación", justamente pertinentes al caso y siempre en respeto de los derechos del niño o la niña. Ahora bien, todos habrán de apreciarse en su conjunto, interrelacionados entre sí bajo principios de *necesidad* y *proporcionalidad*. Incluso se ejemplifica esta última con la idea por demás intrínseca según la cual "la medida que se adopte en el interés superior del menor no restrinja o limite más derechos que los que ampara". De hecho, el legislador insiste en priorizar el del menor frente a otro interés legítimo en presencia –donde se encuentran los derechos fundamentales de cualquier otro ser humano– que si bien ha de respetarse como regla podría sucumbir si no quedara otro remedio.

El *procedimiento* debido para la adopción de medidas sobre el menor añade a las garantías básicas especialmente consideradas en atención al interés superior del menor que, sin embargo, ya forman parte de las generalmente establecidas, como indicar que se disfrutará de justicia gratuita según prevea la Ley. En cualquier caso se destaca el derecho a participar en el proceso que le incumbe, singularmente a ser informado, oído y escuchado, así como la participación del Ministerio fiscal y de progenitores, tutores o representantes legales del menor, previendo que ante el conflicto de intereses entre estos se proceda al nombramiento de un defensor judicial.

Los profesionales cualificados o expertos tienen un importante papel participativo que, en orden a niños con discapacidad, requiere de la formación suficiente para determinar sus específicas necesidades. Y aunque no se describen, abriendo así una significativa libertad de criterio, "las decisiones especialmente relevantes que afecten al menor" exigen informe colegiado de un grupo técnico y multidisciplinar especializado en la materia que se trate.

La medida que se adopte tendrá que motivarse sobre los criterios, elementos y garantías expuestos, sometida a la impugnación o revisión de lo decidido, precisamente, bajo la orientación del interés superior del menor. Se advierte en este punto la particularidad de que con el recurso interpuesto no sólo se valorará si quien decidió lo hizo con corrección, sino si procede revisarlo en orden a su actualización. En efecto, puede concluirse en que hecho lo correcto ulteriormente tal acción perdió la corrección en virtud de nuevas circunstancias y/o escenarios.

Desde otra perspectiva, el reformado artículo 94 CC permite al juez no establecer visitas o interrumpirlas si el progenitor es encartado en un proceso penal por atentar contra la vida, la integridad física, la libertad, la integridad moral o la indemnidad sexual del otro progenitor o los hijos, lo que en absoluto permite considerar tal *posibilidad* como automatismo judicial, ni mucho menos que el juez se convierta así en un títere de la instrumentalización del proceso penal por parte del otro progenitor, porque el juez valorará en cada caso las necesidades del menor involucrado, por mucho que los términos imperativo ("no proceder") y permisivo ("podrá establecer") sean obvios. Otra cuestión que operada la restricción bajo un real y motivado criterio judicial civil, de hecho en línea con el artículo 31 del Convenio de Estambul que aborda la violencia respecto de visitas y custodia, la lentitud procesal penal para resolver situaciones que *de facto* perjudican la presunción de inocencia se suma a la también lenta respuesta procesal civil para corregir gradualmente la restricción habida, si fuera el caso. En este escenario es sin duda responsable el órgano judicial, pero es un responsable siempre impune, mientras que el legislador no parece preocuparse por la carga emocional perniciosa para menor y progenitor injustamente privado de su relación con aquél a partir de una denuncia falsa, más allá de derivar a una falsedad de la persona denunciante que en la práctica suele equipararse, también, a la impunidad más repugnante, dada la interpretación que de los tipos penales asociados (denuncia o acusación falsas, falso testimonio) suelen llevar a cabo el Ministerio fiscal y los tribunales de justicia[212].

3. Derechos

Como reconocimiento de un cuadro de derechos se comienza por un mero recordatorio, el de indicar que el menor disfruta de aquellos derechos proclamados por los tratados internacionales reconocidos por España o la Constitución del país (artículo 3 LO 1/1996). Después se relacionan diversos derechos y se explican particularidades en alguno de ellos, como el honor, la intimidad personal y familiar y la propia imagen, considerándose extensivos a la inviolabilidad del domicilio familiar y de la correspondencia, y al secreto de las comunicaciones en general. En la protección de la imagen o nombre del menor (genéricamente la intimidad, honra o reputación) y para evitar la intromisión ilegítima sobre dicha esfera, intervendrá el Ministerio fiscal –de oficio o a instancia– ante la difusión de información o su utilización en los medios de comunicación, instando inmediatamente medidas cautelares y de protección de la propia LO 1/1996, solicitando las indemnizaciones por perjuicios causados. Se insiste que el padre, madre, tutor o poder público respetará estos derechos y los protegerá frente a terceros.

> La ley describe la intromisión ilegítima en esos derechos como "cualquier utilización de su imagen o su nombre en los medios de comunicación que pueda implicar menoscabo de su honra o reputación, o que sea contraria a sus intereses incluso si consta el consentimiento del menor o de sus representantes legales".

El derecho a la información "veraz, plural y respetuosa con los principios constitucionales" –de lo que padres o tutores o poderes públicos deben asegurar– incluye "buscar, recibir y utilizar la información adecuada a su desarrollo", subrayando "la alfabetización digital y mediática" y adecuando el uso de las nuevas tecnologías a situaciones de riesgo y acceso a los servicios de información, documentación, bibliotecas y demás de índole cultural.

---

212. Ricardo YÁÑEZ VELASCO, *Enjuiciamiento criminal inmediato,* Tirant lo Blanch, Valencia, 2018, págs. 755 y sigs.

Se postula que los mensajes de los medios de comunicación al menor promuevan valores de igualdad, solidaridad, diversidad y respeto a los demás, evitando imágenes de violencia, explotación en las relaciones interpersonales, o exponiendo un trato degradante o sexista, o discriminatorio contra el discapaz.

Hay derecho a la libertad de ideología, de conciencia y religión, y de asociación, que como todo derecho se limita o en la ley o en el respeto de derechos y libertades fundamentales del otro. Y existe un derecho de participación, asociación y reunión en la vida social, cultural, artística y recreativa de su entorno, pudiendo de ese modo incorporarse progresivamente a la ciudadanía activa. Importa destacar que el poder público ha de promover este tipo de participación a través de la creación de órganos de participación de los menores y de organizaciones sociales de la infancia y la adolescencia. En el ámbito asociativo se desarrolla según la Ley el derecho a participar en reuniones públicas y manifestaciones pacíficas que también puede promover o convocar el menor con el consentir expreso de padres, tutores o guardadores.

En fecha 27 de septiembre de 2017, desde la Fiscalía General del Estado se dictó Instrucción por la que se abrieron expedientes de seguimiento, con incoación de expedientes de riesgo, al advertir que menores de edad de la enseñanza obligatoria catalana solicitaban permisos para participar en concentraciones o manifestaciones. Resulta lamentablemente llamativo, por consiguiente, que una Fiscalía llamada a defender la legalidad y a proteger los derechos de los menores, actúe para dificultar o directamente impedir que menores de edad ejerciten sus propios derechos, en ese ejemplo en orden a participar en actos de apoyo del referéndum catalán del 1 de octubre de 2017, dado que en ese momento no existía ningún otro tipo de movilización social, por ejemplo la que más tarde surgió bajo lemas de unionismo, patria y constitucionalismo[213].

Téngase además presente de qué modo el referido comunicado a fiscales jefes y fiscales delegados de menores de Barcelona, Tarragona, Lleida y Girona, suscrito por Javier Huete Nogueras como Fiscal de Sala Coordinador de Menores en la Fiscalía General del Estado, extendiéndose sin base legal hipotéticas responsabilidades, al instar advertencias a los centros de enseñanza obligatoria en Cataluña que con o sin autorización paterna, "la comunicación de la asistencia de menores a concentraciones o manifestaciones: a) no les exime de las obligaciones de custodia de los menores. b) no es causa de justificación que exima ni a los padres o tutores ni a los centros escolares de la responsabilidad civil por los daños materiales o personales que

---

213. V. una crítica en Ricardo YAÑEZ VELASCO, *La vergüenza...*, cit., págs. 402 y sigs.

puedan causar los menores o que puedan causarse a los mismos con motivo de su participación en concentraciones o manifestaciones". Lo primero es inconcebible salvo que se pretenda que desde el centro educativo se acompañe a los menores manifestantes para ejercer la custodia... fuera del centro, ¿al modo de una excursión didáctica organizada desde el colegio? Lo segundo redunda en lo evidente e innecesario de decir: padres y tutores son responsables civiles de lo que hijos o tutelados puedan menoscabar, si bien no estuvo (políticamente) de más la advertencia y recordatorio a modo de disuasión económica. De cualquier modo carece de sentido que, fuera del colegio o del control de actividades escolares, el centro educativo, y en su caso la Generalitat de Cataluña si se tratase de un centro público, pueda ser civilmente responsable por daños personales o materiales generados por los escolares fuera del centro y ajenos a la actividad escolar. Un ejemplo entre muchos de lo despótico en el actuar estatal, sirviéndose una vez más del miedo contra la ignorancia como instrumento de poder.

Una Fiscalía especializada en la protección de menores debe conocer, salvo ignorancia inexcusable, cuáles son los derechos de esos menores de edad, en vez de soslayar por completo los derechos de participación política de niños y adolescentes, tanto a partir del artículo 13 de la Convención de los derechos del Niño, donde se reconoce su derecho a la libertad de expresión, que incluye derecho a buscar, recibir y difundir información e ideas de todo tipo, en relación con el contenido de los artículos 12, 14 y 15 de ese mismo texto. Pero es que la propia legislación española, a través del artículo 8 de la ley 9/1985, reguladora del derecho a la educación, contiene una prevención expresa de que los alumnos, a partir del tercer curso de la enseñanza secundaria obligatoria (ESO), puedan decidir colectivamente su asistencia a clase, previendo además que no puede sancionarse tal ejercicio del derecho de reunión, previa comunicación a la dirección del centro educativo. A su vez, el artículo 21 de la ley 12/2009, de educación, reconoce el derecho de los alumnos a asociarse y a reunirse.

En páginas anteriores anticipé la reiteración intrínseca de reconocer derechos ya proclamados en otros textos legales, como la Constitución, pero se observa con sencillez de qué modo se repasan derechos constitucionales fundamentales con puntuales matizaciones. Es también el caso del derecho a la libertad de expresión (que engloba publicación y difusión de la propia opinión, edición y producción de medios de difusión, acceso a ayudas públicas), limitado con la protección de la intimidad y la imagen del propio menor.

Importa destacar, por último, el derecho del menor a ser oído y escuchado sin que la edad o la discapacidad puedan resultar discriminantes. Ahora bien, ello será así en función de la "madurez"; añadir "edad" resultaría contradictorio con el postulado. Este particular sirve para cualquier procedimiento administrativo, judicial o de mediación, o en el propio ámbito familiar y bajo el uso de un lenguaje comprensible para el destinatario. La clave se encuentra en que la decisión incida en su esfera personal, familiar o social.

Nuevamente procede servirse de profesionales cualificados o expertos, en orden a actuar en los procedimientos judiciales o administrativos, las comparecencias o audiencias donde haya de intervenir ese menor. Todas son actuaciones públicas preferentes en la agenda, y en las que debe mantenerse el lenguaje comprensible para el menor de edad, a cuyo favor ha de preservarse su intimidad e imagen.

4. Deberes

De nuevo a partir de la "edad y madurez" se impone la obligación y responsabilidad propia o consecuente con la titularidad y ejercicio de sus propios derechos, desde lo familiar a lo social pasando por lo escolar o cualquier otro ámbito de la vida. En orden a todo ello los poderes públicos trabajarán en que los menores accedan a dicho conocimiento, particularmente en el sistema educativo que incorpora la enseñanza de los propios derechos y deberes del menor.

El legislador distingue a continuación tres bloques de actuación, el familiar, el escolar y el social. En el primero se impone la participación en la vida familiar con respeto a progenitores y hermanos u otros familiares, lo que incluye el cuidado del hogar y tareas domésticas acordes con su autonomía personal y capacidad, sin que el sexo pueda influir en ello. En el segundo procede el respeto de las normas de convivencia en el centro educativo, incluyendo el deber de estudiar en la enseñanza obligatoria, así como "tener una actitud positiva de aprendizaje durante todo el proceso formativo". En este ámbito lo dicho se completa con el respeto a los profesores y otros empleados de los centros escolares, así como al resto de sus compañeros, y de ese modo en evitación de "situaciones de conflicto y acoso escolar en cualquiera de sus formas, incluyendo el ciberacoso". Finalmente, en el ámbito social procede el respeto a cualquier persona que se relacione y al propio entorno.

Particularmente se indica: "a) Respetar la dignidad, integridad e intimidad de todas las personas con las que se relacionen con independencia de su edad, nacionalidad, origen racial o étnico, religión, sexo, orientación e identidad sexual, discapacidad, características físicas o sociales o pertenencia a determinados grupos sociales, o cualquier otra circunstancia personal o social. b) Respetar las leyes y normas que les sean aplicables y los derechos y libertades fundamentales de las otras personas, así como asumir una actitud responsable y constructiva en la sociedad. c) Conservar y hacer un buen uso de los recursos e instalaciones y equipamientos públicos o privados, mobiliario urbano y cualesquiera otros en los que desarrollen su actividad. d) Respetar y conocer el medio ambiente y los animales, y colaborar en su conservación dentro de un desarrollo sostenible".

5. Medidas y mecanismos de protección y control

En primer lugar el legislador se orienta a facilitar la *información* para el ejercicio de los derechos, abriendo un elenco de instituciones y organismos a los que puede acudirse, como ocurre con el Ministerio fiscal, pese a que en la práctica ya se ha ejemplificado que en éste, representante del Estado mismo, puede precisamente radicar el problema del que el menor haya de protegerse. En esos casos deberá dirigirse al defensor del pueblo, instar un defensor judicial o acudir al ámbito de protección internacional.

Al margen de las reglas generales de asistencia se establece lo siguiente como directrices de la actuación de los poderes públicos en relación con los menores, una vez más a partir del interés superior del menor: "b) El mantenimiento en su familia de origen, salvo que no sea conveniente para su interés, en cuyo caso se garantizará la adopción de medidas de protección familiares y estables priorizando, en estos supuestos, el acogimiento familiar frente al institucional. c) Su integración familiar y social. d) La prevención y la detección precoz de todas aquellas situaciones que puedan perjudicar su desarrollo personal. e) La sensibilización de la población ante situaciones de desprotección. f) El carácter educativo de todas las medidas que se adopten. g) La promoción de la participación, voluntariado y solidaridad social. h) La objetividad, imparcialidad y seguridad jurídica en la actuación protectora, garantizando el carácter colegiado e interdisciplinar en la adopción de medidas que les afecten. i) La protección contra toda forma de violencia, incluido el maltrato físico o psicológico, los castigos físicos humillantes y denigrantes, el descuido o trato negligente, la explotación, la realizada a través de las nuevas tecnologías, los abusos sexuales, la corrupción, la violencia de género o en el ámbito familiar, sanitario, social o educativo, incluyendo el acoso escolar, así como la trata y el tráfico de seres humanos, la mutilación genital femenina y cualquier otra forma de abuso. j) La igualdad de oportunidades y no discriminación por cualquier circunstancia. k) La accesibilidad universal de los menores con discapacidad y los ajustes razonables, así como su inclusión y participación plenas y efectivas. l) El libre desarrollo de su personalidad conforme a su orientación e identidad sexual. m) El respeto y la valoración de la diversidad étnica y cultural" (artículo 11.2 LO 1/1996).

Finalmente, la legislación orgánica desarrolla el marco de actuación ante supuestos de desprotección social del menor, donde se tiene en cuenta la necesidad de escolarización obligatoria desobedecida, comenzando por la tutela y la adopción, para luego establecer el sistema público de centros de protección de menores "con problemas de conducta", si bien estos cederán a las medidas establecidas por la jurisdicción penal de menores entre los catorce y los dieciocho años de edad. En los dichos centros se aplican "medidas de seguridad" que no deben confundirse con las propiamente penales que sólo cabe acordar tras un enjuiciamiento criminal finalizado por sentencia.

La intervención forzada supera así al progenitor o tutor y el poder de su corrección, introduciendo actividad de los organismos y entidades públicas, como lo son las gestoras de los dichos centros de protección, donde las medidas de seguridad pueden suponer la contención física o de otro tipo, el aislamiento o los registros personales o materiales.

6. Jurisdicción voluntaria

Las "medidas de familia" recogidas en la LEC/1881 se traspasaron relativamente al Título III de la ley 15/2015, de 2 de julio, de jurisdicción voluntaria, recogiendo las normas sobre la dispensa del impedimento matrimonial, intervención judicial en materia de patria potestad y relativas a desacuerdos conyugales en régimen económico de gananciales. No obstante, la jurisdicción voluntaria articula el tratamiento de la guarda de hecho, tutela y curatela, emancipación del menor de edad y protección del patrimonio del discapaz. Importa en especial, dentro del estricto campo de la "familia", los preceptos que afrontan el desacuerdo en el ejercicio de la patria potestad y las medidas de protección por inadecuado ejercicio de la guarda o administración del patrimonio del menor o persona (mayor de edad) discapaz jurídicamente representada en función de medida de apoyo estable.

En el primer grupo se incluye el menor o emancipado titular de patria potestad en desacuerdo con sus progenitores o tutor y las discrepancias entre progenitores que ejercen de manera conjunta la patria potestad.

En el segundo grupo se busca controlar la inadecuada guarda del menor o del discapaz sometido a medida de apoyo estable y la gestión patrimonial de los mismos, en relación con los artículos 158, 164, 165, 167 y 216 CC.

7. Educación y corrección

Desde la Convención de la Sociedad de Naciones hecha en Ginebra en 1924, primero, y la Convención de los Derechos de los Niños elaborada en Naciones Unidas en 1959, después, hoy se atiende al artículo 19.1 de la Convención de Derechos del Niño aprobado por la ONU el 20 de noviembre de 1989. Y este último texto establece que los Estados parte han de tomar medidas legislativas de naturaleza administrativa, social y educativa "apropiadas para proteger al niño contra toda forma de perjuicio o abuso físico o mental, descuido o trato negligente, malos tratos o explotación, incluido el abuso sexual, mientras el niño se encuentre bajo la custodia de los padres, de un representante legal o de cualquier otra persona que lo tenga a su cargo".

> La jurisprudencia penal posterga el castigo físico pero admite la corrección como derecho si es proporcional, razonable y moderada la conducta del progenitor (STS 654/2019, 8-I).

Por su parte, el artículo 154 del Código civil español incluía el castigo como medio de proteger al menor de edad, pero desapareció con la reforma del precepto por ley 11/1981, mientras que fue con la Disposición final primera de la ley 54/2007, de 28 de diciembre, de adopción internacional, que se suprimió el derecho de corregir "razonada y moderadamente". En este escenario la potestad de los padres sobre los hijos no emancipados se articula acorde con su personalidad, siempre respetando su integridad física y psicológica, pero se les orienta a recabar el auxilio de la autoridad en el ejercicio de la patria potestad[214]. En la exposición de motivos de esta última reforma se alude al antecitado Convenio y, paradójicamente, a *requerimientos* del Comité de Derechos del Niño –aunque requerir no puede: sólo *sugerir* o *recomendar*, sin valor obligatorio o vinculante para los Estados parte del Convenio[215]–, que

---

214. V., en general, Pepa HORNO GOICOECHEA, *Castigo físico y psicológico en España. Incidencia, voces de los niños y niñas y situación legal,* Save the Children, Informe nacional, 2004, de la misma, *Amor, poder y violencia. Un análisis comparativo de los patrones de castigo físico y humillante,* Madrid, Save the Children, septiembre 2005, Carmelo DEL MORAL BLASCO, *Más me duele a mí. La violencia que se ejerce en casa,* Madrid, Save the Children, septiembre 2018, Josefa MUÑOZ RUIZ, "El derecho de corrección. Un análisis penal de sus claves", *Estudios jurídico-penales y criminológicos en homenaje a Lorenzo Morillas Cuevas* (José María Suárez López et al. coords.), vol. 1, Dykinson, Madrid, 2018, págs. 475 y sigs.

215. Sobre lo equívoco de aludir a "requerimientos" del dicho Comité, cfr. Isaac RAVETLLAT BALLESTÉ, "El Comité de los Derechos del Niño", en *El desarrollo de la Convención sobre los derechos del niño en España* (él mismo coord. con Carlos Villagrasa Alcaide), Bosch, Barcelona, 2006, págs. 47 y sigs. Hay que preguntarse si el organismo internacional conocía realmente el estado vigente del texto civil español

subrayan la preocupación ante la facultad de *corrección* moderada como contradictoria del dicho precepto (parte del Convenio ratificado en España y así del ordenamiento jurídico español, artículo 96 CE).

El penúltimo cambio legislativo, con ley 26/2015, de 28 de julio, de protección a la infancia y la adolescencia, sustituyó, en la redacción del artículo 154 CC, "beneficio" por "interés", utiliza "progenitores" en vez de "padres" y añade "responsabilidad parental" y "derechos" del menor[216]. No parece que fuera imprescindible ningún debate público, pero ocurre algo distinto con la reforma de 2007, que usa una Disposición Final Primera.2 haciendo dudosa la justificación social y jurídica de la alteración. La última reforma del artículo 154 CC ahonda en la necesidad de audiencia del menor con suficiente madurez, subrayando el mejor escenario para que su voluntad pueda ser expuesta: accesibilidad, comprensión y adaptación a su edad, madurez y circunstancias.

Aceptar como posible corregir bajo la restricción del contexto en el que se hace, no puede generar responsabilidad internacional por eventual incumplimiento de Derecho convencional supranacional. De existir, el Estado español seguiría siendo responsable en función de la corrección mantenida en los derechos autonómicos o forales[217], que son constitucionalmente compatibles para legislar en esa materia[218].

En el artículo 65 del Código de Derecho foral aragonés establecido con el Decreto-Legislativo 1/2011, de 22 de marzo, tras sustituir la ley 15/1967, de 8 de abril, se reformó por ley 13/2006, de 27 de diciembre, manteniendo el derecho de corrección en "forma proporcionada, razonable y moderada", declarando en su preámbulo inexistencia de contradicciones entre el derecho histórico y las concepciones del siglo XXI y las altas exigencias y los ideales propios de la materia. Por su parte, la reforma por ley foral 5/1987, de 1 de abril, modificó el artículo 63 del Fuero Nuevo de Navarra elaborado con la ley 1/1973, de 1 de marzo, reconociendo la mala avenencia con la realidad social sobre la que se opera y la contradicción de principios constitucionales, estableciendo el derecho de educar, así como de "corregirlos razonablemente y moderadamente" al tiempo que procurar su debida formación. Finalmente, el artículo 236.17 del Libro II del Código civil catalán, incorporado por ley 25/2010, de 29 de julio, derogando el Código de familia constituido por ley 9/1998,

---

(al siquiera poder pensar que aludían a normas autonómicas sobre corrección), pues menciona un "castigo" ya suprimido décadas atrás –en la reforma de 1981–.

216. Elena Blanca MARÍN DE ESPINOSA CEBALLOS, "¿El fin del derecho de corrección en España?", *Cuadernos de Política Criminal,* núm. 116, 2015, págs. 5 y sigs.

217. Guillermo DARRIBA FRAGA, "El derecho...", cit., pág. 153.

218. Véase, asimismo, Isaac RAVETLLAT BALLESTÉ, "Competencias autonómicas en materia de atención y protección a la infancia y la adolescencia: estudio al hilo del artículo 166.3 del Estatuto de autonomía de Cataluña", *Revista d'estudis autonòmics i federals,* núm. 21, 2015, págs. 159 y sigs.

de 15 de julio, mantiene el derecho de corrección, aun rectificando la raigambre del Derecho romano y así el carácter autoritario de la patria potestad al sustituirla por la "responsabilidad" de los progenitores en vez de "potestad del padre y de la madre"; eliminando restricciones: nunca se trataría de sanciones humillantes o que atenten contra sus derechos. Se declara el respeto mutuo, el deber de obedecer al progenitor "salvo que les intenten imponer conductas indignas o delictivas", pudiendo "corregir a los hijos en potestad de forma proporcionada, razonable y moderada, con pleno respeto a su dignidad", siendo excepcional la posibilidad de pedir asistencia e intervención no solamente del juez sino en general "de los poderes públicos".

El interés superior del menor se ha conformado como principio general del Derecho, reformulador del Derecho de familia o del Derecho penal del menor o de cualquier especialidad jurídica donde el mismo aparezca. Es el sujeto central del sistema, no su objeto, sin que la tendencia a la protección deba confundir el enfoque. Educar configura un derecho-deber de los progenitores para con sus hijos menores no emancipados, Y precisamente alrededor del artículo 27 CE se construye la autoridad paterna y materna en ese ámbito obligatorio, incluso generando posible responsabilidad penal del progenitor cuando su hijo o hija no cursen enseñanza obligatoria.

El único instrumento legal estatal propiamente dicho a nivel de cumplimiento es el auxilio judicial –ampliado a cualquier otro poder público, en el ámbito autonómico catalán–, algo en exceso desorbitado. Tanto el deber de educar como la obligada obediencia de la prole hacia la madre y el padre fundamentan implícitamente la corrección como medio para cumplir con los deberes propios de aquellos[219]. No es necesario su reconocimiento legal explícito como derecho, vinculado al ejercicio legítimo de un derecho (eximente del artículo 20.7º CP). La adecuación social es una causa de justificación genérica traducida con mayor o menor acierto en la práctica judicial española. Para ello se utiliza el principio de mínima intervención[220], pero eso supone un error esencial: los preceptos penales se aplican si están legislados, por lo que carece de sentido plantear ese tipo de principio en el quehacer del juez. Si una determinada conducta se considera de insignificancia, en función del mencionado principio no se legislará como delito, sin más. Si se define un determinado de-

---

219. A favor del medio correlativo para cumplir con el deber v. Esther ALGARRA PRATS, "La corrección de los hijos en el Derecho español", *Aranzadi Civil. Revista Doctrinal*, núm. 5, 2010, pág. 45 y sigs. Cfr., de la misma (con Javier Barceló Domènech), "Libertad de los hijos en la familia: deberes de los hijos y derechos de corrección de los padres. Situación en el Derecho español", *Actualidad jurídica Iberoamericana*, núm. 4, 2016, págs. 59 y sigs.

220. Esther ALGARRA PRATS, "La corrección...", cit.

lito nunca podrá el juez despenalizar parte de las conductas descritas en orden a su intensidad o bagatela.

Asimismo deviene irracional justificar castigos corporales porque se produzcan en casi todas las sociedades, sea con mayor o menor grado o intensidad. Se trata de aquello *socialmente* aceptado como una natural y eficaz forma de educar. Es como si se justificase la violencia contra la mujer porque en una sociedad machista se aceptase, incluso por un buen porcentaje de mujeres, el maltrato habitual (mi marido me pega lo normal). No obstante, existen amplias facetas de la vida en comunidad donde opera un explícito amparo legal que *justifica* una conducta porque se asienta en una primaria adecuación social, siendo el debate en esta sede el que promueve el cambio legislativo, por ejemplo respecto de los animales en espectáculos públicos, el toro contra el que se utilizan banderillas, lanzas y espada hasta matarlo bajo el "arte" de la tauromaquia. En línea con este equivocado planteamiento se defiende mantener en padres y madres "las formas tradicionales para ejercer su autoridad" – donde se incluye la corrección para educar en principios y valores–, hasta que no se les enseñe y aporte "un nuevo sistema interpretativo de relaciones paterno/filiales que pueda ser puesto en práctica y resulte apropiado"[221]. Puede operar la enseñanza al tiempo que el cambio, pero si un determinado quehacer tradicional anclado en pensamientos del pasado es pernicioso para el desarrollo del menor, no puede mantenerse hasta obtener nuevos modos de pensar en los que educación y castigo físico no concurrirían. En igual sentido, que todavía no se haya modificado la arquetípica sociedad patriarcal que sustenta en la práctica el inconveniente de violencia por dominio machista no impide reaccionar de inmediato ante esa situación; por mucho que se piensa más allá de la estructura sociosexual que suele caracterizar al feminismo, en función de una situación de poder que, ciertamente, desde el punto de vista estadístico se apoya muy mayoritariamente en el hombre y no en la mujer.

Sustituir la corrección por identificarla como agresión física, vejatoria o humillante –la violencia en general–, simplemente resulta un planteamiento erróneo. Acaso puede protegerse al menor con una corrección "contra toda forma de discriminación o castigo por causa de la condición, las actividades, las opiniones expresadas o las creencias de sus padres, o sus tutores o de sus familiares" (artículo 2.2 de la Convención de Derechos del Niño). A su vez, cae en la ingenuidad quien afirma que basta la *auctoritas* del padre o de la madre –subrayando el origen etimológico y el significado de *auctor* (aquello

---

221. Guillermo DARRIBA FRAGA, "El derecho de corrección de los padres sobre sus hijos", *Revista Digital Facultad de Derecho UNED,* núm. 5, 2012, pág. 141.

que ayuda a crecer, no mandar y hacerse obedecer)– sin necesidad de *potestas*. De esta forma se postula la obediencia de los hijos a las legítimas decisiones progenitoras en ejercicio de la patria *potestad*, olvidando que también pueden desobedecer, de ahí que se imponga un *fin*, el de velar y educar, sin un *medio* real para llevarlo a cabo si todo no viniera rodado. De hecho el planteamiento conlleva un falso intervencionismo estatal sustitutivo de la familia, falso porque ese Estado no ocupa la posición de un progenitor "corrector". Obstaculiza el entendimiento jurídico de lo que social y psicológicamente sigue ocurriendo: la guía y la orientación de los padres es a no dudarlo un mecanismo *corrector*.

Corregir bajo los límites del respeto a la dignidad, el libre desarrollo de la personalidad, la integridad física y la vida, se constituye de ese modo como un derecho autónomo correlativo al deber general de velar por la propia hija o el propio hijo, protegerlos y educarlos. Y quedan aparte las intencionalidades ajenas a la educación pero también extrañas al *animus laedendi* o intención de lesionar, que se justificarían bajo los modelos genéricos del *estado de necesidad* o, simplemente, observarían ausencia de dolo o intencionalidad criminal: se aparta con violencia al hijo de la trayectoria de un vehículo para evitar su atropello; se estira violentamente del mismo al ver que quiere introducir en un enchufe un utensilio metálico, etcétera. De ahí que se actúe sin connotación criminosa ninguna, siendo además que el término "corregir" encaja socialmente y es éticamente adecuado. Corregir puede ser cosa distinta que el castigo físico o psíquico, y acaso quienes de esa manera identifican la corrección sea porque la han vivido de tal modo, aplican estereotipos o, sencillamente, asocian el derecho de corregir con ese *ius puniendi* propiamente estatal y característico del Derecho penal, en relación con formas de pensar retrógradas: "la letra con la sangre entra"[222]. Paradójicamente, el menor como *objeto* (pasivo de protección) se equipara al discapaz por considerar que uno y otro son personas sin ningún tipo de autonomía para actuar por sí mismos, para manejarse como *sujetos*[223].

---

222. Lo que autores como Luis DÍEZ-PICAZO PONCE DE LEÓN aluden en defensa de un tipo de corrección-castigo físico de esa índole (asumiendo algún tipo de lesión o de injuria como parte de la función pedagógica y educativa de toda corrección) a modo de causa de justificación si es "objetivamente moderado o razonable", v. sus "Notas sobre la reforma del Código Civil en materia de patria potestad", *Anuario de Derecho Civil,* tomo XXXV, fascículo 1, 1982, pág. 9. Las propias escuelas españolas, y bien entrada la década de los ochenta del siglo pasado, utilizaban y no en modo infrecuente los castigos físicos.

223. Sobre la noción de las tres P (protección, provisión y participación), la Convención de 1989 supera los derechos de supervivencia del menor como objeto de protección añadiendo derechos civiles y políticos; v. Isaac RAVELLAT BALLESTÉ, "Protección a la infancia en la legislación española. Especial incidencia en los malos tratos (Parte General)", *Revista de Derecho (UNED),* nº 2, 2007, pág. 87.

Considero que el prejuicio sobre el significado de *corregir*, anudado sin remedio al peor sentido de la palabra *castigar*, alienta la tendencia a la eliminación radical, olvidando que como *derecho* (de corrección) no puede ser abusivo –el uso abusivo se prohíbe para con cualquier derecho–, ni, como cualquier derecho, promulgar alcance absoluto, particularmente bajo una falta de definición en positivo que aboca al concepto jurídico indeterminado y con el delineamiento en negativo que limita a lo teleológico (el fin al que tiende su ejercicio) y a lo proporcional y ponderado[224]. Los actos reiterados de agresión física, o el actuar irracional o desproporcionado, nunca encajarán en un fin correccional justificado en lo educativo, por lo que es forzoso guiar la adecuada interpretación bajo dichas restricciones y el siempre necesario ajuste al devenir socio-cultural y ético vigentes donde la "familia" es un escenario de conflicto –natural y por otra parte necesario para evolucionar– y donde la igualdad de derechos constitucionales de todos sus miembros no pierde de vista un reparto de roles con diferencias significativas. Cierto es que el *paterfamilias* romano que históricamente origina el planteamiento, sin duda machista y autoritario, en la perspectiva actual (y ya entonces) cede ante una organización participativa –y donde por supuesto la madre ocupa una posición idéntica al padre en aquellas familias con progenitores biológicos y de ambos sexos–, pero no suprime los planos diferenciados entre los miembros adultos y los menores. No hay democracia en la familia por mucha horizontalidad que se promueva construida sobre la dignidad de cada uno e igualdad de sus derechos. La distribución de funciones compatibiliza con el mutuo respeto de todos entre sí pero opera con cierto grado de jerarquía relacionado con la obediencia y la capacidad de decisión última en sede educativa.

Debiera aceptarse que se *corrige* la ortografía de un escrito que forme parte de los deberes escolares, y se *corrige* la mala letra haciendo repetir el texto mal escrito. Piénsese que incluso la palabra "castigo" puede identificarse con esto último, o con una privación de juguetes al niño pequeño que desobedece al progenitor, o con la retirada de privilegios sobre el uso de teléfonos móviles o de internet o el ir a fiestas para adolescentes o preadolescentes[225]. Se

224. Cuando se reconocía explícitamente el "castigamiento" ya se limitaba a la "mesura y piedad" a partir de una *potestas* o poderío ligado a la reverencia (Ley 3, Título 17 de la Partida Cuarta), luego trasladado al Proyecto de Código Civil de 1851, la ley de matrimonio civil de 1870 y el Código Civil promulgado en 1889 y mantenido hasta la actualidad.

225. Sin duda puede aceptarse cierto grado de necesidad de estos bienes para el desarrollo del menor, pero en puridad no son "cosas necesarias" que, sin embargo, junto con el castigo físico de los "azotes leves y encierros que no pongan en peligro la salud", se consideraban lícitos; v., por ejemplo, José María CASTÁN VÁZQUEZ, "Artículo 154", en *Comentarios al Código Civil y Compilaciones Forales,* III vol. 2 (Manuel Albaladejo García dir.), Edersa, Madrid, 1982, pág. 129.

corrige en todos esos casos, y el menor puede considerarse *castigado* también en cada uno de ellos, siendo lo más significativo la finalidad del actuar materno o paterno y lo más problemático el resultado no físico sino psicológico. De hecho, el aislamiento al que puede conducir la privación de comunicaciones sociales es característica nada infrecuente de la violencia habitual en el ámbito doméstico o de género, por lo que podrían encuadrarse en esta misma dinámica de acción las consecuencias del menor privado de redes sociales o de salir de casa. En el fondo se trata de justificar el modo de actuar del progenitor, y mientras el presunto agresor de su pareja sentimental difícilmente puede razonar satisfactoriamente sobre por qué priva a una persona adulta de un teléfono, o de llaves de la vivienda para poder salir y entrar de la misma, puede resultar más sencillo que bajo el deber de educar y velar se prohíba al hijo o a la hija irse de fiesta o a reuniones de otra índole con amigos y compañeros de clase u otros, no se entreguen las llaves de casa o no se permita usar un teléfono. El ánimo de quien corrige constituye el dato determinante.

En las sentencias judiciales se alude a la "simple bofetada", "palmada en el culo", "mero azote", agarrar por los brazos y dar "golpes en el culo" o al pellizcar en público para explicar que "corregir" no es equivalente a "agredir", a "maltratar" o a "golpear". A su vez, no es infrecuente que el juez penal considere lo criminalmente típico como atípico por bagatela. Claro que si se tratase de violencia desplegada contra una mujer adulta nunca cabría tal tipo de consideraciones. Con todo, ya se indicó que no es el principio de mínima intervención o ultima *ratio* penal el que configura la justificación, pues ese principio es utilizado para no legislar penalmente una determinada conducta socialmente insignificante o políticamente desechada.

8. Desamparos especiales

El problema de conducta del menor de edad permite su ingreso en centros de protección específicos. El particular se regula en el artículo 778 bis.1 LEC, limitado a menores bajo tutela o guarda de la entidad pública. El problema de conducta se recoge en el artículo 25 de la Ley Orgánica 1/1996, de 15 de enero, siendo obligatoria la autorización judicial del Juzgado de Primera Instancia del lugar donde radique el centro, acompañando a la solicitud la valoración psicosocial que la justifique.

La urgencia permite el ingreso inmediato por decisión del Ministerio fiscal o la entidad pública tutora o guardadora que comunicarán al juez en veinticuatro horas, para su ratificación en setenta y dos horas desde el ingreso, aunque pese al redactado legal (artículo 778 bis.3 LEC) puede no ratificarse de aplicar condiciones menos restrictivas (artículo 778 bis.4 LEC). La autorización deberá ser previa a dicho ingreso, salvo que razones de urgencia hicieren necesaria la inmediata adopción de la medida. En este caso, la Entidad Pública o el Ministerio Fiscal deberán comunicarlo al Juzgado competente, que tomará una decisión judicial dentro de las veinticuatro horas siguientes, a los efectos que proceda la preceptiva ratificación o no de dicha medida. En el primer caso deberá efectuarse en un plazo máximo de setenta y dos horas desde que llegue el ingreso a conocimiento del Juzgado, dejándose de inmediato sin efecto el ingreso cuando no sea autorizado.

En los supuestos previstos en este apartado la competencia para la ratificación de la medida y para continuar conociendo del procedimiento será del Juzgado de Primera Instancia del lugar en que radique el centro del ingreso.

El menor será oído por el juez e informado de un modo comprensible y el Ministerio fiscal emitirá un informe tras oírle. También se ofrece audiencia a la Entidad Pública, los progenitores o tutores que ostentaran la patria potestad o tutela, y cualquier persona cuya comparecencia estime conveniente o le sea solicitada, y se emitirá informe por el Ministerio Fiscal. El Juzgado recabará, al menos, dictamen de un facultativo por él designado, sin perjuicio que pueda practicar cualquier otra prueba que considere relevante para el caso o le sea instada.

La Entidad Pública y el Director del centro deben informar periódicamente –cada tres meses como mínimo– tanto al Juzgado como al Ministerio Fiscal, sobre las circunstancias del menor y la necesidad de mantener la medida. No obstante se establece una permanencia por el tiempo "estrictamente necesario para atender a sus necesidades específicas". Para ello el cese de oficio puede ser directo, pero la propuesta de cese por parte de la entidad pública o el Ministerio fiscal habrá de fundamentarse "en un informe psicológico, social y educativo" (artículo 778 bis.7 LEC).

Las medidas de protección del menor (como resolución administrativa) pueden ser ejecutadas a través de la entrada forzosa en domicilios u otros lugares y edificios. El trámite viene regulado en el artículo 778 ter LEC, procediendo informe del Ministerio fiscal, cuando no se obtenga consentimiento del titular o del ocupante, quien podrá alegar lo que considere oportuno en plazo de veinticuatro horas.

Las razones de urgencia de esa entrada domiciliaria permiten sortear este trámite de audiencia, al ser éste un motivo de demora que entraña riesgo para la seguridad del menor, o afectación real e inmediata de sus derechos fundamentales. En todo caso, se actuará bajo la legalidad, necesidad y proporcionalidad que implicará establecer límites materiales y temporales para la realización de la medida. La decisión es apelable sin efecto suspensivo.

El objeto civil acumulado al penal

Tabla de contenidos

1. La concurrencia de procesos y su acumulación

La acción civil puede vincularse a hechos calificables como delito que deparen o no un proceso penal. Si ese fuese el caso, la prioridad natural del enjuiciamiento criminal bloquea cualquier posibilidad de juicio civil en razón de la *prejudicialidad*. Claro está que un presunto delito ya cometido podría no generar ningún proceso o, haciéndolo en un momento inicial, la falta de descubrimiento del posible autor u otras circunstancias cierre provisionalmente la vía penal, permitiendo la civil. Particularmente, de conformidad con el artículo 778 quater.6 LEC, en ningún caso se ordenará la suspensión de las actuaciones civiles por la existencia de prejudicialidad penal por ejercicio de acciones penales en materia de sustracción de menores.

A su vez, podría ocurrir que iniciado y en curso el juicio criminal reste oculto para los interesados en el eventual proceso civil, o que estos guarden silencio sobre dicho esencial dato. De esa manera podrían funcionar en paralelo ambos tipos de procederes cuando son incompatibles entre sí. En el juicio ordinario, con la audiencia previa, o en el juicio verbal, en el acto de la vista, podría alegarse dicha existencia, propiciando la paralización o terminación anormal del juicio civil.

> La excepción se encuentra en la *acción de ejecución*, pues es posible ejercitarla, por ejemplo, ante el impago de pensiones de alimentos o compensatorias y, a la vez, acumularla en un juicio penal por delito de abandono de familia en su modalidad de impago de pensiones.

En fin, salvo excepciones, la acción civil no puede ejercitase en dos cauces al mismo tiempo. La preferencia implica que si la parte interesada desea ventilar en el juicio civil, y no en el penal, su acción debe ser *reservada* en éste y esperar a que el proceso criminal finalice en cualquiera de sus formas. Naturalmente, ningún sentido tiene un proceso u otro cuando la acción civil fuese *renunciada*, otra de las opciones viables para el interesado, opción por ejemplo aplicable cuando las partes implicadas alcanzan un acuerdo extrajudicial por el que ya no importe accionar. De lo contrario, la acción civil y sus protagonistas, no siempre comunes con los sujetos procesales penales, deberá abordarse en el proceso penal.

2. La acción civil en el enjuiciamiento criminal

Aunque no se renuncie o reserve la acción civil, se mantiene la lógica dispositiva del accionante. Y no se trata que la parte interesada decida ejercitar esa acción civil, por cuanto sin reserva ni renuncia el Ministerio fiscal tiene la obligación legal de ejercitarla en beneficio del presunto damnificado. Para esa situación procede adentrarse en la lógica de la tramitación propia del proceso penal, pues en éste se absorbe el procedimiento todo. Nada de lo dicho en temas anteriores funciona sobre el modo de proceder o el esquema del trámite; habrá que estar a las reglas del tipo de procedimiento penal en curso. Sin embargo, son aplicables y exigibles los principios característicos del proceso civil, conectados inextricablemente a la acción civil y no a la penal. Otra cuestión que en la práctica del foro parezca rehuirse inconsciente o conscientemente de esas reglas principales, desdibujando muy a menudo los beneficios que dichos principios aportan al sistema procesal de garantías[226].

Una posible terminación normal del proceso penal se encuentra en el fallo absolutorio, hipótesis donde la falta de condena penal impide la condena civil. La razón de ser de la atribución competencial al juez penal de cuestiones civiles, amén de la economía procesal de la acumulación, estriba en que sobre unos mismos hechos se fraguan dos calificaciones jurídicas que muestran sendos ilícitos, una es penal y otra civil, siendo el objeto procesal de la primera el irremediable delimitador de la segunda. Dicho de otro modo, el juez penal puede atender a la pretensión civil acumulada porque es competente para ventilar la cuestión criminal. Por eso la absolución penal, salvo ante excepciones muy pun-

---

226. Para un planteamiento crítico v. Ricardo YÁÑEZ VELASCO, "Consideraciones...", cit., págs. 279 y sigs., y en mis *Estudios...*, cit., t. III, vol. 1, págs. 37 y sigs.

tuales –por ejemplo con determinadas eximentes completas que mantienen la posibilidad de imponer responsabilidades civiles indemnizatorias–, deja imprejuzgado el objeto civil acumulado en el enjuiciamiento criminal. En ese momento las bondades de la acumulación al proceso penal desaparecen por completo y se convierten en un significativo inconveniente relativo no solo a la demora, muchas veces de especial duración, sino a la necesidad de repetir en otra jurisdicción, la civil, la acción ejercitada en modo acumulado, y de esa manera todos los medios de prueba necesarios. Es de suponer que cuando menos los mismos que con igual objetivo se propusieron y practicaron en el enjuiciamiento criminal. Esto supone una suerte de ensayo general, sobre todo para los testigos de los hechos, quebrando la frescura y espontaneidad de aquellos, incluso alterando su resultado con respecto del obtenido en el enjuiciamiento criminal.

En caso contrario, cuando la sentencia penal condenatoria permite la condena o absolución civil, la acción civil habrá sido ejercitada sin posibilidad de repetición ulterior, por cuanto se atiende a la *cosa juzgada* civil, con efectos negativo y positivo. El primero impide que la misma acción pueda ejercitarse de nuevo, en cualquier jurisdicción. El segundo impone lo resuelto en otros procesos que puedan tener lugar con posterioridad. Pero este tipo de eficacia procesal también funciona cuando existe una absolución penal y resta imprejuzgado el proceso civil acumulado, aunque en el ámbito criminal no haya efecto positivo sino solo negativo. De ahí que, pudiendo generarse un proceso civil a continuación, los hechos probados que declaró el juez penal pueden tener cierta incidencia, a consecuencia de la cosa juzgada penal.

De particular importancia la regla de imprescriptibilidad de la responsabilidad civil declarada en sentencia penal firme, que se extiende, también y a diferencia del proceso civil, a la inexistencia de caducidad. Pues, la ejecución del fallo civil en el proceso penal no se rige por el artículo 518 LEC al no precisar ni demanda de ejecución, procediendo incoar de oficio porque no hay acción de ejecución que ejercitar; por eso es también inaplicable el artículo 1.971 CC. No hay más límite que la completa satisfacción del acreedor según el artículo 570 LEC (STS 607/2020, 13-XI).

El efecto negativo más evidente de esa *res iudicata* en un proceso civil es la negación del hecho base. Si se afirma que un determinado sujeto postulado como conductor del vehículo accidentado no estaba en el lugar, o un evento que trae causa de la reclamación indemnizatoria –el accidente mismo– no tuvo lugar, no podrá discutirse esa realidad jurídica que como tal fue plasmada en firme en una sentencia penal. De no ser así se propiciaría la contradicción de sentencias, que implica una contrariedad de verdades formales que repugna la lógica del Derecho procesal[227].

3. El trasplante probatorio

Cuando se dispone de un proceso previo (penal) sobre el mismo objeto (civil), pueden importarse medios de prueba en aquél introducidos. No hay inconveniente en obtener documentos originales, cuando menos testimonios del letrado de la Administración de justicia que sobre esos documentos se soliciten para evitar un expurgo de la causa penal o que se obtengan los originales y el testimonio quede en ese proceso penal. Con respecto a otros medios de prueba el peritaje en el primer juicio podría comunicarse como documento, o pretender una nueva intervención del experto que intervino como perito en lo penal precedente, recibiendo nueva designación y nombramiento que apoyaría la exigencia de imparcialidad, objetividad y corrección en lo hecho de antemano, planteando problemas derivados de su propia intervención anterior. Los testigos serán nuevamente llamados, pues lo que dijeran o dejaran de decir en otro juicio (penal) se habrá documentado pero siquiera constituye un medio de prueba documental.

La única excepción reside en que lo hecho en el proceso penal pueda generar algún tipo de responsabilidad civil, por ejemplo la indemnizatoria profesional del letrado que haya hecho mal su trabajo y sea demandado por el cliente, o cuando la reclamación se dirija contra un testigo que faltó a su deber de confidencialidad, o a un perito que vulneró las reglas de su actuación causando un perjuicio reclamable. En estos casos el propio proceso penal constituye en todo o en parte un documento que como tal será posible proponer y practicar como medio de prueba.

Pero lo que puede ocurrir es que, simplemente, falte alguno de los testigos, por muerte o ausencia, o por ser inviable la citación al ignorar su paradero. En tales supuestos puede que se aliente el uso de la declaración testifical habida en lo penal como trasplante probatorio, lo que no podría superar la naturaleza documental, que hurta de la contradicción procesal civil y por tal motivo debiera rechazarse.

---

227. V., en general, Emilio GÓMEZ ORBANEJA, "Eficacia de la sentencia penal en el proceso civil", *Revista de Derecho Procesal,* 1946-I, págs. 207 y sigs.

4. El trabajo en paralelo

La absolución penal del sujeto que presenta problemas psiquiátricos o psicológicos puede resolver las cuestiones civiles indemnizatorias asociadas si no se reservaron ni renunciaron y proceden. Puede incluso haberse acordado medida de seguridad sobre la persona del absuelto o no hacerlo porque esos problemas no hayan soportado la inimputabilidad, acaso en tanto siquiera se haya acreditado la tipicidad: el acusado que padece algún tipo de patología mental no fue el que cometió el crimen o no puede acreditarse que lo hiciera. En cualquiera de las alternativas abiertas, y teniendo presente que el Ministerio fiscal es parte procesal necesaria en el proceso penal –y el juez penal, en su caso, debe velar por la salud del sujeto en tales supuestos–, no solamente es posible sino obligado activar el proceso de adopción de medidas de apoyo estable o el procedimiento de internamiento psiquiátrico urgente, así como el aparato cautelar o asegurativo anudado a tales juicios civiles especiales. Tal actividad judicial puede nacer en la jurisdicción penal, pero solo a modo de comunicar con quien en esos supuestos es competente objetivo: el órgano del orden jurisdiccional civil.

De hecho, en estos casos la prioridad de proteger al sujeto inculpado penalmente, y a la sociedad toda que le rodea, es precisa desde el primer momento en que se conozca la necesidad de esa protección, lo que conduce a la obligación legal de actuación, tanto del juez penal como del Ministerio público. El primero en orden a derivar a la jurisdicción civil la actuación que sea necesaria, el segundo en iniciar por sí mismo el proceder civil más oportuno. Y ello es así porque las medidas de seguridad en beneficio propio únicamente pueden establecerse cuando se dicta una sentencia penal, por lo que antes de ella no cabe utilizar ese mecanismo como útil de protección social y personal. Son las medidas cautelares los medios asegurativos en el proceso penal, pero en éste tampoco se orientan a la protección del sujeto que a ellas se somete. De esta manera, aunque la prisión provisional podría acompañarse de un tratamiento psiquiátrico o terapia psicológica, incluso ceder el ingreso ordinario en prisión preventiva a un centro médico penitenciario, pasaría por privar de libertad al propio sujeto por razones distintas de las que sostienen la prisión provisional. Claro está que si ser preso preventivo fuese procedente, al través de la privación de libertad del sujeto cabe proveer la asistencia médica y psicológica que sea precisa. Cuando mediante esa cautela personal penal no pueda solucionarse el problema, y como las medidas cautelares civiles, propias del discapaz o del internamiento psiquiátrico como procedimientos también civiles, no existen en el proceso penal, de éste se traslada la controversia hasta la jurisdicción civil. No habrá inconvenientes relativos a la marcha en paralelo de dos procesos porque no existirá comunidad de acción. Es decir, lo que pueda debatirse en el ámbito civil especial (medidas de apoyo al discapaz o internamiento urgente) no puede ser objeto del proceso penal, por lo que no habrá solapamiento posible entre lo uno y lo otro. Es más, puede que detectar la necesidad de intervención jurisdiccional civil provenga de un enjuiciamiento criminal en el que siquiera se ejercite acción civil acumulada ninguna.

> En el proyecto de texto articulado de LECr, presentado en 2012, se incorporaron ese tipo de medidas cautelares protectoras de naturaleza civil, adoptables en el proceso penal. Mientras esto no tenga lugar seguirá siendo necesario coordinar las posibilidades de la jurisdicción civil a partir de la penal en la que se detecte ese tipo de necesidad.

Mediando cautelas civiles, concurrentes o no en paralelo, es posible que el proceso criminal acabe en una condena penal que implique prisión del sujeto sometido a aquéllas. Y cuando no proceda la suspensión condicional de la privación de libertad, en ésta deberán integrarse las anteriores, coordinando la actuación entre jurisdicciones. La coordinación puede tener lugar, también, con determinadas medidas alternativas a la prisión que impongan actividades similares o complementarias.

En todo caso, con la prisión en centro psiquiátrico, o concurriendo medidas de seguridad con tratamiento ambulatorio, sea durante la actuación ejecutiva penal o al acabar ésta, puede activarse la cautela civil o el procedimiento de adopción de medidas de apoyo al discapaz que se considere oportuno. La particularidad se encuentra en el internamiento psiquiátrico urgente, pues éste persigue una momentánea privación de libertad que compense psiquiátricamente al sujeto, pero esto puede solventarse en el curso de la prisión como sanción penal.

Bibliografía consultada

Nota de uso

No he renunciado a la cita de una obra aun cuando otras, incluso del mismo autor, hayan sido publicadas con posterioridad con un mismo contenido, resultando útil, como mínimo, para marcar el momento en que la concreta doctrina se manifestase sobre una determinada materia. De todas formas se han suprimido aquellos trabajos de referencia mejorados por la técnica o el estado de las ciencias jurídicas o médicas, renovándolos por otros en tales supuestos.

La Jurisprudencia constitucional puede confrontarse en la página oficial del Tribunal Constitucional (hj.tribunalconstitucional.es) con cualquier dato disponible, pero lo mejor es colocar directamente el número y año separados por barra y precedidos por "STC" y escoger de entre los resultados el que aparezca comenzando con "hj…", mientras que las del Tribunal Supremo, marcadas en nota con un número precedido por las siglas "Roj", responden al registro público de resoluciones íntegras que pueden consultarse en www.poderjudicial.es, introduciéndose en Jurisprudencia/Buscador Fondo Documental-Jurisprudencia y, dentro del aplicativo, en el apartado "Nº ROJ" añadiendo el año con la separación de una barra (/) y en el apartado "Tipo de órgano" colocar, por ejemplo, "Tribunal Supremo. Sala de lo Civil"; si bien puede buscarse con otros datos disponibles (fecha de la sentencia, su número de orden, etcétera). Finalmente, en la página boe.es pueden verificarse los textos legales vigentes, pero es más rápido escribir en cualquier buscador la norma seguida del término "boe consolidado" (por ejemplo "Ley de Enjuiciamiento Civil boe consolidado"). En cuanto a las abreviaturas, las más comunes son las del Código Civil (CC), Código Penal (CP), Ley de Enjuiciamiento Cîvil o Criminal (LEC o LECr), Constitución Española (CE), Ley Orgánica del Poder Judicial (LOPJ) o Ley de Jurisdicción Voluntaria (LJV).

AGAMBEN, Giorgio; *Qué es un dispositivo. Seguido de El Amigo y La Iglesia y el mundo*, Adriana Hidalgo Editora, Buenos Aires, 2014.

ALBALADEJO GARCÍA, Manuel; "El error en las disposiciones testamentarias", *Revista de Derecho Privado,* 1948, págs. 423 a 437.

– "De nuevo sobre el error en las disposiciones testamentarias", *Anuario de Derecho Civil,* tomo VII, fascículo 2, 1954, págs. 319 a 334.

– *Derecho civil. I Introducción y parte general. Volumen primero. Introducción y Derecho de la persona,* Librería Bosch, Barcelona, 1985[10].

– *La simulación,* Dykinson, Madrid, 2005.

– *Compendio de Derecho civil,* Edisofer, Madrid, 2007[13].

ALCALÁ-ZAMORA CASTILLO, Niceto; "La prueba del derecho consuetudinario", *Estudios de Derecho Procesal,* Editorial Góngora, Madrid, 1934, pág. 429.

– *Proceso, autocomposición y autodefensa* Universidad Autónoma de México, México 1970[2].

ALEGRE NUENO, Manuel (con otros); *La mediación en el sistema jurídico español: análisis y nuevas propuestas,* Tirant lo Blanch, Valencia, 2018.

ALGARRA PRATS, Esther; "La corrección de los hijos en el Derecho español", *Aranzadi Civil. Revista Doctrinal,* núm. 5, 2010, págs. 45 a 96.

– (con Javier Barceló Domènech), "Libertad de los hijos en la familia: deberes de los hijos y derechos de corrección de los padres. Situación en el Derecho español", *Actualidad jurídica Iberoamericana,* núm. 4, 2016, págs. 59 a 74.

ALLEN, Bem P. (con D. Stephen LINDSAY, Jason C. K. CHAN y Leora C. DAHL); "Eyeswitness suggestibility and source similarity: Instrusions of details from one event into memory reports of another event into memory reports of another event", *Journal of Memory and Language,* núm. 50, 2004, págs. 96 a 111.

ALONSO-CUEVILLAS SAYROL, Jaume; *Las normas jurídicas como objeto de prueba. Tratamiento del derecho extranjero y de la costumbre en el proceso civil español,* Tirant Lo Blanch, Valencia, 2004.

ÁLVAREZ SÁNCHEZ DE MOVELLÁN, Pedro; *La prueba por presunciones. Particular referencia a su aplicación judicial en supuestos de responsabilidad extracontractual,* Comares, Granada, 2007.

– *La imposición de costas en la primera instancia civil. Legalidad y discrecionalidad judicial,* Reus, Madrid, 2009.

AMILIBIA RUIZ, Laura Alejandra; *La capacidad procesal de la persona menor de edad. Niñas, niños y adolescentes,* Praxis Jurídica, Talcahuano, 2018.

ANDERSON, Michael C.; "Active Forgetting: Evidence for Funcional Inhibition as a Source of Memory Failure", en *Trauma and Cognitive Science: A Meeting of Minds, Science and Human Experience* (J. J. Freyd y A. P. DePrince eds.), Haworth Press, New York, 2001, págs. 185 a 210.

– (con Alan BADDELEY y Michael W. EYSENCK); *Memoria,* Alianza ed., Madrid, 2010.

ANDINO LÓPEZ, Juan Antonio: *El secreto profesional del abogado en el Proceso civil,* José María Bosch ed., Barcelona, 2014.

ANGELONE, Bonnie L. (con Daniel T. LEVIN, Nausheen MOMEN, Sarah B. DRIVDAHL y Daniel J. SIMONS); "Change Blindness Blindness: The Metacognitive Error of Overestimating Change-detection Ability", *Cognitio,* núm. 7, 2000, págs. 397 a 412.

APARISI MIRALLES, Ángela; *Deontología profesional del abogado,* Tirant lo Blanch, Valencia, 2018[2].

ARIZA COLMENERO, María Jesús; *La presentación de documentos, dictámenes, informes y otros medios e instrumentos en el proceso civil,* Colex, Madrid, 2007[2].

ASENSIO MELLADO, José María; "Los conflictos entre el Tribunal Supremo y el Constitucional", en *Realismo jurídico y experiencia procesal,* Atelier, Barcelona, 2009, págs. 161 a 183.

ASENSIO SÁNCHEZ, Miguel Ángel; *El interés del menor a la libre formación de su conciencia,* Tecnos, Madrid, 2006.

AZERRAD, Marcos E.; *Ética y secreto profesional del abogado. Ejercicio y función social de la abogacía,* Cathedra Jurídica, Buenos Aires, 2007.

BADDELEY, Alan (con Michael W. EYSENCK y Michael C. ANDERSON); *Memoria,* Alianza ed., Madrid, 2010.

BANACLOCHE PALAO, Julio; *Los nuevos expedientes y procedimientos de jurisdicción voluntaria. Análisis de la ley 15/2015, de 2 de julio,* La Ley (Grupo Wolters Kluwer), Madrid, 2015.

BARCELÓ DOMÈNECH, Javier (con Esther ALGARRA PRATS); "Libertad de los hijos en la familia: deberes de los hijos y derechos de corrección de los padres. Situación en el Derecho español", *Actualidad jurídica Iberoamericana,* núm. 4, 2016, págs. 59 a 74.

BAREA, Consuelo (con Sonia VACCARO); *El pretendido síndrome de alienación parental y sus consecuencias. Un instrumento que perpetúa el maltrato y la violencia,* Desclée de Brouwer, Bilbao, 2009.

BARONA VILAR, Silva (con otros); *Solución extrajurisdiccional de conflictos. ADR y Derecho procesal,* Tirant lo Blanch, Valencia, 1999.

– "Proceso cautelar", en *El nuevo proceso civil,* Tirant lo Blanch, Valencia, 2001[2], págs. 823 a 885.

– *Comentarios a la Ley de arbitraje (60/2003, de 23 de diciembre),* Thomson-Civitas, Madrid, 2004.

– *Medidas cautelares en el arbitraje,* Madrid, 2006.

– (con otros); *Estudios sobre mediación y arbitraje, desde una perspectiva procesal,* Thomson Reuters Aranzadi, Cizur Menor, 2017.

– *Nociones y principios de las ADR (Solución extrajurisdiccional de conflictos),* Tirant lo Blanch, Valencia, 2018.

BARRIOS FLORES, Luis Fernando; "La regulación del internamiento psiquiátrico involuntario en España: carencias jurídicas históricas y actuales", *Derecho y Salud,* vol. 22, núm. 1, enero-junio 2012, págs. 31 a 56.

BEKERIAN, Debra A. (con John M. BOWERS); "Eyewitness testimony: Were we misted", *Journal of Experimental Psychology: Learning, Memory and Cognition,* núm. 9, 1983, págs. 139 a 145.

BERCOVITZ RODRÍGUEZ-CANO, Rodrigo; *La marginación de los locos y el Derecho,* Taurus, Madrid, 1976.

– "La protección jurídica de la persona en relación con su internamiento involuntario en centros sanitarios o asistenciales por razones de salud", *Anuario de Derecho Civil,* tomo XXXVII, Fascículo 4,1984, págs. 954 a 973.

BLANCO PÉREZ-RUBIO, Lourdes; *La carga de la prueba por omisión de información al paciente,* Marcial Pons, Madrid, 2013.

BOBBIO, Norberto; *Teoría general del Derecho,* Debate, Madrid, 1993.

BONET NAVARRO, Ángel; *La prueba de confesión en juicio,* Librería Bosch, Barcelona, 1979.

BORNSTEIN, Brian H. (con Kenneth A. DEFFENBACHER, Steven D. PENROD y E. Kiernan McGORTY); "A Meta-Analytic Review of the Effects of High Stress on Eyewitness Memory", *Law and Human Behavior,* núm. 28, 2004, págs. 687 a 706.

BOWERS, John M. (con Debra A. BEKERIAN); "Eyewitness testimony: Were we misted", *Journal of Experimental Psychology: Learning, Memory and Cognition,* núm. 9, 1983, págs. 139 a 145.

BRADFIELD, Amy L. (con Gary L. WELLS); "Good, you identified the suspect": Feedback to eyewitnesses distorts their reports of the witnessing experience", *Journal of Applied Psychology*, núm. 83, 1998, págs. 360 a 376.

BRIONES MARTÍNEZ, Irene María; "Vicios del consentimiento matrimonial. Ignorancia, error, dolo, violencia y miedo", en *Matrimonio y procesos. Tras la reforma del Papa Francisco*, (Miguel Ángel Jusdado Ruiz-Capillas coord.), Dykinson, Madrid, 2017, págs. 117 a 148.

CALDERÓN CUADRADO, María Pía; *Las medidas cautelares indeterminadas en el proceso civil,* Civitas, Madrid, 1992.
– *Medidas provisionales en nulidad, separación y divorcio: la aplicación práctica de los artículos 102 a 106 del CC y 771 a 773 de la LEC,* Tirant lo Blanch, Valencia, 2002.
– "La Directiva de mediación y su transposición al ordenamiento español: una advertencia desde la Carta de Derechos Fundamentales", en *Nuevas fronteras del derecho de la Unión Europea. Liber Amicorum José Luis Iglesias Buhígues*, Tirant lo Blanch, Valencia, 2012, págs. 395 a 410.

CAPELLÁ BATISTA-ALENTORN, Alfred; "La reforma en Salud Mental en Cataluña: el modelo catalán", *Revista de la asociación española de Neuropsiquiatría,* núm. 79, julio-septiembre 2001.

CARNELUTTI, Francesco; *La prueba civil,* DePalma, Buenos Aires, 1955.

CARRASCO ANDRINO, María del Mar; "La falsedad en el dictamen pericial o en la traducción del intérprete en causa judicial", *Cuadernos de Política criminal,* núm. 110, septiembre 2013, págs. 5 a 51.

CARRERAS LLANSANA, Jorge; "Las medidas cautelares innominadas" en *Estudios de Derecho Procesal* (con Miguel Fenech Navarro), Librería Bosch, Barcelona, 1962.

CASTÁN VÁZQUEZ, José María; "Artículo 154", en *Comentarios al Código Civil y Compilaciones Forales,* III vol. 2 (Manual Albaladejo García dir.), Edersa, Madrid, 1982, pág. 129.

CASTAÑEDA DELGADO, Eudoxio; "El problema del lúcido intervalo en las enfermedades mentales", *Revista Española de Derecho Canónico,* vol. 8, núm. 23, 1953, págs. 475 a 503.

CAVANI, Renzo; *La nulidad en el proceso civil,* Palestra editores, Lima, 2014.

CALAZA LÓPEZ, Sonia; *Los procesos sobre la capacidad de las personas*, Iustel, Madrid, 2007.

CHABRIS, Christopher F. (con Daniel J. SIMONS); "Gorillas in Our Midst: Sustained Inattentional Blindness for Dynamic Events", *Perception*, núm. 28, 1999, págs. 1.059 a 1.074.
– (con Daniel J. SIMONS); *El gorila invisible. Cómo nos engaña nuestro cerebro,* RBA, Barcelona, 2010.

CHAN, Jason C. K. (con D. Stephen LINDSAY, Bem P. ALLEN y Leora C. DAHL); "Eyeswitness suggestibility and source similarity: Instrusions of details from one event into memory reports of another event into memory reports of another event", *Journal of Memory and Language,* núm. 50, 2004, págs. 96 a 111.

CHICO DE LA CÁMARA, Pablo; *Las medidas alternativas de resolución de conflictos (ADR) en las distintas esferas del ordenamiento jurídico,* Tirant lo Blanch, Valencia, 2019[2].

CHIOVENDA, Giusseppe; *Principios de Derecho Procesal Civil,* 2 tomos, Reus, Madrid, 2000.

CHOZAS ALONSO, José Manuel; *La prueba del interrogatorio de testigos en el proceso civil,* La Ley, Madrid, 2001.

CLARK, J. J. (con Ronald A. RENSINK y J. Kevin O'REGAN); "To see or not to see: The need for attention to perceive changes in scenes", *Psychological Science,* núm. 8, 1997, págs. 368 y sigs. 368 a 373.

COBOS GAVALA, Rosa; *El Juez de Paz en la Ordenación Jurisdiccional Española,* Ministerio de Justicia, Madrid, 1989.

COELLO PULIDO, Ángela; *Los menores de edad en el juego de la mediación,* José María Bosch, Barcelona, 2017.

COLOMER BEA, David; "La tutela penal de las funciones públicas y os delitos de desobediencia", *Revista General de Derecho Penal,* núm. 35, 2021.

COMELLES ESTEBAN, Josep Maria; *La razón y la sinrazón. Asistencia psiquiátrica y desarrollo del Estado en la España contemporánea,* PPU, Barcelona, 1988.

CORTÉS DOMÍNGUEZ, Valentín; "Algunos aspectos sobre la inversión de la carga de la prueba", *Revista de Derecho Procesal,* 1972, págs. 581 a 641.

CSIKZENTMIHALYI, Mihaly; *Flow. The Psychology of Optimal Experience,* Harper & Row, Nueva York, 1990.

DAMIÁN MORENO, Juan; *Los Jueces de Paz. Antecedentes históricos y perspectivas de futuro,* UNED, Madrid, 1987.

DAHL, Leora C. (D. Stephen LINDSAY, Bem P. ALLEN y Jason C. K. CHAN); "Eyeswitness suggestibility and source similarity: Instrusions of details from one event into memory reports of another event into memory reports of another event", *Journal of Memory and Language,* núm. 50, 2004, págs. 96 a 111.

DARRIBA FRAGA, Guillermo; "El derecho de corrección de los padres sobre sus hijos", *Revista Digital Facultad de Derecho UNED,* núm. 5, 2012, págs. 130 a 166.

DE ARAOZ, Inés; *Acceso a la justicia: ajustes de procedimiento para personas con discapacidad intelectual y del desarrollo,* Plena Inclusión España, Madrid, 2019.

DE CASTRO Y BRAVO, Federico; "Hacia una definición del derecho civil", *Revista de la Facultad de Derecho de Madrid,* núms. 8-11, 1942, págs. 221 a 234 (también en *Estudios jurídicos del profesor Federico de Castro,* vol. 1, Centro de Estudios Registrales, Madrid, 1997, págs. 369 a 380).

– *Derecho civil de España, Tomo II. Derecho de la persona. Parte Primera. La persona y su estado civil,* Instituto de Estudios Políticos, Madrid, 1952.

– "La indemnización por causa de muerte (Estudio en torno a la Jurisprudencia del Tribunal Supremo", *Anuario de Derecho Civil,* vol. IX, núm. 2, 1956, págs. 449 a 504.

– "De nuevo sobre el error en el consentimiento", *Anuario de Derecho Civil,* vol. XLI, núm. 2, 1988, págs. 449 a 504.

– "El derecho civil y la constitución", en *Estudios jurídicos del profesor Federico de Castro,* vol. 1, Centro de Estudios Registrales, Madrid, 1997, págs. 281 a 298.

DE CATALDO NEUBURGUER, Luisela; *Esame e controesame nel processo penales. Diritto e psicologia,* Cedam, Padua, 2000.

DEFFENBACHER, Kenneth A. (con Brian H. BORNSTEIN, Steven D. PENROD y E. Kiernan McGORTY); "A Meta-Analytic Review of the Effects of High Stress on Eyewitness Memory", *Law and Human Behavior,* núm. 28, 2004, págs. 687 a 706.

DE LA OLIVA SANTOS, Andrés; "Consideraciones procesales sobre documentos electrónicos y firma electrónica", *Revista Crítica de Derecho Inmobiliario,* núm. 687, enero-febrero 2005, págs. 119 a 132.

– *Objeto del proceso y cosa juzgada en el proceso civil,* Civitas, Madrid, 2005.

– "*ADR* o la riscoperta dell'acqua calda", *Rivista Trimestrale di Diritto e Procedura Civile,* año LXX, fascículo 2, 2016, págs. 507 a 514.

DEL MORAL BLASCO, Carmelo; *Más me duele a mí. La violencia que se ejerce en casa,* Madrid, Save the Children, septiembre 2018.

DE URBANO CASTRILLO, Eduardo (con Vicente MAGRO SERVET); *La prueba tecnológica en la Ley de Enjuiciamiento Civil,* Cizur Menor, Aranzadi, 2003.

DIEZ-PICAZO PONCE DE LEÓN, Luis; *El arbitrio de un tercero en los negocios jurídicos,* Bosch, Casa ed., Barcelona, 1957.

– "La intimidación en la jurisprudencia del Tribunal Supremo", *Anuario de Derecho Civil,* fascículos 2-3, 1979, págs. 545 a 548.

– "Notas sobre la reforma del Código civil en materia de patria potestad", *Anuario de Derecho Civil,* tomo XXXV, fascículo 1, 1982, pág. 3 a 20.

– *El escándalo del daño moral,* Thomson-Civitas, Madrid 2008.

DIGES, Margarita; *Testigos, sospechosos y recuerdos falsos. Estudios de Psicología forense*, Trotta, Madrid, 2016.

DOMÍNGUEZ IZQUIERDO, Eva María; "El falso peritaje médico en causa judicial", en *Estudios jurídicos sobre responsabilidad penal, civil y administrativa del médico y otros agentes sanitarios* (Lorenso Morenillas Cueva dir.), Dykinson, Madrid, 2010, págs. 395 a 450.

DRIVDAHL, Sarah B. (con Daniel T. LEVIN, Bonnie L. ANGELONE, Nausheen MOMEN y Daniel J. SIMONS); "Change Blindness Blindness: The Metacognitive Error of Overestimating Change-detection Ability", *Cognitio,* núm. 7, 2000, págs. 397 a 412.

DWORKIN, Ronald M., *Law's Empire,* Harvard University Press, Cambridge, 1986.

EBBINGHAUS, Hermann; "Über das Gedächtnis. Untersuchungen zur experimentellen Psychologie", Duncker y Humblot, Leipzig, 1885.

ESCOLÀ BESORA, María Elisa (con Ricardo YÁÑEZ VELASCO); *Comentarios a la ley de arbitraje,* Tirant lo Blanch, Valencia, 2004[2].

ESPARZA LEIBAR, Iñaki; *El dictamen de peritos en el proceso civil español,* Tirant lo Blanch, Valencia, 2000.

ESPLUGUES MOTA, Carles; *Mediación civil y comercial. Regulación internacional e iberoamericana,* Tirant lo Blanch, Valencia, 2019.

EYSENCK, Michael W. (con Alan BADDELEY y Michael C. ANDERSON); *Memoria,* Alianza ed., Madrid, 2010.

FAIRÉN GUILLÉN, Víctor; "Los procesos y medidas cautelares", *El sistema de medidas cautelares. IX Reunión de Profesores de Derecho Procesal*, Editorial Universidad de Navarra, Pamplona, 1974, págs. 35 y sigs.

FÉLEZ BLASCO, Pablo M.; *Teoría y análisis del acto de conciliación civil preprocesal ante el Juzgado,* Tesis doctoral, Javier López Sánchez dir., Universidad de Zaragoza, 2017.

– *El acto de conciliación preprocesal civil ante el juzgado,* Bosch, Madrid 2019.

FERNÁNDEZ LÓPEZ, Mercedes; *La carga de la prueba en la práctica judicial civil,* La Ley, Madrid, 2006.

FERRAJOLI, Luigi; *Principia iuris. Teoría del Derecho y de la democracia,* 3 vols., Trotta, Madrid, 2016[2], 2016[2], y 2011.

FERRER BELTRÁN, Jordi; *Prueba y verdad en el Derecho,* Marcial Pons, Madrid, 2005.

FESTINGER, Leon; *A theory of cognitive dissonance,* Stanford University Press, Stanford, 1957.

FONT SERRA, Eduardo; *El dictamen de peritos y el reconocimiento judicial en el proceso civil,* La Ley, Madrid, 2000.

GAGLIARDO, María; *Simulación jurídica,* La Ley, Buenos Aires, 2008.

GARBERÍ LLOBREGAT, José; *Comentarios a la nueva ley 60/2003, de 23 de diciembre, de arbitraje,* Barcelona, 2004.

GARCÍA GARCÍA, Lucía; *Marco jurídico de la enfermedad mental. Incapacitación e internamiento*, Ediciones Revista General de Derecho, Valencia, 2000.

– "Enfermedad mental e internamientos psiquiátricos", *La respuesta judicial ante la enfermedad mental*, Estudios de Derecho Judicial, núm. 92, Madrid, 2006, págs. 69 a 103.

GARCÍA-RIPOLL MONTIJANO, Martín; *La protección civil del enfermo mental no incapacitado*, Bosch, Barcelona, 1992.

– "Aptitud mental y capacidad testamentaria antes y después de la sentencia de incapacitación. Comentario a la STS de 15 de marzo de 2018 (RJ 2018, 1090)", *Cuadernos Civitas de jurisprudencia civil,* núm. 1078, 2018, págs. 297 a 325.

– "Causas de justificación y causas de exculpación en el Código Penal y su relevancia para la responsabilidad civil", en *Responsabilidad y seguros. Cuestiones actuales* (Mariano José Herrador Guardia dir.), Ediciones Francis Lefevre, Madrid, 2018, págs. 99 a 181.

GARCÍA SERRANO, Francisco de Asís; "El daño moral extracontractual en la jurisprudencia civil", *Anuario de Derecho Civil,* 1972, págs. 799 a 851.

GARDNER, Martin; "The memory wars: Parts 2 and 3", *Skeptical Inquirer,* núm. 30, 2, 2006, págs. 246 a 250.

GARDNER, Richard Alan; "Recent Trends in Divorce and Custody Litigation", *Academy Forum,* vol. 29, núm. 2, verano 1985, págs. 3 a 7.

GIMENO SENDRA, José Vicente; *Fundamentos de Derecho procesal (Jurisdicción, acción y proceso),* Civitas, Madrid, 1981.

GOLD, Daniel B. (con Daniel M. WEGNER); "Fanning old flames: Emotional and cognitive effects of suppressing thoughts of a past relationship", *Journal of Personality and Social Psychology,* núm. 68, 1995 págs. 782 a 792.

GOLEMAN, Daniel; *Vital Lies, Simple Truths. The Psychology of Self-Deception,* Bloomsbury Publishing, Nueva York, 1985.

GÓMEZ COLOMER, Juan Luis; "La prueba testifical en la LEC: sus principales novedades respecto de la legislación anterior", *La prueba,* Cuadernos de Derecho Judicial del CGPJ, Madrid, 2000, págs. 243 a 280.

GÓMEZ ORBANEJA, Emilio (con Vicente HERCE QUEMADA); "Eficacia de la sentencia penal en el proceso civil", *Revista de Derecho Procesal,* 1946-I, págs. 207 a 246.

– *Derecho Procesal Civil,* I, Artes Gráficas y ediciones, Madrid, 1976[8].

GÓMEZ POMAR, Fernando; "El arbitrio de parte en la determinación del contenido y elementos del contrato", *Actualidad Jurídica Uría Menéndez,* núm. 49, 2018, págs. 243 a 254.

GONZÁLEZ CAZORLA, Fabián; *Daño moral en el Derecho del consumidor,* ediciones Der, Santiago de Chile, 2019.

GONZÁLEZ GRANDA, Piedad; *Régimen jurídico de protección de la discapacidad por enfermedad mental,* Reus, Madrid 2009.

– *¿Quo vadis, jurisdicción voluntaria? (La reestructuración parcial de la materia en la ley 15/2015, de 2 de julio, de jurisdicción voluntaria),* Reus, Madrid, 2015.

GONZALEZ.MONTES SÁNCHEZ, José Luis; *La asistencia judicial al arbitraje (Ley 60/2003, de 23 de diciembre),* Reus, Madrid, 2009.

GONZÁLEZ SORIA, Julio; *Comentarios a la nueva ley de arbitraje 60/2003, de 23 de diciembre de arbitraje,* Barcelona, 2004.

GONZÁLEZ URBIETA, Gerardo; *Ética profesional. Manual Deontológico para la Praxis Civil,* Bosch, Barcelona, 2016.

GULLÓN BALLESTEROS, Antonio (con Luis DIEZ-PICAZO PONCE DE LEÓN); *Sistema de Derecho Civil,* II, Tecnos, Madrid, 1983[4].

GUTIÉRREZ-ALVIZ CONRADI, Faustino; "El abogado: ética profesional y lealtad procesal", *Justicia. Revista de Derecho procesal,* núm. 2, 1991, págs. 301 a 314.

GUASP DELGADO, Jaime; *Derecho,* Gráficas Hergón, Madrid, 1971.

HART, Herbert L. A.; *The Concept of Law,* Oxford University Press, 1961.

HORNO GOICOECHEA, Pepa; *Castigo físico y psicológico en España. Incidencia, voces de los niños y niñas y situación legal,* Save the Children, Informe nacional, 2004.

– *Amor, poder y violencia. Un análisis comparativo de los patrones de castigo físico y humillante,* Madrid, Save the Children, septiembre 2005.

ILLESCAS RUS, Ángel Vicente; *La prueba pericial en la Ley 1/2000, de Enjuiciamiento Civil,* Aranzadi, Pamplona, 2002.

JIMÉNEZ CONDE, Fernando; *El interrogatorio de las partes en el proceso civil,* Aranzadi, Cizur Menor, 2007.

JUANATEY DORADO, Carmen; *El delito de desobediencia a la autoridad,* Tirant lo Blanch, Valencia, 1997.

– "El consentimiento del paciente en el ámbito penitenciario, especial referencia a la huelga de hambre", *Anuario de Derecho Penal y Ciencias Penales,* tomo LXXII, fascículo 1, 2019, págs. 155 a 179.

KETCHAN, Katherine (con Elizabeth LOFTUS); *Juicio a la memoria. Testigos presenciales y falsos culpables,* Alba, Barcelona, 2010.

LACRUZ BERDEJO, José Luis; *Elementos de Derecho Civil,* II (Derecho de Obligaciones), vol. 1, José María Bosch ed., Barcelona, 1985[2].

– *Elementos de Derecho Civil. I. Parte General del Derecho Civil. Volumen primero. Introducción* (edición revisada y adicionada por Jesús Delgado Echevarría), Librería Bosch, Barcelona, 1988, pág. 40.

LEVIN, Daniel T. (con Bonnie L. ANGELONE, Nausheen MOMEN, Sarah B. DRIVDAHL y Daniel J. SIMONS); "Change Blindness Blindness: The Metacognitive Error of Overestimating Change-detection Ability", *Cognitio,* núm. 7, 2000, págs. 397 a 412.

LINDSAY, D. Stephen (con Bem P. ALLEN, Jason C. K. CHAN y Leora C. DAHL); "Eyeswitness suggestibility and source similarity: Instrusions of details from one event into memory reports of another event into memory reports of another event", *Journal of Memory and Language,* núm. 50, 2004, págs. 96 a 111.

LOFTUS, Elisabeth F. (con John C. PALMER); "Reconstruction of automobile destruction: An exemple of the interaction between Language and memory", *Journal of Verbal Learning and Verbal Behavior,* núm. 13, 1974, págs. 585 a 589.

– *Eyewitness Testimony,* Harvard University Press, Cambridge, Massachussets, 1979.

– (con Giuliana A. MAZZONI); "Dream interpretation can change beliefs about the past", Psychoterapy, núm. 35, 1998, págs. 177 a 187.

– (con Katherine KETCHAN); *Juicio a la memoria. Testigos presenciales y falsos culpables,* Alba, Barcelona, 2010.

LÓPEZ-BARJA DE QUIROGA, Jacobo; "El internamiento de los enajenados", Poder Judicial, núm. 4, 1986, págs. 49 a 67.

LÓPEZ DEL MORAL, José Luis; *Manual de los Juzgados de Paz,* La Ley, Madrid, 2008[4].

LÓPEZ YÁGÜES, Verónica; *La prueba de reconocimiento judicial en el proceso civil,* La Ley, Madrid, 2005.

LORCA NAVARRETE, Antonio María; *Comentarios a la nueva Ley de arbitraje 60/2003, de 23 de diciembre,* San Sebastián, 2004.

– "La prueba indiciaria civil", *Revista Vasca de Derecho Procesal y Arbitraje,* vol. 29, núm. 3, 2017, págs. 427 a 432.

MAGRO SERVET, Vicente (con Eduardo de URBANO CASTRILLO); *La prueba tecnológica en la Ley de Enjuiciamiento Civil,* Cizur Menor, Aranzadi, 2003.

– "Las máximas de experiencia como factor a tener en cuenta en la motivación de las sentencias", *Revista de Derecho Penal y Criminología,* núm. 23, 2020.

MARÍN DE ESPINOSA CEBALLOS, Elena Blanca; "¿El fin del derecho de corrección en España?", *Cuadernos de Política Criminal,* núm. 116, 2015, págs. 5 a 31.

MARÍN LÓPEZ, Juan José: "Los locos y su libertad. El artículo 211 del Código Civil (Sobre la Sentencia del Tribunal Constitucional 129/1999, de 1 de julio)", *Derecho Privado y Constitución,* núm. 13, 1999, págs. 183 a 234.

MARTÍN DE LA LEONA ESPINOSA, José María; *La nulidad de actuaciones en el proceso civil,* Constitución y Leyes, Madrid, 1991

MARTÍN DIZ, Fernando; *La mediación: sistema complementario de Administración de Justicia,* Consejo General del Poder Judicial, Madrid, 2009.

MAZZONI, Giuliana A. (con Elizabeth F. LOFTUS); "Dream interpretation can change beliefs about the past", *Psychoterapy,* núm. 35, 1998, págs. 177 a 187.

– *¿Se puede creer a un testigo? El testimonio y las trampas de la memoria,* Trotta, Madrid, 2010.

McGORTY, E. Kiernan (con Kenneth A. DEFFENBACHER, Brian H. BORNSTEIN, Steven D. PENROD); "A Meta-Analytic Review of the Effects of High Stress on Eyewitness Memory", *Law and Human Behavior,* núm. 28, 2004, págs. 687 a 706.

MERCIER, Hugo (con Dan SPERBER); "Why Do Humans Reason? Arguments for an Argumentative Theory", *Behavioral and Brain Sciences,* 34, núm. 2, 2011, págs. 57 a 74.

MOMEN, Nausheen (con Daniel T. LEVIN, Bonnie L. ANGELONE, Sarah B. DRIVDAHL y Daniel J. SIMONS); "Change Blindness Blindness: The Metacognitive Error of Overestimating Change-detection Ability", *Cognitio,* núm. 7, 2000, págs. 397 a 412.

MONTERO AROCA, Juan; *Introducción al Derecho Procesal (Jurisdicción, acción y proceso),* Tecnos, Madrid, 1976 y 1979[2].

– "Medidas cautelares", *Trabajos de Derecho Procesal,* José María Bosch ed., Barcelona, 1988, págs. 423 y sigs.

– "Proceso de ejecución", en *El Nuevo Proceso Civil,* Tirant lo Blanch, Valencia, 2001, págs. 652 a 822.

– *La Prueba en el Proceso Civil,* Thomson-Civitas, Madrid, 2007[5].

MORENO MARTÍN, María Dolores; *El daño moral causado a las personas jurídicas,* Dykinson, Madrid, 2019.

MORENO NAVARRETE, Miguel Ángel; *La prueba documental. Estudio histórico-jurídico y dogmático,* Marcial Pons, Madrid, 2001.

MUÑOZ RUIZ, Josefa; "El derecho de corrección. Un análisis penal de sus claves", *Estudios jurídico-penales y criminológicos en homenaje a Lorenzo Morillas Cuevas* (José María Suárez López et al. coords.), vol. 1, Dykinson, Madrid, 2018, págs. 475 a 504.

MUÑOZ SABATÉ, Lluís; *Tratado de Probática Judicial,* José María Bosch ed., Barcelona, 5 vols., 1992-1996.

– *Fundamentos de prueba judicial civil,* Librería Bosch, Barcelona, 2001.

– *La prueba de los indicios en la proceso judicial,* La Ley, Madrid, 2016.

MUÑOZ VICENTE, José Manuel; "El Constructo Síndrome de Alienación Parental (S.A.P.) en Psicología Forense: una Propuesta de Abordaje desde la Evaluación Pericial Psicológica, *Anuario de Psicología Jurídica,* vol. 20, 2010, págs. 5 a 14.

NIEVA FENOLL, Jordi; "Inmediación y valoración de la prueba: el retorno de la irracionalidad", *Civil Procedure Review,* vol. 3, núm., 1, enero-abril 2012, págs. 3 a 24.

– "La carga de la prueba: una reliquia histórica que debiera ser abolida", *Revista Ítalo-española de Derecho Procesal,* vol I, 2018, págs. 129 a 145.

O'CALLAHAN MUÑOZ, Xavier; *"La tutela del menor incapacitado",* Poder Judicial, núm. 1, 1984, págs. 71 a 74.

OLIVEROS BARBA, Jannine; *El daño moral. Presupuestos de valoración,* Tirant lo Blanch, Ciudad de México, 2019.

ORMAZÁBAL SÁNCHEZ, Guillermo; *La prueba documental y los medios e instrumentos idóneos para reproducir imágenes o sonidos o archivar y conocer datos,* La Ley, Madrid, 2000.

– *Carga de la prueba y Sociedad de riesgo,* Marcial Pons, Madrid, 2005.

– *Discriminación y carga de la prueba en el proceso civil,* Marcial Pons, Madrid, 2011.

ORWELL, George; *1984,* RBA, Barcelona, 1993.

ORTOÑO ARTÉS, Carmen; "La prueba de reconocimiento judicial en la nueva Ley de enjuiciamiento civil", *La prueba,* Cuadernos de Derecho Judicial del CGPJ, núm. 7, Madrid, 2000, págs. 203 a 241.

PADILLA RACERO, Dolores; *El falso síndrome de alienación parental*, Tesis doctoral (Octavio García Pérez y Carlos Miguel Clemente Díaz dirs.), Universidad de Málaga, 2017.

PALMER, John C. (con Elisabeth F. LOFTUS); "Reconstruction of automobile destruction: An exemple of the interaction between Language and memory", *Journal of Verbal Learning and Verbal Behavior,* núm. 13, 1974, págs. 585 a 589.

PANTALEÓN PRIETO, Ángel Fernando; "Diálogo sobre indemnización por causa de muerte", *Anuario de Derecho Civil,* vol. XXXVI, núm. 4, 1983, págs. 1.567 a 1.585.

PENROD, Steven D. (con Kenneth A. DEFFENBACHER, Brian H. BORNSTEIN y E. Kiernan McGORTY); "A Meta-Analytic Review of the Effects of High Stress on Eyewitness Memory", *Law and Human Behavior,* núm. 28, 2004, págs. 687 a 706.

PEREIRA PUIGVERT, Silvia; *La exhibición de documentos y informáticos en el proceso civil,* Aranzadi, Cizur Menor, 2013.

PÉREZ GIL, Julio: *El conocimiento científico en el proceso civil: ciencia y tecnología en tela de juicio*, Tirant lo Blanch, Valencia, 2010.

PICÓ JUNOY, Joan; *El derecho a la prueba en el proceso civil,* José María Bosch ed., Barcelona, 1996.
– *La imparcialidad judicial y sus garantías: la abstención y la recusación,* José María Bosch editor, Barcelona, 1998.
– *La prueba pericial en el proceso civil español. Ley 1/2000, de Enjuiciamiento Civil,* Bosch, Barcelona, 2001
– "El principio de adquisición procesal en materia probatoria", *Revista La Ley,* núm. 6404, 20-I-2006, págs. 1.304 a 1.314.
– *El principio de la buena fe procesal,* Bosch, Barcelona, 2013.
– "La renuncia abusiva a la prueba admitida", *Diario La Ley*, núm. 9418, 2019.

PRIETO-CASTRO FERRÁNDIZ, Leonardo; "Derecho procesal", voz en *Nueva Enciclopedia Jurídica,* I, Seix, Barcelona, 1985, págs. 945 y sig.

RAGUÉS VALLÉS, Ramón (con Jesús María SILVA SÁNCHEZ); "La prescripción de los delitos: guerra institucional y efectos colaterales", *Economist & Jurist,* vol. 16, núm. 119, 2008, págs. 92 a 95.

RAMOS DA SILVA, Diogo Severino (con Bárbara Ewellin SIQUEIRA DA VEIGA); "Alienación parental. La necesidad de un equipo multidisciplinario para determinar su ocurrencia y ayudar en la conducción de sus consecuencias en juicio", *Derecho y Cambio Social,* núm. 60, abril-junio 2020, 632 a 654.

RAMOS GONZÁLEZ, Sonia; "El daño moral y su aseguramiento", en *Responsabilidad y seguros. Cuestiones actuales* (Mariano José Herrador Guardia dir.), Ediciones Francis Lefevre, Madrid, 2018, págs. 941 a 989.

RAMOS MÉNDEZ, Francisco; (con Manuel SERRA DOMÍNGUEZ); *Las medidas cautelares en el proceso civil. Teoría general de las medidas cautelares. Medidas provisionales en relación con las personas, intervención judicial de bienes litigiosos*, Ind. Graf. M. Pareja, 1974.
– *Derecho y proceso,* Librería Bosch, Barcelona, 1978.
– *Arbitraje y litigios transfronterizos en un foro global*, Atelier, Barcelona, 2005.
– *Enjuiciamiento civil. Cómo gestionar los litigios civiles,* Atelier, Barcelona, 2008.
– "Tutela efectiva es ejecución", en *Principios y garantías procesales. Liber Amicorum en homenaje a la profesora Mª Victoria Berzosa Francos*, José María Bosch ed., Barcelona, 2013, págs. 327 a 341.

RAMOS ROMEU, Francisco; *Las medidas cautelares civiles. Análisis jurídico-económico,* Atelier, Barcelona, 2006.

RAVELLAT BALLESTÉ, Isaac; "El Comité de los Derechos del Niño", en *El desarrollo de la Convención sobre los derechos del niño en España* (él mismo coord. con Carlos Villagrasa Alcaide), Bosch, Barcelona, 2006, págs. 47 a 62.

– "Protección a la infancia en la legislación española. Especial incidencia en los malos tratos (Parte General)", *Revista de Derecho (UNED),* nº 2, 2007, pág. 77 a 94.

– "Competencias autonómicas en materia de atención y protección a la infancia y la adolescencia: estudio al hilo del artículo 166.3 del Estatuto de autonomía de Cataluña", *Revista d'estudis autònomics i federals,* núm. 21, 2015, págs. 159 a 201.

RAWLS, John; *A Theory of Justice,* Harvard University Press, 1971.

REINA BERNÁLDEZ, Víctor; *El consentimiento matrimonial. Sus anomalías y vicios como causas de nulidad,* Ariel, Barcelona, 1974.

– "Anomalías psíquicas del consentimiento en el matrimonio canónico", *Revista Jurídica de Catalunya,* vol. 94, núm. 4, 2005, págs. 913 a 928.

RENSINK, Ronald A. (con J. Kevin O'REGAN y J. J. CLARK); "To see or not to see: The need for attention to perceive changes in scenes", *Psychological Science,* núm. 8, 1997, págs. 368 y sigs. 368 a 373.

RIVERO HERNÁNDEZ, Francisco; *El interés del menor,* Dykinson, Madrid, 2000.

RODRÍGUEZ GUTIÉRREZ, Nicomedes; *Atentado, resistencia y desobediencia a la autoridad y sus funcionarios*, Tesis doctoral, Universidad de Sevilla, 2017.

RODRÍGUEZ TIRADO, Ana María; *El interrogatorio de testigos en la Ley 1/2000, de 7 de enero, de Enjuiciamiento Civil,* Dykinson, Madrid, 2003.

ROJAS MARCOS, Luis; *Eres tu memoria. Conócete a ti mismo,* Espasa, Barcelona, 2011.

ROSS, Michael; "Relation of implícit teories to the construction of personal histories", *Psychological Review,* núm. 96, 1989, págs. 341 a 357.

RUIZ DE HUIDOBRO DE CARLOS, José María; "El principio de equiparación entre nacionales y extranjeros en el Derecho español", *ICADE. Revista cuatrimestral de las Facultades de Derecho y Ciencias Económicas y Empresariales,* núm. 69, 2006, págs. 69 a 88.

RUIZ GARCÍA, María José; *La necesidad sociojurídica de la mediación. Su eficacia para construir la corresponsabilidad parental,* Thomson Reuters Aranzadi, Cizur Menor, 2018.

RUIZ JIMÉNEZ, José Ángel; *Análisis crítico del sistema nacional español de arbitraje de consumo,* San Sebastián, 2007.

SÁEZ GONZÁLEZ, Jesús: "Algunas consideraciones sobre la regulación de los internamientos psiquiátricos", *Justicia. Revista de Derecho Procesal,* núms. 1-2, 1998, págs. 103 a 138.

SANCHÍS CRESPO, Carolina; *La prueba por medios audiovisuales e instrumentos de archivo en la LEC 1/2000,* Tirant lo Blanch, Valencia, 2004.

SANJURJO RÍOS, Eva Isabel; *El procedimiento probatorio en el ámbito del juicio verbal*, Reus, Madrid, 2010.

– *La prueba pericial civil. Procedimiento y valoración*, Reus, Madrid, 2013.

SANTOS MORÓN, Mª. José; *El supuesto de hecho del internamiento involuntario en el artículo 763 LEC 1/2000,* Tirant lo Blanch, Valencia, 2002.

SCHACTER, Daniel L.; *Los siete pecados de la memoria de la memoria. Cómo olvida y recuerda la mente,* Ariel, Barcelona, 2007.

SELIGMAN, Martin E. P.; *Learned optimism,* A. A. Knopf, Nueva York, 1991.

SENÉS MONTILLA, Carmen; *La intervención judicial en el arbitraje,* Madrid, 2007.

SERRA DOMÍNGUEZ, Manuel; *Normas de presunción en el Código Civil y la Ley de Arrendamientos urbanos,* Nauta, Barcelona 1963.

– "Jurisdicción", en *Estudios de Derecho Procesal,* Ariel, Barcelona, 1969, págs. 20 a 62.

– "Contribución al estudio de la prueba", *Estudios de Derecho Procesal,* Ariel, Esplugues de Llobregat, 1969, págs. 355 a 366.

– (con Francisco RAMOS MÉNDEZ), *Las medidas cautelares en el proceso civil. Teoría general de las medidas cautelares. Medidas provisionales en relación con las personas, intervención judicial de bienes litigiosos,* Ind. Graf. M. Pareja, 1974.

– "De la prueba de las obligaciones", en *Comentarios al Código Civil y Compilaciones forales* (Manuel Albaladejo García dir.), tomo XVI, vol. 2º (Artículos 1.214 a 1.253), Revista de Derecho Privado, Madrid, 1991[2].

– "El derecho a la prueba en el proceso civil español", *Libro homenaje a Jaime Guasp,* Granada, 1984, págs. 561 a 585.

– "La prueba documental", en *Instituciones del Nuevo Proceso civil. Comentarios sistemáticos a la Ley 1/2000,* vol. II, Difusión Jurídica y Temas de Actualidad, Madrid, 2000, págs. 229 y sigs.

SILVA SÁNCHEZ, Jesús María (con Ramón RAGUÉS VALLÉS); "La prescripción de los delitos: guerra institucional y efectos colaterales", *Economist & Jurist,* vol. 16, núm. 119, 2008, págs. 92 a 95.

SIMONS, Daniel J. (con Daniel T. LEVIN, Bonnie L. ANGELONE, Nausheen MOMEN y Sarah B. DRIVDAHL); "Change Blindness Blindness: The Metacognitive Error of Overestimating Change-detection Ability", *Cognitio,* núm. 7, 2000, págs. 397 a 412.

– (con Christopher F. CHABRIS); "Gorillas in Our Midst: Sustained Inattentional Blindness for Dynamic Events", *Perception,* núm. 28, 1999, págs. 1.059 a 1.074.

– (con Christopher F. CHABRIS); *El gorila invisible. Cómo nos engaña nuestro cerebro,* RBA, Barcelona, 2010.

SIQUEIRA DA VEIGA, Bárbara Ewellin (con Diogo Severino RAMOS DA SILVA); "Alienación parental. La necesidad de un equipo multidisciplinario para determinar su ocurrencia y ayudar en la conducción de sus consecuencias en juicio", *Derecho y Cambio Social,* núm. 60, abril-junio 2020, 632 a 654.

SLAMECKA, Norman J.; "Ebbinghaus: Some associationes", *Journal of Experimental Psychology: Learning, Memory and Cognition,* núm. 11, 1985, págs. 414 a 435.

SPERBER, Dan (con Hugo MERCIER); "Why Do Humans Reason? Arguments for an Argumentative Theory", *Behavioral and Brain Sciences,* 34, núm. 2, 2011, págs. 57 a 74.

SWAN, M.; "Aptitud para pleitear", en *Psiquiatría contemporánea* (Sidney Crown ed.), Carlos Alejandre editor, Barcelona, 1987, págs. 423 a 437.

SZASZ, Thomas S.; "La internación involuntaria en hospitales neuropsiquiátricos: un crimen de lesa humanidad", en su *Ideología y enfermedad mental,* Amorrortu, Buenos Aires, 1970, págs. 118 a 140.

TARUFFO, Michele; *La prueba de los hechos,* Trotta, Madrid, 2002.

VACCARO, Sonia; "Análisis sobre las bases científicas del Síndrome de Alienación Parental", *Asociación Española de Neuropsiquiatría,* 4-XI-2013.

– (con Consuelo BAREA); *El pretendido síndrome de alienación parental y sus consecuencias. Un instrumento que perpetúa el maltrato y la violencia,* Desclée de Brouwer, Bilbao, 2009.

VALLEJO PÉREZ, Gema; *La mediación familiar en el sistema jurídico espanyol. De su implantación legislativa a sus retos futuros,* Reus, Madrid 2019.

VAQUER ALOI, Antoni; "La protección del testador vulnerable", *Anuario de Derecho Civil,* tomo LXVIII, fascículo 2, 2015, págs. 327 a 368.

– *Libertad de testar y libertad para testar,* Olejnik, Santiago de Chile, 2018.

VÁZQUEZ SOTELO, José Luis; "La «prueba en contrario» de las presunciones judiciales", *Revista Peruana de Derecho Procesal,* núm. 6, 2003, págs. 485 a 499.

VICENTE GONZÁLEZ, Sandra; *Actitudes de los profesionales sanitarios hacia la enfermedad mental,* Tesis doctoral, Universidad de Vigo, 2020.

WATZLAWICK, Paul; *¿Es real la realidad? Confusión-Desinformación-Comunicación*, Herder, Barcelona, 1994.

WEGNER, Daniel M. (con Daniel B. GOLD); "Fanning old flames: Emotional and cognitive effects of suppressing thoughts of a past relationship", *Journal of Personality and Social Psychology,* núm. 68, 1995 págs. 782 a 792.

WELLS, Gary L. (con Amy L. BRADFIELD); "Good, you identified the suspect: Feedback to eyewitnesses distorts their reports of the witnessing experience", *Journal of Applied Psychology*, núm. 83, 1998, págs. 360 a 376.

YÁÑEZ VELASCO, Ricardo; *Formularios de la Ley de Enjuiciamiento Civil,* Grupo Difusión, Barcelona, 2000, págs. 117 a 166.

Temas de Derecho y Proceso penales, Edicions Bocabella, Barcelona, octubre 2003[2].

– (con María Elisa ESCOLÀ BESORA); *Comentarios a la ley de arbitraje,* Tirant lo Blanch, Valencia, 2004[2].

– *El peritaje en el proceso civil,* Grupo Difusión, Barcelona, 2005.

– *Concurso de acreedores y Derecho penal. Aproximación a los tipos penales relacionados con la insolvencia,* Grupo Difusión, Barcelona, 2006[3].

– "Pluralidad de partes en el proceso civil. En particular: la intervención provocada a iniciativa del demandado" (I) (y II), *Economist & Jurist,* núm. 105, noviembre 2006, y núm. 106, diciembre-enero 2007, págs. 78 a 89 y 74 a 84.

– *L'Oficina judicial a Catalunya. Mijtà real d'una justícia eficaç pel ciutadà del segle XXI,* Centre d'Estudis Jurídics i Formació Especialitzada, Barcelona, 2008.

– "Mentiras procesales (I)", *Economist & Jurist,* XXI, núm. 175, noviembre 2015, págs. 82 a 89.

– "Suspensión del juicio y medidas sancionadoras de naturaleza procesal", *Revista de Derecho y Proceso Penal Aranzadi,* núm. 31, mayo-agosto 2013, págs. 75 y ss.

– *De la institución del jurado. Una aproximación a su estudio psicosocial,* Reus, Madrid, 2014.

– "El olvido, una excusa autorreferencial prácticamente indestructible", *Diario La Ley,* núm. 8.601, septiembre 2015, págs. 10 a 13.

– "Consideraciones elementales sobre la responsabilidad civil en el proceso penal", *Revista Vasca de Derecho Procesal y Arbitraje,* núm. 2, 2016, págs. 279 a 309.

– "Una aproximación a la retroacción de la quiebra y sus efectos sobre la excepción de bienes hipotecados", *Contribución al estudio del Derecho concursal,* Grupo Difusión, Madrid, 2017, págs. 97 a 126.

– "Pregunta sugestiva, pregunta denegada. ¿Saben interrogar fiscales y abogados?", *Diario La Ley,* núm. 9403, 25-IV-2019, págs. 1 a 22.

– *Temas de Derecho y Proceso penales,* Amazon, Barcelona, 2021[20].

– *De la nulidad procesal a la anulación del Derecho procesal. Jueces legisladores y corrupción de legalidad,* Reus, Madrid, 2019.

Obras colectivas o en colaboración de autores varios (AAVV):

Tratado de Psiquiatría (The American Psychiatric Press, Robert E. Hales, Stuart C. Yudofsky y John A. Talbott dirs.), I, Masson, Barcelona, 2000[3].

Autonomía del paciente, información e historia clínica (Estudios sobre la Ley 41/2002, de 14 de noviembre) (Pedro González Salinas y Emilio Lizarraga Bonelli coords.), Thomson-Civitas, Madrid, 2004.

Carga de la prueba y responsabilidad civil, Tirant lo Blanch, Valencia, 2007.

Objeto y carga del proceso civil, (Xavier Abel Lluch y Joan Picó Junoy dirs.), Bosch, Barcelona, 2007.

Los Derechos de las Personas con Discapacidad, 3 vols., Consejo General del Poder Judicial, Madrid, 2007, 2007 y 2008.

La falta de capacidad. Las instituciones protectoras (María Pilar Ferrer Vanrell coord.), Dykinson, Madrid, 2009.

La prueba pericial, José María Bosch, Barcelona, 2009.

La prueba documental, José María Bosch, Barcelona, 2010.

Materiales jurídicos del Libro Blanco de la Mediación en Cataluña (María Elena Lauroba Lacasa, Immaculada Barral Viñals e Isabel Viola Demestre dirs.), Centre de Estudis Jurídics i Formació Especialitzada, Generalitat de Catalunya, Barcelona, 2011.

Consumer ADR in Europe. Civil Justice Systems (Christopher Hodges, Iris Benöhr y Naomi Creutzfeldt editores), Hart Publishing, Oxford, 2012.

La prueba de reconocimiento judicial (Xavier Abel LLuch y Joan Picó Junoy dirs.), José María Bosch ed., Barcelona, 2012.

Adr, Arbitration, and Mediation: A Collection of Essays (Julio César Betancourt y Jason A. Crook eds.), Chartered Institute of Arbitrators, Author House, Londres, 2014.

Jurisdicción voluntaria (Colección Práctica Procesal Civil Brocà-Majada-Corbal), Bosch, Barcelona, 2016.

Tratado de mediación. 1. Mediación en asuntos civiles y mercantiles, Tirant lo Blanch, Valencia, 2017.

Tratado de mediación. 3. Mediación en conflictos de familia, Tirant lo Blanch, Valencia, 2017.

Estudios sobre mediación y arbitraje, desde una perspectiva procesal, Thomson Reuters Aranzadi, Cizur Menor, 2017.

La mediación como método para la resolución de conflictos, Dykinson, Madrid, 2017.

El daño moral y su cuantificación, Bosch, Barcelona, 2017[2].

Comentarios a la Ley catalana 15/2009, de 22 de julio, de mediación en el ámbito de Derecho privado y concordantes (I. Viola Demestre dir.), Madrid, Marcial Pons, 2018.

Adr Advocacy, Strategies, and Practices for Intellectual Property and Technology Cases (Harrie Samara ed.), American Bar Association, 2019[2].

El sistema de ADR/ODR en conflictos de consumo: aproximación crítica y prospección de futuro (Inmaculada Barral Viñals dir.), Atelier, Barcelona, 2019.

Turismo y daños, Cizur Menor, Aranzadi, 2019.

Índice

4
Sujetos en el proceso civil. En especial, la capacidad procesal

5
Derecho probatorio

6
El interrogatorio de las partes

7
El interrogatorio de testigos

8
La prueba documental. Especialidades sobre su autenticidad

9
Presunciones, máximas de experiencia y reconocimiento judicial

10
El peritaje. Definición y clases

16
La intervención oral en el Juzgado o Tribunal

17
El dictamen pericial y su valoración judicial

18
Las medidas cautelares

19
La ejecución forzosa

20
Sistemas alternativos: conciliación, mediación y arbitraje

21
Discapacidad

22
Los daños y perjuicios de naturaleza psíquica

23
El daño moral

24
El consentimiento y el error

25
El sistema de salud mental

26
El internamiento psiquiátrico urgente

27
La protección administrativa del menor de edad

28
El objeto civil acumulado al penal

Bibliografía citada

Otras obras del autor

La naturaleza humana en busca de la paz. Sin pena ni gloria, 1991.

De la institución del Jurado (3 vols.), 1995.

Estudios procesales de Doctorado, 1996.

Derecho al recurso en el proceso penal. Nociones fundamentales y Derecho constitucional, 2001.

El recurso en el enjuiciamiento criminal español. Elementos para una teoría procesal general, 2001.

Refugio y asilo político. Conceptos y problemas jurídicos, 2002.

Concurso de acreedores y Derecho penal. Aproximación a los tipos penales relacionados con la insolvencia, 2003 a 2006 (3 ediciones).

Comentarios a la nueva ley de arbitraje, 2004.

El Peritaje en el proceso civil. Estudio especial de su coste económico: Provisión de fondos, justicia gratuita y costas procesales (Doctrina, jurisprudencia y modelos), 2005.

La institución del Jurado. Una introducción a su estudio psicosocial, 2014.

Extranjero y proceso penal. Controversias sobre la expulsión del territorio nacional, 2015.

Enjuiciamiento criminal inmediato, 2018.

La vergüenza en el punto ciego. Violencia estatal y cumplimiento de un deber, 2019.

De la nulidad procesal a la anulación del Derecho procesal. Jueces legisladores y corrupción de legalidad, 2019.

Temas de Derecho y Proceso penales, 2003 a 2021 (21 ediciones).

Colección de Estudios Jurídicos (Estudios de Derecho Procesal, 4 tomos, 8 volúmenes, y *Estudios de Derecho Sustantivo*, 2 tomos, 3 volúmenes), 2020.